应用技术型高等教育"十二五"规划教材
（汽车类专业改革创新系列）

汽车运用工程

主　编　刁立福

中国水利水电出版社
www.waterpub.com.cn

内 容 提 要

本书系统阐述了汽车的主要性能和使用技术。汽车性能是指汽车行驶过程中所表现出来的运动特性；汽车使用技术是指采用科学方法与手段对汽车使用的全过程进行有效的、综合性的管理，使汽车保持优良的性能，并使之能够得到充分发挥。

本书内容包括汽车发动机工作过程与性能评定、汽车动力性、汽车燃料经济性、汽车环保性、汽车制动性、汽车操纵稳定性、汽车舒适性、汽车通过性、汽车运行材料及其使用、汽车在特定条件下的使用、汽车技术状况变化与等级评定、汽车使用寿命等十二章，每章前设有知识目标、能力目标，每章后附有本章小结、知识训练、能力训练。全书注重理论与实际相结合，简明实用。

本书可作为高等学校汽车类专业师生教学用教材，也可供相关人员学习和参考。

图书在版编目（CIP）数据

汽车运用工程 / 刁立福主编. -- 北京：中国水利水电出版社，2015.8（2021.8 重印）
应用技术型高等教育"十二五"规划教材. 汽车类专业改革创新系列
ISBN 978-7-5170-3298-4

Ⅰ. ①汽… Ⅱ. ①刁… Ⅲ. ①汽车工程－高等学校－教材 Ⅳ. ①U46

中国版本图书馆CIP数据核字(2015)第139998号

策划编辑：宋俊娥　　责任编辑：张玉玲　　加工编辑：李海楠　　封面设计：李 佳

书　名	应用技术型高等教育"十二五"规划教材（汽车类专业改革创新系列） **汽车运用工程**
作　者	主　编　刁立福 副主编　滕艳琼
出版发行	中国水利水电出版社 （北京市海淀区玉渊潭南路1号D座　100038） 网址：www.waterpub.com.cn E-mail: mchannel@263.net（万水） 　　　　sales@waterpub.com.cn 电话：（010）68367658（营销中心）、82562819（万水）
经　售	全国各地新华书店和相关出版物销售网点
排　版	北京万水电子信息有限公司
印　刷	三河市铭浩彩色印装有限公司
规　格	184mm×260mm　16开本　20印张　491千字
版　次	2015年8月第1版　2021年8月第2次印刷
印　数	3001—4000 册
定　价	38.00元

凡购买我社图书，如有缺页、倒页、脱页的，本社营销中心负责调换
版权所有·侵权必究

前言

本书系统阐述了汽车的主要性能和使用技术。汽车性能是指汽车行驶过程中所表现出来的运动特性；汽车使用技术是指采用科学方法与手段，对汽车使用的全过程进行有效的、综合性的管理，使汽车保持优良的性能，并使之能够得到充分发挥。

本书内容包括汽车发动机工作过程与性能评价、汽车动力性、汽车燃料经济性、汽车环保性、汽车制动性、汽车操纵稳定性、汽车舒适性、汽车通过性、汽车运行材料及其使用、汽车在特定条件下的使用、汽车技术状况变化与等级评定、汽车使用寿命，每章前设有知识目标、能力目标，每章后附有本章小结、知识训练、能力训练。

本书由刁立福任主编，戴汝泉、周长峰、衣丰艳、李清民、邱绪云、陈雯、陈德阳、李鹏、李厚玉等对书中部分章节进行了仔细审阅，提出了许多宝贵建议，使本书内容更为严谨。编写过程中，作者还参阅了许多文献资料。在此，对他们表示衷心的感谢。

本书可作为高等学校汽车类专业师生教学用教材，也可供相关人员学习和参考。

由于作者的学识、水平所限，书中的错误和不足之处在所难免，敬请广大读者批评指正。

刁立福

2015年4月

目 录

前言
第1章 汽车发动机工作过程与性能评价 ………… 1
1.1 汽车发动机的换气过程 ………………………… 1
    1.1.1 四行程汽车发动机的换气过程 ………… 2
    1.1.2 四行程汽车发动机的充气效率及其影响因素 ……………………………… 5
    1.1.3 改善四行程汽车发动机换气过程（充气效率）的措施 ………………… 8
1.2 汽油发动机的燃烧过程 …………………………… 11
    1.2.1 过量空气系数与空燃比 ………………… 11
    1.2.2 汽油发动机的正常燃烧 ………………… 12
    1.2.3 汽油发动机的不正常燃烧 ……………… 14
    1.2.4 汽油发动机燃烧过程的影响因素 ……… 17
1.3 柴油发动机的燃烧过程 …………………………… 20
    1.3.1 柴油发动机的燃烧过程 ………………… 21
    1.3.2 柴油发动机燃烧过程存在的主要问题 ……………………………………… 23
    1.3.3 柴油发动机燃烧过程的影响因素 ……… 23
1.4 汽车发动机的性能指标 …………………………… 29
    1.4.1 指示性能指标 …………………………… 29
    1.4.2 有效性能指标 …………………………… 31
1.5 汽车发动机特性 …………………………………… 34
    1.5.1 发动机的速度特性 ……………………… 34
    1.5.2 发动机的负荷特性 ……………………… 35
    1.5.3 发动机的万有特性 ……………………… 37
第2章 汽车动力性 …………………………………… 46
2.1 汽车动力性评价指标 ……………………………… 46
2.2 汽车驱动力 ………………………………………… 47
    2.2.1 汽车驱动力的产生 ……………………… 47
    2.2.2 汽车驱动力图 …………………………… 49
2.3 汽车行驶阻力 ……………………………………… 50
    2.3.1 滚动阻力 ………………………………… 50
    2.3.2 空气阻力 ………………………………… 53
    2.3.3 上坡阻力 ………………………………… 55
    2.3.4 加速阻力 ………………………………… 56
2.4 汽车行驶条件 ……………………………………… 56
    2.4.1 汽车行驶的驱动条件 …………………… 56
    2.4.2 汽车行驶的附着条件 …………………… 57
    2.4.3 汽车行驶的驱动附着条件 ……………… 60
2.5 汽车动力性分析 …………………………………… 60
    2.5.1 汽车驱动力平衡 ………………………… 60
    2.5.2 汽车动力平衡 …………………………… 64
    2.5.3 汽车功率平衡 …………………………… 67
2.6 汽车动力性的影响因素 …………………………… 69
    2.6.1 发动机性能参数 ………………………… 69
    2.6.2 汽车结构参数 …………………………… 70
    2.6.3 汽车使用因素 …………………………… 72
第3章 汽车燃料经济性 ……………………………… 78
3.1 汽车燃料经济性的评价指标 ……………………… 78
    3.1.1 等速行驶百公里燃料消耗量 …………… 79
    3.1.2 循环行驶试验工况百公里燃料消耗量 ……………………………………… 79
3.2 汽车燃料经济性计算 ……………………………… 82

  3.2.1 汽车等速行驶工况燃料消耗量的计算 …… 82
  3.2.2 汽车等加速行驶工况燃料消耗量的计算 …… 83
  3.2.3 汽车等减速行驶工况燃料消耗量的计算 …… 84
  3.2.4 汽车怠速停车工况燃料消耗量的计算 …… 85
  3.2.5 整个循环工况百公里燃料消耗量的计算 …… 85
 3.3 改善汽车燃料经济性的措施 …… 85
  3.3.1 汽车结构措施 …… 85
  3.3.2 汽车使用措施 …… 88
  3.3.3 汽车节能与营运管理 …… 92
第4章 汽车环保性 …… 95
 4.1 汽车排放污染物 …… 95
  4.1.1 汽车排放污染物来源 …… 96
  4.1.2 汽车排放污染物的形成与危害 …… 96
  4.1.3 汽车排放污染物的影响因素 …… 98
  4.1.4 汽车排放污染物的控制措施 …… 103
 4.2 汽车噪声 …… 109
  4.2.1 汽车噪声的度量与评价 …… 109
  4.2.2 汽车噪声的产生与控制措施 …… 112
 4.3 汽车车内空气污染 …… 116
  4.3.1 汽车车内空气污染分析 …… 116
  4.3.2 汽车车内空气污染控制 …… 117
第5章 汽车制动性 …… 120
 5.1 汽车制动时车轮受力 …… 121
  5.1.1 汽车地面制动力 …… 121
  5.1.2 汽车制动器制动力 …… 121
  5.1.3 汽车地面制动力、制动器制动力与附着力的关系 …… 122
 5.2 汽车的制动效能 …… 122
  5.2.1 汽车制动距离 …… 122
  5.2.2 汽车制动减速度 …… 125

 5.3 汽车制动效能的恒定性 …… 126
  5.3.1 汽车制动效能的热衰退 …… 126
  5.3.2 汽车制动效能的水衰退 …… 127
 5.4 汽车制动时的方向稳定性 …… 127
  5.4.1 汽车制动跑偏 …… 127
  5.4.2 汽车制动侧滑 …… 128
 5.5 汽车制动器制动力的轴间分配 …… 130
  5.5.1 前、后车轮的法向反力 …… 131
  5.5.2 制动器制动力分配曲线与同步附着系数 …… 132
  5.5.3 汽车在不同附着系数路面上制动过程分析 …… 134
  5.5.4 具有变化值的前、后制动器制动力分配特性 …… 136
 5.6 汽车理想的制动系统 …… 138
  5.6.1 滑动率 …… 138
  5.6.2 防抱死制动装置 …… 140
  5.6.3 辅助制动装置 …… 141
第6章 汽车操纵稳定性 …… 144
 6.1 汽车纵向与横向稳定性 …… 145
  6.1.1 汽车行驶的纵向稳定性 …… 145
  6.1.2 汽车行驶的横向稳定性 …… 146
 6.2 汽车轮胎侧偏特性 …… 148
  6.2.1 轮胎坐标系与术语 …… 148
  6.2.2 轮胎的侧偏现象 …… 149
  6.2.3 轮胎的侧偏特性 …… 151
 6.3 汽车稳态转向特性与瞬态响应 …… 153
  6.3.1 汽车稳态转向特性 …… 153
  6.3.2 汽车瞬态响应 …… 158
 6.4 汽车稳态转向特性的影响因素 …… 160
  6.4.1 汽车质量在轴间的分配 …… 160
  6.4.2 轮胎 …… 160
  6.4.3 汽车驱动方式 …… 160
  6.4.4 侧倾时左、右车轮垂直载荷的重新分配 …… 161

6.5 汽车转向轮的摆振与稳定效应 …………… 162
 6.5.1 汽车转向轮的摆振 ……………………… 162
 6.5.2 汽车转向轮的稳定效应 ………………… 164
6.6 提高汽车操纵稳定性的电子控制系统 …… 166
 6.6.1 电控助力转向系统（EAS） …………… 166
 6.6.2 四轮转向系统（4WS） ………………… 167
 6.6.3 稳定性控制系统（VSC） ……………… 167
 6.6.4 巡航控制系统（CCS） ………………… 168

第 7 章　汽车舒适性 ………………………… 171
7.1 人体对振动的反应与平顺性的评价 ……… 172
 7.1.1 人体对振动的反应 ……………………… 172
 7.1.2 汽车行驶平顺性的评价方法 …………… 174
7.2 汽车振动系统的简化与单质量系统的
  振动分析 …………………………………… 176
 7.2.1 汽车振动系统的简化 …………………… 176
 7.2.2 汽车车身单质量振动系统分析 ………… 178
7.3 影响汽车行驶平顺性的结构因素 ………… 180
 7.3.1 悬挂结构 ………………………………… 180
 7.3.2 轮胎 ……………………………………… 183
 7.3.3 悬挂质量 ………………………………… 183
 7.3.4 非悬挂质量 ……………………………… 183
 7.3.5 座椅 ……………………………………… 184
7.4 汽车车内噪声 ……………………………… 185
 7.4.1 汽车车内噪声的产生 …………………… 185
 7.4.2 汽车车内噪声的控制 …………………… 185
7.5 汽车车内空气调节与居住性 ……………… 186
 7.5.1 汽车车内空气调节 ……………………… 186
 7.5.2 居住性 …………………………………… 187

第 8 章　汽车通过性 ………………………… 189
8.1 汽车通过性的评价指标 …………………… 190
 8.1.1 汽车牵引支承通过性的评价指标 ……… 190
 8.1.2 汽车几何通过性的评价指标 …………… 190
8.2 提高汽车通过性的主要措施 ……………… 193
 8.2.1 改进汽车结构 …………………………… 193
 8.2.2 合理选择和使用轮胎 …………………… 195

 8.2.3 提高驾驶技术 …………………………… 196

第 9 章　汽车运行材料及其使用 …………… 198
9.1 汽车燃料及其使用 ………………………… 199
 9.1.1 车用汽油及其使用 ……………………… 199
 9.1.2 车用柴油及其使用 ……………………… 204
 9.1.3 石油代用燃料 …………………………… 211
9.2 汽车润滑剂及其使用 ……………………… 213
 9.2.1 发动机油及其使用 ……………………… 213
 9.2.2 车辆齿轮油及其使用 …………………… 222
 9.2.3 汽车自动变速器油及其使用 …………… 227
 9.2.4 汽车润滑脂及其使用 …………………… 233
9.3 汽车特种液及其使用 ……………………… 240
 9.3.1 汽车制动液及其使用 …………………… 240
 9.3.2 汽车冷却液及其使用 …………………… 245
9.4 汽车轮胎及其使用 ………………………… 247
 9.4.1 汽车轮胎的分类 ………………………… 247
 9.4.2 汽车轮胎的规格 ………………………… 249
 9.4.3 汽车轮胎的合理选用 …………………… 251

第 10 章　汽车在特定条件下的使用 ……… 256
10.1 新车的选配与使用 ……………………… 257
 10.1.1 新车的选配 …………………………… 257
 10.1.2 新车的使用 …………………………… 259
10.2 汽车在低温条件下的使用 ……………… 261
 10.2.1 汽车在低温条件下的使用特点 ……… 262
 10.2.2 改善汽车低温使用性能的主要
    措施 …………………………………… 263
10.3 汽车在高温条件下的使用 ……………… 266
 10.3.1 汽车在高温条件下的使用特点 ……… 266
 10.3.2 提高在高温条件下汽车使用性能
    的主要措施 …………………………… 268
10.4 汽车在高原和山区条件下的使用 ……… 269
 10.4.1 汽车在高原山区条件下的使用
    特点 …………………………………… 269
 10.4.2 改善高原山区条件下汽车性能的
    主要措施 ……………………………… 272

10.5 汽车在坏路和无路条件下的使用 ……… 274
  10.5.1 汽车在坏路和无路条件下的使用
         特点 ……………………………… 274
  10.5.2 汽车在坏路和无路条件下使用时
         采取的主要措施 ………………… 276

第 11 章 汽车技术状况变化与等级评定 …… 280
11.1 汽车技术状况变化的原因与影响因素 … 280
  11.1.1 汽车技术状况变化的原因 ……… 280
  11.1.2 汽车技术状况变化的影响因素 … 281
11.2 汽车技术状况的变化规律 …………… 284
  11.2.1 汽车技术状况的函数变化规律 … 284
  11.2.2 汽车技术状况的随机变化规律 … 285
11.3 汽车技术等级与评定 ………………… 286

第 12 章 汽车使用寿命 …………………… 296
12.1 汽车使用寿命及其分类 ……………… 296
  12.1.1 汽车使用寿命 …………………… 296
  12.1.2 汽车使用寿命分类 ……………… 297
12.2 汽车的损耗与更新 …………………… 298
  12.2.1 汽车有形损耗 …………………… 298
  12.2.2 汽车无形损耗 …………………… 298
  12.2.3 汽车综合损耗 …………………… 299
  12.2.4 汽车更新 ………………………… 299
12.3 汽车经济使用寿命的确定方法 ……… 300
  12.3.1 低劣化数值计算法 ……………… 301
  12.3.2 应用现值及投资回收系数计算法 … 303
  12.3.3 面值计算法 ……………………… 304
12.4 汽车报废标准 ………………………… 304

参考文献 ……………………………………… 311

1 汽车发动机工作过程与性能评价

知识目标

1. 了解四行程发动机换气过程的进行情况;
2. 掌握换气过程的阶段划分以及换气损失;
3. 掌握发动机充气效率的概念及影响因素;
4. 掌握汽油发动机的正常燃烧过程阶段划分;
5. 掌握柴油发动机的燃烧过程;
6. 掌握汽车发动机的性能指标;
7. 熟练掌握汽车发动机的速度特性以及负荷特性。

能力目标

1. 能提出减少换气损失的方案;
2. 会分析影响汽油发动机燃烧过程的因素;
3. 会分析汽油发动机的爆燃与表面点火等不正常燃烧产生原因及危害,并提出改进方案;
4. 会分析影响柴油发动机燃烧过程的因素;
5. 会应用发动机的速度特性、负荷特性、万有特性进行发动机性能评价与选用。

发动机是汽车动力的来源。发动机的工作过程包括换气过程、压缩过程、燃烧过程和膨胀过程,其中换气过程与燃烧过程进行的好坏直接影响到发动机的动力性、经济性、环保性、可靠性、耐久性等性能。因此本章首先介绍发动机的换气过程与燃烧过程,然后分析发动机的性能指标与发动机的特性。

1.1 汽车发动机的换气过程

发动机的换气过程由排气过程和进气过程组成。换气过程的任务是将气缸内上一循环的废气尽可能排除干净,并为下一循环充入尽可能多的新鲜工质,保证发动机动力周而复始地输出。每循环进入气缸的新鲜工质越多,燃烧后才能释放出更多的热量,从而增大发动机功率和扭矩。此外,换气过程的功率损失也会影响发动机的效率。换气过程的好坏还将对发动机的热负荷、排放和噪声等有一定影响。

1.1.1 四行程汽车发动机的换气过程

现代汽车用发动机几乎全部是四行程发动机。汽车发动机动力不足、燃料消耗量增加、排放污染物超标等故障,其中可能原因之一就是发动机的换气过程进行得不够完善。

1. 四行程发动机的换气过程

四行程发动机的换气过程是指从排气门开启至进气门关闭的整个过程。整个换气过程超过 2 个活塞行程,约占 410°～490° 曲轴转角。根据气体流动特点和进排气门运动规律,换气过程可分为三个阶段,分别为自由排气阶段、强制排气阶段和进气阶段,如图 1-1 所示。

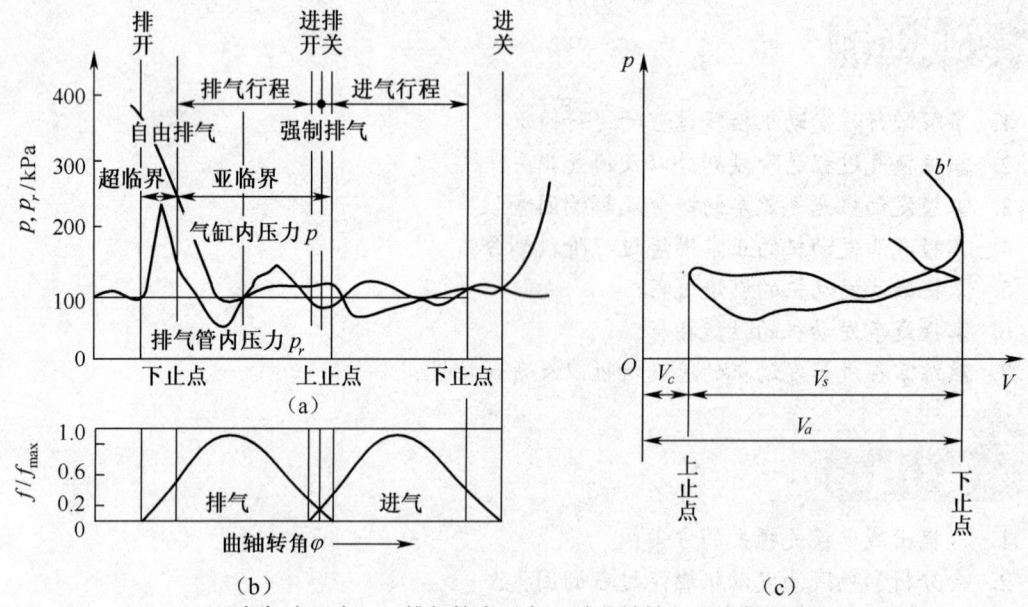

(a) 气缸内压力 p、排气管内压力 p_r 随曲轴转角 φ 的变化曲线
(b) 进排气门相对流通截面积 f/f_{max} 随曲轴转角 φ 的变化曲线
(c) 气缸内压力 p 随气缸容积 V 的变化曲线

图 1-1 换气过程中气缸内压力、排气管内压力、进排气门流通截面积的变化

(1) 自由排气阶段

从排气门在下止点前开启到气缸内压力接近排气管内压力的这一时期,称为自由排气阶段。

从排气门开启到活塞行至下止点所对应的曲轴转角称为排气提前角,一般为 40°～80° 曲轴转角。

由于配气机构惯性力的限制,气门开启与关闭不能太快,需要一定时间,如果活塞到下止点时排气门才开始开启,在开启初期开度极小,废气不能通畅流出,气缸内压力下降缓慢,不能实现充分排气,而且在活塞向上止点回行时会形成较大的反压力,增加排气行程所消耗的功。为此,排气门必须在下止点前开启(图 1-1 中 b' 点)。

自由排气阶段气体的流动分为超临界状态和亚临界状态。

由图 1-1 可见，排气门开启时，气缸内废气压力较高（约为 200～500kPa），气缸内压力大于排气管内压力两倍以上，排气流动处于超临界状态，可利用废气自身的压力自行排出。此阶段，排气的流动处于超临界状态，此时通过排气门口的废气流速，等于该状态下的音速 c（m/s）

$$c = \sqrt{KRT} \tag{1-1}$$

式中　K——绝热指数；
　　　T——气体温度，K；
　　　R——气体常数，N·m/（kg·K）。

当排气温度为 700～1100K 时，声速可达 500～700m/s。在超临界排气时期，废气流量与排气管内压力 p_r 无关，只与气缸内的气体状态及气门有效开启面积有关。并且因排气流速甚高，在排气过程中伴有刺耳的噪声，所以排气系统必须装有消声器。

随着废气大量排出及活塞向下止点移动，气缸内压力迅速下降，当缸内压力与排气管内压力之比下降到 2 以下时，排气流动转入亚临界状态，废气流速降低，产生的噪音较小。此时排出的废气量决定于气缸内及排气管内的压力差。压力差越大，排出废气越多。当到某一时刻气缸内与排气管内压力相等，自由排气阶段结束（一般在下止点后 10º～30º 曲轴转角）。

自由排气阶段虽然时间很短，但因排气流速很高，排出废气量达 60%以上。在此阶段中，排出的废气量与发动机转速无关。但发动机转速高时，同样的排气时间（以秒计）所占曲轴转角增大，因此，在高速发动机中，排气提前角要大一些。但不宜过大，否则会使排气损失加大。

（2）强制排气阶段

在这一阶段，气缸内的废气是由活塞上行强制推出。因为要克服排气门、排气道处的阻力，气缸内平均压力比排气管平均压力一般高出 10kPa 左右。气体的流速越高，此压差越大，消耗的功越多。

为了减少排气节流和利用高速气流的惯性排除废气，排气门应在活塞过了上止点后才关闭。从上止点到排气门关闭这段曲轴转角，称为排气迟闭角，一般为 10º～30º 曲轴转角。

（3）进气阶段

为保证活塞下行时进气门有足够大的开启面积、新鲜工质顺利流入气缸，进气门也要提前开启，一般进气提前角为 0º～40º 曲轴转角。

进气门也需在活塞到达下止点后关闭，这样便可利用高速气流的惯性，在上止点后继续进气。而且发动机转速愈高，进气流速愈大，进气门应愈迟关闭。进气迟闭角，一般为 40º～80º 曲轴转角。

由于排气门迟后关闭和进气门提前开启，在上止点附近将出现进、排气门同时开启的状态，称为气门叠开。气门叠开时曲轴转过的角度称为气门叠开角，一般非增压发动机为 20º～80º 曲轴转角。增压发动机因其进气压力高，可以有较大的气门叠开角，可达 80º～160º 的曲轴转角。此时，进气管、气缸、排气管互相连通，可以利用气流的压差、惯性或进/排气管压力波，清除残余废气，增加进气量，降低高温零件的温度，但注意不应产生废气倒流现象。

将进排气门开闭角度以及相对上下止点的位置画出，称为配气定时图，如图 1-2 所示。

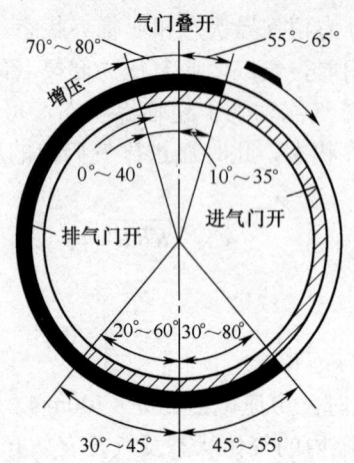

图 1-2　四行程发动机配气定时图（外圈表示增压）

2. 换气损失

换气损失由排气损失和进气损失两部分组成，如图 1-3 所示。

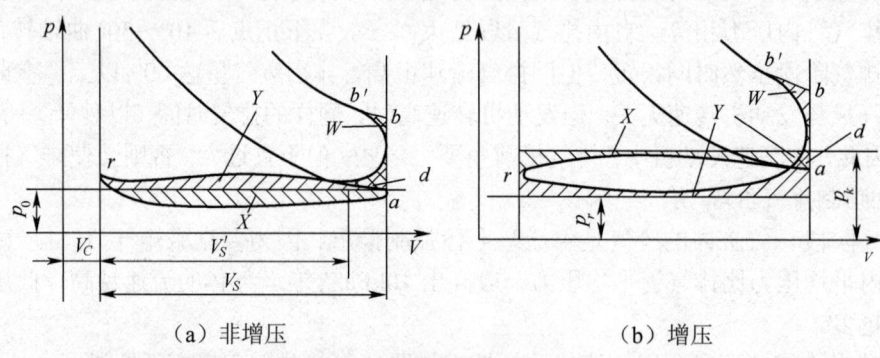

（a）非增压　　　　　　　　　（b）增压

W—自由排气损失；Y—强制排气损失；X—进气损失；$X+Y-d$—泵气损失

图 1-3　四行程发动机换气损失

（1）排气损失

排气损失是从排气门提前打开，直到进气行程开始，气缸内压力到达大气压力之前，循环功的损失。它可分为：

自由排气损失（图 1-3 中面积 W），是由于排气门提前打开而引起的膨胀功的减少。

强制排气损失（图 1-3 中面积 Y），是由于活塞上行强制推出废气所消耗的功。

随着排气提前角增大，自由排气损失面积 W 增加，强制排气损失面积 Y 减小，如图 1-4 中 b 曲线，如排气提前角减少，则强制排气损失面积增加，如图 1-4 中 c 曲线。所以最有利的排气提前角应使面积（$W+Y$）之和为最小。

减少排气损失的主要措施是：减小排气系统阻力和排气门处的流动损失。

（2）进气损失

进气损失主要是进气过程中，因进气系统的阻力而引起的功的损失。如图 1-3 中面积 X 所示，它与排气损失相比较小。

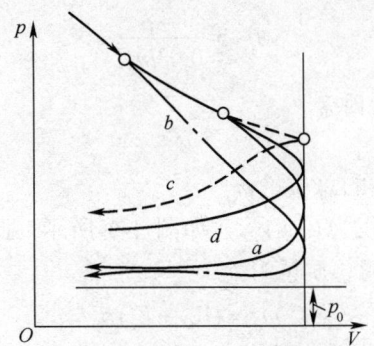

a—最合适；b—过早；c—过晚；d—排气门面积过小

图 1-4 排气提前角和排气损失

排气损失与进气损失之和称为换气损失，即图中面积（$W+Y+X$）。在实际循环示功图中，把面积（$X+Y-d$）相当的负功称为泵气损失。由于测量上的原因，泵气损失放在机械损失中考虑，而将（$W+d$）放入热效率中考虑。

1.1.2 四行程汽车发动机的充气效率及其影响因素

发动机在高温和高原条件下使用，其发出的功率、扭矩下降。究其原因是与发动机换气过程的完善程度有关。发动机换气过程的完善程度可用充气效率 η_v 来评价。

1. 充气效率的概念

充气效率 η_v 是每循环实际进入气缸的新鲜工质的量与进气状态下充满气缸工作容积的新鲜工质的量的比值

$$\eta_v = \frac{m_1}{m_s} = \frac{V_1}{V_s} \tag{1-2}$$

式中：m_1、V_1——实际进入气缸的新鲜工质的质量、体积（进气状态）；

m_s、V_s——进气状态下充满气缸工作容积的新鲜工质的质量、容积。

所谓的进气状态，对非增压发动机而言，一般采用当时、当地的大气状态；对增压发动机来说，采用增压器压气机出口的压力状态。

η_v 值高，代表每一循环进入一定气缸工作容积的新鲜工质量多，则发动机功率和扭矩增加，动力性能好。

2. 发动机充气效率测定

用流量计测出发动机单位时间内新鲜工质的实际进入量，并计算出发动机每小时实际进气量（m^3/h），理论充气量 V（m^3/h）由下式算出：

$$V = \frac{V_s}{1000} i \frac{n}{2} \times 60 = 0.03 i n V_s \tag{1-3}$$

式中：V_s——气缸工作容积（L）；

i——气缸数；

n——发动机转速（r/min）。

则发动机充气效率 η_v 为

$$\eta_V = \frac{V_1}{0.03 i n V_s} \tag{1-4}$$

3. 影响发动机充气效率的因素

（1）充气效率 η_v 的表达式

1）进气门关闭时缸内气体的总质量 m_a

假定进气门关闭时气缸容积为 $V_s' + V_{cc}$，如图 1-3 所示。此时缸内压力、温度、密度分别为 p_{ca}、T_{ca}、ρ_a，则缸内气体的总质量为

$$m_a = (V_{cc} + V_s')\rho_a \tag{1-5}$$

式中：V_s'——进气门关闭时至上止点的气缸容积。

2）排气门关闭时缸内残余废气的质量 m_r

假定排气门关闭时缸内体积为 V_r，残余废气的压力、温度、密度分别为 p_r、T_r、ρ_r，则残余废气的质量为 $m_r = V_r \rho_r$。

充入气缸新鲜工质的质量为

$$\eta_v V_s \rho_s = (V_{cc} + V_s')\rho_a - V_r \rho_r \tag{1-6}$$

$$\eta_v = \frac{(V_{cc} + V_s')\rho_a - V_r \rho_r}{V_s \rho_s} \tag{1-7}$$

经变换、整理后得

$$\eta_v = \xi \frac{\varepsilon_c}{\varepsilon_c - 1} \frac{T_s}{p_s} \frac{p_{ca}}{T_{ca}} \frac{1}{1+\gamma} \tag{1-8}$$

式中：$\xi = \dfrac{V_{cc} + V_s'}{V_{cc} + V_s}$；

T_s、p_s——进气状态的温度和压力；

T_{ca}、p_{ca}——进气终了时的气体温度和压力；

T_r、p_r——残余废气的温度和压力；

γ——残余废气系数，$\gamma = \dfrac{m_r}{\eta_v V_s \rho_s}$ 即进气过程结束时，气缸内残余废气量与气缸内新鲜工质的比值；

ε_c——压缩比。

由充气效率 η_v 的表达式可见，影响充气效率 η_v 的因素有：进气（或大气）的状态、进气终了的气体压力和温度、残余废气系数，压缩比及配门相位等。

（2）影响发动机充气效率的因素

1）进气终了时的压力 p_{ca}

p_{ca} 对 η_v 有重要影响，p_{ca} 愈高，η_v 值愈大。

$$p_{ca} = p_s - \Delta p_a \tag{1-9}$$

式中，Δp_a 为气体流动时，克服进气系统阻力而引起的压降。一般可写成

$$\Delta p_a = \lambda \frac{\rho v^2}{2} \tag{1-10}$$

式中：λ——管道阻力系数；

ρ ——进气状态下气体的密度，kg/m^3；

v ——管道内气体的流速，m/s。

可见，Δp_a 主要取决于各段管道的阻力系数 λ 和气体流速 v。当 λ 大、v 高时，Δp_a 增加，使 p_{ca} 下降。

转速和负荷对进气压力的影响：当负荷一定时，转速 n 增加，p_{ca} 降低，如图 1-5 所示。

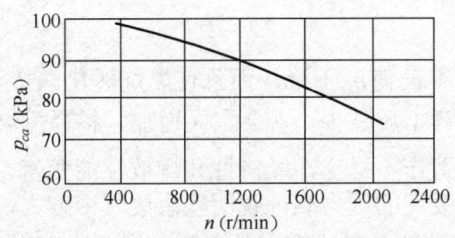

图 1-5　不同转速下的进气压力

在汽油发动机上，进入气缸的是空气和燃料的可燃混合气，调节负荷通过改变节气门开度来调节进入气缸混合气的多少。当节气门开度小时，节流损失增加，引起 p_{ca} 下降。如图 1-6 所示为不同节气门开度时 p_{ca} 的变化。

由曲线可知：

当节气门开度一定时（图 1-6 中某一根曲线），转速增加，则 p_{ca} 下降。当节气门开度逐渐减小时（图 1-6 中不同曲线），p_{ca} 不仅下降，且 p_{ca} 随转速的增加而下降得越快，即曲线变化越陡。

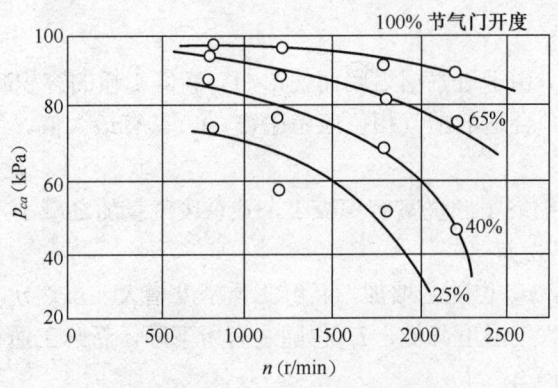

图 1-6　汽油发动机进气压力随转速和负荷的变化

柴油发动机调节负荷是通过改变喷入气缸的燃料量而进入气缸的空气量基本不变，进气系统一般不设调节负荷的节流装置，故流动阻力基本不变，进气终了的压力随负荷的变化很小。

p_{ca} 随使用工况（转速、负荷）的变化，也决定了 η_v 的变化趋向。

2）进气终了的温度 T_{ca}

进气终了的温度 T_{ca} 高于进气状态温度 T_s。引起 T_{ca} 升高的原因如下：

- 新鲜工质进入发动机与高温零件接触而被加热；
- 新鲜工质与高温残余废气混合而被加热；
- 为了使液体燃料在进气管中蒸发，以便均匀地与空气混合而进入气缸，一般都采用废气或冷却水的热量对进气管加热，故空气经过进气管时受热而温度升高。

T_{ca} 值愈高，充入气缸的工质密度愈小，可使 η_v 降低。因此，在条件允许的情况下，应力求降低 T_{ca} 值。例如，将高温排气管与进气管分置于气缸两侧，控制进气预热，适当加大气门叠开角等，均有利于降低 T_{ca}。

转速和负荷对 T_{ca} 的影响如下：当负荷不变而转速增加时，由于新鲜工质与缸壁等接触时间短，传热量少，所以 T_{ca} 稍有下降。当转速不变而增加发动机负荷时，缸壁等零件温度升高，T_{ca} 有所上升。

3）残余废气系数 γ

气缸中残余废气增多，不仅使 η_v 下降，而且使燃烧恶化。特别是在汽油发动机低负荷运转时，因节气门开度小，新鲜工质减少，γ 会大大增加，稀释可燃混合气，使燃烧过程缓慢，从而造成汽油发动机低负荷工作不稳定，经济性和排放性能变差。

排气终了时，排气管内废气的压力高，说明残余废气密度大，γ 上升。与进气过程同理，p_r 主要取决于排气系统各段管路的阻力和气体流速，转速增高则 p_r 增加。

残余废气系数 γ 值的一般范围见表 1-1。

表 1-1 残余废气系数 γ 值的一般范围

发动机类型	残余废气系数 γ 值
四行程汽油发动机	0.05～0.16
四行程非增压柴油发动机	0.03～0.06
四行程增压柴油发动机	0～0.03

4）配气相位

由 η_v 的表达式可见，由于进气门迟闭而使 $\xi<1$，新鲜工质的容积减小，但 p_{ca} 值却可能因有气流惯性而有所增加，合适的配气相位应考虑 $(\xi \cdot p_a)$ 具有最大值。

5）压缩比 ε_c

压缩比 ε_c 增加，压缩终了燃烧室容积减小，残余废气量随之减小，因而 η_v 有所增加。

6）进气（或大气）状态

进气或大气压力高，p_{ca} 也随之增加，新鲜工质密度增大，虽然 η_v 变化不大，但实际进气量增多。同理，进气或大气温度降低，T_{ca} 也随之有所下降，新鲜工质密度增大，虽然 η_v 变化不大，但实际进气量亦增多。

1.1.3 改善四行程汽车发动机换气过程（充气效率）的措施

为了改善发动机的换气过程，保证发动机发出大的功率、扭矩，就需要找到提高发动机充气效率的措施，来尽可能完善发动机的换气过程。

随着汽车新材料、新工艺、新结构的相继采用，发动机充气效率已有较大的改善。提高四行程发动机充气效率的措施很多。

1. 减少发动机进气系统的阻力

影响发动机进气压力 p_{ca} 的主要因素是发动机进气系统的阻力。非增压四行程发动机的进气系统是由空气滤清器（或加进气消声器）、化油器或喷油器、节气门、进气管、进气道和进气门等组成。进气系统阻力的大小为各段通道阻力的总和，通过减小各段通道阻力可达到减少进气系统阻力的目的。

(1) 减小进气门处的阻力

在整个进气系统中，进气门处的气体通过断面最小而且变化大，气体流动阻力最大，是产生进气阻力的重要部位，可通过下列措施减小进气门处的阻力。

1) 增大气门直径

增大进气门直径可以扩大气流通路截面积，提高 η_v。

在一进一排的双气门结构中，进气门直径可达活塞直径的 45%~50%，气门与活塞面积之比为 0.2~0.25，进气比排气门大 15%~20%，但由于受结构限制，进一步增大比例已很困难。

2) 增加气门数量

增加气门数量能大幅度提高工质流通能力。目前，新型发动机为了进一步增大进气门流通截面，采用了多气门结构。应用较广泛的是采用两排两进的四气门结构，也有些发动机采用两排一进的三气门结构或三进二排的五气门结构，其流通能力明显提高。

另外，多气门结构还具有易实现可变技术，改善低速、低负荷性能；布置紧凑燃烧室，火花塞（或喷油嘴）放置在燃烧室中央，从而改善燃烧，减小运动件质量，利于高速化等优点。但是结构复杂，生产成本加大。

3) 增加气门升程

增加气门升程可以提高气体的流通能力。在气门惯性力、摇臂与凸轮之间摩擦力允许的前提下，改变凸轮曲线的函数，让气门快开快闭，增加气门大升程的夹角，从而提高 η_v。多气门结构使气门质量减轻，惯性力减小；摇臂与凸轮之间用滚动接触代替滑动接触能大大降低其摩擦力。

4) 改善气门处流动阻力

改善气门座及气门头部到杆部的过渡形状，均有利改善气体的流动特性。气门升起后，气门头和缸壁及燃烧室壁的距离称为壁距，也不宜过小，以免增加气体流动阻力。对于倾斜布置的气门，随着气门的逐渐开启，其位置向气缸中心运动，其流动阻力相对减小。

(2) 减小进气道和进气管阻力

进气道和进气管必须保证足够的流通面积，避免急弯及截面突变，改善管道表面的粗糙程度等，以减小进气阻力，提高 η_v。为此，在高性能的汽油发动机上采用了直线型进气系统。在直线化的同时，还应合理设计气道节流和进气管长度，布置适当的稳压腔容积等，以达到高转速、高功率的目的。

发动机除要求动力性外，还必须有好的经济性和排放性能。在汽油发动机上，进气管还必须考虑燃料的雾化、蒸发、分配以及压力波的利用等问题。在柴油发动机上，还要求气流通过进气道在气缸中形成进气涡流，以改善混合气形成和燃烧。这些要求往往互相矛盾，例如，为得到高速、高功率，进气管直径宜选大些；而为中、低速考虑，进气管直径宜选小些，故必须根据用途协调处理。

(3) 减小发动机节气门体部分的阻力

该部分除了降低节气门体和节气门的气流阻力外，还要注意对空气流量计的选择。如热线式、热膜式空气流量计的流动阻力相对就小些。

(4) 减小空气滤清器的阻力

空气滤清器阻力随其结构和使用情况而不同。在结构上，必须保证滤清效果的前提下尽可能减小阻力。如加大通过断面，改进滤清器性能，采用低阻、高效的新型滤清器等。在使用中，对空气滤清器要定期维护，及时更换滤芯。

2. 合理选择发动机配气相位

为了充分利用气流的惯性来提高 η_v，合理选择发动机配气相位是很重要的。在发动机配气相位各参数中，进气门迟闭角的改变，对充气效率影响最大。如图 1-7 所示给出在不同的进气门迟闭角时，η_v 随转速变化的一般关系。

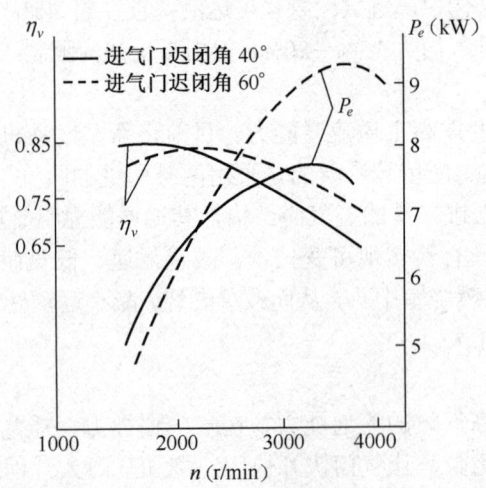

图 1-7　转速变化时进气门迟闭角对 η_v 和 P_e 的影响

由图 1-7 可以看出：

（1）每条 η_v 曲线对应于一定的配气相位下，η_v 随转速变化的关系。η_v 是在某一转速下达到最高值，说明在这个转速下工作，能最好地利用气流的惯性充气。当转速高于此转速时，气流惯性增加，而进气门迟闭角不变，就使一部分本来可以利用气流惯性进入气缸的气体被关在气缸之外，加之转速上升，流动阻力增大，所以充气效率 η_v 下降。当转速低于此转速时，气流惯性减小，又可能使一部分气体被推回进气管，η_v 也下降。

（2）不同 η_v 曲线对应于在不同的配气相位下，η_v 随转速变化的关系。不同的进气迟闭角，η_v 最大值对应的转速不同，一般进气迟闭角增大，η_v 最大值对应的转速也增加。如图 1-7 中虚线所示，因为转速增加，气流速度加大，大的进气迟闭角可充分利用高速的惯性充气。

改变进气迟闭角，可以改变 η_v 随转速变化的趋向，可用以调整发动机扭矩曲线，满足不同的使用要求。如增大进气门迟闭角，高转速时 η_v 增加，有利于最大功率的提高，但对低速和中速性能则不利。减小进气迟闭角能防止低速倒喷，有利于提高最大扭矩，但降低了最大功率。因此，对于配气相位不能改变的发动机，应根据常用工况确定进气迟闭角。

合理的排气提前角，应当在保证排气损失最小的前提下，尽量晚开排气门，以加大膨胀比，提高热效率。当转速增加时，相应的自由排气时间减小，为降低排气损失，应增加排气提前角。

适当的气门叠开角可以提高充气效率 η_v，降低高温零件的热负荷。

从上述分析可见，合理地选择进气迟闭角可以充分利用气流惯性，获得较大的充气效率。四行程发动机对配气相位的要求是，发动机进气迟闭、排气提前角应随发动机转速提高而加大；低速时，发动机进、排气门应接近下止点分别关闭、打开；高速时，发动机进、排气门应远离下止点分别关闭、打开。发动机气门叠开角怠速时要小，随发动机转速增加，气门叠开角应加大。

为了使发动机配气相位适合发动机的工作要求，可变配气相位控制系统在发动机上得到了应用。在高速轿车发动机上包括可变配气相位控制系统的可变技术广泛应用且类型繁多，主要有可变进气管、可变气门正时、可变气门升程、可变进气涡流等。

确定发动机配气相位时，一般要在实际发动机上经过反复试验比较，最后确定最合适的方案。

3. 减小发动机排气系统的阻力

排气系统包括排气门、排气道、排气管和排气消声器等。排气系统阻力降低，排出的废气量增加，排气终了压力 p_r 下降，这不仅可以减少残余废气量，提高充气效率，还可以减少排气损失。为此，排气系统也应与进气系统一样注意其结构要求。但应注意：由于进气系统阻力对发动机性能的影响比排气系统阻力大，因此当减小进气阻力与减小排气阻力的要求发生矛盾时，应适当照顾减小进气阻力的要求，如进、排气门直径和数量的选择。

4. 减小对发动机进气的加热

新鲜气体在吸入过程中，受到进气管、进气道、气门、气缸壁与活塞等一系列受热零件的加热，造成进气温度升高，气体密度下降，使循环充量减少。特别是汽油发动机，混合气的形成主要是在气缸外部的进气管内进行的，进气温度对混合气的形成有重要影响。为了使汽油在进气管中蒸发以便更好地与空气均匀混合，要降低进气温度受到限制。为了减少对进气的预热，有些发动机采用调节的预热装置。在排气管内装有阀门，根据季节不同可调节阀门位置，以改变排气管中废气热量对混合气的预热程度，既可保证混合气形成，降低排放污染，还可对提高 η_v 起到一定作用。

在使用中，为降低进气温度、提高 η_v，还应注意加强冷却系统的维护，尽量避免长时间的大负荷工作，以防止发动机罩内温度过高。

1.2 汽油发动机的燃烧过程

发动机燃烧过程是发动机工作循环的主要过程，燃料燃烧放出热量使气体膨胀而推动活塞做功。对发动机燃烧过程的要求是：完全、及时、正常。充入发动机气缸的可燃混合气燃烧是否完全，将直接影响热量产生的多少与排出废气成分；燃烧放热时间是否及时将影响工质在气缸中做功机会；燃烧进行是否正常将影响发动机工作稳定性和可靠性。所以燃烧过程是影响发动机经济性、动力性和排放性的主要过程，同时与噪声、振动、起动性能和使用寿命也有很大关系。本节主要介绍混合气浓度的表示方法与汽油发动机的燃烧过程，柴油发动机的燃烧过程将在下节介绍。

1.2.1 过量空气系数与空燃比

混合气的浓度有过量空气系数与空燃比两种表示方法。

发动机工作过程中，燃烧 1kg 燃料实际供给的空气数量 L 与理论空气量 L_0（理论上使燃料完全燃烧所需要的空气量）之比，称为过量空气系数，用符号 α 表示，即

$$\alpha = \frac{L}{L_o} \tag{1-11}$$

过量空气系数是发动机工作过程的一个重要参数，当实际空气量等于理论空气量时，则 $L=L_o$，$\alpha=1$；$\alpha<1$ 时，表示 $L<L_o$，为浓混合气；$\alpha>1$ 时，表示 $L>L_o$，为稀混合气。

过量空气系数与发动机类型、混合气形成方法、燃料的种类、工况（负荷与转速）、功率调节的方法等因素有关。

除了用 α 表示混合气浓度外，还可以用燃烧时空气量与燃料量的比值（即空燃比）来表示。

$$空燃比（A/F）= \frac{空气量}{燃料量} \tag{1-12}$$

汽油的理论空燃比≈14.7，柴油的理论空燃比≈14.5。

应用空燃比比较直观方便，其数值即为对 1kg 燃料实际供给空气量的千克数。对汽油发动机来说，空燃比小于 14.7 的为浓混合气，空燃比大于 14.7 的为稀混合气。

1.2.2 汽油发动机的正常燃烧

通常，汽油发动机是在气缸外部的进气管内，利用喷嘴或化油器使空气和燃料混合，进入气缸后到压缩行程接近终了时已大致形成了均质混合气，并以电火花点火进行燃烧。

汽油发动机的正常燃烧过程是指唯一的由火花塞定时跳火点燃可燃混合气，形成火焰中心，火焰前锋按一定的正常速度连续地传播到整个燃烧室空间。在此期间，火焰传播速度以及火焰前锋形状均没有急剧变化。

燃烧过程常借助于展开示功图进行分析，汽油发动机典型的展开示功图如图 1-8 所示。

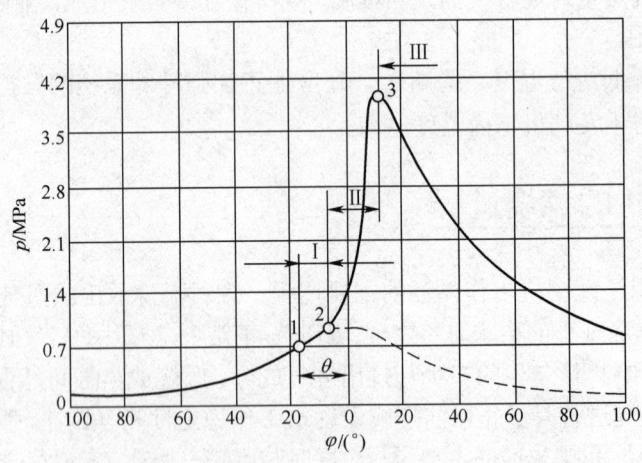

Ⅰ—着火落后期；Ⅱ—明显燃烧期；Ⅲ—补燃期
1—火花塞跳火点；2—形成火焰中心；3—最高压力点
图 1-8 汽油发动机的燃烧过程

图 1-8 中横坐标为发动机曲轴转角 φ，纵坐标为气缸内气体压力 p，所以展开示功图也被称为 $p-\varphi$ 图。图 1-8 中虚线表示只压缩不点火时的情况，实线表示点火后气缸压力变化的情况。汽油发动机实际燃烧过程的进行是连续的，为了分析方便，按展开示功图上压力变化的特点，将汽油发动机的燃烧过程分为着火落后期、明显燃烧期和补燃期三个阶段。

1. 着火落后期

从火花塞跳火开始（点1）到火焰中心形成，展开示功图上气缸压力明显脱离压缩线而急剧上升（点2）时的时间或曲轴转角，如图1-8中阶段Ⅰ。

火花塞跳火后，并不能立刻形成火焰中心，因为混合气的氧化反应需要一定的时间。火花能量使局部混合气温度迅速升高，火花放电时两极电压达10～30kV，局部温度可达3000～4500K，加快了混合气的氧化反应速度。当这种反应达到一定程度时，出现发光区，形成火焰中心。此阶段，气缸内压力无明显升高，压力没有脱离压缩线；放热量很少，没有燃烧，看不见明显火焰；局部积累活性中心，为加剧氧化反应作准备。

着火落后期的长短与以下因素有关：

（1）混合气浓度

混合气过量空气系数 $\alpha = 0.8 \sim 0.9$ 时，着火落后期最短。

（2）开始点火时的缸内气体温度和压力

开始点火时缸内气体温度和压力越高，着火落后期越短。

（3）缸内气体流动

加强紊流运动会加快混合气的氧化反应速度，着火落后期缩短。

（4）火花能量

加大火花能量，着火落后期缩短。

（5）残余废气量

残余废气对燃烧反应起阻碍作用，使着火落后期变长，所以应尽量减少残余废气。

（6）燃料本身分子结构和物化性质

着火落后期，每一循环都可能有变动，有时最大值可达最小值的数倍。希望着火落后期尽量缩短并保持稳定。由于混合气有着火落后期，所以火花塞是在上止点前某一时刻开始跳火的，这样可保证燃烧过程是在上止点附近进行。可用点火提前角表示点火时刻。点火提前角是指从火花塞跳火开始至活塞到达压缩行程上止点所对应的曲轴转角。

2. 明显燃烧期

从火焰中心形成（点2）到火焰传播到整个燃烧室，展开示功图上常指压力达到最高点（点3）为止，如图1-8中阶段Ⅱ。

在均值混合气中，当火焰中心形成之后，火焰向四周传播，形成一个近似球面的火焰层，即火焰前锋，从火焰中心开始层层向周围未燃混合气传播，直到连续不断的火焰前锋扫过整个燃烧室。火焰前锋相对于未燃混合气向前推进的速度称为火焰传播速度。汽油发动机燃烧室的火焰传播速度可达50～80m/s。涡流运动影响火焰传播速度及火焰前锋形状。发动机转速升高时，气缸内混合气紊流加强，火焰传播速度提高。

明显燃烧期是汽油发动机燃烧过程的主要阶段。混合气的绝大部分（约80%以上）在此期间内燃烧完毕，燃烧放热率大，此时活塞又靠近上止点，所以气缸压力上升迅速。常用平均压力升高率 λ_p（kPa/(°)）来表示压力变化的急剧程度。

$$\lambda_p = \frac{\Delta p}{\Delta \varphi} \tag{1-13}$$

式中：Δp——明显燃烧期终点和起点的气体压力差，kPa；

$\Delta \varphi$——明显燃烧期终点和起点相对于上止点的曲轴转角差（°）。

明显燃烧期愈短，愈靠近上止点，汽油发动机经济性、动力性愈好，但也可能因压力升高率 λ_p 过高，而导致噪声、振动加大，排放性变差。汽油发动机的 λ_p 在 200～400kPa/(°)的范围内。为保证汽油发动机工作柔和，性能良好，λ_p 以 175～250kPa/(°)为宜。

一般明显燃烧期约占 20°～40° 曲轴转角，燃烧最高压力出现在上止点后 12°～15° 曲轴转角。最高压力点出现的时刻过早，使压缩功增加，热效率下降；过迟，燃烧产物的膨胀比小，燃烧在大容积下进行，散热损失增加，热效率也下降。实践证明，最高压力出现在上止点后 12°～15° 曲轴转角时，示功图面积最大，循环功最多。

3. 补燃期

从最高压力点（点 3）开始到燃料基本燃烧完为止，这个阶段称为补燃期。如图 1-8 中阶段Ⅲ，其终点很难界定。

在此阶段的燃烧主要是：明显燃烧期火焰前锋扫过的区域，部分未燃尽的燃料继续燃烧；贴附在气缸壁面的混合气层继续燃烧；燃烧产物 CO_2、H_2O 中，有少部分在高温作用下分解成 H_2、O_2、CO 等产物，因在膨胀过程中温度下降，热分解产物又重新氧化、放热。

补燃这种燃烧已远离上止点，是在活塞下行、气缸容积逐渐增大过程中进行的，压力降低，散热面积增大，使补燃期内燃料燃烧放出的热量不能有效地转变为功。同时排气温度增加，热效率下降，影响发动机动力性和经济性。因此，希望补燃期尽量缩短。

1.2.3 汽油发动机的不正常燃烧

汽油发动机的正常燃烧是指由火花塞跳火点燃可燃混合气，形成火焰中心，火焰按一定的速率连续地传播到整个燃烧室空间。若汽油发动机可燃混合气燃烧不是由火花塞点燃或火焰传播速率不正常的即为不正常燃烧，汽油发动机的不正常燃烧主要有爆燃和表面点火。

1. 爆燃

（1）爆燃产生的原因

汽油发动机燃烧过程中，火焰前锋以正常的传播速度向前推进，处在最后燃烧位置上的那部分未燃混合气（常称末端混合气，并不是指最远，而是指火焰传播整个过程中没有燃烧的混合气）受到已燃混合气强烈的压缩和热辐射作用，加速了先期反应，并放出部分热量，使本身的温度急剧升高。如果火焰前锋及时到达将其引燃，直到燃烧完为止，属正常燃烧。如果火焰前锋尚未到达之前，末端混合气达到了自燃温度已经自燃，形成新的火焰中心，产生新的火焰快速传播，这种现象称为爆燃。爆燃通常是在燃烧过程明显燃烧期内比较后一阶段出现的。爆燃时，自燃部分混合气燃烧速度极快，其火焰前锋面向前推进的速度远远大于正常燃烧的火焰传播速度。轻微爆燃时，火焰传播速度约为 100～300m/s，强烈爆燃时火焰传播速度可高达 800～1000m/s。它使未燃混合气体瞬时燃烧完毕，局部压力、温度骤然上升，形成强烈的压力冲击波，压力冲击波反复撞击缸壁、燃烧室壁，发出尖锐的金属敲击声（亦称为敲缸）。试验表明，发动机总充量中有大于 5%部分进行自燃时，就足以引起剧烈爆燃。如图 1-9 所示为汽油发动机爆燃时的示功图。

（2）爆燃的危害

汽油发动机允许有轻微的、短时间爆燃。因为轻微的爆燃可以提高火焰传播速度，缩短燃烧过程所占用的时间，有利于提高有效热效率。但不允许严重的爆燃，严重的爆燃会有下列危害。

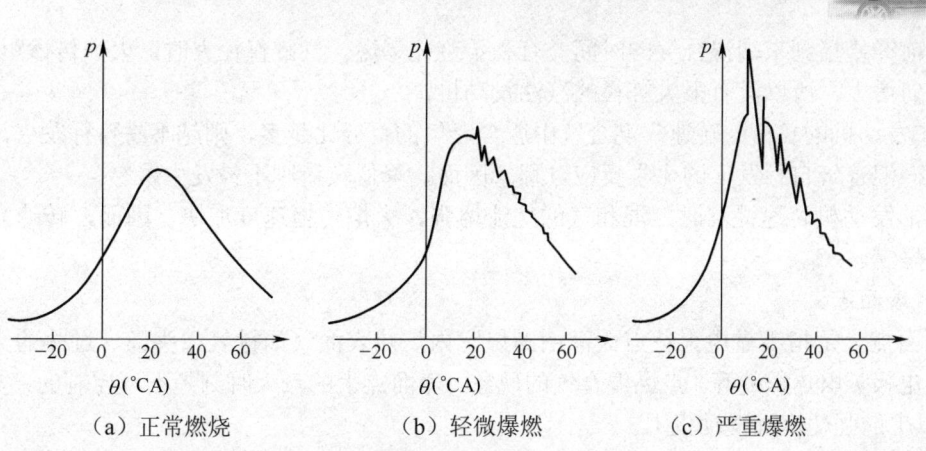

(a) 正常燃烧　　　　　(b) 轻微爆燃　　　　　(c) 严重爆燃

图1-9　汽油发动机爆燃时的示功图

1）机件过载。爆燃时的冲击波能使缸壁、缸盖、活塞、连杆、曲轴等机件的机械负荷增加，使机件变形甚至损坏。

2）机件烧损。汽油发动机燃烧终了时的温度可达到2000℃～2500℃，而活塞顶、缸壁及燃烧室壁的温度仅为200℃～300℃，除了冷却液的冷却作用外，能够维持如此低温度的原因还包括在壁面上形成的附面气膜和润滑油膜起的隔热作用。而强烈爆燃时的冲击波会破坏这些附面气膜和润滑油膜，使机件直接与高温燃气接触，严重爆燃时局部燃气温度可高达4000℃以上，这样会使活塞头部和气门等机件烧损。同时热量传给冷却液引起发动机过热。

3）动力性、经济性下降。严重爆燃时的局部高温及强烈的压力冲击波，破坏了缸壁表面的附面气膜和润滑油膜，气体向缸壁的传热量大大增加，使热效率下降，功率降低，耗油率增加。

4）发动机磨损加剧。由于传热损失增加，使冷却液和润滑油温度增加，润滑油润滑效果变差，零件磨损加剧。试验表明，严重爆燃时的磨损比正常燃烧时大27倍。

5）排气冒黑烟，补燃增加，排气温度增加。爆燃时的局部高温引起热分解现象严重，使燃烧产物分解为CO、H_2、O_2、NO及游离碳的现象增多，排气冒烟严重。CO、H_2、O_2等在膨胀过程中重新燃烧又使补燃增加，排气温度增高。

爆燃产生的炭粒形成积炭，破坏活塞环、火花塞、气门等零件的正常工作，使发动机可靠性下降。

6）噪声大。由于爆燃在气缸内形成强烈的压力冲击波，在缸壁、活塞顶及缸盖底面之间的来回反射，强迫缸壁等零件振动，使噪声增大，能量损失增加。

（3）影响爆燃的因素

1）燃料的性质。辛烷值高的燃料抗爆燃能力强。使用抗爆剂可有效地提高燃料的抗爆燃能力，但有些抗爆剂要受环保和发动机排放污染净化装置的制约，因此近年来各国对含铅汽油的使用有一定控制。西方发达国家早已大量使用无铅汽油，我国已于2000年7月1日起禁止销售使用含铅汽油。

2）末端混合气的压力和温度。末端混合气的压力和温度增高，则爆燃倾向增大。提高压缩比，则气缸内压力、温度升高，爆燃易发生；气缸盖、活塞的材料使用轻金属，由于其导热性好，末端混合气压力、温度低，爆燃倾向小，可提高压缩比0.4～0.7单位。

3）火焰前锋传播到末端混合气的时间。提高火焰传播速度、缩短火焰传播距离，都会减少火焰前锋传播到末端混合气的时间,有利于避免爆燃。气缸直径大时,火焰传播距离增加,爆燃倾向增大,所以没有很大缸径的汽油发动机。

4)发动机的负荷与转速。混合气中所含废气的百分比越多,则越不易自行发火,因为废气会阻碍混合气自行发火的化学反应过程。因而,降低负荷则不易发生爆燃。

汽油发动机转速提高时,混和气的扰流增强,火焰传播速度加快。因而,转速高时也不易发生爆燃。

2. 表面点火

表面点火是指不靠电火花点火而由燃烧室内炽热表面(如排气门头部、过热的火花塞绝缘体和电极、炽热积碳等)点燃混合气的现象。表面点火的点火时刻是不可控制的,多发生在 $\varepsilon = 9$ 以上的强化汽油发动机上。

(1) 后火

表面点火出现在火花塞跳火后,并且形成的火焰前锋仍以正常的火焰传播速度向未燃气体推进,称为后火。出现这种现象时,可在发动机断火后发现,发动机仍像有电火花一样,继续运转,直到炽热点温度下降到不能点燃混合气为止,发动机才停转。

(2) 早燃

早燃是指火花塞跳火之前,混合气被炽热表面点燃的现象。

由于早燃提前点火而且热点表面比火花大,使燃烧速率快,气缸压力、温度增高,发动机工作粗暴,并且由于压缩功增大,向缸壁传热增加,使发动机功率下降,火花塞、活塞等零件过热。汽油发动机早燃示功图如图1-10所示。

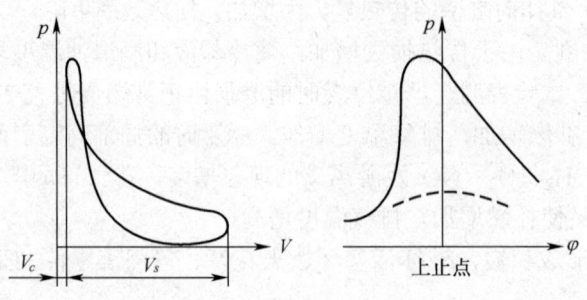

图1-10 汽油发动机早燃示功图

(3) 影响热面点火的因素

凡是能降低燃烧室温度和压力、减少积炭等炽热点形成的因素都有助于防止表面点火。

1)燃料与润滑油。低沸点的汽油(高沸点馏分尤其是重芳香烃含量要少)和成焦性小的润滑油(高分子量、低挥发性的成分要少),可以降低燃烧室内沉积物的生成,有助于防止表面点火。

燃料中添加抑制表面点火的添加剂,如添加磷化物可改变沉积物的物理化学性质,降低其着火能力。

2)压缩比。降低压缩比,可降低燃烧室温度和压力,有助于防止表面点火。

3)工况。避免汽车长时间低负荷运行和汽车频繁加减速行驶,可以降低燃烧室内沉积物的生成,有助于防止表面点火。

(4) 爆燃与表面点火关系

表面点火与爆燃的相同点：①表面点火与爆燃均属不正常燃烧现象；②表面点火会诱发爆燃，爆燃又会让更多的炽热表面温度升高，促使更剧烈的表面点火，两者相互促进，危害可能更大。

表面点火与爆燃的不同点：①爆燃是火花塞跳火后末端混合气的自燃现象，表面点火是火花塞跳火之前或之后由炽热表面或沉积物点燃混合气所致；②爆燃时有强烈的压力冲击波，有尖锐的金属敲击声；表面点火没有压力冲击波，敲缸声比较沉闷，主要是由活塞、连杆、曲轴等运动部件受到冲击负荷产生振动而造成。

各种燃烧示功图的比较如图 1-11 所示。

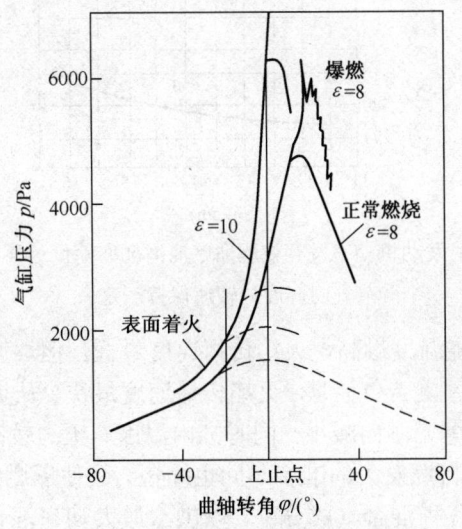

图 1-11　各种燃烧示功图的比较

1.2.4　汽油发动机燃烧过程的影响因素

1. 汽油的品质

汽油的蒸发性与抗爆性是影响汽油发动机燃烧过程的关键性能。

汽油的蒸发性是指液态汽油汽化的难易程度。汽油的蒸发性愈强，就愈容易汽化，与空气混合愈均匀，使混合气的燃烧速度快，易于完全燃烧。因而汽油要有良好的蒸发性，但蒸发性过强，在炎热的夏季、高原山区使用时，供油系易形成气阻，使得供油减少甚至发生供油中断现象。

汽油的抗爆性是指汽油在发动机气缸内燃烧时抵抗爆燃的能力，用辛烷值评定。汽油的辛烷值愈高，其抗爆性愈好。汽油的牌号以辛烷值划分。

2. 混合气浓度

混合气浓度对汽油发动机的动力性、燃油经济性有很大影响。因此，分析混合气浓度对燃烧过程的影响是非常重要的。

混合气浓度对汽油发动机动力性、经济性的影响如图 1-12 所示。

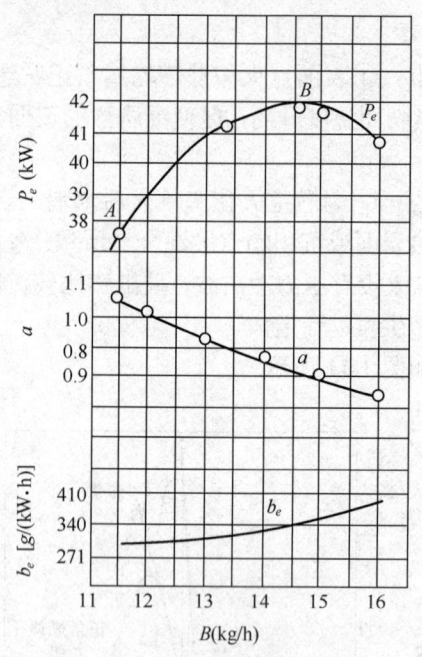

图 1-12 发动机功率及有效燃油燃油消耗率随供油量的变化
（节气门开度、转速保持一定）

在 $\alpha = 0.8 \sim 0.9$ 时，燃烧温度最高，火焰传播速度最大，但爆燃倾向最大，这主要是当使用这种浓度的混合气（即功率混合气）时，火焰传播速度最快，从火焰中心形成到火焰传播到末端混合气的时间缩短，使爆燃倾向减小。同时缸内温度、压力较高，压力升高率较大，使从火焰中心形成到末端混合气自燃发火的准备时间也缩短，又使爆燃倾向增大。实践证明，后者的影响是主要的。因此，在各种混合气成分中，以供给最大功率混合气时最易爆燃。如汽车满载爬坡时容易爆燃。

在 $\alpha = 1.03 \sim 1.1$ 时，由于燃烧完全，有效燃油消耗率 b_e 最低，但此时缸内温度最高且空气富裕，NO_x 排放量大。

使用 $\alpha < 1$ 的浓混合气时，会产生不完全燃烧，因而 CO 排放量增多。

当 $\alpha < 0.8$ 及 $\alpha > 1.2$ 时，火焰速度缓慢，部分燃料可能来不及完全燃烧，因而经济性差，HC 排放量增多且工作不稳定。

发动机怠速或低负荷运转时，节气门开度小，进入气缸的新鲜混合气量少，残余废气相对较多，混合气不易点燃，可能引起断火现象。为维持发动机平稳运转，通常供给比功率混合气更浓的混合气。一般 $\alpha = 0.6$ 左右。发动机在中等负荷时如果也供给过浓混合气，由于火焰传播速度低，燃烧速度减慢，混合气在大容积下燃烧，发动机易过热，排气温度增高。高温废气中未完全燃烧的成分在排气管口与空气相遇，剧烈氧化，形成排气管放炮现象。发动机采用 $\alpha > 1.1$ 的稀混合气时，此时火焰传播速度也很慢，燃烧缓慢，使燃烧过程进行到排气行程终了，进气门已开启，含氧过剩的高温废气可以点燃进气管内新气，造成回火。

可见，在均质混合气燃烧中，混合气浓度对燃烧影响极大，必须严格控制。

3. 点火提前角

点火提前角是指从火花塞跳火到活塞到达压缩行程上止点间的曲轴转角。其数值应视燃料性质、转速、负荷、过量空气系数等很多因素而定。

点火提前角过大，则大部分混合气在压缩过程中燃烧，活塞上行所消耗的压缩功增加，发动机容易过热，有效功率下降，工作粗暴程度增加。同时由于混合气的压力过高，末端混合气燃烧前的温度较高，爆燃倾向加大。

点火提前角过小，则燃烧延长到膨胀过程，燃烧最高压力和温度下降，传热损失增多，排气温度升高，功率下降，耗油量增多。

点火提前角为最佳值时，压力升高率不是过高，最高压力出现在上止点后合适的角度内，示功图面积最大，完成的循环功最多，发动机的动力性、经济性最好。

不同点火提前角时的示功图如图 1-13 所示。

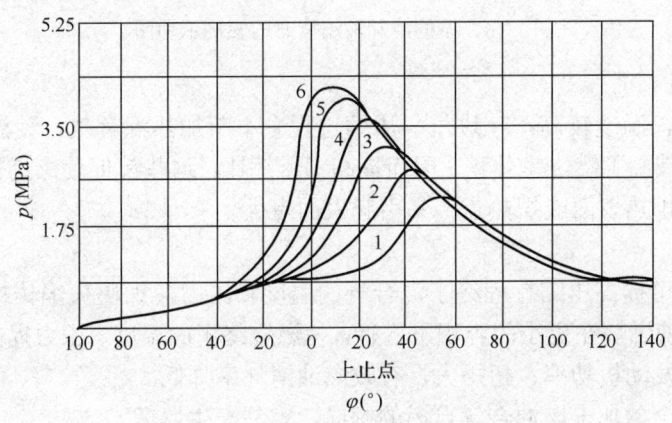

图 1-13　不同点火提前角时的示功图

4. 发动机转速

在一定节气门开度下，发动机转速增加时，气缸中紊流增强，火焰传播速度加快，因而以秒计的燃烧过程缩短，由于循环时间也缩短，一般燃烧过程相当的曲轴转角增加，应当相应加大点火提前角，以保证燃烧过程在上止点附近完成。

5. 发动机负荷

发动机转速一定，负荷减小时，进入气缸的新鲜混合气量减小，而残余废气量基本不变，故残余废气所占比例相对增加，爆燃倾向减小。因为残余废气对燃烧反应起阻碍作用，使燃烧速度减慢，为保证燃烧过程在上止点附近完成，需增大点火提前角。

6. 冷却液温度

冷却液温度应控制在正常温度范围内（化油器发动机为 80~90℃，电喷发动机为 95~105℃）。

冷却液温度过高、过低均影响混合气的燃烧和发动机的正常使用，冷却液温度不同时的示功图如图 1-14 所示。

冷却液温度过高时，会使燃烧室壁及缸壁过热，爆燃及表面点火倾向增加。同时进入气缸的混合气温度升高，密度下降，充量减小，使发动机动力性、经济性下降。

冷却液温度过低时，传给冷却液热量增多，发动机热效率降低，功率下降，耗油率增加；润滑油粘度增大，流动性差，润滑效果变差，摩擦损失及机件磨损加剧；容易使燃气中的酸根和水蒸气结合成酸类物质，使气缸腐蚀磨损增加；燃烧不良易形成积炭；不完全燃烧现象增加，使排污增多。

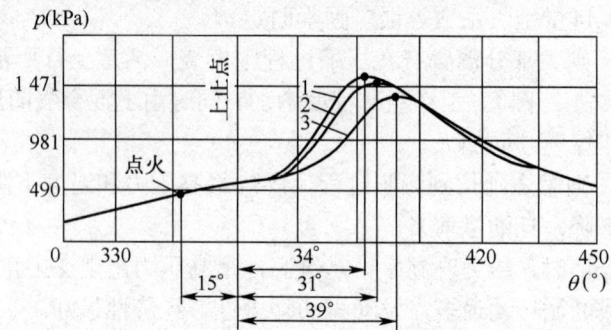

1—冷却液温度为98℃；2—冷却液温度为60℃；3—冷却液温度为40℃

图1-14　不同冷却液温度时的燃烧示功图

7. 燃烧室积炭

积炭不易传热，温度较高，在进气、压缩过程中不断加热混合气，使温度升高很快；积炭本身占有体积，减小了燃烧室体积，因而提高了压缩比，这些都促使爆燃倾向增加。积炭表面温度很高，形成炽热表面或炽热点，易引起表面点火。

8. 压缩比

提高压缩比，可提高压缩行程终了混合气的温度和压力，加快火焰传播速度。选择合适的点火提前角，可使燃烧在更小的容积下进行，使燃烧终了的温度、压力提高。且燃气膨胀充分，热效率提高，发动机功率、扭矩大，有效燃油消耗率降低。

但提高压缩比会增加未燃混合气自燃的倾向，容易产生爆燃。

9. 气缸直径

气缸直径增大，火焰传播距离增加，爆燃倾向增大，所以一般没有很大缸径的汽油发动机。汽油发动机气缸直径通常在100mm以下。

10. 气缸盖和活塞材料

铝合金的导热性比铸铁好，气缸盖和活塞采用铝合金材料，可降低燃烧室表面温度，热负荷明显减小，减小了爆燃倾向。

1.3　柴油发动机的燃烧过程

柴油发动机出现噪声大、排气冒烟、动力性和经济性不好等症状，在很大程度上与柴油发动机燃烧过程有关。因此有必要分析柴油发动机的燃烧过程以及影响柴油发动机燃烧过程正常进行的主要因素，以便于合理设计发动机以及在实际工作中能够分析故障原因、查明故障。

柴油发动机所用的燃料是较难蒸发但较易自燃的柴油，其混合气形成和燃烧过程与汽油发动机有着本质的不同。柴油由喷射系统在压缩行程接近终了时开始直接喷入燃烧室内，混合气形成时间极短，均质混合气形成困难，燃烧室内工质成分随时间和空间而变化。这种不均匀的混合气是在高温、高压下多点自燃着火燃烧的。柴油发动机燃烧过程划分为着火延迟期、速燃期、缓燃期和补燃期四个阶段。

1.3.1 柴油发动机的燃烧过程

柴油发动机燃烧过程非常复杂，喷油、混合、着火与燃烧往往同时进行。燃烧过程是柴油发动机工作过程的核心部分，为便于分析与揭示燃烧过程的规律，通常根据其展开示功图上气缸压力和温度的变化特点，将这一连续的燃烧过程划分为四个阶段，即着火延迟期（滞燃期）、速燃期、缓燃期和补燃期，如图 1-15 所示。

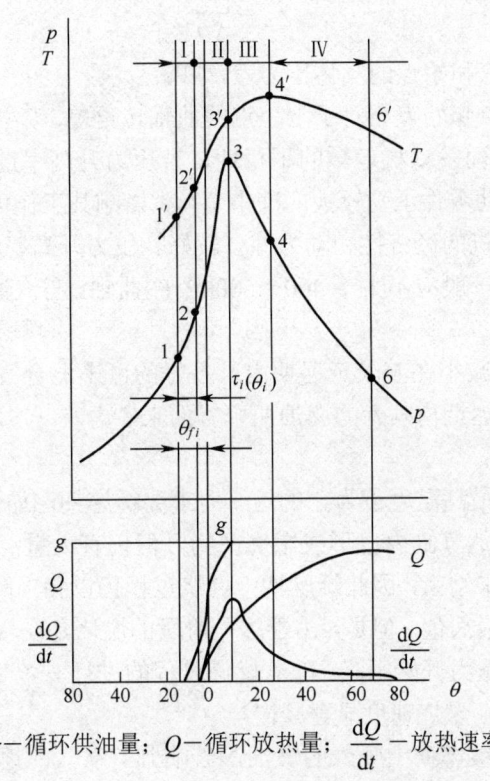

g—循环供油量；Q—循环放热量；$\dfrac{dQ}{dt}$—放热速率

图 1-15　柴油发动机燃烧过程

1. 着火延迟期

从燃油开始喷入燃烧室内到着火开始为止的这一段时期称为着火延迟期，如图 1-15 中的阶段 I。

在着火延迟期内，气缸压力没有偏离压缩线；燃油没有燃烧，放热量很少；燃烧室内进行着混合气准备的物理和化学过程。物理过程是指燃油的雾化、加热、蒸发、扩散与空气混合，化学过程是指混合气的先期化学反应直至开始自燃。

着火延迟期的长短对燃烧过程有着极大的影响。着火延迟期长，期间喷入燃烧室的燃料就多，形成的可燃混合气就多。这些燃料在着火后几乎一起燃烧，使压力升高率和最高燃烧压力较高，运动零件承受冲击负荷强烈，柴油发动机工作粗暴，以致影响柴油发动机的使用寿命。影响柴油发动机着火延迟期的主要因素有燃料的发火性、气缸内压缩压力和温度、喷油提前角、转速、负荷、燃烧室的形状和壁温等。柴油的发火性越好（十六值越高），着火延迟期越短。喷油时缸内的温度和压力越高，则着火延迟期越短。

2. 速燃期

从开始着火（即压力开始偏离纯压缩线）到出现最高压力为止的这一段时期称为速燃期，如图 1-15 中的阶段Ⅱ。

在着火延迟期内准备好的混合气几乎同时开始燃烧放出大量热量，而且活塞又处于上止点附近，气缸容积较小，因此使气缸内的压力、温度急剧上升。一般用压力升高率 λ_p〔kPa/(°)曲轴〕表示压力急剧上升的程度。

$$\lambda_p = \frac{\Delta P}{\Delta \theta} \tag{1-14}$$

式中：ΔP——速燃期终点和始点的气体压力差，kPa；

$\Delta \theta$——速燃期终点和始点相对于上止点的曲轴转角差，CA°。

压力升高率决定了柴油发动机运转的平稳性，若压力升高率过大，则柴油发动机工作粗暴，燃烧噪声大；同时运动零件承受较大的冲击负荷，影响其工作可靠性和使用寿命；但由于燃烧迅速进行，柴油发动机的经济性和动力性会较好。压力升高率应限制在一定的范围之内，柴油发动机的压力升高率一般应不大于 400～500kPa/(°)曲轴。与汽油发动机相比，柴油发动机的压力升高率较大。

控制压力升高率，应减小在着火延迟期内准备好的可燃混合气的量，主要从缩短着火延迟期的时间与减少着火延迟期内喷入的燃油两个方面来考虑。

3. 缓燃期

从最大压力点开始至最高温度点为止的这个时期为缓燃期，如图 1-15 中的阶段Ⅲ。

当缓燃期开始时，虽然气缸内已形成燃烧产物，但仍有大量混合气正在燃烧。在缓燃期的初期，喷油过程可能仍未结束，因此缓燃期中燃烧过程仍以相当高的速度进行，并放出大量热量，使气体温度升高到最大值。但是，由于这一阶段的燃烧是在气缸容积不断增大的情况下进行的，因此气缸内气体压力开始下降。随着燃烧过程的进行，空气量逐渐减少而燃烧产物不断增多，导致缓燃期的后期燃烧速度显著减慢。

在温度和压力较高的缓燃期中喷入的燃油，若喷到有氧气的地方，由于温度高反应速度快，燃油很快着火燃烧；若喷到缺氧的废气区，则油滴会因高温缺氧而裂解出碳烟。因此，柴油发动机必须在过量空气系数大于 1 的条件下工作。另外，在缓燃期适当增强空气涡流强度、加速混合气形成与燃烧速率，对保证在上止点附近迅速而完全地燃烧有着重要作用。

4. 补燃期

从最高温度点起到燃油基本燃烧完时为止称为补燃期。补燃期的终点很难准确地确定，一般当放热量达到循环总放热量的 95%～99%时，可认为补燃期结束。如图 1-15 中的阶段Ⅳ。

补燃期内燃油的燃烧可称为后燃，由于燃烧时间短促，混合气又不太均匀，总有少量燃油拖延到膨胀过程中继续燃烧。特别在高速大负荷工况下，因过量空气系数小，混合气形成和燃烧的时间更短，这种后燃现象就更为严重。

在补燃期中，由于活塞下行了相当的距离，气缸容积增大很多，缸内压力和温度迅速下降，故燃烧速度很慢，所放出的热量很难有效利用，大量的热量传至冷却液，并使排气温度升高，有关零件的热负荷增加，对柴油发动机的经济性不利。因此，希望尽量缩短补燃期。

1.3.2 柴油发动机燃烧过程存在的主要问题

1. 工作粗暴

若在着火落后期内形成的可燃混合气过多且同时燃烧或过早的喷油燃烧，则在柴油发动机燃烧过程的速燃期内，会引起燃烧室内的压力过分急剧地上升，会使燃烧室壁、活塞、连杆、曲轴等机件受强烈的冲击，并产生强烈的振动和特有的金属敲击声，给人带来难受的感觉，称为柴油发动机工作粗暴。工作粗暴的发动机往往因受到较大的冲击负荷而降低其使用寿命。

2. 排气冒烟

柴油发动机废气中有时含有炭烟，炭烟的形成一般被认为是燃油在高温缺氧的情况下进行燃烧，使燃烧中间产物裂化聚合成炭粒。这些炭粒一般还能在随后的燃烧中找到空气而进一步燃烧。但如果空气不足或混合不好，则炭粒不能燃烧而聚合或附于气缸内壁或随废气排入大气形成柴油发动机特有的黑烟现象。

黑烟往往在大负荷（如汽车加速、爬坡或超速）时发生，这是因为大负荷时 α 值较小，空气相对不足，加之燃烧室内温度较高而使着火延迟期短，空气与燃油未能很好的渗透，使一部分燃油高温分解生成黑烟。黑烟的出现不仅说明燃烧不完全使柴油发动机动力性和经济性下降，同时炭粒附于燃烧室内壁成为有害沉积物，会引起活塞环卡住、气门咬死等故障。黑烟还会妨碍交通视线、造成大气污染，因此不允许柴油发动机长时间在冒黑烟状态下工作。

除黑烟外，柴油发动机有时还产生蓝烟和白烟。一般蓝、白烟是在寒冷、刚起动的柴油发动机以及怠速或低负荷运转时发生，此时缸内温度低，着火性能不好，燃油不能完全蒸发燃烧，由这些未燃烧或部分氧化的燃料液滴与水蒸气构成的微粒，随废气排出而形成蓝烟或白烟。蓝烟、白烟之间没有严格的成分差异，只是由于微粒直径不同而对光线反射不同，产生不同颜色而已。白烟是 0.6μm～1mm 的颗粒构成，蓝烟是由是 0.6 μm 以下的颗粒构成。一般白烟在柴油发动机暖机的过程中逐渐变为蓝烟，再变为无色烟。

1.3.3 柴油发动机燃烧过程的影响因素

影响燃烧过程的因素很多，有燃油方面的因素、结构方面的因素和使用方面的因素等。

1. 燃油方面的因素

车用柴油发动机多采用轻柴油。柴油的发火性、蒸发性、粘度、凝点等关键性能对柴油发动机的性能影响较大。

（1）柴油的发火性

柴油的发火性常用十六烷值来表示。十六烷值高的柴油，自燃点低，当柴油喷入气缸后，在高压高温条件下，容易形成高度密集的过氧化物，很快着火燃烧，故着火落后期短；在速燃期内压力升高率不够大，不易产生工作粗暴。反之，十六烷值低的柴油，自燃点高，着火落后期长，则在气缸内积聚并完成燃烧准备的柴油就多，造成大量柴油同时燃烧，使缸内压力急剧升高，发动机运转不平稳，容易产生工作粗暴。但是柴油的十六烷值并不是越高越好。因为十六烷值过高的柴油，其分子量大，使柴油的低温流动性、雾化和蒸发性均受到影响。还会因分子量大，喷入的柴油裂化较快形成大量难于燃烧的游离碳，补燃期延长。若来不及燃烧，会出现排气冒黑烟现象，功率下降、油耗上升。同时，十六烷值过高，一般凝点较高，也不利于使用。

（2）柴油的蒸发性

柴油馏程中馏出温度低，柴油蒸发就快，对形成混合气有利；否则，柴油蒸发就慢，形成的混合气质量就差，燃烧将在膨胀行程中继续进行，影响发动机正常工作。柴油馏程中 50%蒸发温度越低，说明柴油中的轻质馏分越多，使发动机容易起动。但应注意：不能单从起动难易角度来要求柴油有过轻的馏分。因为含有过轻馏分的柴油往往是含自燃点高的烃多，它将使发动机发生工作粗暴现象。柴油馏程中 90%和 95%蒸发温度越低，说明柴油中的重质馏分越少，这不仅可以提高发动机的动力性，减少机械磨损，避免发动机产生过热现象，还可以降低燃油消耗。

（3）柴油粘度

柴油粘度大，分子间相互作用力大，这种作用力有阻止油柱分散的作用。因此，柴油喷出的油滴直径大、射程远、圆锥角小，使油滴的有效蒸发表面积减小，混合气形成不良，燃烧不完全，油耗增大。柴油粘度小，喷出的油滴射程近，圆锥角大，这样油滴直径小，但其油柱形状与燃烧室形状不适应，同样造成混合气形成不良。综上所述，柴油粘度不可太大，也不可太小。另外，在柴油发动机的燃料供给系统中，喷油泵和喷油器都是由精密零件组成，例如柱塞偶件、出油阀偶件和针阀偶件。这些配合件在工作时，经常处于摩擦状态，而摩擦面的润滑是靠柴油来保证润滑的要求。粘度太小的柴油在摩擦面间不能形成油膜，使精密配合件的磨损增大，不仅会因漏失量增大而减少供油量，而且使喷雾质量下降。柴油粘度大一些对精密配合件的润滑有利，但过大了也会降低喷雾质量并使燃烧过程恶化。

（4）柴油的凝点

柴油的凝点是指柴油冷却到失去流动性的温度。柴油接近凝点时，由于流动性差，使供油困难，喷雾不良，柴油发动机无法正常工作。为了保证柴油发动机正常工作，柴油的凝点应较柴油发动机使用的周围地区风险率为 10%的最低气温低 4~6℃。

2. 结构方面的因素

结构方面对燃烧过程的影响，主要是燃油喷雾、空气运动、燃烧室形状间良好的配合。除此之外，压缩比、活塞材料、喷油器、喷油规律对燃烧过程也有很大影响。

（1）压缩比

压缩比较大时，压缩终点的温度和压力都比较高，使着火延迟期缩短，发动机工作比较柔和。不同压缩比对着火延迟期的影响如图 1-16 所示。同时，压缩比的增大还能提高发动机工作的经济性和改善起动性能。如果压缩比过大，燃烧最高压力会过分增大，曲柄连杆机构会承受过大的负荷，从而影响发动机的使用寿命。

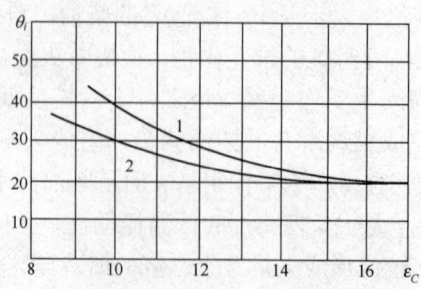

1—十六烷值为 40；2—十六烷值为 60

图 1-16 压缩比对着火延迟期的影响

（2）活塞材料

铸铁活塞与铝合金活塞相比，其温度较高，着火延迟期可以缩短，因此在其他条件相同时，采用铸铁活塞的柴油发动机工作比较柔和。

（3）喷油器

1）针阀升程与头部形状

针阀升程的大小对柴油发动机工作性能及喷油嘴使用寿命都有一定影响。针阀升程的大小应保证密封座面处有必要的流通截面，如果针阀升程过小，则油滴截面较小，喷油过程中座面节流损失严重，会使压力室内油压降低过多而影响喷雾质量。在同样的喷油量中会使喷油延续时间增加，所以针阀升程应足够大，以保证一定的油滴截面及尽可能小的流动阻力。但针阀升程过大也有不利的一面，因为随着升程的加大，调压弹簧的应力幅增加，并将加大针阀上升时撞击支承面及关闭时对密封面的冲击负荷，引起磨损加剧，缩短使用寿命；同时升程过大，也会延迟针阀关闭时间，增加了燃气倒流，影响性能并能污染针阀偶件，容易引起喷嘴漏油、过热、积碳以及针阀卡死等故障。因此在保证有足够的流通截面积的前提下，应尽可能减少针阀升程。

孔式喷油嘴，针阀头部形状通常有单锥面和双锥面之分，如图1-17所示。单锥面结构（如图中虚线所示）在针阀升起时，针阀体 T 截面处因环形面积较小，容易在这里产生截流。双锥面结构（如图中实线所示）能使薄弱环节 T 截面处的流通截面得到改善。为减少节流损失，要求座面有足够的流通截面，T 截面处的流通截面积与喷孔截面积之比为1.5~2.5。

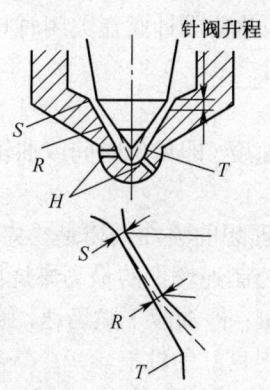

图1-17 孔式喷油嘴头部形状

2）压力室容积

针阀密封座面以下和喷孔以上的空间称为压力室容积，如图1-18所示。这部分容积的大小对柴油发动机性能有一定的影响。因为在燃烧过程的后期，喷油器的针阀虽已关闭，但压力室内总储有一定量燃油，尤其是孔式喷油嘴，这部分燃油受高温影响而膨胀或蒸发，因而其中一部分柴油也会进入燃烧室。这部分燃油不是在高压下呈雾状喷入，而是以滴漏的形式流入燃烧室，因此不能与空气正常混合燃烧，这样不但使柴油发动机性能变坏，而且会产生更多不完全燃烧的碳氢化合物（HC）及一氧化碳（CO）等排放物。同时亦容易增加喷油嘴头部的积碳现象。压力室容积愈大，燃烧室中滴漏的柴油愈多，对性能影响愈大，有害的 HC、CO 排放物愈多。

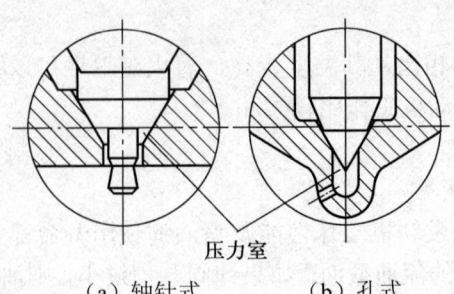

（a）轴针式　　　（b）孔式

图1-18　压力室

3）针阀开启压力，燃油喷射压力和针阀关闭压力

喷油器工作时，盛油槽内燃油压力上升到针阀开始升起瞬间的燃油压力称为针阀开启压力。喷射压力则指燃油从压力室经过喷孔喷出时的压力，通常指压力室内压力。

喷油器调压弹簧预紧力调定后，针阀开启压力基本上是个定值，而喷射压力则在喷油延续期内受嘴端压力波的影响是个变值。喷射压力增大，能提高燃油雾化质量，有利于减轻柴油发动机高低速性能匹配矛盾，能促进混合气的形成，有利于柴油发动机的燃烧。但过分追求高的开启压力对柴油发动机性能改善收效不大；相反，给燃油系统零部件的可靠性和耐久性带来不良后果。

喷油结束以后，针阀关闭之前，压力室内应保持一定的压力，如果关闭压力太低，则因针阀在落座过程中，喷射压力过低而降低喷射后期的喷雾质量，也在一定程度上影响燃烧过程，同时还容易引起燃气倒流的弊病。因此要求针阀在关闭时具有足够大的关闭压力，通常针阀关闭压力须大于最大燃烧压力10%以上。

（4）喷油规律

喷油规律是指柴油机各缸喷油速度（即单位时间或曲轴转角的喷油量）随运转时间或曲轴转角变化的关系。

从减轻工作粗暴性考虑，比较理想的喷油规律是"先缓后急迅速降为零"即在着火延迟期内喷入气缸的油量不宜过多，以控制速燃期的最高燃烧压力和压力升高率；而着火燃烧后，应以较高的喷油速率将燃油喷入气缸；停油应干脆迅速，喷油延续角不宜过大，目的是使燃烧过程尽量在上止点附近进行，以获得良好的性能。

如图1-19表明了喷油规律对燃烧过程的影响。图中 g_f 为每循环喷油量，两种喷油规律的喷油提前角 θ_{fj} 及着火延迟期 τ_i 均相同。曲线1所示的喷油规律是开始喷油很急，即在着火延迟期中喷入气缸的燃油较多（Δq_1），因此压力升高率和最高燃烧压力都较大，工作较粗暴；而曲线2所示的喷油规律基本满足"先缓后急"的要求，在着火延迟期中喷入气缸的燃油较少（Δq_2），当喷射持续角保持不变时，燃烧比较柔和。

3. 使用方面的因素

（1）负荷

柴油发动机的负荷调节方法是"质调节"，即空气量基本上不随负荷变化，而只调节循环供油量。负荷增大，循环供油量也增大，过量空气系数减小，单位容积内混合气燃烧放出的热量增加，使缸内温度上升，缩短着火延迟期，从而降低了柴油发动机的工作粗暴。负荷对着火延迟期的影响如图1-20所示。

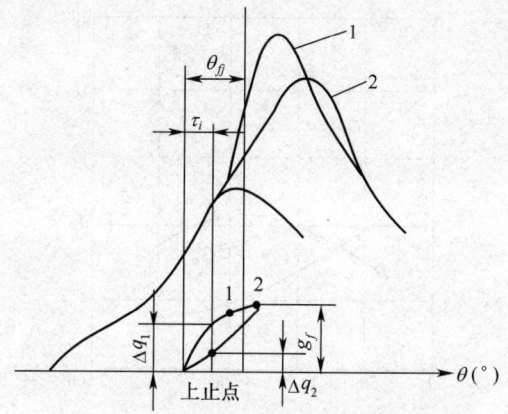

图 1-19 喷油规律对燃烧过程的影响

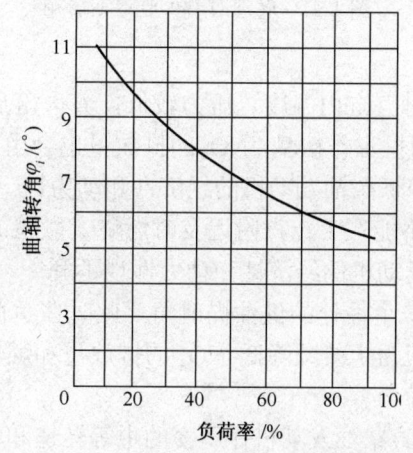

图 1-20 负荷对着火延迟期的影响

在中、小负荷工况下,燃烧热效率的变化一般不大,但随负荷增大,循环供油量加大,使喷油持续角增加,燃烧过程延长,并且过量空气系数减小,不完全燃烧现象增加,使燃烧热效率下降。负荷过大,过量空气系数过小,因空气不足,燃烧恶化,排气冒黑烟,柴油发动机经济性进一步下降。

当柴油发动机冷起动及怠速运转时,缸内温度低,润滑油粘度大,柴油发动机摩擦损失较大,尽管无负荷,但循环供油量却不能太小;而且因缸内温度低,着火延迟时间增加,致使压力升高率大,产生强烈噪音,通常称为"惰转噪音"。"惰转噪音"是在怠速或低速小负荷运转条件下产生的特殊现象,随着负荷加大,柴油发动机热状态正常后,"惰转噪音"会自行消失。

(2) 转速

转速升高时,由于散热损失和活塞环的漏气损失减小,使压缩终点的温度和压力增高;转速升高也会使喷油压力提高,改善燃油的雾化,这些都使得以秒为单位的着火落后期缩短,而以曲轴转角为单位的着火延迟期则有可能缩短,也可能延长。转速对着火延迟期影响如图 1-21 所示。

一般来说,转速过高或过低时,都会使燃烧热效率降低。转速过高时,燃烧所占的曲轴转角加大,充气效率下降,热效率下降;转速过低时,空气涡流减弱,喷油压力下降,使混合气质量变差,热效率也会下降。

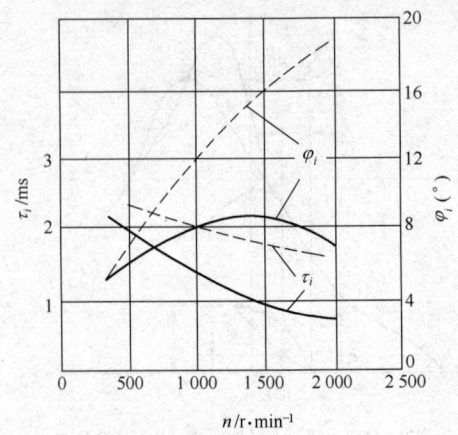

虚线—直喷式燃烧室；实线—涡流室燃烧室

图1-21 转速对着火延迟期影响

（3）供油提前角

供油提前角过大，喷油时气缸内温度、压力较低，着火落后期较长，压力升高率和最大燃烧压力增大，导致柴油发动机工作粗暴，NO_x的排放量也会由于燃烧温度的升高而增加。过早燃烧还会增加压缩负功，降低柴油发动机的经济性和动力性。

供油提前角过小，燃油不能在上止点附近及时燃烧，微粒的排放也会增加，排气温度升高，散热损失增加，对柴油发动机的经济性和动力性也不利。

对于每一种工况，均有一个最佳的供油提前角，此时在负荷及转速不变的前提下，功率最高有效燃油消耗率最低。但为了兼顾降低NO_x的排放量和燃烧噪声的需要，一般调节供油提前角略小于最佳的供油提前角。

如图1-22所示为一直喷式柴油发动机在不变的中等转速和中等负荷下，喷油提前角的变化所产生的影响。

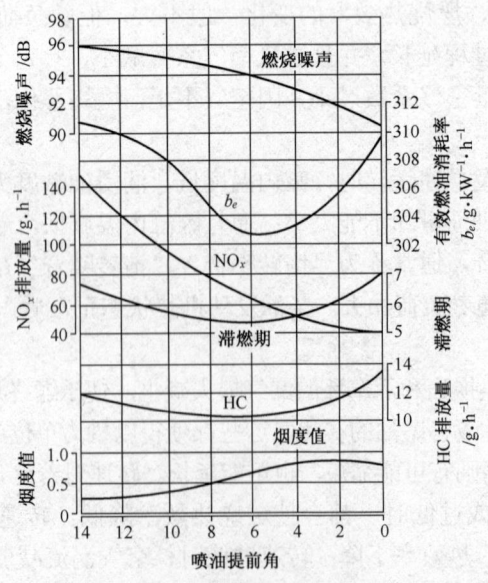

图1-22 喷油提前角的影响

由图可见，NO_x的排放量和燃烧噪音随供油提前角变小而下降，故实际中常将推迟喷油作为减小NO_x的排放量和燃烧噪音的有效措施加以采用，但这往往也是以有效燃油消耗率和微粒的排放量上升为代价的。

在不同转速和负荷下，最佳的供油提前角也不同。当转速增加时，由于喷油延迟角增大以及燃烧过程所占的曲轴转角可能增大，为保证燃油在上止点附近及时燃烧，需要适当加大供油提前角。一般直喷式燃烧室最佳供油提前角随转速的变化比分隔式燃烧室的大。柴油发动机中的供油提前角调节装置就是用于实现最佳供油提前角随转速的变化调节的。当负荷增加时，由于循环供油量增大以及燃烧过程变长，也需要适当加大供油提前角。对于最佳供油提前角随负荷的变化调节，则较难实现。只有在柴油发动机电控喷射系统中，才能真正实现最佳供油提前角随各种工况变化的准确调节。

（4）废气再循环

废气再循环已得到了较多的实际应用。它是指将一部分已燃的废气再次引入燃烧室内参加燃烧。废气再循环可以由简单的机构来控制，也可以与电控喷射系统相结合，实现更精确、更理想的控制。通过废气再循环降低了燃烧过程中的工质温度，从而有效地控制了NO_x的生成，降低了NO_x的排放量。但由于它实际上降低了过量空气系数，会对完全、及时的燃烧产生不利的影响，从而也会使碳烟的排放量增多，柴油发动机经济性变差，特别是在高速、高负荷的工况下更是如此。因此，仅在低速、低负荷的一定范围内才在进气中掺入一定量的废气。

1.4 汽车发动机的性能指标

汽车发动机的性能指标是评定汽车发动机性能好坏的各种物理量的总称。按指标体系建立的基础不同，发动机的性能指标可分为两大类：指示性能指标和有效性能指标。另外，还有关系到人类生存的环境友好性指标，如排气品质（排出的有害气体、排气微粒）和噪声。这些性能指标分别从不同角度反映汽车发动机的性能。本节主要介绍发动机的指示性能指标和有效性能指标。

1.4.1 指示性能指标

指示性能指标是以工质在气缸内对活塞做功为基础建立起来的指标体系，用来评定发动机循环进行的好坏。指示性能指标主要包括指示功、平均指示压力、指示功率、指示燃油消耗率及指示热效率。

1. 指示功

实际发动机在运转时，必须由进气、压缩、燃烧、膨胀及排气过程连续不断地重复进行，使燃油在气缸内燃烧，将化学能转变为热能，再将热能转变为机械能。将这些过程用压力P与容积V的变化关系表示在坐标图上，就得到P-V坐标图。如图1-23所示，图中的横坐标代表活塞位移或气缸容积，纵坐标代表气缸内的气体压力，封闭曲线的面积代表气体循环中做功的多少，所以P-V图又称为示功图。示功图可以分析发动机实际循环，可以很方便地测量出实际循环功（即指示功W_i）的大小及其他参数。

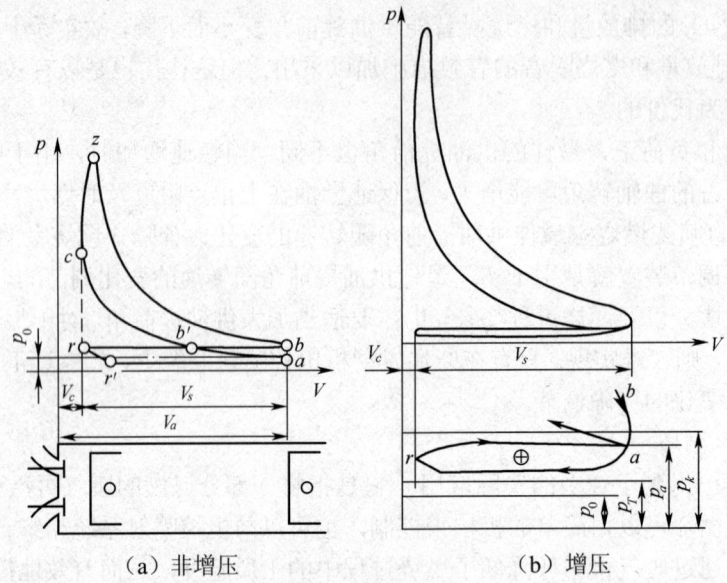

(a) 非增压　　　　　　　　　(b) 增压

V_c—压缩终了气缸容积；V_s—气缸工作容积；V_a—气缸总工作容积；
p_k—增压压力；p_T—排气压力；p_0—大气压力

图 1-23　四冲程发动机的 $P-V$ 图

2. 平均指示压力

指示功难以评价各类发动机工作循环进行的好坏，因为它们的气缸工作容积不同，因此引入另一指示性能指标——平均指示压力。

平均指示压力 p_{mi}（kPa）是指发动机单位气缸工作容积在每一循环内所做的指示功，即

$$p_{mi} = \frac{W_i}{V_s} \tag{1-15}$$

式中：V_s——气缸工作容积，L。

平均指示压力越大，表示气缸工作容积的利用程度越高，发动机的工作循环进行得越好。由上式计算指示功 W_i（kJ）得：

$$W_i = p_{mi} V_s \tag{1-16}$$

因此，平均指示压力可假想为一个不变的压力，它推动活塞在一个膨胀行程所做的功等于一个工作循环的指示功 W_i，如图 1-24 所示。

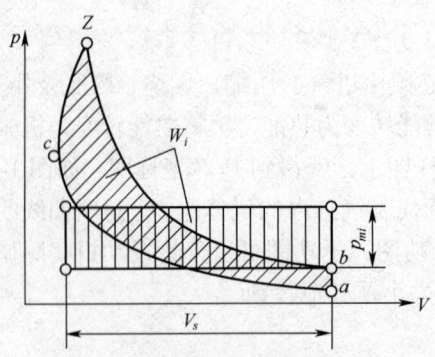

图 1-24　指示功与平均指示压力

3. 指示功率

指示功率 P_i（kW）是指发动机单位时间内所做的全部指示功。

设某发动机气缸数为 i，转速为 n（r/min），冲程数为 τ（四冲程 $\tau=4$，二冲程 $\tau=2$），气缸工作容积为 V_s（L），平均指示压力为 p_{mi}（kPa），则发动机（i 个气缸）每循环所作的指示功为

$$W_i = ip_{mi}V_s \tag{1-17}$$

发动机工作循环所用的时间 μ 为

$$\mu = \frac{\tau}{2} \cdot \frac{60}{n} \tag{1-18}$$

按指示功率的定义，可得出

$$P_i = \frac{W_i}{\mu} = \frac{p_{mi}V_s in}{30\tau} \times 10^{-3} \tag{1-19}$$

对于汽车上常用的四冲程发动机，指示功率为

$$P_i = \frac{W_i}{\mu} = \frac{p_{mi}V_s in}{120} \times 10^{-3} \tag{1-20}$$

4. 指示燃油消耗率

指示燃油消耗率 b_i[g/（kW·h）]是指单位指示功的耗油量。

设发动机的指示功率为 P_i（kW），每小时耗油量为 B（kg/h），则指示燃油消耗率 b_i 为

$$b_i = \frac{B}{P_i} \times 10^3 \tag{1-21}$$

5. 指示热效率

指示热效率 η_i 是指发动机实际循环指示功 W_i 与所消耗热量 Q_1 之比，即

$$\eta_i = \frac{W_i}{Q_1} \tag{1-22}$$

所消耗的热量按所消耗的燃料量与燃料的热值来计算，燃料的热值是指单位质量的燃料燃烧后放出的热量，其数值取决于燃料本身的性质。

若已知发动机的指示功率为 P_i（kW），每小时耗油量为 B（kg/h），所用燃料的低热值为 h_u（kJ/kg），则

$$\eta_i = \frac{3.6 \times 10^3 P_i}{Bh_u} \tag{1-23}$$

根据指示热效率和指示燃油消耗率公式可推导出两者之间的关系：

$$\eta_i = \frac{3.6 \times 10^6}{b_i h_u} \tag{1-24}$$

1.4.2 有效性能指标

以发动机曲轴对外输出的功率为基础的性能指标称为发动机的有效性能指标，用以评定整机的性能。有效性能指标主要包括有效功率、有效扭矩、平均有效压力、有效燃油消耗率和有效热效率。

1. 有效功率

有效功率是指从发动机曲轴上输出的功率。有效功率 P_e 等于指示功率 P_i 与机械损失功率 P_m 的差值，即

$$P_e = P_i - P_m \tag{1-25}$$

机械损失功率是指动力在发动机内部传递过程中损失的功率，主要包括摩擦损失、驱动附件的损失和泵气损失。发动机工作中，机械损失是不可避免的，机械损失功率和有效功率均可通过试验方法测定。

机械效率 η_m 是有效功率 P_e 与指示功率 P_i 之比，用于比较发动机机械损失所占比例的大小。η_m 越接近于1，即 P_e 越接近于 P_i，说明机械损失所占的比例小，使实际循环得到的功尽可能多地转变为对外输出的有效功，发动机的性能越好。

2. 有效扭矩

有效扭矩是指发动机曲轴上输出的扭矩。

在实际中，一般通过台架试验直接测量发动机的有效扭矩 T_{tq} 和转速 n，并按下式计算出发动机的有效功率 P_e：

$$P_e = T_{tq} \frac{2\pi n}{60} \times 10^{-3} = \frac{T_{tq} n}{9550} \tag{1-26}$$

式中：T_{tq}——有效扭矩，N·m；

n——发动机转速，r/min。

3. 平均有效压力

平均有效压力 p_{me} 是指发动机单位气缸工作容积输出的有效功，即

$$p_{me} = \frac{W_e}{V_s} \tag{1-27}$$

式中：W_e——单个气缸的循环有效功，J；

V_s——气缸工作容积，L。

与平均指示压力和指示功率的关系类似，平均有效压力和有效功率的关系为：

$$P_e = \frac{p_{me} V_s i n}{30\tau} \times 10^{-3} \tag{1-28}$$

对汽车上常用的四冲程发动机，

$$P_e = \frac{p_{me} V_s i n}{120} \times 10^{-3} \tag{1-29}$$

由上述公式不难看出，发动机的排量（即总气缸工作容积 $V_s i$）一定时，发动机的有效功率与平均有效压力成正比。平均有效压力越高，有效功率越大，发动机的动力性越好。

4. 升功率、比质量和强化系数

升功率、比质量和强化系数是评定发动机结构和强化程度的指标。

（1）升功率

升功率是指发动机在标定工况下，每升气缸工作容积所发出的有效功率，用符号 P_L 表示，单位为 kW/L，按定义则

$$P_L = \frac{P_{eB}}{V_s i} \tag{1-30}$$

式中：P_{eB}——发动机的标定功率，即在标定工况下的有效功率，kW；
　　　V_s——气缸工作容积，L；
　　　i——缸数。

将平均有效压力与有效功率的关系式代入上式，并整理可得：

$$P_L = \frac{p_{me}n}{30\tau} \times 10^{-3} \tag{1-31}$$

由此可见，发动机的升功率与平均有效压力和转速的乘积成正比，升功率标志着发动机气缸工作容积的利用程度，可反映发动机结构的紧凑性。在发动机有效功率一定时，升功率越高，意味着发动机的体积越小。提高平均有效压力和转速是提高升功率的有效措施。

（2）比质量

比质量是指发动机的干质量与标定功率的比值，用符号 m_e 表示，单位是 kg/kW，即

$$m_e = \frac{m}{P_{eB}} \tag{1-32}$$

式中：m——发动机的干质量，kg；
　　　P_{eB}——发动机的标定功率，kW。

比质量标志着发动机质量的利用程度，比质量越小，说明在发动机标定功率一定时，其质量越轻。

（3）强化系数

强化系数是指平均有效压力 p_{me} 与活塞平均速度 C_m 的乘积，也就是活塞顶部单位面积上的有效功率。

强化系数越大，意味着发动机的机械负荷和热负荷越大。随着发动机制造技术的不断进步，各机件承受机械负荷和热负荷的能力增强，强化系数越来越高，所以强化系数也是发动机技术进步的标志。

5. 有效燃油消耗率

有效燃油消耗率是指单位有效功的耗油量。

设发动机的有效功率为 P_e（kW），每小时耗油量为 B（kg/h），则有效燃油消耗率 b_e 为

$$b_e = \frac{B}{P_e} \times 10^3 \tag{1-33}$$

6. 有效热效率

有效热效率 η_e 是指发动机实际循环有效功与所消耗热量之比，即

$$\eta_e = \frac{W_e}{Q_1} \tag{1-34}$$

与指示热效率类似，若已知发动机的有效功率为 P_e（kW），每小时耗油量为 B（kg/h），所用燃料的低热值为 h_u（kJ/kg），则

$$\eta_e = \frac{3.6 \times 10^3 P_e}{B h_u} \tag{1-35}$$

由有效热效率和有效燃油消耗率公式可推导出两者之间的关系：

$$\eta_e = \frac{3.6 \times 10^6}{b_e h_u} \tag{1-36}$$

1.5 汽车发动机特性

汽车发动机特性是指发动机性能指标随发动机调整情况及运转工况而变化的关系。其中，汽车发动机性能指标随发动机调整情况而变化的关系，称为发动机调整特性；汽车发动机性能指标随发动机运转工况而变化的关系，称为发动机性能特性。发动机特性常用曲线来表示，这类曲线称为特性曲线，它是评价汽车发动机性能的一种简单、方便、必不可少的形式。根据各种特性曲线，可以合理地选用发动机，使发动机性能得到充分发挥。发动机特性的种类很多，其中主要有速度特性、负荷特性、万有特性、调节特性、排放特性、噪声特性等。本节主要介绍发动机的速度特性、负荷特性、万有特性。

1.5.1 发动机的速度特性

发动机的性能指标随发动机转速变化的关系，称为发动机的速度特性。汽车在行驶过程中，若变速器挡位一定、油门踏板位置固定不动，由于路面阻力不同，汽车的行驶速度也会变化，汽车上坡时速度会降低，汽车下坡时速度会增加，这时发动机即按照速度特性工作。

1. 汽油机的速度特性

汽油机节气门（油门）开度一定，其有效功率 P_e、有效扭矩 T_{tq}、有效耗油率 b_e、小时耗油量 B 等性能指标随转速 n 变化的关系，称为汽油机的速度特性。

节气门（油门）全开时的速度特性称为外特性，外特性表示该发动机在使用中所能达到的最高动力性能。节气门（油门）部分开启时的速度特性称为部分负荷速度特性，由于节气门（油门）的开启可以连续变化，所以部分负荷速度特性有无数。

汽油机的速度特性曲线如图 1-25 所示，由图可见，部分负荷速度特性曲线的变化趋势与外特性大致相同。

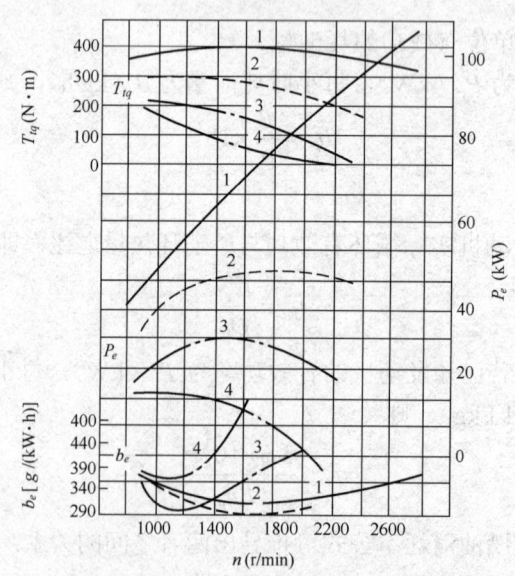

1—全负荷；2—75%负荷；3—50%负荷；4—25%负荷

图 1-25　25Y-6100Q 型车用汽油机的速度特性

节气门开度减小,节流损失增大,进气终了压力下降,充气效率下降;且随转速的增加,充气效率下降程度加大,故节气门开度越小,发动机有效扭矩、有效功率随转速增大而下降得越快,发动机最大有效扭矩、最大有效功率点均向低速方向移动。

在节气门开度 75%左右,有效耗油率最小。大于该节气门开度,混合气较浓,不完全燃烧增加,指示热效率减小,有效耗油率较高;小于该节气门开度,气缸内残余废气系数增加,燃烧速率下降,指示热效率减小,有效耗油率较高。

2. 柴油机的速度特性

柴油机喷油泵的油量调节机构(油门)位置一定,其有效功率 P_e、有效扭矩 T_{tq}、有效耗油率 b_e、小时耗油量 B 等性能指标随转速 n 变化的关系,称为柴油机的速度特性。

柴油机喷油泵的油量调节机构固定在标定(最大)循环供油量位置时的速度特性,称为柴油机的外特性。柴油机喷油泵的油量调节机构固定在小于标定(最大)循环供油量位置时的速度特性,称为柴油机的部分负荷速度特性。6135 型车用柴油机的部分负荷速度特性如图 1-26 所示。

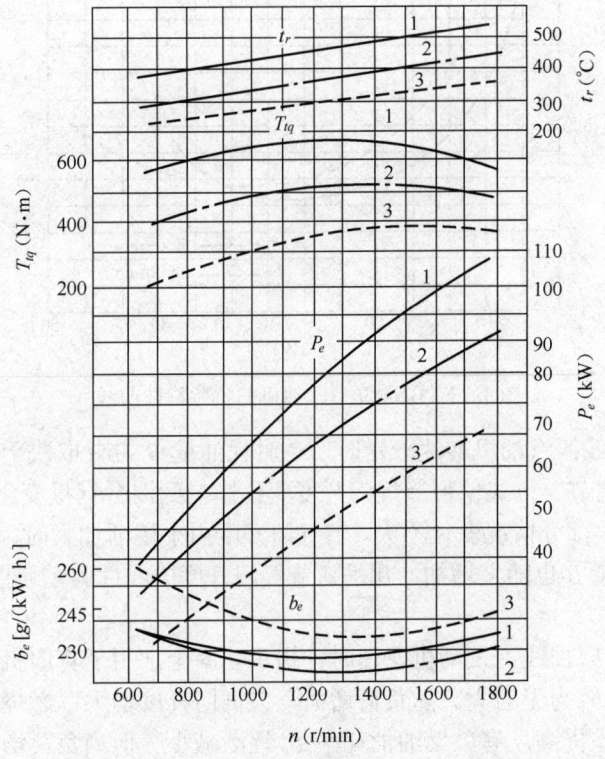

1—90%负荷;2—75%负荷;3—55%负荷

图 1-26　6135 型车用柴油机的部分负荷速度特性

1.5.2　发动机的负荷特性

发动机转速不变,其经济性指标(有效耗油率 b_e、小时耗油量 B)随负荷(有效功率 P_e、有效扭矩 T_{tq} 或平均有效压力 P_{me})变化的关系,称为发动机的负荷特性。汽车在行驶过程中,若变速器挡位一定、油门踏板位置固定不动,汽车以恒定的车速行驶时,由于路面阻力不同,必须通过改变发动机的油门来调整有效扭矩，以适应外界阻力矩的变化，保持发动机的转速不变，这时发动机就按照负荷特性工作。

1. 汽油机的负荷特性

汽油机的负荷调节是通过改变节气门开度来直接改变进入气缸的混合气量，过量空气系数变化不大，这种调节方式称为"量调节"。图1-27为BN489型汽油机的负荷特性曲线。

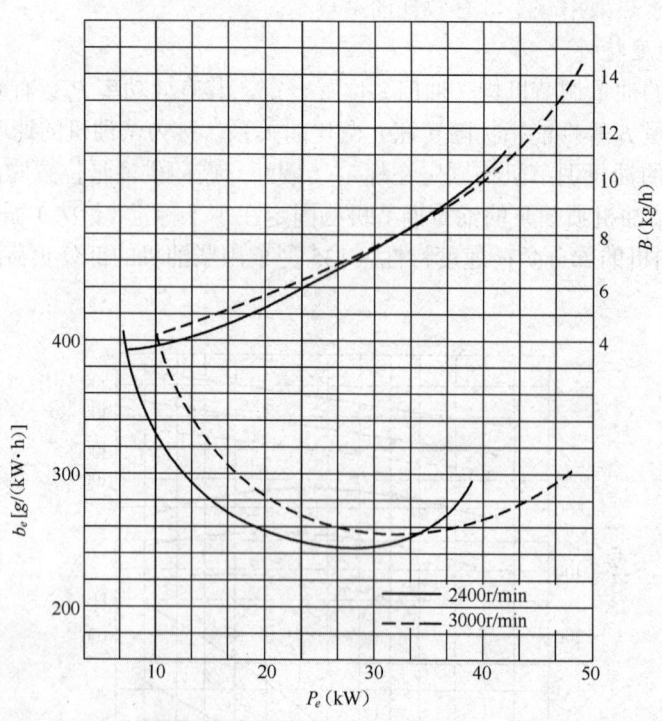

图1-27　BN489型汽油机的负荷特性曲线

小时耗油量B曲线：汽油机转速一定时，小时耗油量B主要取决于节气门开度与混合气浓度。汽油机的"量调节"方式使得节气门开度变化影响到混合气量变化，而混合气浓度除怠速与全负荷较浓外，大部分情况变化不大。节气门开度由小逐渐加大时，进入气缸的混合气量逐渐增多，小时耗油量B也随之增加，几乎随节气门开度成线性关系，直至混合气变浓后，B增加更快一些。

有效燃油消耗率b_e曲线：发动机怠速时，指示功率全部用于克服机械损失，有效功率为零，有效燃油消耗率b_e为无穷大。随负荷增大，节气门开度增大，燃烧过程得以改善，指示热效率、机械效率逐步提高，有效燃油消耗率b_e逐渐减小。但当负荷增至大负荷时，供给浓混合气，燃烧不完全程度增加，指示热效率下降，有效燃油消耗率b_e又有所增加。

2. 柴油机的负荷特性

柴油机的负荷调节是通过改变循环供油量来调节，而进入气缸的空气量不变，使混合气浓度发生变化，这种调节方式称为"质调节"。图1-28为6135Q型柴油机的负荷特性曲线。

小时耗油量B曲线：柴油机转速一定时，小时耗油量B主要取决于循环供油量。随着负荷增加，循环供油量增加，小时耗油量B也随之增加；当负荷接近烟度限值之后，由于燃烧的恶化，B增加更快一些。

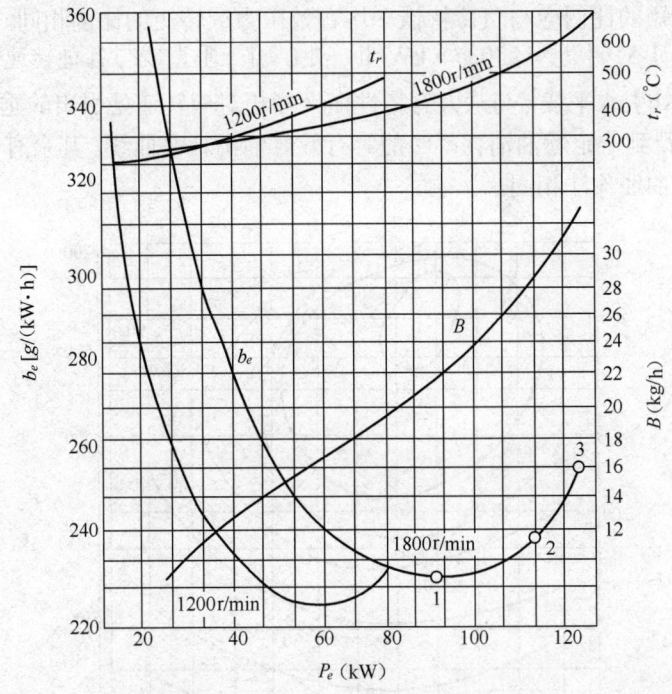

图 1-28　6135Q 型柴油机的负荷特性曲线

有效燃油消耗率 b_e 曲线：发动机怠速时，指示功率全部用于克服机械损失，有效功率为零，有效燃油消耗率 b_e 为无穷大。随负荷增大，机械效率逐步提高，有效燃油消耗率 b_e 逐渐减小。但当有效燃油消耗率达到最低之后，再增加供油量，也会使燃烧恶化，燃烧不完全程度和补燃增加，指示热效率大大下降，有效燃油消耗率 b_e 又有所增加。

负荷特性曲线的特点：每条负荷特性曲线最后一点都是外特性上的点；低负荷，有效燃油消耗率高，发动机燃油经济性差；同一转速下，最低有效燃油消耗率越小，曲线变化越平坦，发动机燃油经济性越好。柴油机的曲线变化较汽油机平坦而且最低有效燃油消耗率也低，因此柴油机燃油经济性比汽油机好。

1.5.3　发动机的万有特性

发动机的速度特性和负荷特性分别只能表示某一节气门（油门）开度或某一转速时，发动机性能指标间的变化规律。而汽车发动机的工况（转速、负荷）变化范围很广，要分析各种工况下发动机的性能就需要若干张速度特性图或负荷特性图，这样做既不方便也不清楚。为了能够在一张图上较全面地表示出汽车发动机的性能，经常应用多参数特性曲线，即万有特性曲线。应用最广的万有特性曲线是以转速为横坐标，以转矩或平均有效压力为纵坐标，在图上画出许多类似地图上等高线那样互不交叉的曲线，即等有效燃油消耗率曲线；同时，还把等功率曲线一同表示出来。CA6102 汽油机万有特性、EQD6102-1 型柴油机万有特性分别如图 1-29、图 1-30 所示。

万有特性作图法如下：

（1）将不同转速的负荷特性转换为以有效燃油消耗率为横坐标，平均有效压力或转矩为纵坐标的负荷特性。在万有特性图的横坐标轴上以一定比例标出发动机转速数值，纵坐标轴上平均有效压力或转矩的比例应与负荷特性平均有效压力或转矩的比例相同。从负荷特性曲线的某一油耗处，如图 1-31 中 $b_e = 230\,\text{g/(kW·h)}$ 处，引一垂直线与各种转速的曲线有两个或一个交点。再从交点处引水平线，与从万有特性横坐标相对应转速处引出的垂线相交，将交点连成光滑的曲线，即得到一定燃油消耗率时的等有效燃油消耗率曲线。其余有效燃油消耗率时的等有效燃油消耗率曲线作法相同。

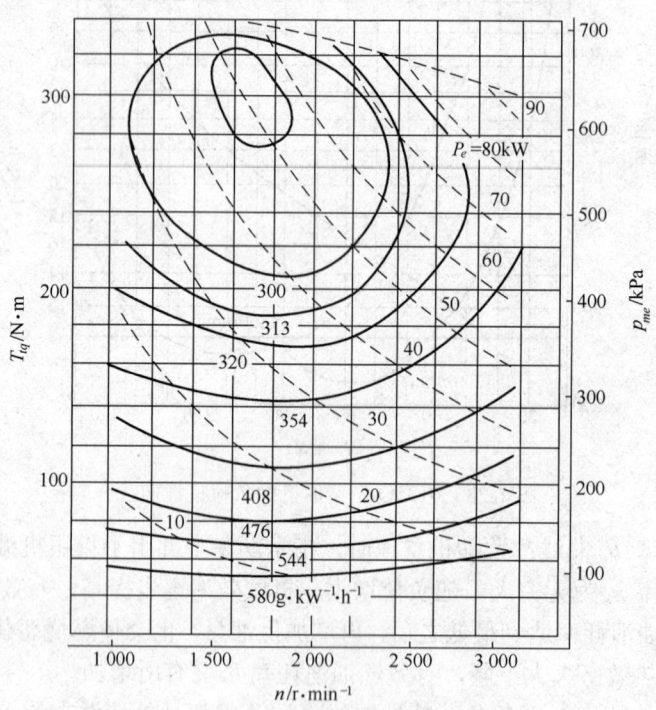

图 1-29　CA6102 汽油机万有特性

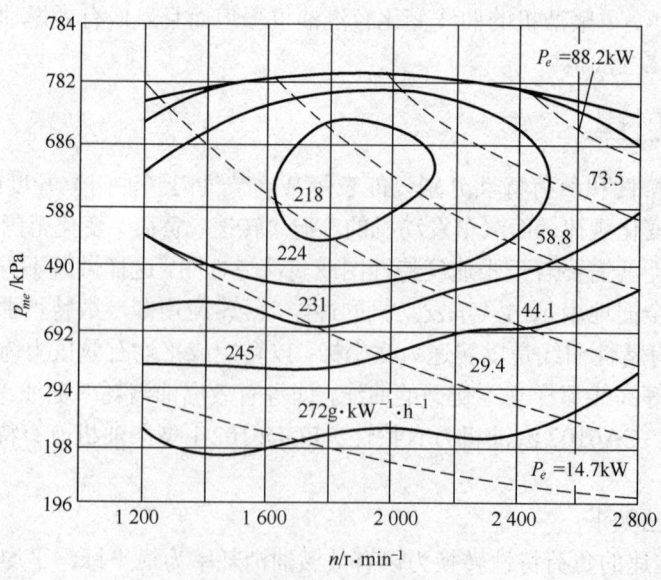

图 1-30　EQD6102-1 型柴油机万有特性

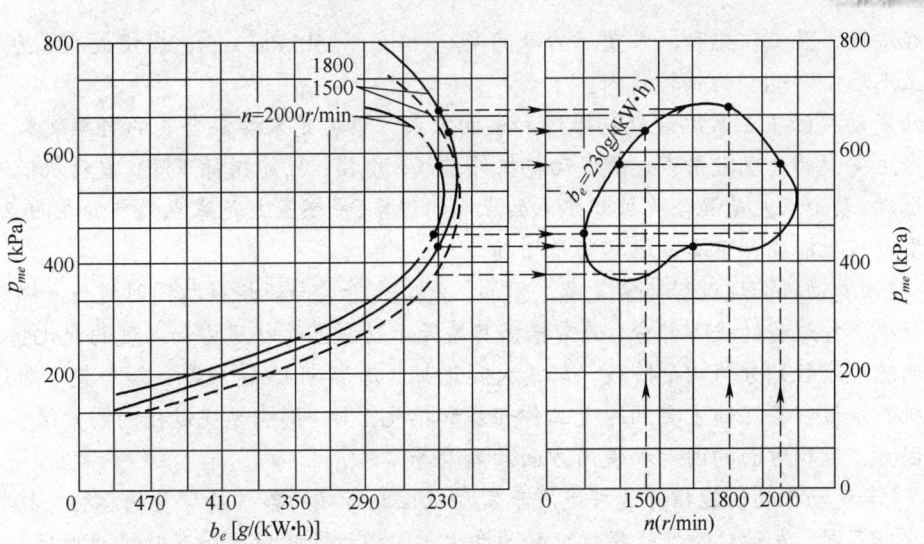

图 1-31　万有特性图等有效燃油消耗率的作法

（2）等功率曲线可根据公式 $P_e = T_{tq} n / 9550 = k p_{me} n$ 画出，是一组双曲线。

（3）将外特性中的 $T_{tq} \sim n$ 或 $p_{me} \sim n$ 曲线画在万有特性图上，构成上边界线。

在万有特性图中，最内层的等有效燃油消耗率曲线是最经济的区域，耗油率最低。曲线愈向外，燃油经济性愈差，从中便很容易找出最经济的负荷和转速。若等有效燃油消耗率曲线横向较长，表示发动机在负荷变化不大而转速变化较大的情况下油耗较小；若等有效燃油消耗率曲线纵向较长，表示发动机在负荷变化较大而转速变化不大的情况下油耗较小。

本章小结

1. 发动机的换气过程包括排气过程和进气过程。换气过程的任务是：将气缸内上一循环的废气尽可能排除干净，为下一循环充入尽可能多的新鲜工质，保证发动机动力周而复始地输出。换气损失由排气损失和进气损失两部分组成。充气效率 η_v 是每循环实际进入气缸的新鲜工质的量与进气状态下充满气缸工作容积的新鲜工质的量的比值。η_v 值高，代表每一循环进入一定气缸工作容积的新鲜工质量多，则发动机功率和扭矩可增加，动力性能好。充气效率的影响因素主要有：进排气系统的阻力、气缸内残余废气量、进气系统和机件对新鲜工质的加热状况、配气相位、进排气系统的动态效应等。

2. 汽油发动机混合气的形成方式有三种，分别是化油器式、缸外汽油喷射式、缸内汽油喷射式（直喷式）。化油器式汽油发动机利用化油器在气缸的外部形成大致均匀的可燃混合气，通过控制节气门开度的变化来调节混合气数量。缸外汽油喷射式汽油发动机在现代高性能汽车上获得了普遍应用。我国已于 2000 年开始要求所有的新生产车型都必须使用电控汽油喷射系统。缸内汽油喷射式汽油发动机在一定压力下利用喷油器直接向气缸内喷射汽油，与吸入的空气相混合形成可燃混合气。

发动机的燃烧过程是将燃料的化学能转变为内能的过程。对燃烧过程的基本要求是完全、及时、正常。汽油发动机的燃烧过程分为着火落后期、明显燃烧期、补燃期。为提高发动机动力性、经济性,且工作柔和,希望压力升高率 λ_p = 175~250kPa/(°),燃烧最高压力 $p_{z\max}$ 出现在上止点后 12°~15°曲轴转角内。

汽油发动机的不正常燃烧包括爆燃和表面点火。爆燃是末端混合气的自燃现象。严重爆燃时会产生尖锐的金属敲击声,使发动机机件过载、烧损、性能指标下降。发动机低速大负荷时容易爆燃。表面点火是混合气被炽热表面点燃的现象。早燃是火花塞点火前的表面点火现象,早燃使发动机性能指标下降,运转粗暴增加。

3. 柴油发动机燃烧过程非常复杂,喷油、混合、着火与燃烧往往同时进行。燃烧过程是柴油发动机工作过程的核心部分,通常根据其展开示功图上气缸压力和温度的变化特点,将这一连续的燃烧过程划分为四个阶段,即着火延迟期(滞燃期)、速燃期、缓燃期和补燃期。柴油发动机燃烧过程存在的主要问题是工作粗暴和排气冒烟。影响燃烧过程的因素很多,有燃油方面的因素、结构方面的因素和使用方面的因素等。

4. 汽车发动机的性能指标是评定汽车发动机性能好坏的各种物理量的总称。按指标体系建立的基础不同,发动机的性能指标可分为两大类:指示性能指标和有效性能指标。另外,还有关系到人类生存的环境友好性指标,如排气品质(排出的有害气体、排气微粒)和噪声。这些性能指标分别从不同角度反映汽车发动机的性能。指示性能指标是以工质在气缸内对活塞做功为基础建立起来的指标体系,用来评定发动机循环进行的好坏。指示性能指标主要包括指示功、平均指示压力、指示功率、指示燃油消耗率及指示热效率。以发动机曲轴对外输出的功率为基础的性能指标称为发动机的有效性能指标,用以评定整机的性能。有效性能指标主要包括有效功率、有效扭矩、平均有效压力、有效燃油消耗率和有效热效率。

5. 汽车发动机特性是指发动机性能指标随发动机调整情况及运转工况而变化的关系。其中,汽车发动机性能指标随发动机调整情况而变化的关系,称为发动机调整特性;汽车发动机性能指标随发动机运转工况而变化的关系,称为发动机性能特性。发动机的性能指标随发动机转速而变化的关系,称为发动机的速度特性。发动机转速不变,其经济性指标(有效耗油率 b_e、小时耗油量 B)随负荷(有效功率 P_e 或有效扭矩 T_{tq} 或平均有效压力 P_{mi})而变化的关系,称为发动机的负荷特性。应用多个参数描述的发动机特性称为发动机的万有特性。在万有特性图中,最内层的等有效燃油消耗率曲线是最经济的区域,耗油率最低。曲线愈向外,燃油经济性愈差,从中便很容易找出最经济的负荷和转速。若等有效燃油消耗率曲线横向较长,表示发动机在负荷变化不大而转速变化较大的情况下油耗较小;若等有效燃油消耗率曲线纵向较长,表示发动机在负荷变化较大而转速变化不大的情况下油耗较小。

一、选择题

1. 发动机进气门( ),充气系数最大值对应转速减小。
   A. 进气迟闭角减小   B. 进气迟闭角加大
   C. 开启时期断面面积增大   D. 开启时期断面面积减小

2. 当发动机进气门早开晚关角一定时,充气系数随转速变化的关系为( )。
   A. 随转速增大而增大   B. 随转速增大而减小

C. 在某一中间转速最大 D. 常数

3. 非增压发动机进气过程结束时,气缸内压力总是(　　)。
   A. 大于大气压力 B. 等于大气压力
   C. 小于大气压力 D. 与大气压力无关

4. 对四冲程发动机而言,换气过程是指从(　　)的整个过程。
   A. 排气门开启到排气门关闭 B. 进气门开启到进气门关闭
   C. 排气门开启到进气门关闭 D. 进气门开启到排气门关闭

5. 四冲程发动机迟闭排气门可以(　　)。
   A. 减少活塞强制排气所消耗的推出功
   B. 降低气缸内残余废气量
   C. 增加气缸空气充量
   D. 避免因排气流动截面积过早减少而造成的排气阻力的增加

6. 自然吸气的四冲程发动机换气损失功指(　　)。
   A. 膨胀损失功、机械损失功和附件损失功
   B. 膨胀损失功、推出损失功和吸气损失功
   C. 扫气损失功、吸气损失功和排气损失功
   D. 机械损失功、排气损失功和推出损失功

7. 下列(　　)措施不能提供发动机气缸充气系数。
   A. 降低进排气系统的流动阻力 B. 采用可变配气系统技术
   C. 利用进气谐振 D. 废气再循环技术

8. 柴油机的理论空燃比约为(　　)。
   A. 16 B. 15 C. 14.5 D. 14.7

9. 下面哪种浓度混合气使燃烧比较完全,燃料消耗率最低(　　)。
   A. $\alpha=0.85\sim0.95$ B. $\alpha=1$
   C. $\alpha=1.05\sim1.15$ D. $\alpha<0.85\sim0.95$

10. 最佳点火提前角随转速的升高而(　　)。
    A. 减小 B. 不变 C. 增大 D. 先减小后增大

11. 汽油机点火时间越早,发生爆燃的可能将(　　)。
    A. 越大 B. 越小 C. 不变 D. 与点火时间无关

12. 根据点火提前角调整特性,下面哪种说法是正确的(　　)。
    A. 最佳点火提前角随转速的升高而减小
    B. 最佳点火提前角随转速的升高而增大
    C. 最佳点火提前角随负荷增大而增大
    D. 最佳点火提前角随负荷减小而减小

13. 汽油机点火时间越早,发生爆燃的可能将(　　)。
    A. 越大 B. 越小 C. 不变 D. 与点火时间无关

14. 为了提高汽油发动机的动力性和经济性,应尽量减少(　　)。
    A. 着火延迟期 B. 速燃期 C. 补燃期 D. 缓燃期

15. 发动机怠速时,点火提前角位于(　　)值。

A. 最大　　　　　B. 较大　　　　　C. 较小　　　　　D. 最小

16. 关于表面点火，说法不正确的是（　　）
　　A. 是一种不正常燃烧　　　　　　B. 表面点火危害小于爆燃
　　C. 表面点火形成原因有两种　　　D. 表面点火危害较大

17. 选择最佳点火提前角时，要考虑到发动机的整个运行范围能保证最大功率而无（　　）发生。
　　A. 滞燃　　　　　B. 爆燃　　　　　C. 点火滞后　　　D. 燃烧循环变动

18. 柴油机燃烧室制成各种形状的目的主要在于控制（　　）。
　　A. 燃烧室散热面积　　　　　　　B. 一定的压缩比
　　C. 恰当的涡流与油膜　　　　　　D. 燃烧室内的温度和压力

19. 柴油机燃烧过程的喷油提前角是指（　　）对应的曲轴转角。
　　A. 从泵油始点到喷油始点　　　　B. 从泵油始点到燃烧始点
　　C. 从喷油始点到上止点　　　　　D. 从喷油始点到着火点

20. 为减轻燃烧粗暴性，直喷式柴油机选用喷油规律时，要求喷油（　　）。
　　A. 保持高喷油速率　　　　　　　B. 保持低喷油速率
　　C. 先急后缓　　　　　　　　　　D. 先缓后急迅速降为0

21. 根据柴油发动机混合气在（　　）形成。
　　A. 缸内　　　　　B. 气门背面　　　C. 进气管　　　　D. 化油器

22. 利用EGR系统，可减少汽车（　　）的排放。
　　A. CO　　　　　　B. HC　　　　　　C. NO_x　　　　　D. 炭烟

23. 柴油机的燃烧过程可以分为四个阶段：着火延迟阶段、急燃期、缓燃期和（　　）。
　　A. 完全燃烧期　　B. 后燃期　　　　C. 燃烧完成期　　D. 速燃期

24. 与直喷式发动机比较，涡流室柴油机的涡流室散热损失较大，因此（　　）困难。
　　A. 冷起动　　　　B. 热起动　　　　C. 上坡起动　　　D. 夏季起动

25. 以下不属于高压、电控燃料喷射系统的是（　　）。
　　A. 泵-管-嘴系统　　　　　　　　B. 单体泵系统
　　C. 泵喷嘴与PT系统　　　　　　　D. 蓄压式或共轨系统

26. 标志发动机质量利用程度的指标是（　　）。
　　A. 升功率　　　　B. 比质量　　　　C. 强化系数　　　D. 平均有效压力

27. 柴油机速度特性指有效功率、（　　）、有效燃油消耗率随转速变化的规律。
　　A. 有效偶矩　　　B. 有效转矩　　　C. 有效弯矩　　　D. 有效力矩

28. 发动机每小时耗油量大，则（　　）。
　　A. 动力性好　　　　　　　　　　B. 经济差
　　C. 经济性不一定差　　　　　　　D. 耗油率一定大

29. 柴油机耗油率曲线较汽油机（　　）。
　　A. 平坦　　　　　B. 弯曲　　　　　C. 无法比较　　　D. 相同

二、判断题

1. 发动机在自由排气阶段的能量损失称为自由排气损失。（　　）
2. 发动机充气效率可能大于1。（　　）

3．发动机气门叠开角越大，废气排出越彻底，充气效率越大。   （   ）
4．对于固定配气相位的发动机，其充气效率随发动机转速的增加而增加。   （   ）
5．在四冲程发动机的自由排气阶段，气缸内压力小于排气管内的排气背压。   （   ）
6．四冲程发动机的超临界排气阶段，排气的质量只取决于缸内气体状态和排气门有效流通面积的大小，而与排气管内的气体状态无关。   （   ）
7．对于四冲程发动机，气门叠开期间，进气管、气缸和排气管三者直接相通。   （   ）
8．发动机进气系统流动阻力可分为沿程阻力和局部阻力。   （   ）
9．发动机采用 4 气门和 5 气门方案可以增加进排气流动面积，减少流动阻力损失。对于汽油发动机，还可以中置火花塞，缩短火焰传播距离，提高发动机的抗爆性。   （   ）
10．采用可变气门正时技术可以改善发动机的低速转矩特性。   （   ）
11．过量空气系数小于 1 的混合气是稀混合气。   （   ）
12．混合气的热值就是燃料的热值。   （   ）
13．利用电火花在可燃混合气中产生火焰核心并因而引起火焰传播的过程为自燃。   （   ）
14．汽油机的理论空燃比是 14.7。   （   ）
15．补燃是在膨胀过程中进行的燃烧放热量得不到充分利用，为了提高发动机的热效率希望补燃尽可能减少。   （   ）
16．发动机低速时易爆燃。   （   ）
17．发动机混合气的形成质量直接影响着其工作过程进行的好坏。   （   ）
18．点火提前角越大，汽油机的燃烧过程越好。   （   ）
19．产生燃烧循环变动的主要原因有：燃烧过程中气缸内气体运动状况的循环变化和每循环气缸内的混合气成分的变动。   （   ）
20．燃烧室面容比越大，火焰传播距离越长，越容易引起爆燃。   （   ）
21．柴油机混合气的形成主要是在气缸外部形成的。   （   ）
22．柴油机低速小负荷时易出现排气冒黑烟。   （   ）
23．柴油机喷油与燃烧重叠，一边燃烧，一边喷油，一边混合，出现混合过程、着火过程与燃烧过程共存情况。   （   ）
24．柴油机从最大压力点开始至最高温度点为止的这个时期为速燃期。   （   ）
25．分隔式燃烧室的散热损失比直喷式燃烧室的大。   （   ）
26．在泵－管－嘴燃料供给系统中，由于高压油管的存在，难于实现高压喷射与理想的喷油规律。
                                                                                    （   ）
27．燃油在泵－管－嘴燃料供给系统的高压油路中存在压力波传播，并且压力波传播的速度是不变的。
                                                                                    （   ）
28．高压喷射用等容式出油阀可以满足柴油机在各种工况下的工作要求。   （   ）
29．发动机的指示性能指标只能用来评定发动机工作循环进行的好坏。   （   ）
30．发动机的平均有效压力与气缸的工作容积有关。   （   ）
31．升功率越高，意味着发动机的体积越小。   （   ）
32．汽油发动机的转速越高，功率就越大，扭矩也越大。   （   ）
33．节气门全开时的速度特性称为汽油机的外特性。   （   ）

三、填空题

1. 四行程发动机的换气过程是指从＿＿＿＿至＿＿＿＿的整个过程。
2. 根据气体流动特点和进排气门运动规律，换气过程可分为三个阶段，分别为＿＿＿＿、＿＿＿＿和＿＿＿＿。
3. 换气损失由＿＿＿＿和＿＿＿＿两部分组成。
4. 充气效率 η_v 是＿＿＿＿与＿＿＿＿的比值。
5. 四行程发动机对配气相位的要求是，发动机进气迟闭角、排气提前角应随发动机转速提高而＿＿＿＿；低速时，发动机进、排气门应＿＿＿＿下止点分别关闭、打开；高速时，发动机进、排气门应＿＿＿＿下止点分别关闭、打开。发动机气门叠开角，怠速时要小，随发动机转速增加，气门叠开角应加大。
7. 1kg 燃料完全燃烧时放出的热量，称为燃料的＿＿＿＿。
8. 混合气的热值 H_m 与混合气的过量空气系数 α 有关。α 越大，混合气越＿＿＿＿，其热值 H_m 越＿＿＿＿。α 为 1 时的混合气热值，称为＿＿＿＿。
9. 发动机工作过程中，燃烧 1kg 燃料实际供给的空气数量 L 与理论空气量 L_0 之比，称为＿＿＿＿。
10. 汽油机的着火方式称为＿＿＿＿。
11. 汽油机混合气的形成方式有三种，分别是＿＿＿＿、＿＿＿＿与＿＿＿＿。
12. 燃烧室的＿＿＿＿（燃烧室表面积与其容积之比）表征燃烧室结构的紧凑性。
13. 汽油机产生紊流的方法有＿＿＿＿和＿＿＿＿两种。
14. 汽油机的燃烧过程分为＿＿＿＿、＿＿＿＿和＿＿＿＿。
15. 对发动机燃烧过程的要求是：＿＿＿＿、＿＿＿＿、＿＿＿＿。
16. 柴油机燃烧过程非常复杂，喷油、混合、着火与燃烧往往同时进行。燃烧过程是柴油机工作过程的核心部分，为便于分析与揭示燃烧过程的规律，通常根据其展开示功图上气缸压力和温度的变化特点，将这一连续的燃烧过程划分为四个阶段，即＿＿＿＿、＿＿＿＿、＿＿＿＿与＿＿＿＿。
17. 柴油机混合气形成方式从形成原理上来分，有＿＿＿＿与＿＿＿＿两种方式。柴油机燃烧室按结构形式可分成两大类：＿＿＿＿与＿＿＿＿。
18. 发动机的性能指标包括＿＿＿＿和＿＿＿＿，此外还有运转性能、工作可靠性、结构工艺性等。
19. 对于不同尺寸的发动机，为了比较它们单位气缸工作容积做功能力的大小，常用的一个指示参数是＿＿＿＿。
20. 以发动机曲轴输出功率为基础的性能指标称为＿＿＿＿。
21. 动力在发动机内部传递过程中损失的功率称为＿＿＿＿。
22. 升功率标志着发动机气缸＿＿＿＿，可反映发动机＿＿＿＿。
23. 汽车发动机特性是指发动机性能指标随发动机调整情况及运转工况而变化的关系。其中，汽车发动机性能指标随＿＿＿＿而变化的关系，称为发动机调整特性；汽车发动机性能指标随＿＿＿＿而变化的关系，称为发动机性能特性。

四、简答题

1. 根据换气过程的 p–φ 图，说明换气过程各阶段的特点及区间。

2. 根据四行程发动机换气损失 $P-V$ 图，区分自由排气损失、强制排气损失、进气损失、泵气损失、换气损失。
3. 简述影响充气效率的主要因素。
4. 试根据充气效率的分析式，说明提高充气效率的措施。
5. 画出发动机的配气相位图，并标明各部分名称。
6. 非增压发动机和增压发动机的气门叠开角有何不同？为什么？
7. 什么是充气效率？怎样确定一台发动机的充气效率？
8. 试述转速和负荷是如何影响充气效率的，汽油发动机与柴油发动机有什么不同？
9. 做出进气迟闭角分别为 40º 和 60º 时的充气效率 η_v 曲线和有效功率 P_e 曲线，标明和解释各参数，并分析转速变化对进气迟闭角的影响。
10. 单位时间充气量和单位时间供油量与循环充气量和循环供油量对发动机性能的影响有何不同？
11. 何谓自燃和点燃？
12. 何谓空燃比？何谓过量空气系数？
13. 何谓燃料的热值？何谓燃料的高热值、低热值？何谓燃料混合气的热值？
14. 汽油机混合气形成方式有哪几种？
15. 画出汽油机燃烧过程的 $p-\varphi$ 图，并简述各个时期的划分。
16. 什么是爆燃？引起爆燃的根本原因是什么？
17. 简述使用因素对汽油机爆燃的影响。
18. 什么是表面点火？如何产生？危害最大的表面点火是什么？
19. 简述喷油规律对发动机性能的影响。
20. 简述柴油机的燃烧过程可分为哪几个阶段？
21. 画出柴油机燃烧过程的 $p-\varphi$ 图，并简述各个时期的划分。
22. 为什么应尽量减少发动机的补燃期？
23. 引起柴油机工作粗暴和噪声的原因是什么？如何改善？
24. 如何选定最佳供油提前角？它对柴油机的动力性、经济性以及排污和噪声有何影响？
25. 什么是发动机有效性能指标？它包括哪些具体评价指标？
26. 什么是发动机强化系数？其大小反映了发动机哪方面的性能？
27. 什么是发动机的速度特性？画出其特性曲线并加以解释。
28. 什么是发动机的负荷特性？画出其特性曲线并加以解释。
29. 如何绘制发动机的万有特性图？其作用是什么？

能力训练

1. 查询某汽车用发动机信息，就该发动机参数与特性进行交流。
2. 发动机在稳态与动态工况下，其工作过程与性能指标有区别吗？
3. 汽油机与柴油机相比，在燃烧过程的划分、着火方式、着火延迟期的影响、混合气的形成、机械负荷和热负荷、压缩比、组织缸内气流运动的目的以及燃烧过程的主要问题方面，各有什么不同？

2 汽车动力性

 知识目标

1. 了解汽车动力性的评价指标；
2. 熟练掌握汽车驱动力的概念及计算公式；
3. 掌握汽车各项行驶阻力的产生原因及计算公式；
4. 能够准确说出汽车行驶应满足的条件；
5. 掌握汽车动力性三大平衡图的组成；
6. 了解汽车动力性的影响因素。

 能力目标

1. 会分析汽车受力；
2. 能够对汽车驱动轮打滑现象进行分析；
3. 能够利用动力平衡图正确分析汽车动力性指标；
4. 能够提出改善汽车动力性的方案。

汽车动力性是汽车最基本的性能，是汽车存在的基础；汽车燃油经济性、汽车环保性、汽车制动性与汽车操纵稳定性构成了汽车技术的三大主题，即节能、环保与安全，推动着汽车的发展；随着人类物质生活水平的提高，人们对汽车的舒适性要求也越来越高；汽车通过性，亦称汽车越野性，要求汽车具有良好的通过能力，也是汽车的基本性能之一。

2.1 汽车动力性评价指标

汽车动力性是指汽车在良好路面上直线行驶时，由汽车受到的纵向外力所决定的，汽车所能达到的平均行驶速度。汽车的平均行驶车速越高，单位时间内完成的运输量越多，即汽车

的运输生产率越高。汽车动力性在很大程度上决定着汽车作为一种高效运输工具的运输效率。汽车只有具备良好的动力性，才有可能提高汽车的平均行驶速度，达到高的运输生产率。因此，汽车动力性是汽车各种性能中最基本、最重要的性能。

从汽车能够达到尽可能高的平均行驶速度的角度考虑，汽车动力性主要有以下三方面的评价指标。

1. 汽车的最高车速

汽车的最高车速是指汽车在水平良好的路面（沥青或混凝土）上，满载、高挡行驶时所能达到的最高行驶速度。

2. 汽车的加速时间

汽车的加速时间表示汽车的加速能力，它对汽车的平均行驶速度有很大的影响。常用原地起步加速时间与超车加速时间来表明汽车的加速能力。

原地起步加速时间是指汽车由Ⅰ挡或Ⅱ挡起步，以最大的加速度（包括选择适当的换挡时机）逐步换至高挡，并达到某一预定的距离或车速所需的时间。

超车加速时间是指汽车用最高挡或者次高挡由某一较低车速全力加速至某一较高车速所需的时间。汽车超车时，汽车与被超车辆并行，容易发生交通事故，所以超车加速时间越短，两车并行行程就越短，行驶安全性就越高。

3. 汽车的最大爬坡度

通常，汽车的最大爬坡度 i_{max} 是指Ⅰ挡的最大爬坡度，表示汽车的最大爬坡（上坡）能力。轿车最高车速高，加速时间短，经常在较好的路面上行驶，因此一般不强调它的爬坡能力。而且它的Ⅰ挡加速能力大，故爬坡能力也强。货车经常在各种路况下行驶，要求它具有足够的爬坡能力，一般 i_{max} 在 30%或 16.5°左右。越野汽车在坏路或无路条件下行驶，因而对其爬坡能力有更高要求，它的最大爬坡度可达 60%或 30°。

2.2 汽车驱动力

2.2.1 汽车驱动力的产生

在汽车行驶中，某瞬时发动机的转速为 n（r/min），转矩为 T_{tq}（N·m），变速器所用挡位的传动比为 i_g，主减速器的传动比为 i_o，传动系的机械效率为 η_T，则驱动轮得到的转矩为 $T_t = T_{tq} i_g i_o \eta_T$。若驱动轮在路面上无滑转现象，驱动轮施加给路面的力为 $F_o = T_t/r$，方向与汽车行驶方向相反，r 是驱动轮的滚动半径（m）。按作用力与反作用力定律，路面将给驱动轮一个反作用力 $F_t = F_o$，如图 2-1 所示，F_t 的作用使汽车前进，被称为汽车驱动力。因此，汽车驱动力的计算公式为

$$F_t = \frac{T_{tq} i_g i_o \eta_T}{r} \tag{2-1}$$

下面将对汽车驱动力计算式中的发动机转矩、传动系机械效率以及车轮半径等做进一步讨论。

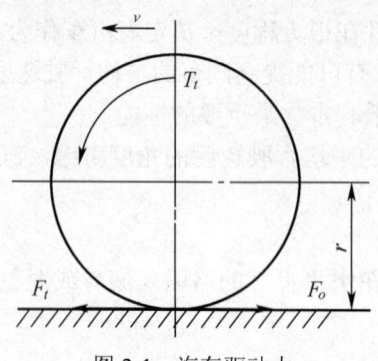

图 2-1 汽车驱动力

1. 发动机转矩 T_{tq}

由发动机的速度特性，可知发动机在相应工况下的转速与转矩之间的关系。发动机制造厂提供的发动机特性曲线通常是在试验台上不带空气滤清器、水泵、风扇、排气消声器、废气净化器、发电机、空气压缩机等附件的条件下测得的；带上全部附件时测出的曲线，称为发动机使用特性曲线。发动机在汽车上使用时要带上全部的附件，因此在进行汽车动力性计算时应采用发动机使用特性曲线上的数据。另外，台架试验是在发动机工况相对稳定，即水温、机油温度在规定范围内，发动机转速稳定的情况下进行测量的。而在实际使用中，车用发动机的工况通常是不稳定的，造成某瞬时转速下的转矩要比稳定工况下的数值要小。但由于对变工况下发动机特性的研究还不成熟，且与稳态工况下的数值相差不大，故汽车动力性计算时仍沿用发动机使用特性曲线的数据。如果不作特殊说明，后述内容所涉及到的发动机特性数据皆指使用特性数据。

2. 传动系机械效率 η_T

发动机的有效功率 P_e、在传动系内损耗的功率为 P_T、驱动轮上得到的功率为 P_e-P_T，则传动系的机械效率（简称传动效率）为

$$\eta_T = \frac{P_e - P_T}{P_e} = 1 - \frac{P_T}{P_e} \tag{2-2}$$

传动系内损耗的功率 P_T 是在离合器、变速器、传动轴、主减速器、驱动轮轴承等处损失的功率的总和，其中变速器及主减速器的功率损失是最主要的部分。损耗的功率包含机械损失功率和液力损失功率。由于齿廓、轴承、油封、摩擦消耗的功率称为机械损失功率，其值决定于齿轮啮合的对数、传递转矩的大小和加工精度的高低；由于旋转零件对润滑油的搅动而消耗的功率称为液力损失功率，其值决定于转速、润滑油粘度、工作温度和油面高度。

高速挡的传动效率较高。这是因为在同样的道路及相同车速下，其阻力所消耗的功率相同，在高速挡上运行，发动机处于低转速、大转矩工况，其机械损失的功率相对减少，液力损失的功率下降，从而使传动效率提高。所以，应尽量用高速挡行驶。如果最高挡是超速挡，其传动效率会低于直接挡，因为直接挡是把第一轴和第二轴连在一起，转矩不经变速器齿廓传递，其机械损失功率大大下降。

齿廓啮合间隙过小、啮合印迹不正确、轴承调整过紧、各部油封过紧、润滑油粘度不当、油面过高过低、制动蹄与制动鼓分离不彻底等，都会使传动效率下降。

变速器和主减速器的油温对传动效率有很大影响。试验表明，在-10℃的油温下，某车要

在 40km/h 的车速行驶 20～40min 后，才能使传动效率由开始的 0.60 增至 0.92。通常，变速器和主传动器的油温达到 50℃时，才具有正常的传动效率。

汽车在使用过程中，新车走合期结束时传动效率最高，此后随着行驶里程的增加而缓慢下降；当各部磨损至配合间隙超过允许值后，传动效率迅速下降，大修后又会提高。由于修理厂的工艺水平不如制造厂，大修后的传动效率往往不如新车高。

传动效率因受多种因素的影响而有所变化，但对汽车进行一般的动力性计算时，通常将其视为常数。轿车取 0.9～0.92，单级主减速器的货车取 0.9，双级主减速器的货车取 0.85，4×4 汽车取 0.85，6×6 汽车取 0.8。

3. 车轮半径 r

汽车车轮装有充气轮胎，在径向、切向与横向都有弹性，因此车轮半径会因车轮所处的状态不同而不同。

自由半径 r_0 是指轮胎按规定气压充好气，在无载荷作用时的半径。

静力半径 r_s 是指轮胎按规定气压充好气、在只受车重作用下产生径向变形，车轮中心至车轮支撑面之间的距离。由于径向载荷的作用，轮胎发生显著变形，静力半径小于自由半径。

动力半径 r_d 是指轮胎按规定气压充好气、在车重和转矩作用下，轮胎既有径向变形，也有切向变形，此时车轮中心至车轮支撑面之间的距离。转矩的作用使轮胎沿半径方向的母线产生弯曲变形，具有压低轮心的效果，故动力半径略小于静力半径。

滚动半径 r_r 是指轮胎按规定气压充好气、汽车满载行驶中，以车轮转动圈数 n 与车轮实际滚动距离 s（m）之间的关系计算得出的车轮半径。即

$$r_r = \frac{s}{2\pi n} \tag{2-3}$$

显然，对汽车作动力学分析时，应该用静力半径 r_s；而作运动学分析时，应该用滚动半径 r_r。但在一般的分析中常不计它们的差别，统称为车轮半径 r，即 $r = r_s = r_d = r_r$。

2.2.2 汽车驱动力图

在各个挡位上，以各种不同的速度行驶，汽车可能产生的驱动力所连成的曲线，即各挡的 $F_t - v$ 曲线，称为汽车驱动力图。它直观地显示变速器处于各挡位时，驱动力随车速变化的规律。

在已知发动机使用外特性曲线、变速器各挡传动比 i_g、主减速器传动比 i_o、传动效率 η_T，车轮半径 r 等参数的条件下，按下列步骤作汽车的驱动力图。

1. 计算驱动力 F_t

对每个挡位分别计算。从发动机的使用外特性曲线上至少取 6 个点（这些点应包括最低稳定转速点和最高稳定转速点），得到相应各点的 (T_{tq}, n) 值，用公式（2-1）计算出驱动力 F_t 值

2. 计算相应车速 V

按下式计算相应的车速 V（km/h）：

$$V = \frac{n}{i_g i_o}(60 \times \frac{2\pi r}{1000}) \tag{2-4}$$

整理，得：

$$V = 0.377 \frac{nr}{i_g i_o} \qquad (2\text{-}5)$$

3. 画汽车驱动力图

建立 $F_t - v$ 坐标，选好比例尺，对每个挡位，将计算出的值 (F_t, v) 分别描点并连成圆滑曲线，即得到汽车在该挡位的驱动力曲线。

某 5 挡汽车的驱动力图如图 2-2 所示。

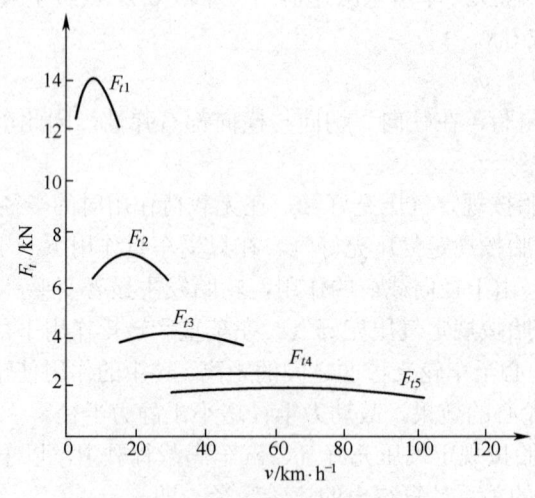

图 2-2 某 5 挡汽车的驱动力图

由上图可见，每一个挡位对应有一条驱动力曲线；挡位低，因传动比大，相应的车速低而驱动力大；驱动力曲线表示在该挡上，以不同车速等速行驶时，汽车可能产生的驱动力；当发动机油门部分开度时，驱动力会相应减小，因此驱动力曲线之下的广泛范围内的点，都可能是汽车行驶的实际工作点。

2.3 汽车行驶阻力

汽车行驶阻力包括滚动阻力、空气阻力、上坡阻力和加速阻力。其中，汽车在任何行驶状态下均存在滚动阻力和空气阻力，汽车上坡阻力在有坡道的路面上行驶时才存在，汽车加速阻力在汽车行驶车速变化时才存在。汽车在水平路面上等速行驶时就不存在上坡阻力和加速阻力。克服滚动阻力和空气阻力所消耗的能量是不能回收利用的，而克服上坡阻力和加速阻力所消耗的能量可分别在下坡和滑行时重新利用。

2.3.1 滚动阻力

汽车行驶时，车轮在地面上滚动，车轮与地面在接触区域的径向、切向和侧向均产生相互作用力，轮胎与地面亦存在相应的变形，车轮与地面的相对刚度决定了变形的特点。当车轮在硬路面（沥青路面、混凝土路面）上滚动时，轮胎的变形是主要的。当车轮在松软路面（砂土路面、积雪路面、土壤）上滚动时，路面的变形是主要的。无论是轮胎还是路面，其变形过程必然伴随着一定的能量损失。这些能量损失是使车轮滚动时产生滚动阻力的根本原因。另外，汽车悬架的变形与悬挂零件间的摩擦，从动轮轴承和油封处的摩擦等都会因能量损失而表现出滚动阻力。

1. 轮胎的迟滞损失

当汽车车轮在水平路面上行驶且不受侧向力作用时，车轮与路面间将产生径向和切向的相互作用力。轮胎在硬路面上的径向变形曲线如图 2-3 所示。

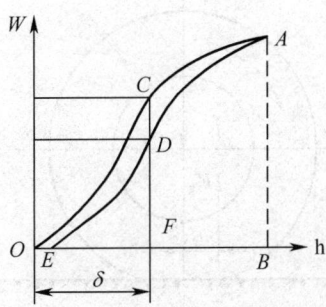

图 2-3　轮胎在硬路面上的径向变形曲线

由图 2-3 可见，加载变形曲线 OCA 与卸载变形曲线 ADE 并不重合，则可知加载与卸载不是可逆过程，存在着能量损失。面积 OCABO 为加载过程中对轮胎所做的功，面积 ADEBA 为卸载过程中轮胎恢复变形时释放的功，两面积之差 OCADEO 即为加载与卸载过程的能量损失。这一部分能量消耗在轮胎各组成部分相互间的摩擦以及橡胶、帘线等物质分子间的摩擦，最后转化为热能而消失在大气中，这种损失称为弹性物质的迟滞损失。

在同样变形量的情况下，处于加载过程的载荷较大，即图中 FC>FD。这说明当车轮在径向载荷作用下滚动时，由于弹性迟滞现象，使地面对车轮的垂直反力为不对称分布，其垂直反力的合力作用线相对于车轮中心线前移了一段距离，因而形成了阻碍车轮滚动的力偶矩。

2. 从动轮在硬路面上的滚动

水平硬路面等速直线滚动的汽车从动轮受力情况如图 2-4 所示。

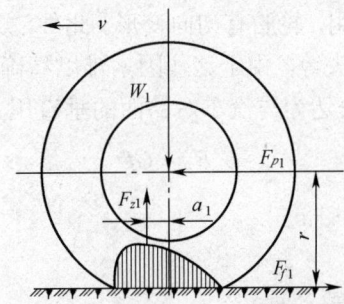

图 2-4　汽车从动轮在水平硬路面上等速直线滚动时的受力

其地面垂直反力的分布呈前大后小状，地面总的垂直反力 F_{z1} 相对于车轮垂直中心线向前偏移了一段距离 a_1，形成阻止车轮滚动的力偶矩 $F_{z1}a_1 = W_1 a_1$。为了克服它，在轮心处转向节会给车轮一个推力 F_{p1}，并有 $F_{p1}r = W_1 a_1$。同时车轮所受的地面切向反力为 F_{f1}，$F_{f1} = F_{p1}$。

故
$$F_{f1} = \frac{W_1 a_1}{r} = W_1 f_1 \tag{2-6}$$

式中：F_{f1}——从动轮的滚动阻力；

$f_1 = a_1/r$ ——从动轮的滚动阻力系数。

3. 驱动轮在硬路面上的滚动

水平硬路面等速直线滚动的汽车驱动轮受力情况如图2-5所示。

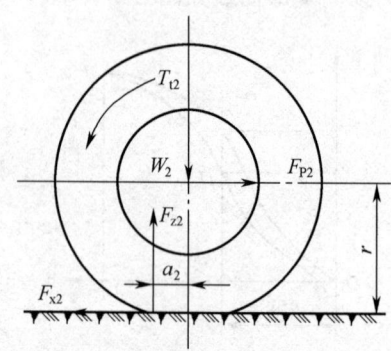

图2-5 汽车驱动轮在水平硬路面上等速直线滚动时的受力

由于地面垂直反力的分布前大后小，驱动轮总的地面垂直反力F_{z2}相对于车轮垂直中心线向前偏移了一段距离a_2，地面给出的切向反力为F_{x2}，轮心受车桥的反推力为F_{p2}，$F_{p2}=F_{x2}$。对轮心取力矩平衡方程式，有

$$T_{t2} - F_{x2}r - F_{z2}a_2 = 0 \tag{2-7}$$

$$F_{x2} = \frac{T_{t2}}{r} - \frac{F_{z2}a_2}{r} = F_t - \frac{W_2 a_2}{r} = F_t - W_2 f_2 = F_t - F_{f2} \tag{2-8}$$

式中：F_{f2}——驱动轮的滚动阻力；

$f_2 = a_2/r$ ——驱动轮的滚动阻力系数。

上式表明，汽车驱动轮的地面切向反力F_{x2}，可以用F_t和F_{f2}两个力来代替。

以上分析的是轮胎径向变形产生滚动阻力的机理。汽车行驶时，由于车轮的前束和外倾，轮胎有侧向变形；由于转矩的作用，轮胎有切向变形。此外，还有路面变形、悬挂零件的摩擦、减振器损失、从动轮轴承油封损失等。由于这些因素难以精确计算，便引用前面的公式，将汽车在水平路面上的滚动阻力F_f表达为与汽车对路面的垂直压力成正比的关系式。

$$F_f = Gf \tag{2-9}$$

式中：F_f——汽车滚动阻力，N；

G——汽车的总重力，N；

f——汽车的滚动阻力系数。

4. 滚动阻力系数的影响因素

滚动阻力系数可通过实验确定，它受以下因素的影响。

（1）路面种类及其状况

路面种类及其状况对滚动阻力系数有着较大的影响。平坦、硬实、干燥、清洁的路面，滚动阻力系数较小；硬路面的高低不平所导致的轮胎与悬挂的反复变形而产生的迟滞损失，松软路面的塑性变形，都会导致滚动阻力系数增大。表2-1列出了车速为50km/h时，汽车在各种路面上行驶时的滚动阻力系数的一般范围。

表 2-1 滚动阻力系数的一般范围

路面类型	滚动阻力系数一般范围
良好的沥青或混凝土路面	0.010～0.018
一般的沥青或混凝土路面	0.010～0.020
碎石路面	0.020～0.025
良好的卵石路面	0.025～0.030
坑洼的卵石路面	0.035～0.050
压紧土路（干燥的）	0.025～0.035
压紧土路（雨后的）	0.050～0.150
泥泞土路（雨季或解冻期）	0.100～0.250
干砂	0.100～0.300
湿砂	0.060～0.150
结冰路面	0.015～0.030
压紧的雪道	0.030～0.050

（2）轮胎结构和气压

子午线轮胎与普通斜交轮胎相比，具有较低的滚动阻力系数。减少帘布层可使胎体变薄，从而可相应地降低轮胎的滚动阻力系数。

汽车在硬路面上行驶，轮胎气压低时，轮胎变形较大，滚动时的迟滞损失增大，滚动阻力系数相应增大。随着轮胎气压增高，硬路面上的滚动阻力系数逐渐减小。汽车在松软路面上行驶，轮胎气压低时，轮胎变形大，使轮胎与地面接触面积增大，单位面积压力下降，路面变形小，使滚动阻力系数相应减小。

（3）汽车车速

当车速在 100km/h 以下时，滚动阻力系数变化不大；当车速在 100km/h 以上时，滚动阻力系数随车速提高而增大较快，当车速高到一定数值后，轮胎发生驻波现象，此时轮胎周缘不再是圆形，而是出现明显的波浪状，滚动阻力系数迅速增大，轮胎的温度也迅速升高，致使轮胎帘布层与胎面脱落，几分钟内就会出现爆胎现象。

2.3.2 空气阻力

处于空气介质中的汽车，行驶时必将受到空气的作用。汽车直线行驶时所受空气的作用力在汽车行驶方向上的分力，称为空气阻力 F_w。它由形状阻力、干扰阻力、内循环阻力、诱导阻力和摩擦阻力五部分组成。

形状阻力与车身主体形状有关，如车头、车尾的形状，车身主体形状的流线形越好，则形状阻力越小；干扰阻力是车身表面突出件，如后视镜、天线、悬挂导向杆、车轴等引起的阻力；内循环阻力是为了发动机冷却和车内通风等所需空气流经车身内部时形成的阻力；诱导阻力是空气流经车身产生的升力在行驶方向的分力；摩擦阻力是空气流经车身表面产生的摩擦力的合力在行驶方向的分力。对于一般轿车，这几部分阻力的大致比例为：形状阻力占 58%，干扰阻力占14%，内循环阻力占12%，诱导阻力占7%，摩擦阻力占9%。可见，空气阻力中，形状阻力占的比重最大，因此改善车身流线形状是减小空气阻力的关键。

空气阻力的计算公式为

$$F_w = \frac{C_D A V^2}{21.15}$$ （2-10）

式中：F_w——空气阻力，N；
　　　C_D——空气阻力系数；
　　　A——汽车的迎面面积，m^2；
　　　V——空气相对于汽车的速度，在无风时即为汽车的行驶速度，km/h。

由上式可见，空气阻力与空气阻力系数和汽车的迎面面积成正比，与汽车车速的平方成正比。车速增加1倍，空气阻力是原值的4倍，空气阻力所消耗的功率是原值的8倍。高速行驶时，空气阻力消耗了发动机的大部分功率。而现代汽车的车速越来越高，所以要降低空气阻力所消耗的功率，关键是降低空气阻力系数和汽车的迎面面积。

空气阻力与汽车的迎面面积成正比。迎面面积是汽车行驶时迎面空气直接冲击的面积，即汽车行驶方向的正投影面积。一般情况下，迎面面积可以按照下列公式计算。

$$A = BH$$ （2-11）

式中：B——汽车轮距，m；
　　　H——汽车高度，m。

为了保证汽车必需的乘用空间或装载质量，不能期望过多地减少迎面面积来减少空气阻力，故A值不能过小。

降低空气阻力系数是减少空气阻力的主要手段，这就要求汽车外形的流线形好。C_D值低的轿车具备的特点如图2-6所示。

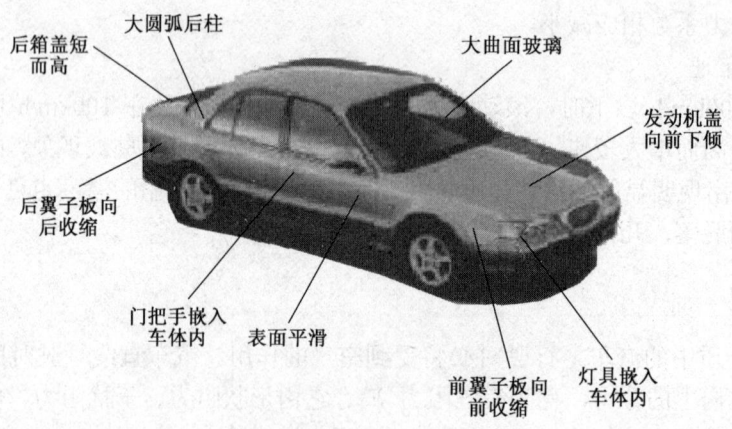

图2-6　C_D值低的轿车特点

由于高速公路的发展，货车的外型设计也日益受到重视。驾驶室顶盖、风挡玻璃及前脸在侧视图上具有大的圆弧，特别是整个驾驶室呈楔形的设计，可大幅度减小C_D值。除其本身外形外，导流板（罩）、侧裙、扰流器、连接软膜等附加装置也可使C_D值大幅减小。半挂车可降低C_D值的附加装置，如图2-7所示。

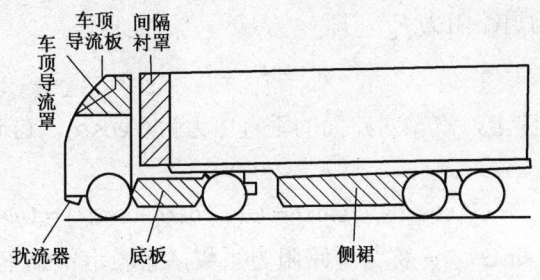

图 2-7　半挂车可降低 C_D 值的附加装置

应该指出，C_D 值是随着汽车车身底部与路面间隙、车身的俯仰角以及侧向风的大小而变化的，一般给出标定载荷下（轿车为半载），无侧向风时的 C_D 值。目前，轿车的 C_D 值为 0.30~0.45，大客车的 C_D 值为 0.50~0.80；货车的 C_D 值为 0.60~0.85。

对于汽车列车的空气阻力，半挂列车可按主车的 1.15 倍计算，全挂列车的空气阻力可按每节挂车的空气阻力较主车增加 20%计算。

2.3.3　上坡阻力

1. 坡道的表示方法

路面纵坡用坡道角 α 及坡度 i 表示。坡度 i 是坡高与相应的水平距离之比，可以用百分数表示。坡度为 0.05 或 5%，表示该坡道每 100m 的水平距离上升的高度为 5m。坡道角与坡度的换算关系为 $i=\tan\alpha=h/s$。

2. 上坡阻力 F_i 的产生

如图 2-8 所示，汽车上坡行驶时，其重力沿坡道方向的分力表现为对汽车行驶的一种阻力，称为上坡阻力。

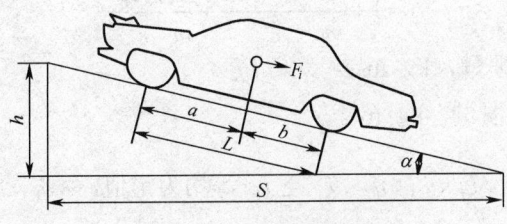

图 2-8　汽车的上坡阻力

上坡阻力的计算公式为

$$F_i = G \sin \alpha \tag{2-12}$$

式中：F_i——上坡阻力，N；
　　　G——汽车重力，N；
　　　α——道路坡道角，(°)。

根据我国公路工程技术标准规定，即使山岭重丘区的四级公路，其最大纵坡也不超过 9%，约 5°。因此，一般道路的坡度较小。当坡道角 $\alpha < 10°\sim15°$ 时，$\sin\alpha \approx \tan\alpha = i$，有

$$F_i = Gi \tag{2-13}$$

由于滚动阻力和上坡阻力均属于与道路有关的阻力，而且均与汽车重力成正比，常将这

两种阻力合在一起，称为道路阻力 F_ψ，即

$$F_\psi = F_f + F_i \qquad (2\text{-}14)$$

在坡道角为 α 的道路上，汽车对路面的垂直压力为 $G\cos\alpha$，这时的滚动阻力为

$$F_f = Gf\cos\alpha \qquad (2\text{-}15)$$

$$F_\psi = Gf\cos\alpha + G\sin\alpha = G(f\cos\alpha + \sin\alpha) = G\psi \qquad (2\text{-}16)$$

式中令 $\psi = f\cos\alpha + \sin\alpha$。$\psi$ 称为道路阻力系数，它表示单位车重的道路阻力。当坡道角 $\alpha < 10°\sim15°$ 时，$\cos\alpha \approx 1$，$\sin\alpha \approx \tan\alpha = i$，此时有 $\psi = f + i$。

2.3.4 加速阻力

汽车加速行驶时，需要克服其质量加速运动时的惯性力，这就是加速阻力 F_j。汽车的质量分为平移的质量和旋转的质量两部分。汽车加速时，不仅平移的质量产生惯性力，旋转的质量还要产生惯性力偶矩。因此，总的加速阻力比平移质量的加速阻力大，在计算时用平移质量的加速阻力乘以一个大于1的旋转质量换算系数 δ 来考虑这一影响，总的加速阻力为

$$F_j = \delta m \frac{\mathrm{d}V}{\mathrm{d}t} \qquad (2\text{-}17)$$

式中：δ——汽车旋转质量换算系数，$\delta > 1$；

m——汽车质量，kg；

$\dfrac{\mathrm{d}V}{\mathrm{d}t}$——汽车加速度，m/s^2。

δ 主要与发动机飞轮的转动惯量、车轮的转动惯量以及传动系的传动比有关。δ 的计算公式为

$$\delta = 1 + \frac{1}{m}\frac{I_f i_g^2 i_O^2 \eta_T}{r^2} + \frac{1}{m}\frac{\sum I_W}{r^2} \qquad (2\text{-}18)$$

式中：I_f——飞轮的转动惯量，kg·m^2；

I_W——车轮的转动惯量，kg·m^2。

对某一确定的汽车，m、I_f、i_O、η_T、r、$\sum I_W$ 等均为定值，令 $\delta_1 = \dfrac{1}{m}\dfrac{I_f i_O^2 \eta_T}{r^2}$，$\delta_2 = \dfrac{1}{m}\dfrac{\sum I_W}{r^2}$，则

$$\delta = 1 + \delta_1 i_g^2 + \delta_2 \qquad (2\text{-}19)$$

由上式可见，汽车不同挡位的旋转质量换算系数是不同的。如 CA1091 货车各挡的旋转质量换算系数 δ 分别为：一挡 $\delta_\mathrm{I} = 2.17$，二挡 $\delta_\mathrm{II} = 1.35$，三挡 $\delta_\mathrm{III} = 1.14$，四挡 $\delta_\mathrm{IV} = 1.06$，五挡 $\delta_\mathrm{V} = 1.05$。当汽车空挡滑行时，$\delta = 1 + \delta_2$。

2.4 汽车行驶条件

2.4.1 汽车行驶的驱动条件

若 $F_t = F_\psi + F_W$，则汽车将等速行驶；若 $F_t > F_\psi + F_W$，则汽车将加速行驶；若 $F_t < F_\psi + F_W$，

则静止的汽车将无法起步，正在行驶中的汽车将减速直至停车。因此，汽车正常行驶应满足的第一个条件是驱动力不小于道路阻力和空气阻力之和，即

$$F_t \geqslant F_\psi + F_W \tag{2-20}$$

或

$$F_t \geqslant F_f + F_i + F_W \tag{2-21}$$

此条件为汽车行驶的驱动条件，也是汽车行驶的必要条件，但它不是汽车行驶的充分条件。

2.4.2 汽车行驶的附着条件

汽车驱动力可按式（2-1）计算得到，但这个驱动力只有在驱动轮与路面不发生滑转的条件下才能发挥出来。当驱动力增大到使驱动轮在地面上滑转时，汽车不能前进，此后再增加发动机的转矩或增大传动比，只能使驱动轮加速旋转，而地面给车轮的切向反作用力不会再增大，这说明使汽车行驶的驱动力还受轮胎与路面附着条件的制约。

路面对车轮切向反作用力的极限值，称为附着力 F_φ，用下式表示

$$F_\varphi = F_Z \varphi \tag{2-22}$$

式中：F_Z——路面给车轮的法向反力，N；
φ——车轮与路面间的附着系数。

应当明确，附着力并不是汽车所受到的力，只是路面给车轮切向力的极限值。

当驱动轮滑转时，汽车不能正常行驶。因此，汽车行驶应满足的第二个条件是驱动力不大于附着力，即

$$F_t \leqslant F_\varphi \tag{2-23}$$

或

$$F_t \leqslant F_Z \varphi \tag{2-24}$$

此为汽车正常行驶的附着条件。

下面将对汽车附着力计算式中的路面给车轮法向反力 F_Z、附着系数 φ 作进一步分析讨论。

1. 路面给车轮法向反力 F_Z

（1）汽车在水平路面上静止

汽车在水平路面上静止时的受力图如图 2-9 所示。

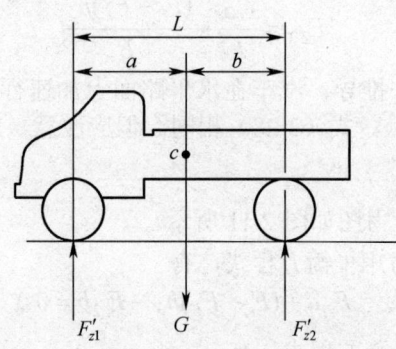

图 2-9 汽车水平路面上静止时的受力图

由力矩平衡，得

$$F'_{z1} = \frac{Gb}{L} \tag{2-25}$$

$$F'_{z2} = \frac{Ga}{L} \tag{2-26}$$

（2）汽车在水平路面上行驶

汽车在水平路面上匀速行驶时的受力图如图 2-10 所示。

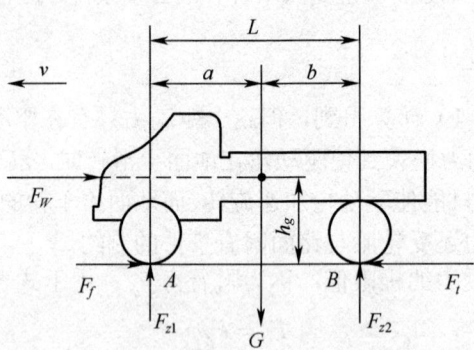

图 2-10　汽车水平路面上匀速行驶时的受力图

在此假定空气阻力为作用在汽车正面风压中心上的集中力，且其作用线通过汽车重心；汽车的上坡阻力和加速阻力都作用在汽车的重心。

对 B 点取力矩，由力矩平衡方程式，有

$$F_{z1}L + F_W h_g - Gb = 0 \tag{2-27}$$

$$F_{Z1} = \frac{Gb}{L} - \frac{F_W h_g}{L} \tag{2-28}$$

同理，对 A 点取力矩，解得

$$F_{Z2} = \frac{Ga}{L} + \frac{F_W h_g}{L} \tag{2-29}$$

由于 $F_W = F_t - F_f$，将其代入上面两式，得

$$F_{Z1} = \frac{Gb}{L} - \frac{(F_t - F_f)h_g}{L} \tag{2-30}$$

$$F_{Z2} = \frac{Ga}{L} + \frac{(F_t - F_f)h_g}{L} \tag{2-31}$$

另外，还可用上述的方法推导，汽车在水平路面上加速行驶时车轮法向反力的表达式。所得的表达式分别与式（2-27）、式（2-28）相同。但应注意，此时式中的 $F_t - F_f = F_w + F_j$。

（3）汽车加速上坡行驶

汽车加速上坡行驶时的受力图如图 2-11 所示。

各力对 C 点取力矩，由力矩平衡方程式，有

$$F_{z1}a + (F_t - F_f)h_g - F_{z2}b = 0 \tag{2-32}$$

由垂直于路面方向的力平衡方程式，有

$$F_{z1} + F_{z2} = G\cos\alpha \tag{2-33}$$

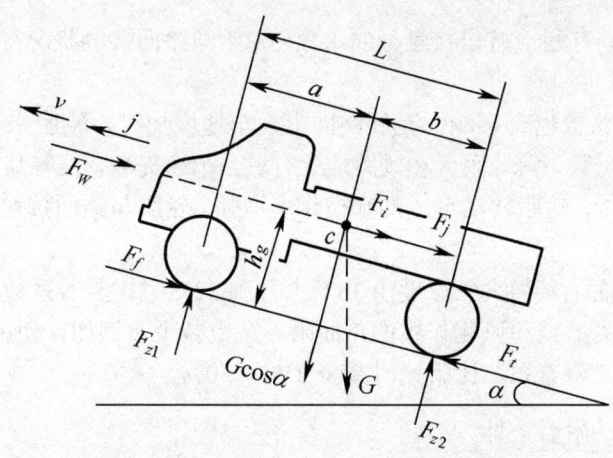

图 2-11 汽车加速上坡行驶时的受力图

由式（2-29）、式（2-30）联立后，可解得

$$F_{Z1} = \frac{Gb\cos\alpha}{L} - \frac{(F_t - F_f)h_g}{L} \tag{2-34}$$

$$F_{Z2} = \frac{Ga\cos\alpha}{L} + \frac{(F_t - F_f)h_g}{L} \tag{2-35}$$

当 $\alpha = 0$ 时，上述两式与平路行驶的表达式相同。

从前述 3 种情况的分析可见，汽车行驶时路面给车轮的法向反力（即轴荷）与静止时不同，称为汽车的轴荷重新分配现象。

通常用汽车的轴荷重新分配系数 m 来表示汽车的轴荷重新分配程度。汽车前、后轴的轴荷分配系数是指汽车在某一行驶状态时前、后轴的轴荷分别与静止状态时的前、后轴的轴荷之比，即

前轴

$$m_1 = \frac{F_{z1}}{F'_{z1}} \tag{2-36}$$

后轴

$$m_2 = \frac{F_{z2}}{F'_{z2}} \tag{2-37}$$

一般地，汽车前轴的轴荷分配系数 $m_1 = 0.8 \sim 1.4$，汽车后轴的轴荷分配系数 $m_2 = 1.2 \sim 0.7$。汽车加速行驶、上坡行驶时，前轴轴荷 F_{z1} 减小，后轴轴荷 F_{z2} 增加。

式（2-20）中的 F_z，对于前轮驱动的汽车，$F_z = F_{z1}$；对于后轮驱动的汽车，$F_z = F_{z2}$；对于全轮驱动的汽车，$F_z = G\cos\alpha$。

2. 附着系数 φ

附着系数 φ 主要取决于路面性质与状况、轮胎气压与花纹等。

不同性质的路面有不同的附着系数。普通轮胎在水泥路面上 $\varphi = 0.7 \sim 0.8$，在结冰路面上 $\varphi = 0.1 \sim 0.2$。

路面状况（干、湿、灰尘、油污）对 φ 有很大的影响。普通轮胎在干燥、清洁的水泥路面上 $\varphi = 0.7 \sim 0.8$；当路面潮湿时，$\varphi = 0.45 \sim 0.55$；当被大量灰尘或油污污染时，$\varphi = 0.25 \sim 0.40$。

轮胎气压对附着系数有较大的影响。在干燥的硬路面上，降低轮胎气压，轮胎与路面微观不平处的啮合面积增大，使附着系数加大。在潮湿的硬路面上，适当提高轮胎气压，可以提

高对路面的单位压力，有利于挤出接触处的水分，轮胎与路面接触状况得到改善，使附着系数提高。

行驶速度对附着系数也有影响。在硬路面上，车速增加时，轮胎来不及与路面微小凸起部分很好啮合，附着系数下降。雨天在硬路面上行驶，车速提高，很容易产生轮胎在路面上的滑转，这是因为高速时，轮胎转动形成的水楔作用增强，轮胎与路面接触状况大大变差，附着系数严重下降。

在沥青或渣油路面上，当大气温度由 18℃ 上升到 32℃ 时，附着系数下降约 15%。

由于长期使用，受磨损和风化作用的路面附着系数减少。例如，使用了 15 年的路面，由于压实和磨光的结果，附着系数比新建时减少 25%～30%。

2.4.3 汽车行驶的驱动附着条件

将汽车行驶的驱动条件与附着条件写在一起，有

$$F_f + F_i + F_W \leq F_t \leq F_\varphi \tag{2-38}$$

此即为汽车行驶的驱动与附着条件。由此可见，要使汽车正常行驶，除了动力装置要能产生足够大的驱动力外，还要有良好的路面附着条件作保证。如果驱动力太小，不足以克服汽车的行驶阻力，汽车不能正常行驶；如果路面的附着力太小，不足以使所需的驱动力发挥出来，汽车也不能正常行驶，出现驱动轮滑转，进而还会影响汽车操纵稳定性。

2.5 汽车动力性分析

汽车动力性分析常用到三大平衡，即驱动力平衡、动力平衡、功率平衡。通常采用图解分析法，应用汽车的驱动力行驶阻力平衡图、动力平衡图和功率平衡图三种方法求解汽车动力性的评价指标，为评价汽车的动力性提供科学的依据。

2.5.1 汽车驱动力平衡

1. 驱动力平衡方程式

驱动力平衡方程式，表示驱动力在各项行驶阻力上的分配，有

$$F_t = F_f + F_i + F_w + F_j \tag{2-39}$$

驱动力平衡方程式的详细表达式为

$$\frac{T_{tq} i_g i_o \eta_T}{r} = Gf\cos\alpha + G\sin\alpha + \frac{C_D A v^2}{21.15} + \delta \frac{G}{g}\frac{dv}{dt} \tag{2-40}$$

2. 驱动力行驶阻力平衡图

将汽车驱动力在行驶阻力上的分配关系用图形表示，该图即为驱动力行驶阻力平衡图。它由两部分组成：一部分是汽车各挡的驱动力曲线，即 $F_t - v$ 曲线，其作图方法在 2.2.2 中已介绍；另一部分是汽车在平直良好的沥青或水泥路面上等速行驶的总阻力曲线，即 $(F_f + F_W) - v$ 曲线。在已知 G、f、$C_D A$ 的条件下，假设汽车以不同车速等速行驶，按式（$Gf + \frac{C_D A v^2}{21.15}$）计算出等速行驶的总阻力值（应考虑 f 随 v 的提高而增大），将所得的结果在

驱动力图上描点，连成曲线，即得等速行驶总阻力曲线。某四挡汽车的驱动力行驶阻力平衡图如图 2-12 所示。

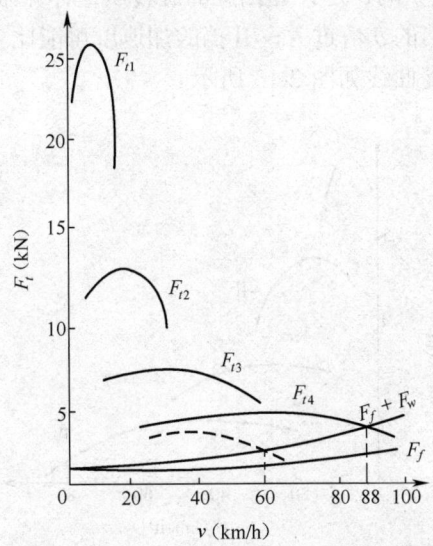

图 2-12　某四挡汽车的驱动力行驶阻力平衡图

3. 驱动力行驶阻力平衡图的应用

（1）确定汽车的最高车速

汽车的最高车速是指汽车满载、用高速挡、在平直良好的水泥或沥青路面上，可以达到的最高稳定车速。从图 2-12 可以看出，F_{t4} 曲线与 (F_f+F_W) 曲线的交点便是最高车速。因为此时驱动力与行驶阻力相等，汽车处于稳定的平衡状态。图中汽车的最高车速为 88km/h。

从图 2-12 中还可以看出，当汽车的行驶车速低于最高车速时，驱动力大于行驶阻力。驱动力 F_t 与行驶阻力 (F_f+F_W) 的差值为剩余驱动力，汽车可以利用剩余驱动力 $[F_t-(F_f+F_W)]$ 加速或爬坡。如汽车需要以低于最高车速的速度行驶时（图 2-12 中为 60km/h），驾驶员可以适当的减小油门开度，发动机只用部分负荷特性工作，相应的驱动力曲线如图 2-12 中虚线所示，使产生的驱动力等于以该车速等速行驶所需要的驱动力即可。此时，驱动力与行驶阻力得到新的平衡。

（2）确定汽车的加速能力

汽车的加速能力直接影响汽车平均行驶速度和汽车的行驶安全。通常用加速时间来表示汽车的加速能力。加速时间有原地起步加速时间和超车加速时间。

计算汽车的加速时间，先要计算汽车的加速度。利用驱动力平衡，可以求出汽车在平直良好的水泥或沥青路面上满载，在各个挡位上，不同瞬时速度下，可能产生的加速度，从而作出各挡的加速度曲线。

当坡道角 $\alpha=0$ 时，由驱动力平衡方程式可得：

$$\frac{dv}{dt}=\frac{1}{\delta m}[F_t-(F_f+F_W)] \tag{2-41}$$

上式表明，各挡剩余驱动力全部用来使汽车加速。显然，各挡不同车速下的剩余驱动力可从驱动力行驶阻力平衡图中找出，再利用上式计算出相应的加速度，便可得到各挡油门全开时的加速度曲线。

计算时注意，式（2-38）中的 δ 是计算挡位的旋转质量计算系数。一般汽车的最大加速度出现在Ⅰ挡，但有的汽车Ⅰ挡的 δ 值过大，Ⅱ挡的加速度可能比Ⅰ挡的加速度还大。

某四挡汽车的行驶加速度曲线如图2-13所示。

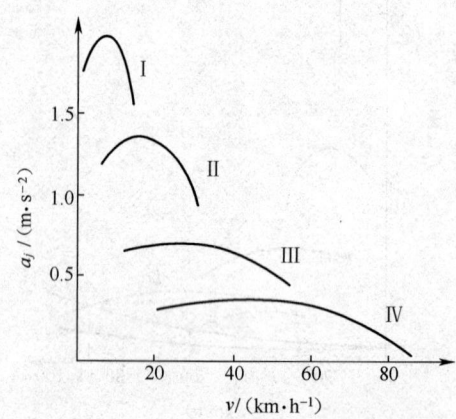

图2-13　某四挡汽车的行驶加速度曲线

因为：
$$a_j = \frac{dV}{dt} \Rightarrow dt = \frac{1}{a_j}dv \tag{2-42}$$

故有：
$$t = \int_{V_1}^{V_2} \frac{1}{a_j} dv \tag{2-43}$$

式中：a_j——汽车的加速度，m/s^2。

加速时间可用计算机进行积分计算，也可以用图解积分法计算。用图解积分法计算时，将图2-13的 $a_j - v$ 曲线转换成 $\frac{1}{a_j} - v$ 曲线，如图2-14（a）所示。曲线下两个速度区间的面积就是通过此速度区间的加速时间。

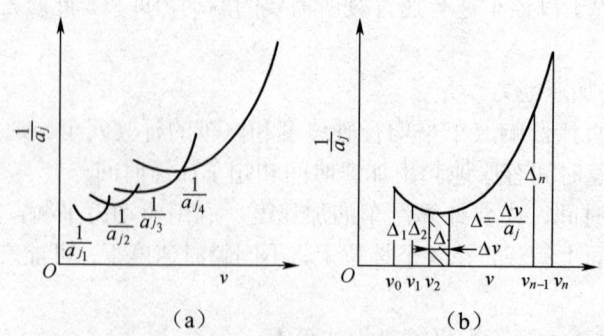

图2-14　汽车的行驶加速度倒数曲线

下面以直接挡加速度倒数曲线为例，如图2-14（b）所示，将加速过程中的速度区间分为若干间隔（常取5km/h为一间隔），图中横坐标 1mm=$a$km/h，纵坐标 1mm=bs²/m，分别求出 Δ_1，

$\Delta_2, \ldots, \Delta_n$ 的面积。则汽车从 v_o 加速到 v_1 的时间 t_1

$$t_1 = \frac{\Delta_1}{3.6ab} \text{ (s)} \tag{2-44}$$

汽车从 v_o 加速到 v_2 的时间 t_2

$$t_2 = \frac{\Delta_1 + \Delta_2}{3.6ab} \text{ (s)} \tag{2-45}$$

一直计算到从 v_o 加速到 v_n 的时间 t_n

$$t_n = \frac{\Delta_1 + \Delta_2 + \cdots + \Delta_n}{3.6ab} \text{ (s)} \tag{2-46}$$

根据计算结果,作出汽车直接挡由 v_o 加速到 v_n 的加速时间曲线,如图 2-15 所示。

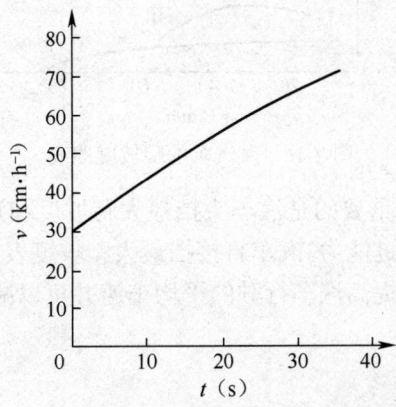

图 2-15 某汽车直接挡的加速时间曲线

需要注意的是,计算汽车原地起步加速时间时,为了使问题简化,往往忽略原地起步时离合器打滑的过程,并忽略换挡操作的时间损失。计算中假定在加速度倒数曲线对应的车速处换挡(这是理论上最佳的换挡时机,此时曲线下包围的面积最小,加速时间最短),或在各挡加速度倒数曲线上最后的一点处换挡(当各挡加速度倒数曲线没有交点时),如图 2-14(a)所示。用前述相同的方法,即可得在这种情况下的加速度曲线。

(3)确定汽车的爬坡能力

汽车的爬坡能力指汽车满载、在良好的水泥或沥青路面上,各挡所能爬过的最大坡度或最大坡度角。

爬最大坡道时,加速度为 0,此时有:

$$F_t = F_f + F_i + F_w \tag{2-47}$$

即:
$$F_i = F_t - (F_f + F_w) \tag{2-48}$$

式中 $F_f = Gf\cos\alpha$,但 F_f 的数值本来就较小,且 $\cos\alpha \approx 1$,故可认为 $F_f = Gf$。

则有:
$$G\sin\alpha = F_t - (F_f + F_W) \tag{2-49}$$

即:
$$\alpha = \arcsin\frac{F_t - (F_f + F_W)}{G} \tag{2-50}$$

根据驱动力行驶阻力平衡图,找出各挡位下相应车速的剩余驱动力,就可以求出汽车各挡位下相应车速时所能爬过的坡道角 α,再由 $i = \tan\alpha$,算出各挡的爬坡度。

应当指出，当坡道角 α 较大时，用上述公式计算的误差较大。某汽车的爬坡度曲线如图 2-16 所示。所算出的各挡爬坡度是汽车等速爬坡值，不包括冲坡过程中由于汽车动能的减少所爬过的坡度。

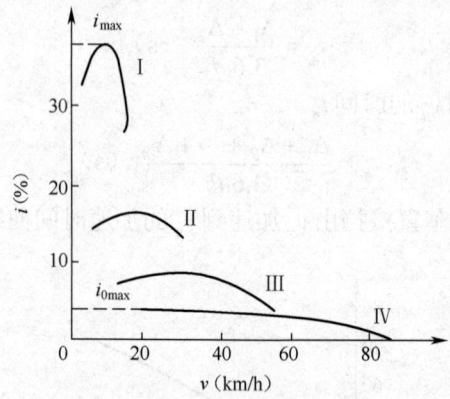

图 2-16　某汽车的爬坡度曲线

在各挡最大爬坡度中，最重要的是汽车头挡最大爬坡度和直接挡最大爬坡度。汽车头挡最大爬坡度表示汽车的最大通过能力。汽车直接挡最大爬坡度表示汽车在一般坡道上不必换入低挡的通过能力，这样有利于提高汽车行驶的平均车速并可以减轻驾驶员的疲劳强度。

2.5.2　汽车动力平衡

1. 动力因数 D

汽车驱动力平衡研究的是汽车在行驶方向总体的受力平衡关系，利用汽车的驱动力行驶阻力平衡图，可以确定汽车的最高车速、加速能力和爬坡能力。但是驱动力及驱动力图不能直观地比较不同类型汽车的动力性优劣。因为不同类型汽车的外形、质量不同，直接影响与它们有关的阻力。

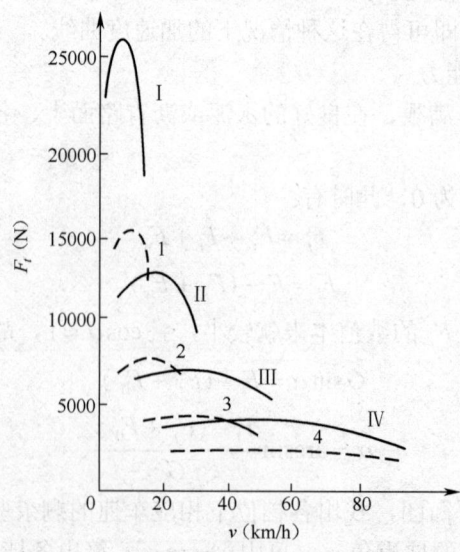

图 2-17　两辆总质量不同汽车的驱动力图

图 2-17 是两辆总质量不同汽车的驱动力图，实线为总质量为 7000kg 的汽车各挡驱动力曲线，虚线为总质量为 3900kg 的汽车各挡驱动力曲线。显然，第一辆汽车各挡的驱动力均较第二辆汽车要大，但并不能据此判断第一辆汽车的动力性一定比第二辆汽车的好。

因此，有必要确定一个能直接比较不同类型汽车动力性能的参数，以消除在行驶阻力方面因车型而异的一些因素，它应包含汽车总重、空气阻力以及驱动力诸参数。为此，提出了动力因数的概念。

动力因数表示扣去空气阻力后，单位车重分到的驱动力。其定义式为：

$$D = \frac{F_t - F_W}{G} \qquad (2-51)$$

2. 动力特性图

汽车各挡的动力因数与行驶车速的关系曲线图，称为汽车的动力特性图。某四挡汽车的动力特性图如图 2-18 所示。

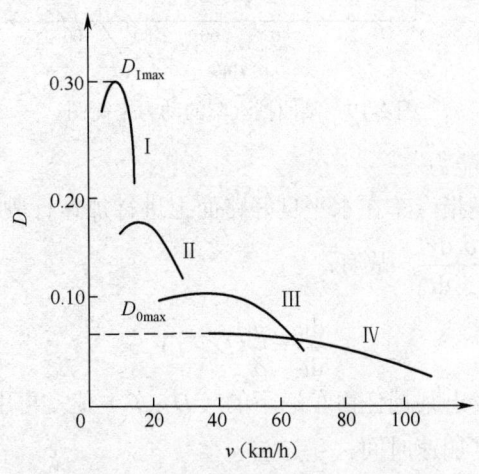

图 2-18 某四挡汽车的动力特性图

3. 动力平衡方程式

动力平衡方程式分析的是单位车重上力的平衡关系。根据驱动力平衡方程式，有

$$F_t - F_W = Gf\cos\alpha + G\sin\alpha + \delta m \frac{dv}{dt} \qquad (2-52)$$

两端除以 G，得动力平衡方程式

$$D = f\cos\alpha + \sin\alpha + \frac{\delta}{g}\frac{dv}{dt} \qquad (2-53)$$

4. 动力平衡图及其应用

动力平衡图由各挡的动力因数随车速的变化曲线和汽车在平直、良好水泥或沥青路面上的滚动阻力系数随车速的变化曲线所组成。滚动阻力系数与车速的函数关系可参考有关公式计算。某四挡汽车的动力平衡图如图 2-19 所示。

（1）确定汽车的最高车速

在最高车速 v_{max} 下，加速度 $\frac{dv}{dt} = 0$，且因在水平良好路面上，坡道角 $\alpha = 0$，故汽车的动

力平衡方程式为 $D = f$。即高挡动力因数曲线与滚动阻力系数曲线交点处对应的车速为汽车的最高车速 v_{max}。

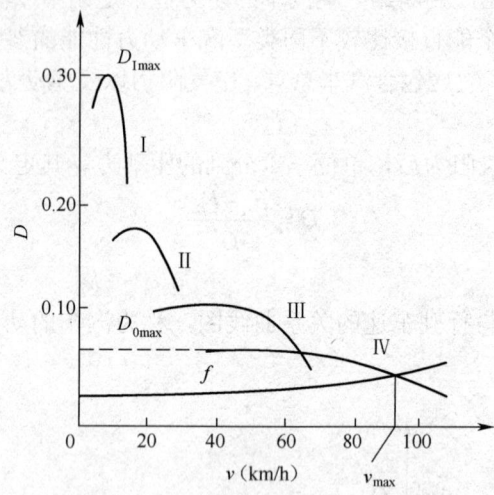

图 2-19　某四挡汽车的动力平衡图

（2）确定汽车的加速能力

评价汽车的加速能力是指汽车在水平良好路面上进行加速行驶，坡道角 $\alpha = 0$，故汽车的动力平衡方程式为 $D = f + \dfrac{\delta}{g}\dfrac{dv}{dt}$，故有：

$$\frac{dv}{dt} = \frac{g}{\delta}(D - f) \tag{2-54}$$

根据动力平衡图，可找出某挡任何车速下的 $(D-f)$ 值，再用上式计算，即可画出各挡的加速度曲线，然后再计算加速时间。

（3）确定汽车的爬坡能力

在各挡爬最大坡度时，加速度 $\dfrac{dv}{dt} = 0$，动力平衡方程式为

$$D_{max} = f\cos\alpha_{max} + \sin\alpha_{max} \tag{2-55}$$

上式表明，在各挡最大动力因数相应的车速下，具有最大爬坡能力。对于头挡有

$$D_{Imax} = f\cos\alpha_{Imax} + \sin\alpha_{Imax} \tag{2-56}$$

解上述三角方程，得头挡能爬过的坡道角

$$\alpha_{Imax} = \arcsin\frac{D_{Imax} - f\sqrt{1 - D^2_{Imax} + f^2}}{1 + f^2} \tag{2-57}$$

然后，再利用 $i_{Imax} = \tan\alpha_{Imax}$ 换算成最大爬坡度。

通常，其余挡位能爬过的坡道角小于 10°～15°，可认为 $\cos\alpha_{max} \approx 1$，$\sin\alpha_{max} \approx \tan\alpha_{max} = i_{max}$。故式（2-51）可写成：

$$D_{max} = f + i_{max} \tag{2-58}$$

由此得：

$$i_{max} = D_{max} - f \tag{2-59}$$

可见，在动力平衡图上，各挡最大动力因数与对应的滚动阻力系数之间的距离即为汽车

各挡最大爬坡度。只是在头挡上,这样得出的最大爬坡度误差较大。

各类汽车的动力性参数范围见表 2-2。

表 2-2 各类汽车的动力性参数范围

车型类别			直接挡最大动力因数 $D_{o\max}$	头挡最大动力因数 $D_{I\max}$	最高车速 $v_{\max}$（km/h）	比功率（kW/t）
货车	小型	总重~2t	0.06~0.10	0.30~0.40	80~120	15~35
	轻型	总重>2~6t	0.05~0.08	0.30~0.40	84~120	9.6~22
	中型	总重>6~14t	0.05~0.06	0.30~0.35	75~110	7.4~12
	重型	总重>14t	0.04~0.06	0.30~0.35	70~120	7.4~13
客车	小型	总重~4t	0.05~0.08	0.30~0.35	80~120	15~23.5
	中、大型	总重>4~19t	0.04~0.06	0.20~0.35	70~100	6.6~8.8
	铰接通道式	总重>18t	0.03~0.04	0.12~0.15	55~85	3.7~8.1
轿车	微型级	排量~0.9L	0.07~0.10	0.30~0.40	90~120	18~51.7
	轻级	排量>0.9~2L	0.08~0.12	0.30~0.45	120~170	37~66
	中级	排量>2~4L	0.10~0.15	0.30~0.50	130~220	44~73.5
	高级	排量>4L	0.14~0.20	0.30~0.50	140~190	52~110
矿用自卸车			0.03~0.05	0.30~0.50	54~70	4.4~5.9

2.5.3 汽车功率平衡

在分析发动机特性对汽车动力性的影响、传动系传动比参数的选择以及汽车的燃油经济性等问题时,经常用到汽车的功率平衡。

1. 阻力功率

汽车行驶时,各项阻力都要消耗功率。若车速 v 以 km/h 为单位,功率 P 以 kW 为单位,则滚动阻力 F_f、上坡阻力 F_i、空气阻力 F_W、加速阻力 F_j 所消耗的功率 P_f、P_i、P_W、P_j 的表达式分别为:

$$P_f = \frac{F_f v}{3600} = \frac{Gf\cos\alpha v}{3600} \quad (2\text{-}60)$$

$$P_i = \frac{F_i v}{3600} = \frac{G\sin\alpha v}{3600} \quad (2\text{-}61)$$

$$P_W = \frac{F_W v}{3600} = \frac{C_D A v^3}{76140} \quad (2\text{-}62)$$

$$P_j = \frac{F_j v}{3600} = \frac{\delta m \dfrac{\mathrm{d}v}{\mathrm{d}t} v}{3600} \quad (2\text{-}63)$$

2. 功率平衡方程式

汽车行驶时,各项阻力所消耗的功率,折算到发动机曲轴后端,正好与发动机所输出的功率平衡。即

$$P_e = \frac{1}{\eta_T}(P_f + P_i + P_W + P_j) \tag{2-64}$$

功率平衡方程式的详细表达式为

$$P_e = \frac{1}{\eta_T}\left(\frac{Gf\cos\alpha v}{3600} + \frac{G\sin\alpha v}{3600} + \frac{C_D A v^3}{76140} + \frac{\delta m \frac{dv}{dt} v}{3600}\right) \tag{2-65}$$

3. 功率平衡图

功率平衡图由各挡的汽车功率曲线 P_e-v 以及汽车在平直良好路面上等速行驶的总阻力功率曲线 $(P_f+P_W)/\eta_T-v$ 两部分组成。

作法如下：首先利用公式 $v = 0.377\dfrac{nr}{i_g i_o}$，将汽车发动机使用外特性中的 P_e-n 曲线转化为各个挡位的 P_e-v 曲线。再利用公式 $(P_f+P_W)/\eta_T = \dfrac{1}{\eta_T}\left(\dfrac{Gfv}{3600} + \dfrac{C_D A v^3}{76140}\right)$，作出汽车在平直良好路面上等速行驶的总阻力功率 $(P_f+P_W)/\eta_T$ 和行驶车速的关系曲线，即得汽车功率平衡图。某三挡汽车的功率平衡图如图 2-20 所示。

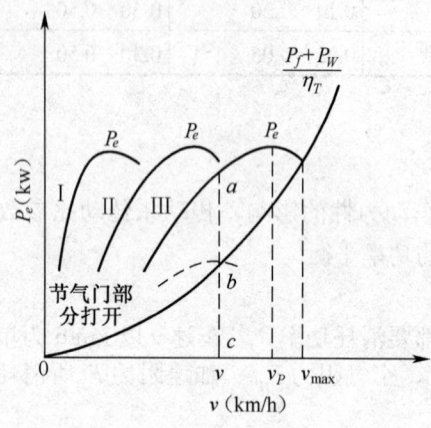

图 2-20 某三挡汽车的功率平衡图

由图可见，各挡功率曲线的起始点功率、最大功率及终点功率分别对应相等，因为各挡功率曲线均由该发动机的使用外特性转化而来，仅由于各挡传动比不同，相应的车速不同而已。低挡位时车速低，所占速度变化区域窄；高挡位时车速高，所占速度变化区域宽。

4. 功率平衡图分析

（1）最高车速与后备功率

汽车在水平良好路面上以最高车速行驶时，加速度 $\dfrac{dv}{dt}=0$，坡道角 $\alpha=0$，则

$$P_e = \frac{1}{\eta_T}(P_f + P_W) \tag{2-66}$$

即汽车高挡功率曲线与总阻力功率曲线的交点相对应的车速，便是汽车的最高车速 $v_{\max}$。

一般汽车高挡时发动机最大功率对应的车速 v_p 等于或略小于最高车速。

当汽车要以低于最高车速 v_{max} 的速度 v' 等速行驶时,驾驶员可减小节气门开度,发动机以部分负荷特性工作,其功率曲线如图 2-20 中虚线所示,以维持汽车等速行驶。

当汽车以低于最高车速 v_{max} 的车速行驶时,发动机能发出的最大功率与以该车速在水平良好路面上等速行驶所遇到的阻力功率之差 $\left[P_e - \dfrac{1}{\eta_T}(P_f + P_W)\right]$,称为汽车在该车速时的后备功率。它可以用来使汽车克服坡道阻力或加速阻力所消耗的功率。因此,汽车的后备功率愈大,汽车的动力性愈好。

(2) 功率平衡图的影响因素

用功率平衡也可以求汽车各挡的爬坡能力及加速能力,但实际上很少这样做,因为前述的驱动力平衡与动力平衡已方便地解决了这一问题。功率平衡主要用于主减速比的选择和燃油经济性分析中。进行这些分析要用到影响功率平衡图的因素,由功率平衡图的绘制过程可知,i_g、i_o 加大及 r 减小,会使汽车的功率曲线变陡;G、C_D、A、f 增大及 η_T 减小,会使阻力功率曲线变陡。

2.6 汽车动力性的影响因素

为了改善汽车的动力性,使汽车具有合理的动力性参数,必须对影响汽车动力性的各种因素进行分析,以便更好地找到改善汽车动力性的措施。影响汽车动力性的主要因素有:发动机性能参数、汽车结构参数及汽车使用因素。下面从这三方面来分析各种因素对汽车动力性的影响。

2.6.1 发动机性能参数

发动机最大功率、最大转矩以及外特性曲线形状对汽车动力性的影响最大。

1. 发动机最大功率、最大转矩

在道路附着条件允许的情况下,发动机功率和转矩越大,汽车的动力性就越好。这是因为发动机功率越大,中速行驶时的后备功率也越大,加速和爬坡性能必然较好;而发动机转矩越大,在传动系传动比一定时,最大动力因数越大,也就相应提高了汽车的加速和爬坡能力。

发动机最大功率的选择必须保证能够达到汽车预期的最高车速,也就是说,发动机最大功率应不小于汽车以最高车速行驶时的滚动阻力功率与空气阻力功率之和。即

$$P_e \geq \dfrac{1}{\eta_T}\left(\dfrac{Gfv_{max}}{3600} + \dfrac{C_D A v_{max}^3}{76140}\right) \tag{2-67}$$

发动机最大功率的选择也可以根据同类型汽车的比功率(单位汽车质量所具有的发动机功率)的统计数据来选取汽车的比功率值,再乘以汽车的总质量,来粗估汽车所需的发动机功率。比功率的统计数据如下:总质量小于 4t 的货车为 11~15kW/t,总质量大于 5t 货车为 7.35~11kW/t,总质量小的接近于上限,总质量大的接近于下限。

发动机功率不能过大。一方面会导致发动机尺寸、质量、制造成本增大和常用条件下发动机的负荷率太低,不利于降低汽车的整备质量、整车成本和改善汽车的燃油经济性;另一方

面，汽车驱动力的提高受到路面附着条件的制约，不能无限制地增大。所以过分地增大发动机功率对汽车动力性是无益的。

2. 发动机外特性曲线形状

如图 2-21 所示，虽然 2 台发动机的最大功率及其相应的转速相同、最高车速相同，但由于发动机外特性曲线的形状不同，外特性曲线 1 在相同的挡位下低速时有较大的后备功率，使汽车具有较好的加速能力和爬坡能力。外特性曲线 1 的转矩值随车速降低而增大的幅度较大，这样不仅可以提高汽车克服道路阻力的能力，而且换挡次数也可以减少，因而有利于提高汽车的平均行驶速度。

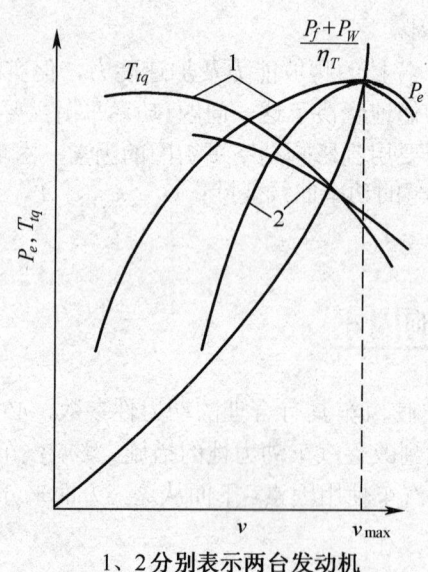

图 2-21 发动机外特性曲线形状对汽车动力性的影响

2.6.2 汽车结构参数

1. 主减速器传动比

4 种主减速器传动比时直接挡的功率平衡图如图 2-22 所示。

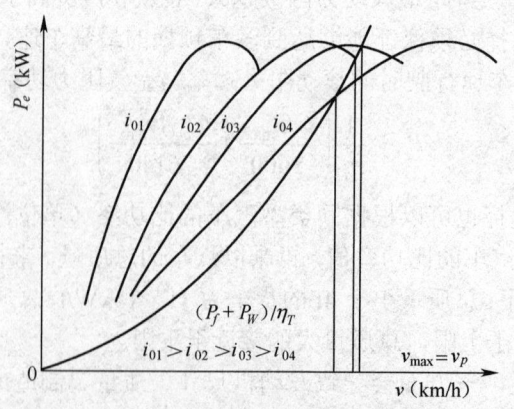

图 2-22 4 种主减速器传动比时直接挡的功率平衡图

由图可见：

（1）选比 i_{o3} 小的主减速比 i_{o4} 是不好的。因为发动机的最大功率及其附近的高功率得不到利用；最高车速较 i_{o3} 时小；后备功率较 i_{o3} 时小，直接挡的加速能力及爬坡能力较弱。可见其动力性三方面的指标都比 i_{o3} 时差。

（2）主减速比选 i_{o3} 是合适的。因为这时的最高车速比选其他主减速比时都大，且有必须的后备功率，以保证直接挡应有的加速能力及爬坡能力。i_{o3} 的特点是，能使最高车速等于最大功率时的车速，即 $v_{\max} = v_P$。

（3）选比 i_{o3} 稍大的主减速比 i_{o2} 也是合适的。因为这时的最高车速只比选 i_{o3} 时稍小了一些，但后备功率增大较多，直接挡的加速能力及爬坡能力比 i_{o3} 时增强。这对于经常需要加速、减速的市内车辆而言，有利于提高平均车速。i_{o2} 的特点是，能使最高车速略大于最大功率时的车速，即 $v_{\max} = (1.0 \sim 1.2)v_P$。

（4）过大的主减速比 i_{o1} 是不好的。因为汽车最高车速明显降低，直接挡的后备功率过大，中速行驶时发动机的负荷过小，有效耗油率高，使汽车燃油经济性变差。也会使发动机经常以较高转速工作，对发动机使用寿命产生不利影响且噪声增大。此外，主减速器传动比过大，使得主减速器结构更复杂，影响汽车的通过性。

通常，选择主减速器传动比时，应使总阻力功率曲线和汽车高挡发动机功率曲线的交点所决定的最高车速等于或略高于最大功率时的车速。

2. 变速器挡位数和传动比

变速器挡位增多时，可选择合适的挡位行驶，使发动机有可能在最大功率工况下工作，使功率利用的平均值增大，提高了汽车行驶时的加速能力和爬坡能力。但是，普通的有级变速器挡位过多，会使结构复杂、操纵困难。在汽车上采用自动变速器、无级变速器是解决上述困难的最佳选择。

变速器头挡传动比直接影响汽车的最大爬坡度，头挡传动比越大，汽车的最大爬坡度越大，但需考虑驱动轮和道路之间的附着条件的限制。

变速器各挡传动比的分配对汽车动力性也有影响，各挡传动比分配得当，能使发动机经常在接近最大功率或最大转矩的转速范围内工作，从而提高汽车的加速和爬坡能力。各挡传动比分配不当，不仅影响汽车的动力性，还会导致换挡困难。选择变速器各挡传动比时，在确定变速器挡位后，一般先根据最大爬坡能力的要求和附着条件确定头挡传动比，变速器直接挡传动比为 1，货车超速挡传动比为 0.8 左右。除超速挡和倒挡外，按从低挡到高挡两相邻挡位传动比相等或依次减小的原则进行分配。

3. 空气阻力

根据 $D = \dfrac{F_t - F_W}{G}$，若汽车总质量和驱动力相同，则空气阻力 F_W 越小，汽车的动力因数 D 越大，即克服道路阻力和加速阻力的能力增强，最高车速也提高，汽车的动力性越好。空气阻力在汽车低速时，对汽车动力性影响较小；而在汽车高速行驶时，空气阻力在汽车行驶阻力中占很大比重，对汽车动力性影响较大。所以改善汽车流线型，减少 F_W，对改善高速行驶汽车的动力性是非常显著的。

4. 轮胎

对某一型号的汽车而言，汽车驱动力与轮胎半径成反比，而车速与轮胎半径成正比，轮胎半径对与动力性有关的驱动力和车速是矛盾的。

目前在良好路面上行驶的汽车，轮胎半径有减小的趋势。轮胎尺寸减小，可降低汽车自身质量，在附着系数较大的良好路面上，可得到较大的驱动力，同时使汽车质心高度降低，提高了汽车行驶的稳定性，有利于汽车高速行驶。在发动机功率允许的情况下，车速提高可以用减小主减速比来解决。

经常在软路面上或坏路上行驶的汽车，由于车速不高，要求轮胎尺寸大些，主要是为了增加附着系数和离地间隙，以利于提高汽车的通过性能。

轮胎形式、花纹对汽车动力性也有影响。为提高汽车的动力性，应尽量采用滚动阻力系数较小的轮胎，如子午线轮胎。同时合理选用轮胎花纹、轮胎气压，以增加附着系数。

5. 汽车总质量

汽车总质量增加时，动力因数 D 随之下降，而道路阻力和加速阻力随之增大。因此汽车动力性将随汽车总质量的增加而变差。减轻汽车整备质量是降低汽车总质量的有效途径，这是现代汽车越来越广泛地采用轻金属材料和非金属材料的主要原因。减轻汽车整备质量不仅可提高汽车的动力性，而且对改善汽车的燃油经济性也有重要意义。

2.6.3　汽车使用因素

使用因素对汽车动力性有重要影响。一辆动力性能良好的汽车，如果长期使用、维护与调整不当，就会导致发动机功率和传动效率降低，从而使汽车的动力性变坏。

1. 发动机技术状况

发动机技术状况不良，其功率、转矩下降，汽车动力性下降。需要正确维护和调整的有：混合气浓度、点火时间、冷却液温度、润滑油更换等。只有保持发动机应有的输出功率和转矩，才能保证汽车的动力性不下降。

2. 汽车底盘技术状况

汽车底盘技术状况直接影响传动系的机械效率。传动系各传动部件的松紧与润滑、车轮定位的调整、轮胎气压、制动性能的好坏、离合器的调整、润滑油的品质等，都会直接影响汽车的动力性。

3. 使用条件

使用条件主要是指气候条件、道路条件和运输条件。当汽车长时间在高温条件下工作，由于气温高，发动机冷却系散热不良，容易过热而降低发动机功率；在高原行驶的汽车，由于海拔高，空气稀薄，使发动机充气量与气缸压缩终了压力降低，因而发动机功率下降；在坏路或无路条件下，由于路面附着系数减小和车轮滚动阻力增加，因而使汽车动力性下降。在汽车的使用过程中，加强维护，正确驾驶，合理的组织运输，改善道路和交通条件，都有利于提高汽车的平均行驶车速。

4. 驾驶技术

提高驾驶技术，有利于发挥汽车的动力性。如加速时能适时和迅速地换挡，可减少加速时间。换挡熟练、合理冲坡，有助于提高汽车的爬坡能力。

本章小结

1. 汽车动力性的评价指标是：最高车速、各挡爬坡度、起步连续换挡加速时间和超车加速时间。

2. 汽车受力分析是研究汽车动力性的基础，汽车加速上坡时，各个力都出现在受力图上。沿路面方向的受力有：路面作用于驱动轮上的驱动力，方向向前，在车轮没有滑转的条件下其大小为 $F_t = \dfrac{T_{tq} i_g i_o \eta_T}{r}$；路面作用于车轮的滚动阻力，方向向后，大小为 $F_f = Gf\cos\alpha$；作用于质心、平行于路面，方向向后的上坡阻力 $F_i = G\sin\alpha$；作用线通过质心、平行于路面，方向向后的空气阻力 $F_W = \dfrac{C_D A v^2}{21.15}$；作用于质心，平行于路面，方向向后的加速阻力 $F_j = \delta m \dfrac{dv}{dt}$。

垂直于路面方向汽车受力有：重力在垂直于路面方向的分力 $G\cos\alpha$，前轴地面垂直反力 $Z_1 = \dfrac{Gb\cos\alpha - (F_t - F_f)h_g}{L}$；后轴地面垂直反力 $Z_2 = \dfrac{Ga\cos\alpha + (F_t - F_f)h_g}{L}$。驱动时，由于质心处受到向后的拉力（$F_t - F_f$），使前轴地面垂直反力比水平路面上静止时减小，其减小量转移到后轴上，使后轴地面垂直反力增加。转移量的大小与坡道角 α 及驱动力 F_t 的值有关。汽车制动时惯性力向前，则使前轴轴荷加大。

3. 汽车的行驶条件是：驱动力应大于或至少等于等速行驶的总阻力，但必须不大于驱动轮上的附着力值 $F_\varphi = Z\varphi$，即 $F_f + F_i + F_W \leq F_t \leq F_\varphi$。如果汽车等速行驶的总阻力大（如上陡坡），且路面附着系数小时，上式后半部常不能满足，这时驱动轮滑转，汽车不能前进。

4. 驱动力平衡是汽车沿路面方向总的受力平衡，驱动力平衡方程式为 $\dfrac{T_{tq} i_g i_o \eta_T}{r} = Gf\cos\alpha + G\sin\alpha + \dfrac{C_D A v^2}{21.15} + \delta \dfrac{G}{g}\dfrac{dv}{dt}$，它表示驱动力在各项行驶阻力上的分配。驱动力行驶阻力平衡图由汽车各挡的驱动力曲线 $F_t - v$ 曲线与汽车在平直良好的沥青或水泥路面上等速行驶的总阻力曲线 $(F_f + F_W) - v$ 曲线所组成。前者表示汽车在该挡上油门全开、不同车速时可能产生的驱动力；后者表示汽车在平直良好路面上等速行驶所需要的驱动力。最高车速是汽车在平直良好路面上满载用高挡全油门行驶时能够达到的车速。因此高挡驱动力曲线与总阻力曲线交点出对应的车速即为最高车速。当没有交点时，高挡上发动机标定转速对应的车速即为最高车速。各挡爬最大坡时，加速度为 0。头挡最大爬坡度表示汽车的最大通过能力，直接挡的最大爬坡度表示汽车不必换入抵挡的通过能力。计算汽车的加速时间，先要计算汽车的加速度。利用驱动力平衡，可以求出汽车在平直良好的水泥或沥青路面上，满载，在各个挡位上，不同瞬时速度下，可能产生的加速度，从而作出各挡的加速度曲线。加速时间可用计算机进行积分计算，也可以用图解积分法计算。

5. 动力因数定义式为：$D = \dfrac{F_t - F_W}{G}$，表示扣去空气阻力后，单位车重分到的驱动力在滚

73

动阻力、上坡阻力和加速阻力上的分配。动力平衡方程式为 $D = f\cos\alpha + \sin\alpha + \dfrac{\delta}{g}\dfrac{dv}{dt}$。动力平衡图是由各挡的动力因数随车速的变化曲线和汽车在平直、良好水泥或沥青路面上的滚动阻力系数随车速的变化曲线所组成。按最高车速的定义可知,动力平衡图中高挡动力因数随车速的变化曲线与平直、良好水泥或沥青路面上的滚动阻力系数随车速的变化曲线交点处对应的车速为最高车速。在坡道角 α 不大,且等速爬坡时,动力平衡方程式为 $D = f + i$。因此动力平衡图上,各挡 $(D-f)_{max}$ 值即为其最大爬坡度 i_{max},它可以从图上直接读出,只是对头挡的误差较大。利用动力平衡图还可求汽车的加速度 $\dfrac{dv}{dt} = \dfrac{g}{\delta}(D-f)$,从而建立各挡的加速度曲线,此后可求加速时间。

6. 功率平衡方程式为 $P_e = \dfrac{1}{\eta_T}\left(\dfrac{Gf\cos\alpha v}{3600} + \dfrac{G\sin\alpha v}{3600} + \dfrac{C_D A v^3}{76140} + \dfrac{\delta m \dfrac{dv}{dt} v}{3600}\right)$,它表示发动机的功率用于折算到曲轴后端的各项阻力功率上的分配。功率平衡图由各挡的汽车功率曲线 $P_e - v$ 以及汽车在平直良好路面上等速行驶的总阻力功率曲线 $(P_f + P_w)/\eta_T - v$ 两部分组成。两曲线所夹垂直线段代表了后备功率,它可以用来使汽车加速、爬坡和克服突变的困难条件。汽车高挡功率曲线与平直良好路面上等速行驶的总阻力功率曲线交点出对应的车速即为最高车速。

7. 选择主减速器传动比时,应使总阻力功率曲线和汽车高挡发动机功率曲线的交点所决定的最高车速等于或略高于最大功率时的车速。选择变速器各挡传动比时,在确定变速器挡位后,一般先根据最大爬坡能力的要求和附着条件确定头挡传动比,变速器直接挡传动比为1,货车超速挡传动比为 0.8 左右。除超速挡和倒挡外,按从低挡到高挡两相邻挡位传动比相等或依次减小的原则进行分配。影响汽车动力性的主要因素有:发动机性能参数、汽车结构参数及使用因素。

知识训练

一、选择题

1. 汽车的最大爬坡能力是指( )。
   A. 良好路面上,头挡、空载时的最大爬坡度
   B. 良好路面上,直接挡的最大爬坡度
   C. 良好路面上,汽车最高车速时的爬坡度
   D. 良好路面上,满载、头挡的最大爬坡度

2. 汽车行驶的滚动阻力主要是( )引起的。
   A. 地面和轮胎的刚性摩擦 B. 地面和轮胎的变形
   C. 汽车的流线形好坏   D. 汽车的行驶速度

3. 汽车行驶的必要与充分条件是( )。
   A. $F_t \geq F_f + F_w + F_i + F_j$,$F_t = F_\varphi$ B. $F_t = F_f + F_w + F_i + F_j$,$F_t \geq F_\varphi$

    C. $F_t \geqslant F_f + F_w + F_i, F_t \leqslant F_\varphi$ D. $F_t \leqslant F_f + F_w + F_i, F_t = F_\varphi$

4. 变速器挡数越多，发动机便越有可能接近于（　　）时的转速工作，则功率利用平均值越大。

    A. 最大功率   B. 最大牵引力

    C. 最高速度   D. 最大转矩

5. 越野车要爬坡度很大的坡道，要求最大动力因数（　　）。

    A. 较小   B. 较大   C. 适中   D. 比轿车小

6. 汽车行驶阻力和附着力的关系是（　　）。

    A. 汽车行驶阻力大于附着力   B. 汽车行驶阻力等于附着力

    C. 汽车行驶阻力小于或等于附着力   D. 汽车行驶阻力小于附着力

7. 汽车加速行驶时（　　）。

    A. $F_t \geqslant F_f + F_w + F_i + F_j$ B. $F_t = F_f + F_i + F_j$

    C. $F_t > F_f + F_w + F_i + F_j$ D. $F_t = F_f + F_w + F_i + F_j$

8. 变速器增加超速挡可以（　　）。

    A. 提高发动机转速   B. 降低发动机负荷

    C. 提高动力性   D. 提高经济性

二、判断题

1. 汽车满载，用最高挡在平直良好的水泥和沥青路上行驶，可以达到的最高行驶速度称为汽车的最高车速。（　　）

2. 汽车在平直硬路面上行驶时，滚动阻力主要是由轮胎与地面之间的摩擦力造成的。（　　）

3. 附着力的最大值等于汽车牵引力。（　　）

三、填空题

1. 汽车动力性的评价指标有＿＿＿＿、＿＿＿＿与＿＿＿＿。

2. 汽车的行驶阻力有＿＿＿＿、＿＿＿＿、＿＿＿＿与＿＿＿＿。

3. 汽车的行驶条件是＿＿＿＿。

4. 汽车动力性的三大平衡图是＿＿＿＿、＿＿＿＿与＿＿＿＿。

5. 汽车动力性的主要影响因素是＿＿＿＿、＿＿＿＿与＿＿＿＿。

四、简答题

1. 画出汽车平路等速行驶、平路加速行驶、上坡加速行驶时的受力图，写出各力的计算公式，说明公式中各符号的名称和单位，分析各力产生原因和影响因素。

2. 写出汽车行驶的驱动附着条件，解释其意义。

3. 汽车列车平时能爬过某陡坡，当路面结冰时不能爬过，这是何原因？采用哪些措施有可能爬过？为什么？

4. 汽车前后轴地面垂直反力 F_{z1}、F_{z2} 的公式中，不含车速及加速度因素，因而 F_{z1}、F_{z2} 与汽车的车速及加速度无关。这种认识错在何处？

5. 写出平路等速行驶、平路加速行驶、上坡加速行驶时的驱动力平衡方程式、动力平衡方程式、功率平衡方程式的详细表达式，说明其代表的意义，以及式中各符号的名称和单位。

6. 画出有四个前进挡汽车三种平衡图的一般趋势，说明三种平衡图的组成、各曲线代表的意义、作法和用途。

7. 说明用驱动力平衡求最高车速、各挡最大爬坡度和加速能力的原理和方法。

8. 说明用动力平衡求最高车速、各挡最大爬坡度和加速能力的原理和方法。

9. 设汽车的标定功率点为最大功率点，用有三个前进挡汽车的驱动力平衡图、动力平衡图、功率平衡图分别说明：在最大转矩转速处换挡和在标定转速处换挡，哪种情况下汽车的起步加速时间短？为什么？

10. 分析主减速比对直接挡动力性的影响。在汽车设计或改装时如何确定主减速比？

11. 主减速比越小，在标定转速下，直接挡时的车轮转速越大，汽车的最高车速必然越高，这种认识对不对？为什么？用汽车直接挡的三种平衡图来分析有何结果？

12. 如何确定变速器的头挡变速比？

13. 变速器各挡变速比的分配要考虑哪些因素？有三个前进挡的变速器，头挡速比为 4，第三挡为直接挡，问第二挡速比的理论值为多少？

14. 用三种平衡图分别分析下列情况对汽车动力性的影响。

（1）总重增加；

（2）公路等级提高及采用子午线轮胎（滚动阻力系数下降）；

（3）因维修不良使汽车发动机功率下降或滑行距离减少；

（4）改善汽车的流线形；

（5）在承载能力足够的条件下换用小尺寸轮胎。

五、计算题

1. 一辆货车整备质量为 2500kg，行驶中因故障停在平直的水泥路中央，问至少需要多大的力才能将该车推至路边？

2. 某货车总质量为 8000kg，路面滚动阻力系数为 0.01，坡道角为 15°，若用头挡爬坡，速度稳定。

（1）求汽车的各种行驶阻力分别是多大。

（2）要爬过该坡的驱动力至少为多大？

（3）该车仅后轴驱动，有足够大的驱动力。设驱动轮地面垂直反力为 60000N，问当路面良好附着系数为 0.7 和因雨后结冰附着系数为 0.1 时，驱动轮是否会滑转？

3. 已知平原二级公路的道路坡度 i_{max}=5%，路面滚动阻力系数 f = 0.015，若希望汽车以直接挡行驶不用换挡便可通过此公路，问汽车直接挡的最大动力因数至少为多少？

4. 已知某汽车总重 G = 10 kN，坡道角为 30°，路面滚动阻力系数 f = 0.01，要爬过该坡的驱动力至少为多少？（cos30°=0.87，sin30°=0.5）

5. 某货车满载质心位置为 a = 3m，L = 4m，h_g=1.1m，平直路面的 f = 0.01，$C_D A$ = 4 m²，总质量为 8000kg。

（1）求汽车在水平路面上，前、后轴的地面法向反力。

（2）求车速稳定为 70km/h 时，所需的驱动力及前后轴的地面法向反力。

（3）求（2）工况下前、后轴的轴荷重新分配系数。

6. 已知货车总质量 m = 9500 kg，$C_D A$ = 4 m²，要求达到的最高车速为 90km/h 时，滚动阻力系数 f_V = 0.01 + 0.000056V，η_T = 0.85。问发动机的标定功率至少为多少？

7. 某轿车总质量 m = 1710 kg，P_{emax} = 66 kW，η_T = 0.92，$C_D A$ = 0.615 m²，若滚动阻力系数按

$f_V = 0.014\left(1 + \dfrac{V^2}{19440}\right)$ 计算，问车速可否达到 170km/h？

8．某汽车总质量 $m = 9310$ kg，$i_o = 5.897$，$r = 0.47$ m，$\eta_T = 0.85$，$C_DA = 3.8$ m^2，滚动阻力系数按 $f_V = 0.0076 + 0.000056V$ 计算，发动机使用外特性数据见表 2-3。

表 2-3 发动机使用外特性数据

n（r/min）	800	1200	1600	2000	2400	2800	3000
P_e（kW）	30.15	46.32	60.3	72.06	82.35	87.5	88

（1）绘制直接挡的功率平衡图；
（2）求最高车速。

1．某款乘用车外廓尺寸 4785×1910×1760、汽车质量 1970kg、发动机排量 2.7L、发动机转矩 252N·m、变速器 1 挡传动比 3.3、主减速器传动比 4.36、液力变矩器变矩比 1.7~2.6、轮胎规格 245/55 R19、传动效率 70%~80%、轴距 L=2790mm、质心至前轴距离 a=1283mm、质心至后轴距离 b=1507mm、质心高度 h_g=680mm、滚动阻力系数 f=0.02，分析在附着系数为 0.6 的路面上该车能爬过的道路坡度。

2．查阅资料，提出改善汽车动力性的方案。

3 汽车燃料经济性

知识目标

1. 掌握汽车燃料经济性的概念与评价指标;
2. 熟练掌握等速行驶汽车燃料经济性的计算公式;
3. 了解汽车加速、减速、怠速停车燃料消耗量的计算方法。

能力目标

1. 会进行汽车燃料消耗量的计算;
2. 会分析影响汽车燃料经济性的因素;
3. 会提出改善汽车燃料经济性的方案。

汽车运输成本,通常是指汽车完成单位运输工作所支出的费用。这些费用主要包括:汽车折旧费、车船使用税、汽车保险费、汽车燃料费、汽车维护费、汽车检测费、汽车修理费、驾驶员工资、汽车日常管理费以及其他一些不确定的费用。其中,汽车燃料费在汽车运输成本中所占比率较大,节约燃料就意味着汽车运输成本的降低,经济效益的提高。

3.1 汽车燃料经济性的评价指标

汽车燃料经济性,通常用一定运行工况下,汽车行驶百公里的燃料消耗量或消耗一定量燃料能使汽车行驶的里程数来表示。

在我国及欧洲,燃料经济性指标的单位是 L/100km,它表示汽车在一定运行工况下行驶每百公里所消耗燃料的升数。其数值越大,汽车燃料经济性越差。在美国,燃料经济性指标的单位是 MPG 或 mile/USgal,它表示汽车在一定运行工况下每加仑燃料所能行驶的英里数。其数值越大,汽车燃料经济性越好。

汽车运输企业燃料经济性指标，对货运常用 L/(100t·km)为单位，它表示汽车在一定运行工况下每完成 100t·km 的货物周转量所消耗燃料的升数；对客运常用 L/(1000人·km)为单位（10人折合为1t），它表示汽车在一定运行工况下每完成1000人·km 的旅客周转量所消耗燃料的升数。

3.1.1 等速行驶百公里燃料消耗量

等速行驶百公里燃料消耗量是汽车燃料经济性常用的一种评价指标，它是指汽车在一定载荷（我国标准规定轿车为半载、货车为满载）下，以最高挡在水平良好的路面上等速行驶的百公里燃料消耗量。常测出每隔 10km/h 或 20km/h 速度间隔的等速百公里燃料消耗量，然后在图上连成曲线，称为等速百公里燃料消耗量曲线，用来评价汽车的燃料经济性，如图 3-1 所示。

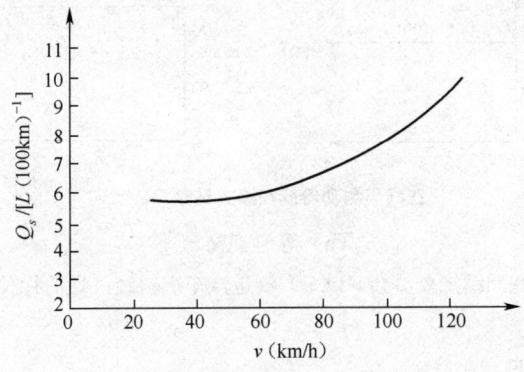

图 3-1　汽车等速行驶百公里燃料消耗量曲线

但是等速行驶工况不能全面反应汽车的实际运行工况，特别是在市区行驶中，常常出现加速、减速、怠速停车等行驶工况。因此，通过对实际行驶车辆进行调查分析，各国都制定了一些典型的循环行驶试验工况来模拟实际汽车运行状况，以评价汽车的燃料经济性。

3.1.2 循环行驶试验工况百公里燃料消耗量

循环工况规定了车速-时间行驶规范。例如，何时换挡、何时制动、速度、加速度、制动减速度等数值。它在路上试验往往比较困难，一般多规定在室内汽车底盘测功机（转鼓试验台）上进行测试；而规定在路上进行试验的循环工况均很简单。

欧洲经济委员会（ECE）测量汽车燃料经济性的行驶工况，如图 3-2 所示。欧洲经济委员会（ECE）规定，要测量按 ECE-R.15 循环工况的百公里燃料消耗量、车速分别为 90km/h 和 120km/h 的等速百公里燃料消耗量，并各取 1/3 相加，作为混合百公里燃料消耗量来评定汽车燃料经济性。

美国环境保护局（EPA）测量汽车燃料经济性的行驶工况，如图 3-3 所示。美国环境保护局（EPA）规定，要测量城市循环工况（UDDS）及公路循环工况（HWFET）的燃料经济性（单位为 mile/gal），并按下式计算综合燃料经济性。

$$综合燃料经济性 = \frac{1}{\dfrac{0.55}{城市循环工况燃料经济性} + \dfrac{0.45}{公路循环工况燃料经济性}}$$

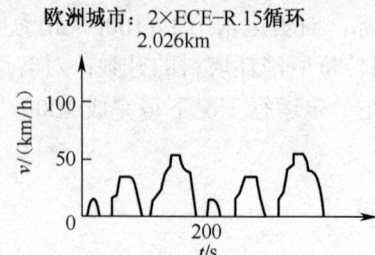

(a) ECE-R.15 循环工况

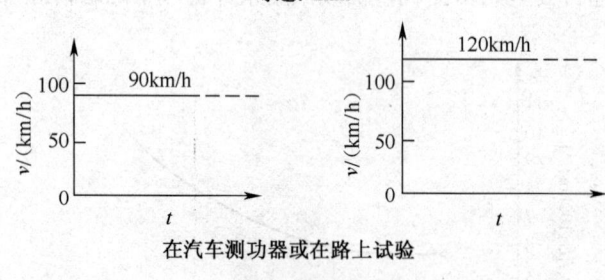

(b) 等速工况

图 3-2 欧洲经济委员会（ECE）测量汽车燃料经济性的行驶工况

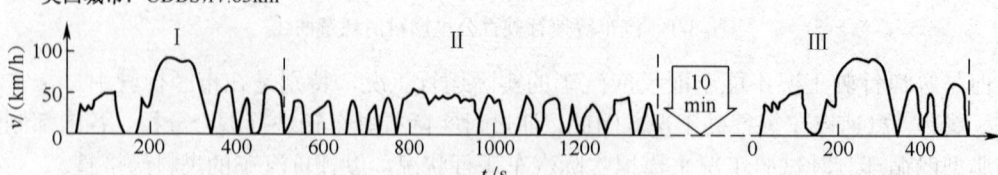

Ⅰ为冷起动，Ⅲ为热起动，在汽车测功器上试验

(a) 城市循环工况（UDDS）

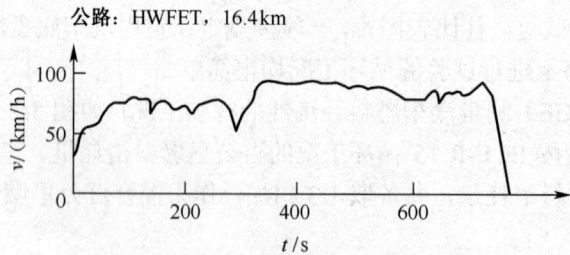

热起动，在汽车测功器上试验

(b) 公路循环工况（HWFET）

图 3-3 美国环境保护局（EPA）测量汽车燃料经济性的行驶工况

我国规定的载货汽车、城市客车和乘用车测量汽车燃料经济性的行驶工况，如图 3-4 所示。规定以循环工况百公里燃料消耗量作为综合评价指标。

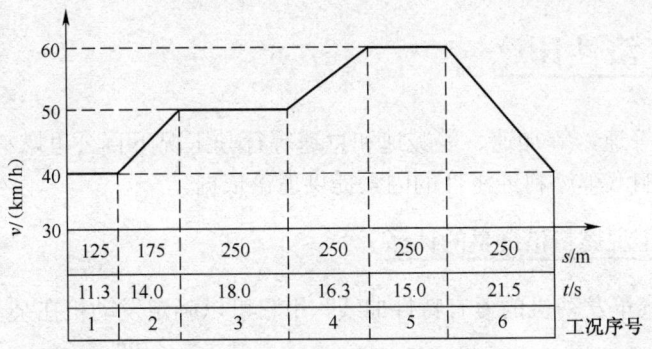

(a) 载货汽车六工况

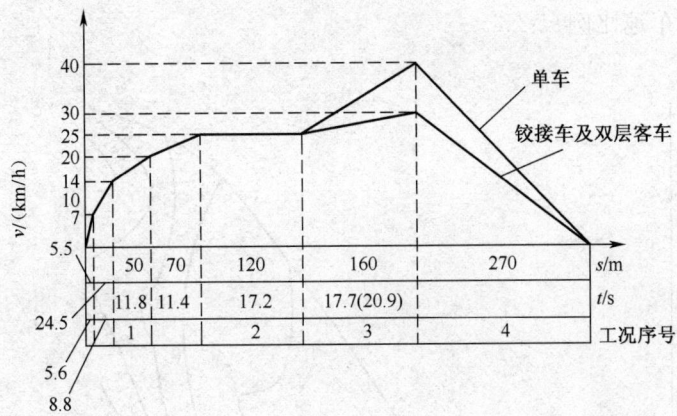

(b) 城市客车四工况

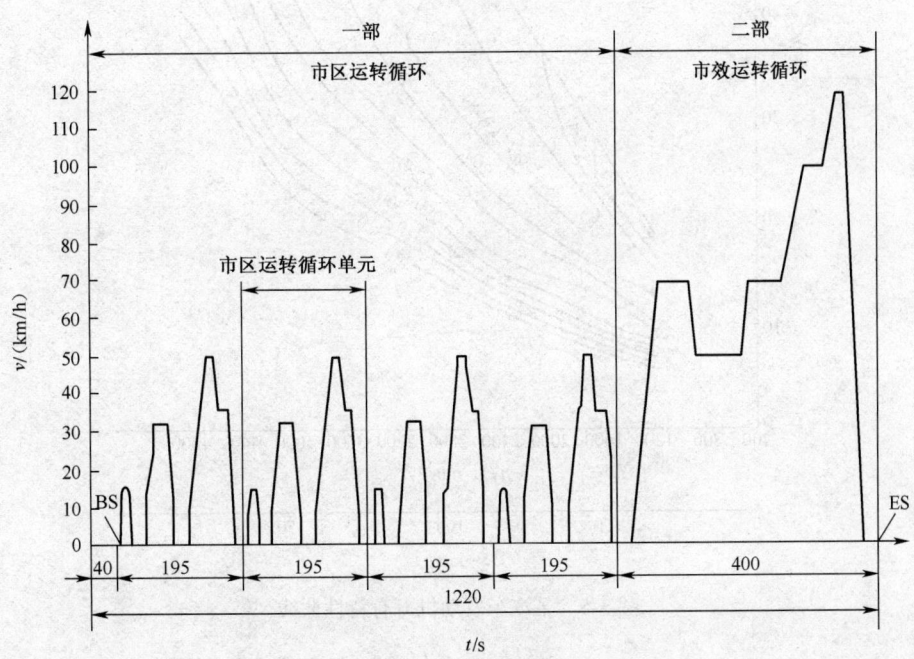

(c) 乘用车试验循环

图 3-4 我国测量汽车燃料经济性的行驶工况

3.2 汽车燃料经济性计算

本节将介绍汽车等速、等加速、等减速和怠速等行驶工况下百公里燃料消耗量的计算方法，为进一步分析影响汽车燃料经济性的因素提供理论依据。

3.2.1 汽车等速行驶工况燃料消耗量的计算

图 3-5 所示为某汽车发动机的万有特性曲线，用它可以确定发动机在某一转速 n、发出某一功率 P_e 时的有效燃油消耗率 b_e。为了计算方便，按 $v = 0.377 \dfrac{nr}{i_g i_o}$ 的关系，在横坐标上画出汽车在高挡上行驶的车速比例尺。

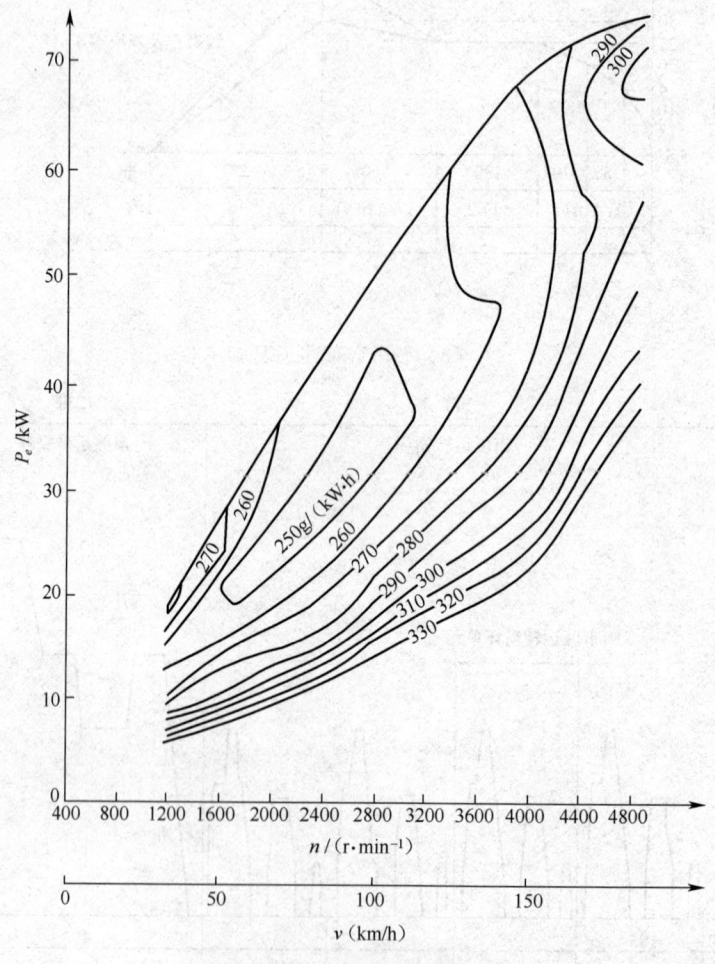

图 3-5 某汽车发动机万有特性曲线

由已知的 G、f、C_D、A、η_T 值，按式 $\dfrac{1}{\eta_T}\left(\dfrac{Gfv}{3600}+\dfrac{C_D A v^3}{76140}\right)$，计算出汽车在水平路面上

以各种速度等速行驶时，为克服滚动阻力功率与空气阻力功率，发动机应提供的功率 P_e。

由等速行驶的车速 v 及发动机功率 P_e，在万有特性图上查出相应的有效燃油消耗率 b_e，若燃料的密度为 ρ（kg/L），从而计算出以该车速等速行驶时单位时间内的燃料消耗量 Q_t（mL/s）。

$$Q_t = P_e b_e (g/h) = \frac{P_e b_e}{1000}(kg/h) = \frac{P_e b_e}{1000\rho}(L/h) = \frac{P_e b_e}{3600\rho} \tag{3-1}$$

汽车等速行驶 S（m）的燃料消耗量 Q_s（mL）为

$$Q_s = Q_t \cdot \frac{3.6S}{v} \tag{3-2}$$

将式（3-1）代入式（3-2），得

$$Q_s = \frac{P_e b_e S}{1000\rho v} \tag{3-3}$$

折算为百公里燃料消耗量 Q（L/100km）为

$$Q = \frac{P_e b_e}{10\rho v} \tag{3-4}$$

3.2.2 汽车等加速行驶工况燃料消耗量的计算

汽车加速行驶时，发动机除提供为克服滚动阻力和空气阻力所消耗的功率外，还要提供为克服加速阻力所消耗的功率。若加速度为 $\dfrac{dv}{dt}$（m/s²），则发动机应发出的功率应为

$$P_e = \frac{1}{\eta_T}\left(\frac{Gfv}{3600} + \frac{C_D A v^3}{76140} + \frac{\delta m v}{3600}\frac{dv}{dt}\right) \tag{3-5}$$

加速过程燃料消耗量的计算图如图 3-6 所示。计算由 v_1 加速到 v_2 的燃料消耗量的步骤如下：

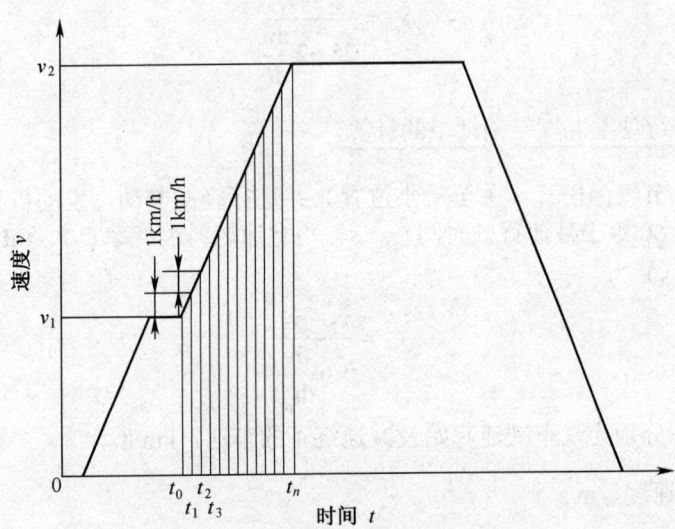

图 3-6　汽车加速过程燃料消耗量计算图

1. 划分速度区间

在该图中,每隔 1km/h(用计算机计算间隔可分得更小)把 v_1 到 v_2 分成 n 个小速度区间。

2. 求小速度区间起点和终点对应的单位时间燃料消耗量 Q_t

按式(3-4)计算出各小速度区间起点和终点对应的发动机功率 P_e,再用图 3-5,由 P_e、v 查出相应的 b_e,按式(3-3)计算出各小速度区间起点和终点对应的 Q_t。

3. 求在各个小速度区间内加速的燃料消耗量

汽车行驶速度每增加 1km/h 所用时间 Δt(s)为

$$\Delta t = \frac{1}{3.6\dfrac{dv}{dt}} \tag{3-6}$$

从行驶初速度 v_1 加速至 (v_1+1) km/h 所需燃料消耗量 Q_1(mL)为

$$Q_1 = \frac{1}{2}(Q_{to} + Q_{t1})\Delta t \tag{3-7}$$

式中:Q_{to}——车速为 v_1 时刻的单位时间燃料消耗量,mL/s;

Q_{t1}——车速为 (v_1+1) 时刻的单位时间燃料消耗量,mL/s。

同理,从 $v_{(i-1)}$ 加速到 v_i 所需的燃料消耗量为

$$Q_i = \frac{1}{2}(Q_{t(i-1)} + Q_{ti})\Delta t \tag{3-8}$$

依次计算出各个小速度区间内加速的燃料消耗量 $Q_1, Q_2, \cdots, Q_n$。

4. 计算整个加速过程的燃料消耗量和行驶距离

由 v_1 加速到 v_2 整个加速过程的燃料消耗量 Q_a(mL)为

$$Q_a = Q_1 + Q_2 + \cdots + Q_n = \sum_{i=1}^{n} Q_i \tag{3-9}$$

相应的行驶距离 S_a(m)为

$$S_a = \frac{v_2^2 - v_1^2}{25.92\dfrac{dv}{dt}} \tag{3-10}$$

3.2.3 汽车等减速行驶工况燃料消耗量的计算

减速行驶时,节气门松开(关至最小位置)并进行轻微制动,发动机处于怠速状态。减速过程燃料消耗量 Q_d 等于减速行驶时间 t_d(s)与怠速燃料消耗率 Q_{id}(mL/s)的乘积。

减速时间 t_d(s)为

$$t_d = \frac{v_2 - v_3}{3.6\dfrac{dv}{dt_d}} \tag{3-11}$$

式中:v_2、v_3——分别为汽车减速起始及减速终了的车速,km/h。

$\dfrac{dv}{dt_d}$——减速度,m/s²。

减速过程燃料消耗量 Q_d(mL)为

$$Q_d = \frac{v_2 - v_3}{3.6\dfrac{dv}{dt_d}} Q_{id} \tag{3-12}$$

减速过程内汽车行驶的距离 S_d （m）为

$$S_d = \frac{v_2^2 - v_3^2}{25.92\dfrac{dv}{dt_d}} \tag{3-13}$$

3.2.4 汽车怠速停车工况燃料消耗量的计算

怠速停车时间为 t_{i-s} （s），怠速燃料消耗率 Q_{id} （mL/s），则怠速停车过程燃料消耗量 Q_{i-s} （mL）为

$$Q_{i-s} = Q_{id} t_{i-s} \tag{3-14}$$

3.2.5 整个循环工况百公里燃料消耗量的计算

对于由等速、等加速、等减速、怠速停车等行驶工况组成的循环工况，其整个循环的百公里燃料消耗量 Q_V （L/100km）为

$$Q_V = \frac{100\Sigma Q}{S} \tag{3-15}$$

式中：ΣQ——整个循环各工况的燃料消耗量之和，mL；

S——整个循环的行驶里程，m。

3.3 改善汽车燃料经济性的措施

汽车在道路上行驶的总阻力功率，即发动机应发出的功率 P_e （kW）为

$$P_e = \frac{1}{\eta_T}\left(\frac{Gf\cos\alpha \cdot v}{3600} \pm \frac{G\sin\alpha \cdot v}{3600} + \frac{C_D A v^3}{76140} + \frac{\delta m v}{3600}\frac{dv}{dt}\right) \tag{3-16}$$

将式（3-16）带入式（3-4），可得汽车燃料消耗方程式为

$$Q = \frac{b_e}{36000\rho\eta_T}\left(Gf\cos\alpha \pm G\sin\alpha + \frac{C_D A v^2}{21.15} + \delta m \frac{dv}{dt}\right) \tag{3-17}$$

式（3-17）表明，汽车燃料消耗量与发动机燃料经济性、汽车结构参数、行驶状况等影响因素的关系，它全面地表述了汽车燃料经济性。本节将从汽车结构措施、使用措施、节能与营运管理等方面分析改善汽车燃料经济性的措施。

3.3.1 汽车结构措施

1. 发动机

改进发动机燃烧室；提高发动机的压缩比；改善发动机的进、排气系统；采用可变配气相位；采用稀薄燃烧；采用增压技术；加大柴油发动机装车率；采用可变压缩比技术；采用闭缸节油技术；采用发动机电控技术。这些措施都是针对改善发动机的燃烧品质，提高发动机的

负荷利用率而采取的,会极大地提高发动机的燃料经济性,从而能够改善汽车的燃料经济性。

2. 传动系

增加传动系的挡位数,通过选择合适挡位,使发动机处于经济工况工作,有利于汽车燃料经济性的改善。

挡位数无限的无级变速器,在任何条件下都能使发动机处于最经济工况工作。若无级变速器始终能维持较高的机械效率,则汽车的燃料经济性将会显著提高。

目前,很多轿车采用的是装有液力变矩器的自动变速器,挡位一定时可依靠液力变矩器实现无级变速。但液力变矩器存在传动效率偏低的问题,为了提高其传动效率,通常采用带锁止离合器的液力变矩器,在汽车起步及低速行驶工况下,液力变矩器工作在液力传动工况;车速提高到一定值后,变矩器泵轮与涡轮锁止,成为直接机械传动,其效率接近100%,从而提高了汽车的燃料经济性。

近年来,还出现了无级变速器与液力变矩器共同工作的双模式无级变速器。液力变矩器只在汽车起步时工作,在一般行驶中处于脱离状况。双模式无级变速器不仅起步性能好,而且改善了汽车燃料经济性。

3. 汽车轮胎

汽车轮胎应满足强度、耐磨性、耐久性以及保证动力、经济等各种使用要求。子午线轮胎被公认为是综合性能最好的轮胎。EQ1090载货汽车用不同轮胎时的等速百公里燃料消耗量曲线,如图3-7所示。由于子午线轮胎的滚动阻力系数小,与普通斜交轮胎相比,可节油6%~8%。因此,应大力推广使用子午线轮胎。

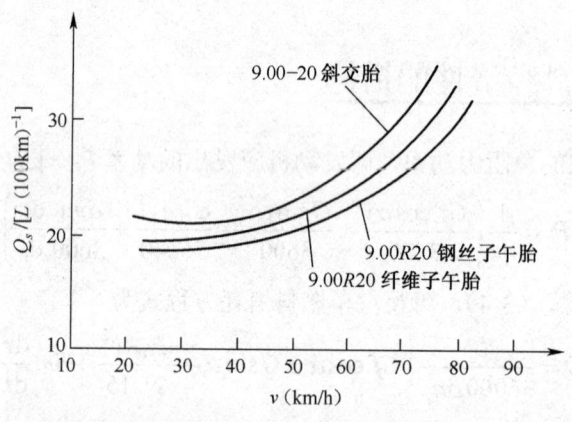

图3-7　EQ1090载货汽车用不同轮胎时的等速百公里燃料消耗量曲线

4. 汽车外形

改善汽车外形可以减小汽车空气阻力系数 C_D,从而减小汽车中高速行驶的空气阻力,有着明显的节油效果。某轿车 C_D 减小对燃油节省的试验结果如图3-8所示。

由图3-8可见,当 C_D 值由0.42减小至0.30时,其混合百公里燃料消耗量可节省9%,而以150km/h等速行驶时的燃料消耗量可节省25%左右。因此,通过对汽车外型进行空气动力学优化,可以减小空气阻力系数 C_D,进一步改善汽车的燃料经济性。

5. 汽车整备质量

汽车行驶时,汽车功率消耗与汽车行驶阻力有关。除空气阻力外,其他阻力都与汽车总质量有关。因此。减轻汽车整备质量是提高汽车燃料经济性的最有效措施之一。减轻汽车整备质量的主要措施有：用计算机优化设计充分利用材料的强度，提高结构的刚度；采用高强度低合金钢、铝合金、镁合金、塑料、陶瓷和各种纤维强化复合材料来制造汽车某些零部件；减小车身尺寸；改进汽车结构、简化汽车传动系统，如采用前置前驱动、承载式车身等。

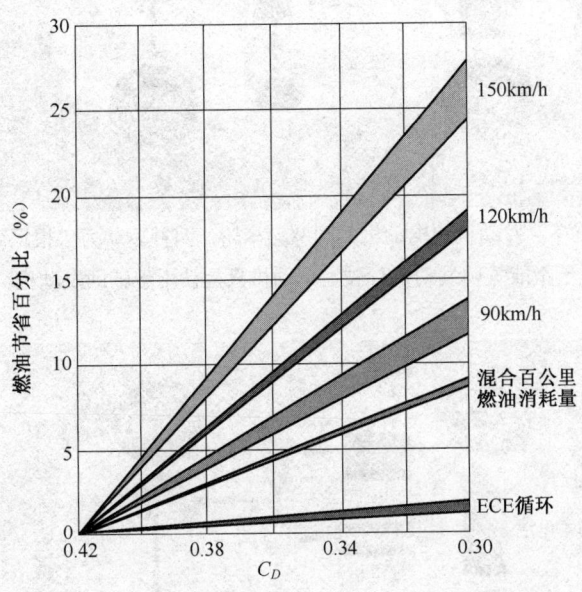

图 3-8　某轿车 C_D 减小对燃油节省的试验结果

6. 混合动力汽车

如图 3-9 所示的混合动力汽车（Hybrid Electric Vehicle，HEV），将电力驱动与传统的发动机驱动相结合，充分发挥了二者的优势。其节能的主要原因是：①储能装置（如蓄电池）的补偿作用平滑了发动机的工况波动，在汽车的一般行驶中吸收、储存电能，而在需要提供大功率时提供电能，从而混合动力电动汽车可以采用小型发动机，工作中发动机的负荷率较高，并可以使发动机的工作点处于高效率的最优工作区域内；②在汽车停车等候或低速滑行等工况下，可以关闭发动机，以节约燃料；③汽车减速滑行或紧急制动时，可以利用发电机回收部分制动能量，转化成电能存入蓄电池，从而进一步提高了汽车的燃料经济性。

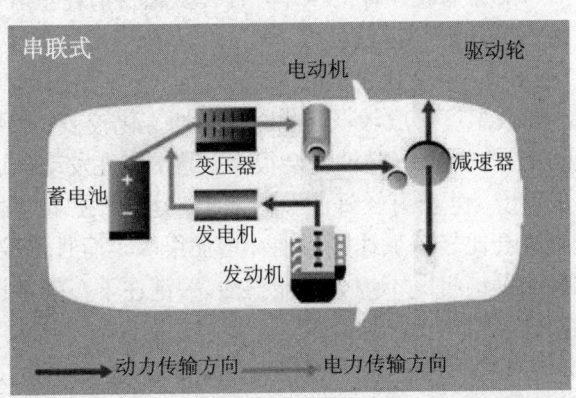

（a）串联式混合动力汽车，发动机驱动发电机发电，电能通过电动机驱动车轮

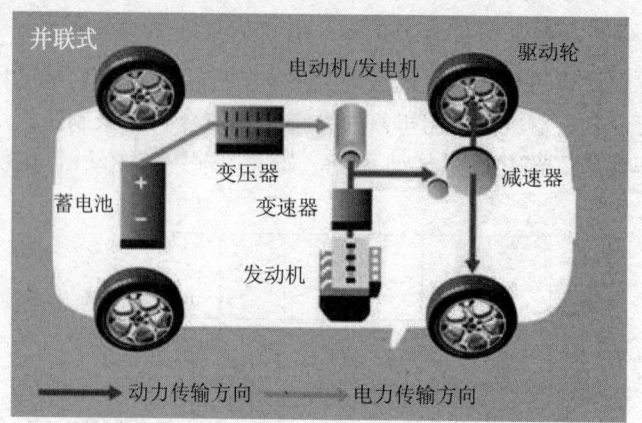

(b）并联式合动力汽车，发动机和电动机共同驱动车轮，两种驱动力可根据驾驶状况分开使用
由于不能关闭发动机行驶，电动机只是被用于辅助发动机

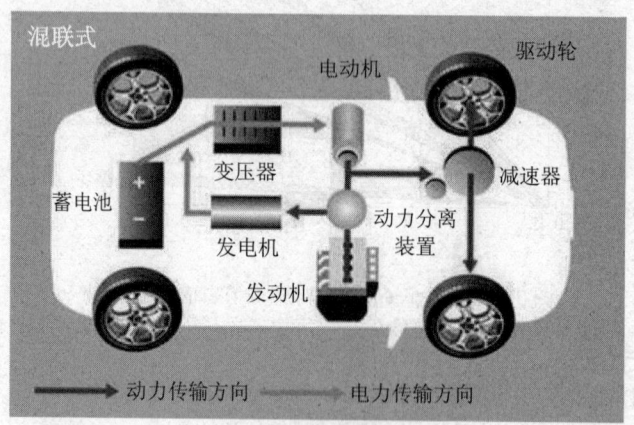

(c）混联式合动力汽车

图 3-9　混合动力汽车驱动示意图

3.3.2　汽车使用措施

1. 驾驶技术

实际统计表明，不同驾驶员驾驶同样的汽车，百公里燃料消耗量差别很大，因此提高驾驶操作技术是最基本最有效的节约燃料措施。

（1）汽车起步

发动机刚起动时，冷却液温度一般较低，此时的燃油雾化较差、燃烧不良，发动机油粘度较高、摩擦阻力较大，此时汽车起步行驶油耗会很大。通常应在发动机运转预热使冷却液温度达到40℃以上，再使汽车起步，才会有较好的节油效果。运转预热也不能求快，尤其在冬季预热发动机时，重踩加速踏板会比轻踩加速踏板油耗增加很多，而且使发动机的磨损增加。

汽车起步加速要求做到发动机既不熄火又能省油，关键在于正确掌握加速踏板与离合器踏板的配合操作，另外还须选择恰当的挡位。

汽车起步时，由于滚动阻力和加速阻力都较大，需要较大的驱动力，所以一般需要较低挡位。对于一般车辆，在坚实、平坦的道路上起步时一般用Ⅱ挡；在起步阻力较大的坡道、坑洼土路或泥泞道路,以及拖带挂车和半挂车满载起步时才使用Ⅰ挡。

汽车在平路上起步时,左脚抬起离合器踏板与右脚轻轻踩下加速踏板的动作应协调。感到汽车动力不足,说明加速踏板踩下不够;感到汽车起步前冲,说明加速踏板踩得过猛。同时还应注意离合器踏板抬起的速度不应过猛,以免发动机熄火。一般来说,轻踩加速踏板提速较慢,但较省油;重踩加速踏板提速较快,但较费油。汽车在坡道上起步时,应做到操纵驻车制动、离合器踏板和加速踏板的动作相互配合得当。

(2)行驶预热

在冬季环境温度较低时,传动系统润滑油的粘度也较大,所以要达到省油的目的,汽车在起步行驶的前10km内应以低速挡较低车速(30~40km/h)行驶,待各总成达到一定热状态、行驶阻力降低后,再转入正常行驶。

(3)挡位选择

汽车在行驶过程中,会因道路状况、交通流量和车速需要而不断变换挡位。一般的变速器有4~5个前进挡和一个倒挡。其中Ⅰ挡和Ⅱ挡为低速挡,其驱动力大,主要用于汽车起步,爬陡坡等工况。Ⅲ挡为中速挡,是汽车低速挡与高速挡之间相互转换的过渡挡位,还适用于急转弯、窄路、窄桥、会车和通过困难路段的工况。Ⅳ挡和Ⅴ挡为高速挡,其传动比小,传至驱动轮上的转矩较小,车速高,使发动机所处的负荷率高,省油。

汽车行驶过程中的挡位选择,对汽车油耗有很大影响。汽车在平原或丘陵地带低速起步后,在道路和交通条件良好、车速不受限制的情况下,应及时逐级加挡、换入高速挡行驶,这样不仅可提高车速,而且发动机负荷率较高、可省油。汽车在上坡行驶时,能用相邻较高一挡时,应及时换入较高的挡位,但也应避免"高挡死撑",否则会使油耗增加。

另外,汽车在行驶过程中,除了确定合适的挡位,掌握好换挡时机对节油也是很重要的。换挡时机一般用换挡时的车速来表示。实验表明:汽车在平路上行驶必须按最佳的换挡时机自低挡依次换入高速挡,超前或滞后换挡都会费油。汽车上坡行驶也需把握换挡时机,换挡过早则不能充分利用汽车惯性来克服行驶阻力,反而抑制惯性,增加阻力,造成油耗增加;换挡过迟会使汽车惯性消耗过多,需要多减一次挡位,同样也会使油耗增加。所以,汽车上坡减挡的关键是既要利用汽车的惯性,又不使汽车惯性过多的消失,才能做到节约燃油。

(4)自动变速器汽车的挡位选择

自动变速器汽车行驶时,挡位应始终在D挡,自动变速器会在四个前进挡之间进行自动切换,无须额外的手动操作。如果无谓地在一挡、二挡、三挡和D挡之间不停地换挡,只会增加机油损耗和油耗。遇到红灯停车时,只需踩住制动踏板即可,将挡位保持在D挡的位置。而空挡仅用于拖车或再次起动发动机。驻车制动一般是用于停车或碰到较陡的地方停车。三挡适合丘陵地带和弯曲道路。二挡适用于在坡路上行驶。一挡动力最大,应在非常陡峭的山坡、雪地或泥泞路上行驶时使用。注意以上几点对省油应该非常有效。

(5)行车速度

在道路和路面状况以及交通情况允许的情况下,汽车在每个挡位上都可以有一个较大的车速范围。但汽车行驶过程中的燃料消耗,除了前述挡位的影响外,还与行车速度密切相关。在低车速时,克服行驶阻力消耗的功率较小,发动机负荷低而有效燃油消耗率上升,导致百公里油耗增加;当车速高时,发动机负荷率高而有效燃油消耗率下降,但车速提高所需克服的阻力大幅增大,超过了发动机油耗下降的幅度,也会使油耗增加。所以汽车在行驶速度较低和较高时油耗都增加,只有在某一中间速度下油耗最低,该车速称为经济车速。汽车在每个挡位行驶时,都有一个相应的油耗最低的车速,这就是各挡的经济车速。

实际上,汽车行驶过程中要将车速保持在油耗最小的经济车速点上是很难做到的,即使操作经验再丰富的驾驶员也是如此。另外,汽车的行驶速度还要考虑到完成客货运输生产时运输任务的要求。所以,通常既考虑节油,又考虑到完成运输任务的效率,以经济车速为参考,划定一个相对稍高的综合效益较经济的车速范围,将这一车速范围称为运行经济车速范围。还应指出:任何一种车型的经济车速都不是固定不变的,它随着道路和载荷等因素的改变而改变。当道路条件好、载荷小时,经济车速较高;反之,经济车速较低。

(6) 加速踏板的控制

加速踏板的控制实质上就是发动机节流阀的控制,其开度的大小和动作的快慢既影响着汽车的运行状态,又对汽车油耗有着较大的影响,加速踏板通常是随着发动机不同负荷的需要相应改变的。

对汽油机而言,节气门在中等开度范围内的混合气为经济混合气;较大开度时的混和气浓度渐大会使雾化和燃烧变差,所以从节油角度出发,节气门开度不宜过大。对柴油机而言,随油门的加大,循环供油量增多,混和气浓度增大,所以加速踏板也是在一定行程范围内为宜。

另外,汽车正常行驶过程中,加速踏板控制要柔和,即加速踏板要轻踩慢松,以避免由于混合气的突变,燃料燃烧不良而导致油耗增加。

(7) 行车温度

汽车的行车温度包括发动机冷却液温度、机油温度、发动机罩内温度、变速器和主减速器齿轮润滑油温度等。发动机冷却液温度仅就油耗而言,有试验表明:出水温度由80℃降到60℃,油耗增加3.5%;降至40℃,油耗增加11%。同样,冷却液温度过高,油耗也会增加。

至于机油温度和齿轮油温度对燃油消耗的影响,在冬季表现得特别突出。但实际中一般不进行单独预热,而是通过发动机运转预热和汽车行驶预热的方法使其温度逐步提高。

汽车行驶过程中,为了保持发动机冷却水和发动机罩内正常的工作温度,使发动机具有良好的动力性和燃油经济性,并减少磨损,还应该经常观察仪表,出现异常及时查找原因并排除故障。

(8) 汽车滑行

滑行是指汽车行驶中解除了发动机的驱动,依靠其自身的动能或势能继续行驶的过程。汽车滑行可分为减速滑行、加速滑行和下坡滑行。合理的汽车滑行会有明显的节油效果。

1) 减速滑行

行驶中的汽车,在到达可预见性有障路段(如修路施工、窄道、弯道、会车、交叉路口、行人、停驶车辆等)或停车场之前及时将变速器置于空挡的滑行,都是减速滑行。前者可采用发动机不熄火摘挡减速滑行,即提前抬起加速踏板,使发动机处于怠速运转状态,变速杆处于空挡位置,汽车滑行车速逐渐降低。当车辆临近障碍时,可以不踩制动或轻踩制动低速通过。后者可采用发动机熄火摘挡滑行,待车辆到达停车地点时轻踩制动停驶。这样都充分利用了汽车自身的动能,有效节省了燃油。但是应该注意:选择适当的滑行起始点使到达目标点的车速正好,对节油效果的大小是至关重要的。如果滑行起始点离目标点太近,到达时车速太高,必须要靠踩制动减速,减少节油;如果滑行起始点太早,未到达前车速已降得很低,还需要重新加速或起动发动机,使节油减少,甚至费油。由于每天的行车过程中减速滑行的机会次数较多,如果运用得当，节油效果是非常显著的。

2）加速滑行

在交通状况良好的平坦道路上，平均车速基本相同的情况下，汽车在高挡上加速至较高车速后，摘挡滑行至较低车速，再挂该挡加速，这种加速与摘挡滑行交替进行的驾驶方法，称为加速滑行法。加速滑行法是可利用的有效节油措施。

汽车在通常平均速度下，若以相对均匀的速度行驶，发动机的负荷率仅为35%~50%，此时的有效燃油消耗率较大；而加速滑行的加速阶段，发动机负荷率增大而有效燃油消耗率有所降低，此过程的油耗不会增加太多；汽车摘挡滑行时，只消耗很少的发动机怠速运转燃油量。如果能充分利用加速时积累的动能增加滑行距离，那么从加速到滑行整个行驶里程计算，便可获得显著的节油效果。

要使加速滑行取得较好的节油效果，首先应保证汽车的技术状况良好；其次是路面状况要平坦宽直、视线清晰、行人和汽车较少；在车速控制上，最大车速不应超过经济车速的上限，滑行初速度与末速度之差以15~25km/h为宜；加速时应缓踏加速踏板。

注意在高速公路上是不宜采用加速滑行的，安全应放在首位。因为加速滑行，使行车间距忽大忽小，必将妨碍其他车辆正常行驶，容易出现车祸。此外，在高速行驶的情况下再加速，油耗会加剧。

3）下坡滑行

汽车在小于5%的缓直坡道或陡坡接近平路的坡尾路段，道路较宽、视线良好时，可使汽车借助势能滑行，以达到节油的目的。下坡滑行应特别注意发动机不应熄火，以保证储气筒气压和真空助力制动的真空度，确保汽车行驶安全；变速器也不应摘挡，以便利用发动机阻力，并间歇制动，以控制车速。

2. 汽车维护

汽车维护的基本内容是清洁、检查、润滑、紧固、调整。

（1）保持汽车底盘技术状况良好

汽车底盘的技术状况常用滑行性能来检查，它对汽车运行油耗的影响很大。

汽车行驶系技术状况不良，如车轮轮毂轴承过紧、前轮定位失准、轮胎气压过低、前后轴距不符合规定等，都会造成汽车行驶时滚动阻力、摩擦损失、功率消耗增大、滑行距离缩短、燃料消耗增加。据测定，由于轮毂轴承过紧，增加车轮的滚动阻力和摩擦损失；轮毂轴承过松造成车轮歪斜，以致在运动中摇晃；同时使制动鼓歪斜，与制动蹄相接触，形成制动拖滞，造成滑行距离缩短，以致燃料消耗增大20%。前轮定位失准，特别是前轮前束的影响特别明显，如某型号汽车前束从标准的2~3mm增大到6mm，燃料消耗增大12%。若主销后倾角过大，转向沉重费力；主销后倾角过小，则前轮附着状况变坏，车轮行驶不稳，甚至方向盘不易控制，从而造成燃料消耗增加。轮胎气压过低，导致车辆操控性降低，燃料消耗增大，轮胎磨损加剧；轮胎气压过高，接地面积减小，轮胎中部就会出现异常磨损。

制动器的调整必须保证在工作时达到可靠的制动，而在非工作时没有拖滞的现象。因此制动间隙不能过大也不能过小，若间隙过大，会造成制动不良；若间隙过小，就会出现拖滞现象，这样必然会造成费油。调好制动间隙，确保各个零部件工作可靠，是节油的必要条件。

（2）保持发动机技术状况良好

汽车的加速时间和燃料消耗量取决于发动机及底盘的技术状况。因此，经过滑行距离检验，认为底盘技术状况正常的汽车，若加速时间和燃料消耗量也在规定的范围内，则可认为汽车的技术状况正常。

保持发动机技术状况良好，主要应做好下列维护工作：定期检查气缸压缩压力、保持发动机冷却系工作正常、保持供油系良好的技术状况、保持点火系良好的技术状况。

3.3.3　汽车节能与营运管理

节能管理包括：建立法规、制定运行燃料消耗标准、完善燃料消耗考核奖惩制度，正确选择与合理使用车辆、燃润料与轮胎的选用、推广节能新技术新产品、进行职工培训等，这是改善燃料消耗的保证体系。

营运管理包括：掌握运输市场信息、做好运输组织、进行业务调度、合理配载等，提高载质量利用率和里程利用率。

加强节能和营运管理是降低企业能耗的重要措施。

本章小结

1. 汽车燃料经济性，通常用一定运行工况下，汽车行驶百公里的燃料消耗量或消耗一定量燃料能使汽车行驶的里程数来表示。汽车的燃料消耗量与汽车设计制造、调整与使用状况、气候条件、道路条件与交通繁杂程度、驾驶技术、营运水平等因素有关。它常用的单位是 L/100km 和 L/100t·km。

2. 负荷率是在某一相同转速下，油门部分打开时发动机发出的功率与全开时最大功率之比，通常以百分数表示。

3. 在汽车设计或改装时，要预估汽车的燃料消耗量水平，故通常需要计算和绘制高挡在良好路面满载等速行驶的 $Q-V$ 曲线。计算公式为：$Q = \dfrac{P_e b_e}{10 \rho v}$，其中 $P_e = \dfrac{1}{\eta_T}(P_f + P_W)$。计算主要步骤为：按所给负荷特性的各种转速 n 计算出相应的 v、P_f、P_W 及 P_e 值；查相应的负荷特性，找到发动机发出 P_e 值时的 b_e；代入 $Q = \dfrac{P_e b_e}{10 \rho v}$ 计算。其中，与 $Q_{\min}$ 点对应的车速称为经济车速，它仅表示汽车百公里的燃料消耗量最小时的车速。

4. 汽车燃料消耗方程式为

$$Q = \dfrac{b_e}{36000 \rho \eta_T} \left(Gf\cos\alpha \pm G\sin\alpha + \dfrac{C_D A v^2}{21.15} + \delta m \dfrac{dv}{dt} \right)$$

上式表明汽车燃料消耗量与发动机燃料经济性、汽车结构参数、行驶状况等影响因素的关系，它全面地表述了汽车燃料经济性。

5. 为了减少燃料消耗与降低运输成本，在结构上，企业应选用技术经济指标先进、载质量较大、自重较轻、经济车速较高的车型，扩大柴油汽车的使用范围。在使用技术上，要保持良好的发动机及底盘技术状况；采用列车化运输方式，尽可能增加高挡的使用时间、采用加速滑行模式等节油措施，提高发动机负荷率，降低发动机有效燃料消耗率；要推广子午线轮胎的使用；注意保持发动机的正常工作温度，避免急加速、急减速工况；在保证安全的前提下适当提高平均车速和尽量采用预见性制动等驾驶技术。

6. 混合动力电动汽车（Hybrid Electric Vehicle，HEV），将电力驱动与传统的发动机驱动相结合。其节能的主要原因是：①储能装置（如蓄电池）的补偿作用平滑了发动机的工况波动，在汽车的一般行驶中吸收、储存电能，而在需要提供大功率时提供电能，从而混合动力电动汽车可以采用小型发动机，工作中发动机的负荷率较高，并可以使发动机的工作点处于高效率的最优工作区域内；②在汽车停车等候或低速滑行等工况下，可以关闭发动机，以节约燃料；③汽车减速滑行或紧急制动时，可以利用发电机回收部分制动能量，转化成电能存入蓄电池，从而进一步提高汽车的燃料经济性。

一、解释概念

汽车燃料经济性、发动机负荷率、加速滑行模式、经济车速。

二、判断题

1. 为了节油，在高速公路上行驶时可以使用加速滑行法。
2. 在车速低的时候，汽车外形比汽车总质量对汽车燃油经济性的影响大；汽车高速行驶时，汽车总质量影响较大。

三、简答题

1. 简述汽车燃料经济性的评价指标。
2. 分析汽车变速器由两挡增加至四挡（最大、最小速比不变）对汽车动力性和燃料经济性的影响。
3. 写出汽车的燃料消耗方程式。
4. 简述高挡行驶省油的原因。
5. 分析汽车变速器内设置超速挡有何好处？
6. 简述加速滑行省油的原因。
7. 混合动力汽车省油的原因。
8. 分析改善汽车燃料经济性的主要措施。
9. 有两种不同的主减速比，一种能使直接挡的功率平衡上出现 $v_{max} = v_P$，另一种出现 $v_{max} = 1.2 v_P$，哪种主减速比时的等速油耗量较小？为什么？

1. 根据图3-10所示的汽车燃料消耗量标识，讨论市区燃料消耗量、市郊燃料消耗量、综合燃料消耗量的大小关系。

图 3-10　汽车燃料消耗量标识

2．发动机最低有效燃油消耗率小，汽车的燃油经济性就一定好，这种观点对吗？

4 汽车环保性

1. 了解汽车环保性含义；
2. 掌握汽车排放污染物种类、形成原因、危害；
3. 掌握汽车噪声的度量、危害及来源；
4. 了解汽车电波干扰的知识；
5. 了解汽车车内空气污染概念、特点，污染物种类、来源。

1. 能指出汽车排放污染物的主要种类；
2. 会分析汽车排放污染物影响因素；
3. 能提出降低汽车排放污染的控制措施；
4. 能提出汽车噪声的控制方案。

汽车在推动人类社会发展的同时，大量地消耗着地球上许多有限的资源，对人类社会未来的持续发展有着重要影响。同时，汽车的生产、销售、使用、报废还带来环境污染。环境是人类赖以生存和发展的基础，如果人类的生存环境遭到破坏，将严重阻碍社会经济的发展，并威胁人类的健康与生存。汽车环保性主要包括汽车排放污染物对大气的污染、汽车噪声对环境的危害、汽车电气设备对无线电通信及广播电视等的电波干扰、汽车车内空气污染等。

4.1 汽车排放污染物

汽车排放污染物是指汽车排放物中污染环境的各种物质，主要有一氧化碳（CO）、碳氢化合物（HC）、氮氧化合物（NO_x）与微粒物（PM）。汽油机污染物主要是 CO、HC、NO_x。柴

油机污染物主要是 NO_x、PM。

4.1.1 汽车排放污染物来源

汽车排放污染物主要通过汽车尾气排放、燃料蒸发、曲轴箱窜气 3 个途径进入大气中,造成对大气的污染。

1. 尾气排放

发动机排气管排出的发动机燃烧废气(俗称尾气)。尾气排放是汽车最主要的大气污染源。汽油车的主要污染成分是 CO、HC、NO_x,而柴油车除了这 3 种有害物质外还排出大量的微粒物(PM)。

2. 燃料蒸发

主要由发动机燃料供给系的燃料蒸发而产生。如燃料箱中燃料,由于温度升降产生呼吸作用,使燃料蒸气 HC 向大气中排放;油管接头处的燃料渗漏蒸发也向大气中排放 HC。

3. 曲轴箱窜气

在发动机工作的压缩和作功行程中,燃烧室内的气体由活塞与气缸之间的间隙窜入曲轴箱,再由曲轴箱通风口排向大气而产生。其主要污染物是 HC,也有部分 CO、NO_x 等。

4.1.2 汽车排放污染物的形成与危害

汽车排放污染物是目前增长最快的大气污染源,它对人体的健康造成威胁,特别是对儿童、老人、孕妇以及患有心脏病和呼吸系统疾病的人群伤害更大。

1. 一氧化碳(CO)

(1) CO 形成原因

CO 是烃类燃料在燃烧过程中因缺氧而不能完全燃烧的产物。

当混合气过浓,即在理论空燃比以下时,随着 A/F 的减小,CO 浓度上升很快。理论上,当混合气空燃比大于理论空燃比时,在氧气过剩的稀混合气情况下,排气中不存在 CO。实际上,由于各缸混合气不一定均匀一致,燃烧室各处的混合也不均匀,出现局部的浓混合气,在排气中仍会有少量的 CO 产生。即使燃料与空气混合很均匀,由于燃烧后的高温,已经生成的 CO_2 也会有一小部分被分解成 CO 和 O_2。另外,排气中的 H_2 和未燃烃 HC 也可能将排气中的一部分 CO_2 还原成 CO。

(2) CO 危害

CO 是无色、无味的窒息性易燃有毒气体。它与人体红血球中血红蛋白的亲合能力为氧气的 200~300 倍。当人体吸入 CO,CO 与人体血红蛋白亲合后形成碳氧血红蛋白,使得血液输送氧气的能力大大降低,使心脏、头脑等器官严重缺氧,引起恶心、头晕、头痛等症状,甚至使人窒息,死亡。

2. 碳氢化合物(HC)

(1) HC 形成原因

汽车排放的 HC,除了排气中的未燃烧烃外,还包括燃料供给系中的燃料蒸发以及燃烧室内气体泄漏而排放出的 HC。其成分极为复杂,大约有 200 多种,包括烷烃、烯烃、芳香烃和含氧化合物如醛、醇、醚类和酮类等。

由汽车排气管排入大气中的 HC 是在气缸内形成的。缸内 HC 的成因主要有以下几种情况:

多种原因造成的不完全燃烧、燃烧室壁面的激冷效应、缝隙效应、壁面油膜和积碳吸附。

1）不完全燃烧。

碳氢燃料不能完全燃烧（氧化）的产物。混合气过浓或过稀都可能燃烧不完全或失火，导致HC增加。发动机怠速及大负荷工况下，可燃混合气浓度处于过浓状态，加之发动机怠速时残余废气系数大，造成不完全燃烧或失火；另外，汽车在加速或减速时，会造成暂时的混合气过浓或过稀现象，也会产生不完全燃烧或失火。即使在A/F=14.7时，由于油气混合不均匀，造成局部过浓或过稀现象，也会因不完全燃烧产生HC。

2）激冷效应。

发动机燃烧过程中，燃气温度高达2000℃以上，而气缸壁面温度在300℃以下，使得靠近壁面的气体受低温壁面的影响，温度远低于燃气温度，并且气体的流动也较弱。壁面激冷效应就是指温度较低的燃烧室壁面对火焰的迅速冷却，使活化分子的能量被吸收，链式反应中断，在壁面形成厚约0.1~0.2mm的不燃烧或不完全燃烧的火焰激冷层，产生大量未燃HC。激冷层厚度随发动机工况、混合气湍流程度和壁温的不同而不同，小负荷时较厚，特别是冷起动和怠速时，燃烧室壁温较低，形成很厚的激冷层。

3）缝隙效应。

缝隙主要是指活塞头部、活塞环和气缸壁之间的间隙，火花塞中心电极的空隙，火花塞的螺纹、喷油器周围的间隙等。

发动机压缩过程中，气缸压力升高，未燃混合气或空气被挤入各个缝隙区域；在燃烧过程中，缸内压力继续上升，未燃混合气继续流入缝隙。由于缝隙面容比很大，激冷效应十分强烈，火焰无法传播到其中继续燃烧；而在膨胀和排气过程中，缸内压力下降，当缝隙内的未燃混合气压力高于气缸压力时，缝隙内的气体重新流回气缸并随燃气一起排出，这种现象称为缝隙效应。

4）壁面油膜和积碳吸附。

发动机进气和压缩过程中，气缸壁面上的润滑油膜以及沉积在活塞顶部、燃烧室壁面和进气门、排气门上的多孔性积碳，会吸附未燃混合气和燃料蒸气，而在膨胀和排气过程中，这些吸附的燃料蒸气逐步脱附释放出来进入气态的燃烧产物中，随已燃气体排出气缸。

（2）HC危害

HC对人的眼、鼻和呼吸道粘膜有刺激作用，可引起结膜炎、鼻炎、支气管炎等疾病；又有难闻的气味，还含有致癌物质。HC也是生成光化学烟雾的组成成分。

3. 氮氧化合物（NO_x）

（1）NO_x形成原因

NO_x是NO、NO_2等氮氧化物的总称。在发动机排出的废气中，NO占绝大部分（约占99%），NO_2的含量较少（约占1%）。NO排入大气后，又被氧化成NO_2。

1）混合气在高温燃烧过程中，空气中的N_2被氧化成NO，称为高温NO，是NO生成的主要来源。

2）燃料中的含氮化合物在燃烧过程中，分解成低分子氮化物被氧化生成NO，称为燃料NO。

3）在燃烧过程中，燃料中的HC裂解出的CH、CH_2、C_2、C等原子团与空气中的N_2反应生成HCN和NH等，并进一步与OH、O原子团反应生成NO，称为激发NO。

(2) NO_x 危害

NO_x 能刺激人眼粘膜，引起结膜炎等疾病；还对呼吸系统具有有害作用。在 NO_2 浓度为 5ppm 的空气中暴露 10min，可造成呼吸系统失调。NO_x 也是生成光化学烟雾的组成成分。

4. 微粒物（PM）

所谓微粒物，是指发动机排出的全部废气在接近大气条件下，除去非化合形态的凝聚水以外，收集到的全部固体状和液体状的微颗粒，包括碳烟（Dry Soot，DS）、可溶性有机物（Soluble Organic Fraction，SOF）、硫酸盐等物质。

（1）PM 形成原因

柴油机微粒物排放要比汽油机高 30～80 倍。对于以碳烟为主的微粒物生成原因，概括地说是由烃类燃料在高温和局部混合气过浓条件下裂解生成的。

一般认为，当燃油喷射到高温的空气中时，轻质烃很快蒸发气化，而重质烃会以液态暂时存在。液态烃在高温缺氧条件下直接脱氢碳化，析出碳粒。而蒸发气化了的轻质烃，在高温缺氧条件下发生部分氧化和热裂解，生成各种不饱和烃类，如乙炔、乙烯及其较高的同系物和多环芳香烃，它们不断脱氢形成原子级的碳粒子，逐渐聚合成直径 2nm 左右的碳核；气相的烃和其他物质在碳核表面的凝聚以及碳粒相互碰撞发生的凝聚，使碳核继续增大，成为直径为 20～30nm 的碳烟基元；而碳烟基元经过相互凝聚形成直径 1μm 以下的球状或链状的多孔性聚合物。重馏分的未燃烃、硫酸盐以及水分等在碳粒上吸附凝聚，形成微粒物。

微粒和碳烟的关系是包含与被包含的关系。碳烟是微粒的主要组成部分，碳烟排放的升高与降低必然导致微粒排放的相应变化，但两者的升高和降低未必成比例。柴油机在高负荷工作时，碳烟在微粒中所占比例升高，而在部分负荷时则有所降低。由于重馏分的未燃烃、硫酸盐以及水分等在碳粒上吸附凝聚，很多情况下碳烟即指微粒物。

（2）PM 危害

微粒物悬浮于离地面高 1～2m 的空气中，容易被人体吸入，不但对人体健康产生危害，也是造成能见度变差的原因。微粒物越小，悬浮于空气中时间越长，越容易被人吸入肺部，对人体健康造成危害越大。

5. 光化学烟雾

（1）光化学烟雾形成原因

光化学烟雾是汽车排放到大气中的 HC 和 NO_x 在太阳光紫外线照射下产生光化学反应生成的。它的主要成分是臭氧、醛等烟雾状物质。它是一种强刺激性有害气体的二次污染物。

（2）光化学烟雾危害

光化学烟雾刺激人体的眼睛、鼻腔和咽喉，引起胸部压缩、头痛、咳嗽、疲倦等症状，损害农作物。

4.1.3 汽车排放污染物的影响因素

汽车排放污染物的影响因素涉及到汽车发动机的结构参数、工况参数、燃料品质、汽车技术状况等多方面。在此仅就工况参数对汽车排放污染物的影响进行分析。

1. 汽油机排放污染物的主要影响因素

（1）空燃比

空燃比（A/F）对排气中 CO、HC、NO_x 的影响如图 4-1 所示。从图中可以看出，CO 排放浓度随着空燃比的增加逐渐下降；HC 排放浓度两头高中间低；NO_x 排放浓度却是两头低中间高。

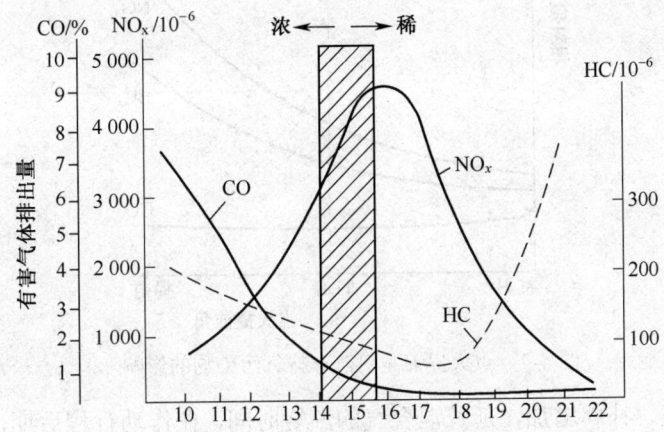

图 4-1　空燃比与汽油机排放污染物的关系

1）空燃比与 CO 的关系。

CO 的排放浓度随空燃比的增加而下降，这是因为随着空气量的增加，燃料的燃烧越来越充分。当空燃比大于理论空燃比后，CO 仍保持一定的浓度，这主要是由燃烧室内混合气空燃比分布不均、高温分解等造成的。空燃比进一步增加，混合气变稀，使燃烧温度降低，减少了高温分解，因此 CO 的排放浓度将进一步下降。就 CO 而言，其排放量主要受空燃比的影响受其他因素的影响不大。一切影响空燃比的因素都将影响 CO 的排放。

2）空燃比与 HC 的关系。

空燃比对 HC 的影响与 CO 有类似的倾向，即随着空燃比的增加，混合气由浓变稀的过程中，HC 的排放量是一直下降的；但是在过稀混合气的情况下，传统的均质燃烧方式已不能保证正常燃烧，产生断火，HC 的排放浓度有所增加。

3）空燃比与 NO_x 的关系。

当空燃比为 16 左右时，由于燃烧温度高，燃气中氧含量充分，此时 NO_x 生成量达到最大。空燃比低于此值时，随着混合气变浓，燃烧后的温度和氧的浓度较低，以致 NO_x 生成量减少。空燃比高于此值时，随着混合气变稀，火焰传播速度减慢，燃气温度较低，以致 NO_x 生成量减少。

（2）火花质量和点火提前角

1）火花质量决定点燃混合气的能力。当点燃稀薄混合气时，火花越弱，出现失火的现象越多，而失火将会造成大量的 HC 生成。现代发动机普遍采用高能点火系统，将点火初级电流从 3A 提高到 5A，增加了点火强度，延长了火花持续时间，从而改善了混合气燃烧质量，使 HC 排放量降低。

2）点火提前角对汽车排气污染物的影响，如图 4-2 所示。

点火提前角对 CO 的影响很小。如过分推迟点火，会使 CO 来不及完全氧化，从而 CO 排放量增加，但适度推迟点火可减小 CO 排放。

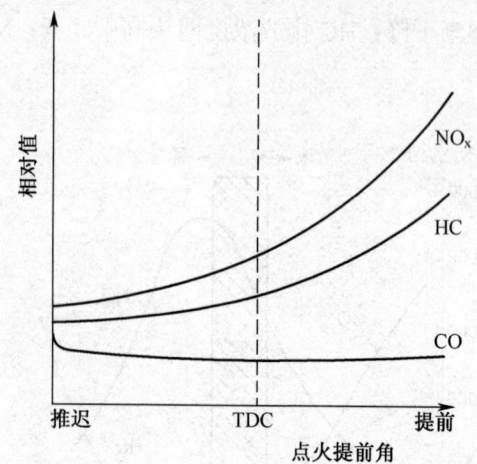

图 4-2 点火提前角对汽车排气污染物的影响

点火提前角推迟，补燃增加，延长混合气的燃烧时间，在作功行程后期，未燃的 HC 会继续燃烧，使 HC 排放量降低。但点火过迟，因燃烧速度慢，HC 排放浓度又有所提高。

点火提前角推迟，燃烧的最高温度降低，使 NO_x 排放浓度降低。

（3）运转工况

1）负荷。

汽油机在怠速和小负荷工况运行时，供给的混合气较浓，且燃烧室温度较低，燃烧速度慢，易引起不完全燃烧，使排出的 CO 增多、NO_x 减少；又因为燃烧室温度低，燃烧室壁面激冷现象严重，不能燃烧的燃油量增多，使排出的 HC 增多。

在中等负荷工况时，供给经济混合气，混合气易于完全燃烧，CO、HC 排放浓度减少；由于燃烧室温度增高，使 NO_x 排放浓度增大。

在大负荷工况时，供给浓混合气，使 CO 排放浓度增大；HC 排放浓度因排气温度高、排气后对 HC 排放的消除作用加强，HC 排放浓度变化不大；由于燃烧室温度增高，使 NO_x 排放浓度增大。

2）转速。

转速对排放的影响是一种综合性的，因为汽油机转速 n 的变化，将引起充气系数、点火提前角、混合气形成、空燃比、缸内气体流动、汽油机温度以及排气在排气管中停留的时间等的变化，而这些因素都会引起排放的不同变化。

一般当转速 n 增加时，缸内气体流动增强，燃油的雾化质量及均匀性得到改善，紊流强度增大，燃烧室温度提高。这些都有利于改善燃烧，降低 CO 及 HC 的排放。

汽油机怠速时，由于转速低、汽油雾化差、混合气很浓、残余废气系数较大，CO 和 HC 的排放浓度较高。因此，提高怠速转速可使 CO 和 HC 的排放浓度下降。发动机怠速转速与 CO、HC 的关系如图 4-3 所示。

对于 NO_x 生成量，当燃用浓混合气时，火焰传播速度随转速 n 的提高而加快，散热损失减少，缸内气体温度升高，使 NO_x 的排放浓度增大。当燃用稀混合气时，火焰传播速度随转速 n 的提高而变化不大，由于燃烧过程相对的曲轴转角增大，燃烧峰值温度反而下降，使 NO_x 的排放浓度降低。发动机转速与 NO_x 的关系如图 4-4 所示。

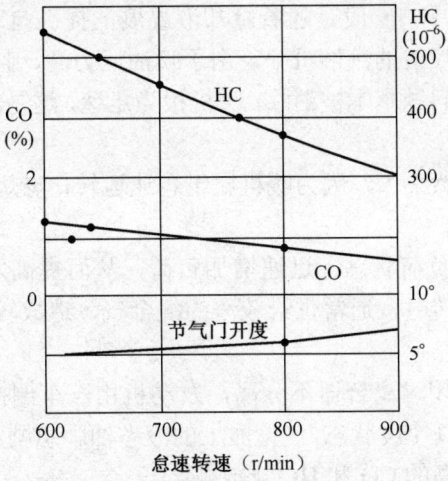

图 4-3　发动机怠速转速与 CO、HC 的关系

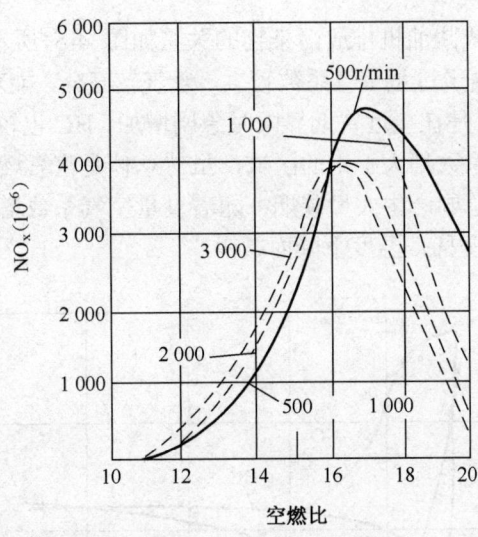

图 4-4　发动机转速与 NO_x 的关系

3）冷起动及暖机工况。

汽油机在进行冷起动时，由于进气系统和气缸温度都很低，汽油很难会完全蒸发，较多的汽油沉积在进气系统和气缸壁面上，形成油膜，同时由于发动机转速很低，气体流速很低，燃油蒸气与空气混合也不均匀，为了使点火时能在火花塞附近形成可点燃的混合气，电喷系统中的 ECU 会控制喷油嘴延长喷油时间，以提供较浓的混合气，即额外加大燃油量。形成油膜的汽油有些在燃烧结束后才从壁面上蒸发，没有来得及完全燃烧就被排出气缸，造成冷起动时 HC 的大量排放。较浓的混合气导致较高的 CO 生成。由于温度较低以及过浓的混合气，冷起动时 NO_x 的排放量很低。

汽油机起动以后，其组成燃烧室的主要零件以及润滑系、冷却系不能立即达到正常的工作温度，需要一个暖机过程。这时仍需要供给过量空气系数小于 1 的浓混合气，以弥补汽油在进气道和燃烧室壁面上的冷凝，保证燃烧的稳定。此时 CO 和 HC 的排放浓度仍然很高。在现代电控进气道喷射的汽油机中，一般是随着冷却液温度的提高自动减小循环喷油量，逐渐向正常运转过渡。在缸内直接喷射的汽油机中，由于喷油压力高，且直接向气缸内的空气喷油，所以冷凝和壁面油膜等多项问题基本被消除，暖机极为迅速，这是缸内直喷汽油机的主要优点之一。

暖机时，NO_x 排放量仍然不大，因为暖机属于怠速运转，燃烧温度不高。

4）加速工况

加速就是发动机在部分负荷状态下迅速增加负荷，从而提高发动机转速，使得汽车加快速度的过程。汽油机加速运转时，通常供给较浓的混合气，造成较高的 CO 和 HC 排放。

5）减速工况

减速就是节气门迅速关闭，离合器不分离，发动机由汽车倒拖，在较高转速下空转。由于发动机进气管中突然的高真空度状态，使壁面上的液态油膜急剧蒸发，形成瞬时过浓混合气，致使燃烧状态恶化而导致较高的 CO 和 HC 排放。

2. 柴油机排放污染物的主要影响因素

（1）过量空气系数

过量空气系数与直喷式柴油机排放污染物的关系如图 4-5 所示。虽然柴油机混合气不均匀，会有局部过浓区，但由于过量空气系数较大，氧气较充分，能对生成的 CO 在缸内进行氧化，因而 CO 一般较少，只是在接近冒烟界限时急剧增加。HC 也较少，过量空气系数增加时，将随之上升。在过量空气系数稍大于 1 的区域，虽然总体是富氧燃烧，但由于混合气不均匀，当局部高温缺氧时，就会急剧产生大量碳烟；随着过量空气系数增加，碳烟排放将迅速下降。柴油 NO_x 排放量随混合气变稀，温度下降而减少。

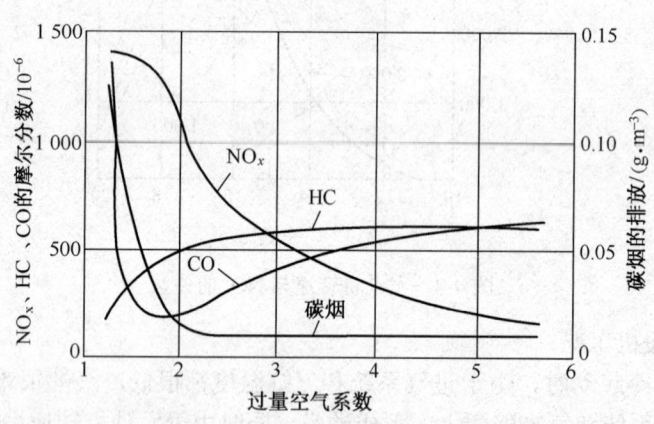

图 4-5　过量空气系数与直喷式柴油机排放污染物的关系

（2）喷油提前角与喷油压力

喷油提前，燃油在较低的温度和压力下喷入气缸，着火落后期延长，着火前喷入气缸的燃油量较多，预混合燃烧程度增大，有利于抑制碳烟生成。而且由于燃烧初期放热率升高，燃烧最高温度高，使燃烧过程结束较早，有利于已经生成的碳烟和颗粒物在缸内局部温度下降到碳反应温度之前的氧化反应。喷油提前会使 NO_x 排放增加。喷油推迟可降低 NO_x 排放。但是喷油过迟，碳烟排放会增加，对 CO 和 HC 的排放也有不利影响。

喷油压力提高，则燃油喷雾颗粒进一步细化，贯穿力加大，喷雾锥角加大，再加上紊流

的增强，直接促进了燃油与空气的混合，颗粒物排放降低。

（3）运行工况

1）柴油机负荷的变化就是混合气浓度的变化。CO 排放在大负荷和小负荷偏高；HC 排放则是随着负荷的减小而加大；NO_x 排放则随着负荷的减小、燃烧温度降低而降低；微粒碳烟排放量在中、低负荷时较低，而大负荷时急剧增长。

2）柴油机转速改变时，一般来说，HC 和 NO_x 排放变化不大；CO 则因高速时充气量下降和燃烧时间短而上升；低速时缸内温度和喷油压力较低也使 CO 上升；微粒碳烟则在高速时增加，这是因为充气量下降，混合气变浓造成的。

总之，工况对排放的影响总体表现为：低速、低负荷时，CO 和 HC 排放偏高，而 NO_x 和微粒排放量很低；高速、高负荷则微粒和 NO_x 排放上升。

3）冷起动

柴油机冷起动时，缸内压缩温度很低，燃油雾化条件差，相当部分燃油会附于燃烧室壁面，初期未燃 HC 以白烟的形式排出机外。因此，微粒物、CO 和 HC 排放必然增多。

4）加、减速工况

柴油机的加速过程就是加大供油量，由于加速迅猛，过大的油量往往造成过高的微粒物、CO 和 HC 排放。柴油机的减速过程是减小供油量，污染物排放下降。

4.1.4　汽车排放污染物的控制措施

为了控制汽车排放对环境的污染，各国根据大气污染的具体情况制订了关于环境保护的法律，对各种排放源的污染物规定限值和测量方法。对一定时期内汽车排放污染物的限值和测量方法的规定就是汽车排放标准。目前全球汽车排放标准已形成三大体系，即美国体系、欧洲体系和日本体系。我国采用的是欧洲排放标准体系。为了使汽车排放污染物达到一定的排放水平，必须对汽车采取一定的控制措施。

汽车排放污染物的控制措施可分为三类：改进发动机燃烧过程的机内净化措施，在排气系统中采用化学或物理的方法对已生成的有害排放物进行净化的排放后处理措施，以及来自曲轴箱和供油系统的有害排放物进行净化的非排气污染控制措施。后两类也统称为机外净化措施。

1. 机内净化措施

机内净化措施主要有：废气再循环、电控多点燃油喷射、高能电子点火和控制、稀薄燃烧发动机、多气门、可变配气相位、进气旋流、优化燃烧系统设计、废气涡轮增压与中冷、电控高压共轨等。

现对废气再循环系统（EGR）控制措施说明如下：

在燃烧温度升高时，燃油气化、混合气混合和燃烧均得到改善，CO 和 HC 的排放浓度减少，但 NO_x 的排放浓度增加。废气再循环（Exhaust Gas Recirculation）是降低 NO_x 排放的一种主要措施，其工作原理如图 4-6 所示。由于排气中氧含量很低，主要由惰性气体 N_2 和 CO_2 构成，一部分排气在电控单元（ECU）的控制下，通过 EGR 阀引回进气系统，与新鲜混合气混合后，稀释了新鲜混合气中的氧浓度，导致燃烧速度降低，同时提高了新鲜混合气的比热容。这两个原因都使得燃烧温度的降低，从而抑制了 NO_x 的生成。

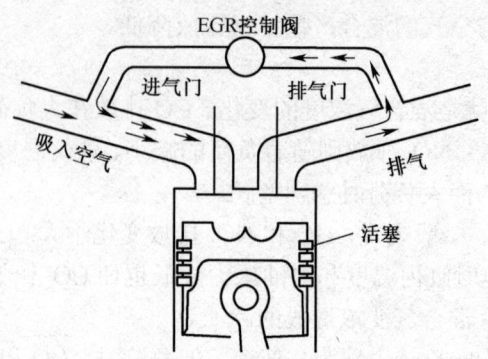

图 4-6 EGR 工作原理

废气混入的多少用 EGR 率表示，其定义如下：

$$\text{EGR} 率 = \frac{\text{EGR 气体流量}}{\text{EGR 气体流量} + \text{吸入混合气量}} \times 100\% \quad (4-1)$$

由图 4-7 可知，随 EGR 率的增加，由于燃烧速度下降，使油耗恶化和转矩下降，动力性、经济性变坏。EGR 率过大时，燃烧速度太慢，燃烧变得不稳定，失火率增加，HC 也会增加；EGR 率过小时，NO_x 排放达不到法规要求。因此 EGR 率应根据发动机工况要求进行控制。通常怠速、小负荷、冷机状态下不进行废气再循环。一般汽油机 EGR 率不超过 20%。

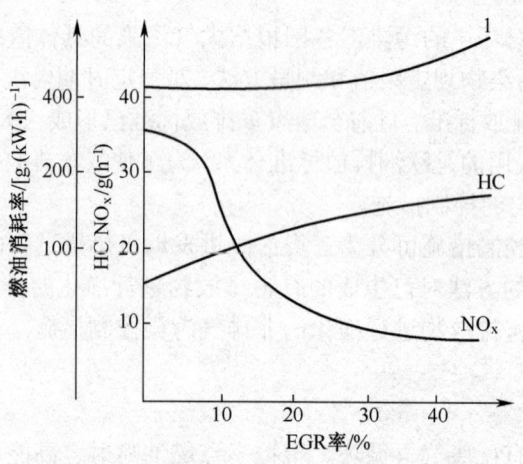

图 4-7 不同 EGR 率对油耗与排放的影响

2. 机外净化措施

机外净化措施主要有：曲轴箱强制通风装置、燃油蒸发控制系统、氧化型催化转化器、三元催化转化器、微粒捕集器等。

（1）曲轴箱强制通风装置（PCV）

曲轴箱强制通风装置（Positive Crankcase Ventilation，PCV）如图 4-8 所示。

新鲜空气由空气滤清器进入曲轴箱，与窜气混合后，经 PCV 阀进入进气管，与空气或油气混合气一起被吸入气缸燃烧掉。PCV 阀可以随发动机运转状况自动调节吸入气缸的窜气量。在怠速和小负荷时，由于进气管真空度较高，阀体被吸向上方，阀口气流流通截面减少，吸入气缸的窜气量减少，以避免混合气过稀，造成燃烧不稳定或失火。而在加速和大负荷时，窜气量增加，而进气管真空度变低，在弹簧作用下阀体下移，阀口流通截面增大，使大量的窜气进入气缸被燃烧掉。当发动机高速大负荷运转时，一旦窜气量过多而不能完全被吸净时，部分窜气会从闭式通气口倒流入空气滤清器。

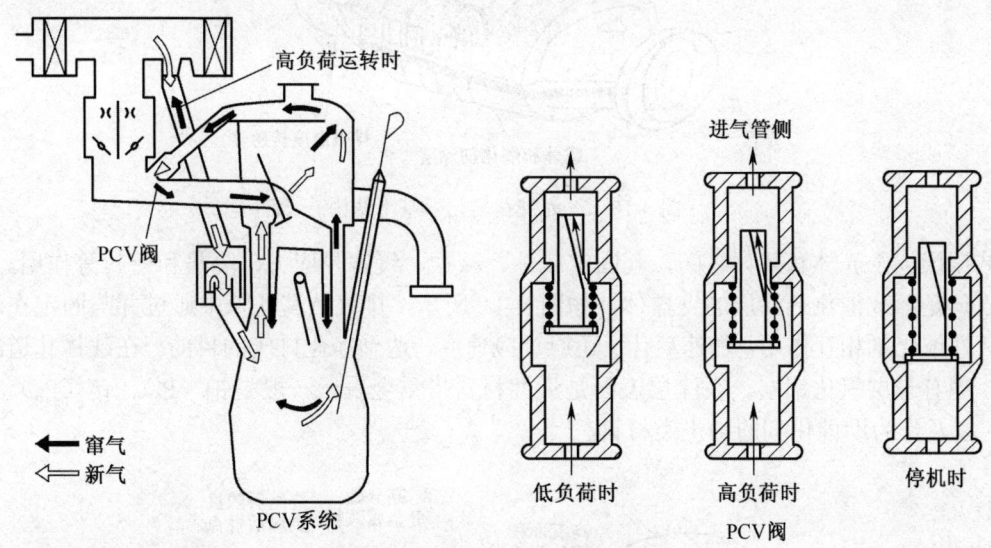

图 4-8　曲轴箱强制通风装置

（2）燃油蒸发控制系统

燃油蒸发控制系统如图 4-9 所示。由油箱蒸发出来的油蒸气，经储气罐流入炭罐被活性炭所吸附。当发动机工作时，在进气管真空度作用下控制阀开启，被活性炭吸附的油蒸气与从炭罐下部进入的空气一起被吸入进气管，最后进入气缸被燃烧掉，而同时活性炭得到再生。

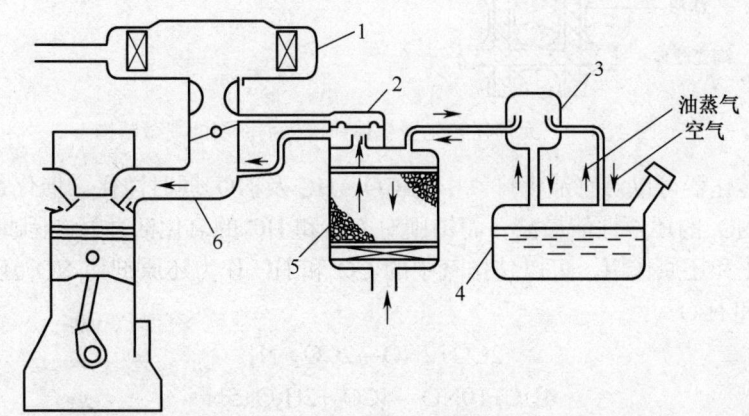

1—空气滤清器；2—控制器；3—储气罐；4—油箱；5—活性碳罐；6—进气管

图 4-9　燃油蒸发控制系统

（3）三元催化转化器（TWC）

三元催化转化器（Three Way Catalyst，TWC）由壳体、减振层、载体和催化剂涂层 4 部分组成，如图 4-10 所示。

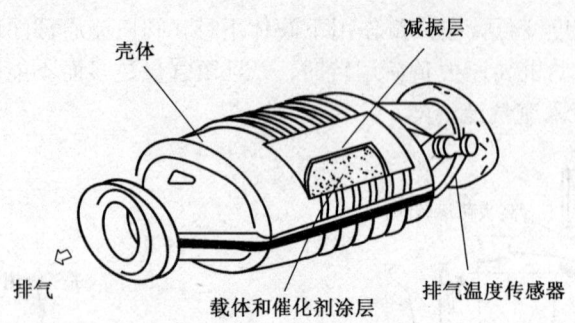

图 4-10　三元催化转化器基本结构

减振层位于壳体和载体之间，起固定载体、减振、缓解热应力、隔热和密封等作用。

载体是承载催化剂涂层的支撑体，如图 4-11 所示，排气从其孔隙中通过并与固定在涂层上的活性催化剂相互作用，加速氧化、还原反应速度，达到净化排气的目的。在载体孔道的壁面上，涂有一层氧化铝层。在涂层表面是活性材料贵重金属，一般是铂（P_t）、铑（P_h）和钯（P_d）以及作为助催化剂的稀土类材料。

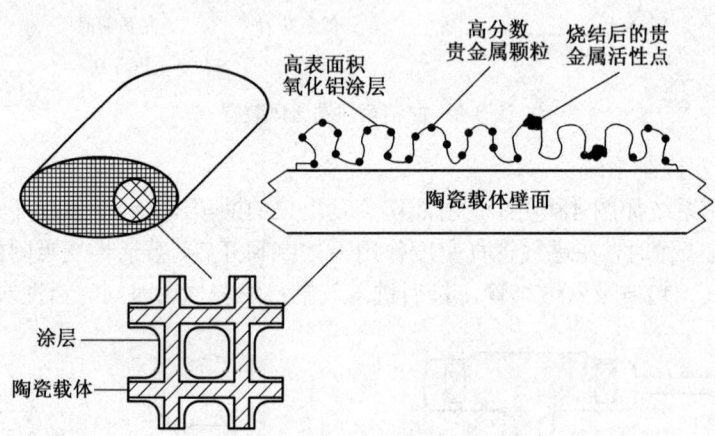

图 4-11　三元催化转化器载体和催化剂涂层的细微结构

三元催化转化器可以对汽油机排气中的 CO、HC 及 NO_x 同时净化。催化剂的活性成分为铑和铂，铑对 NO_x 的还原性能最高，而铂则对 CO 和 HC 的氧化活性好。因此，铂-铑系催化剂同时具有氧化和还原作用，可以使排气中的 CO 和 HC 作为还原剂使 NO_x 还原成 N_2，其本身氧化为 CO_2 和 H_2O。

$$2CO+2NO \rightarrow 2CO_2+N_2 \tag{4-2}$$

$$4HC+10NO \rightarrow 4CO_2+2H_2O+5N_2 \tag{4-3}$$

$$2CO+O_2 \rightarrow 2CO_2 \tag{4-4}$$

$$4HC+5O_2 \rightarrow 4CO_2+2H_2O \tag{4-5}$$

催化转化器的转化效率定义为：

$$\eta_i = \frac{C(i)_1 - C(i)_2}{C(i)_1} \times 100\% \tag{4-6}$$

式中：η_i——排气污染物 i 在催化转化器中的转化效率；

$C(i)_1$——排气污染物 i 在催化转化器入口处的浓度；

$C(i)_2$——排气污染物 i 在催化转化器出口处的浓度。

三元催化转化器的转化效率与空燃比关系极大，如图 4-12 所示。要求空燃比保持在理论空燃比范围内。只有这样，催化剂才能使 CO 和 HC 氧化，又使 NO_x 还原，实现催化剂三效。如果混合气过稀，只能净化 CO 和 HC；如果混合气过浓，只能净化 NO_x。为此，三元催化转化器必须与电喷发动机配合使用，如图 4-13 所示，并在三元催化转化器之前安装氧传感器，检测三元催化转化器入口处的氧气浓度，以便精确控制空燃比。

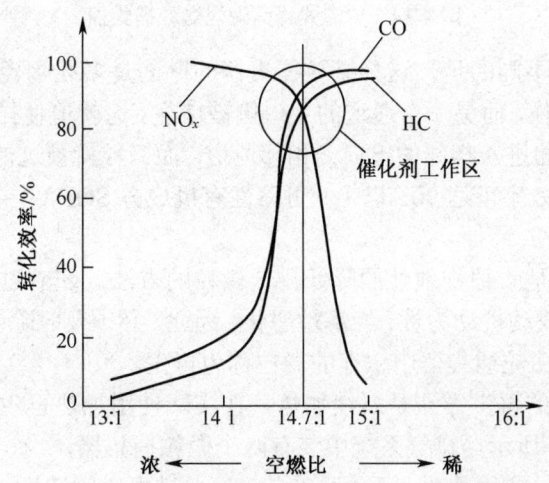

图 4-12 三元催化转化器的转化效率与空燃比关系

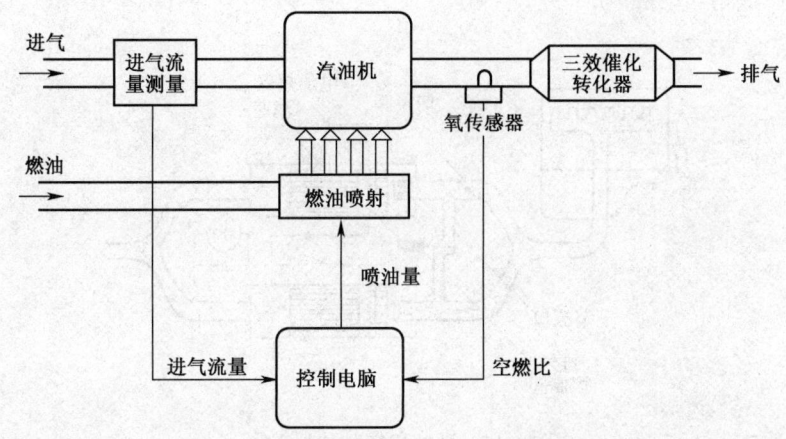

图 4-13 电控闭环控制系统与三元催化转化器

（4）微粒捕集器（DPF）

微粒捕集器，也称为柴油机排气微粒过滤器（Diesel Particulate Filter，DPF）。作为微粒捕集器的过滤材料可以是陶瓷蜂窝载体、陶瓷纤维编织物、金属蜂窝载体、金属纤维编织物等。目前应用最多的是美国康宁公司和日本 NCK 公司生产的壁流式蜂窝陶瓷微粒捕集器，如图 4-14 所示。

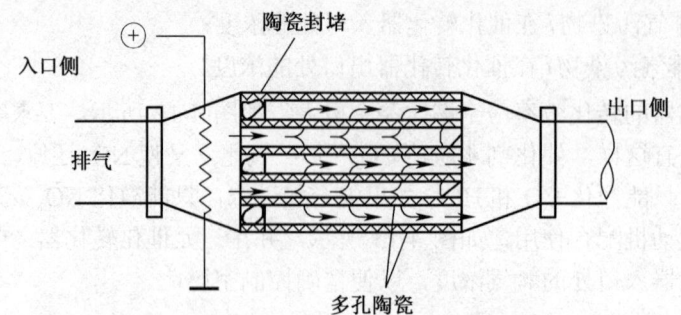

图 4-14　壁流式蜂窝陶瓷微粒捕集器

与一般催化剂载体不同的是，这种微粒捕集器的壁面是多孔陶瓷，相邻的两个通道中，一个通道的出口侧被堵住，而另一个通道的入口侧被堵住。这就迫使排气由入口侧敞开的通道进入，穿过多孔陶瓷壁面进入相邻的出口侧相邻通道，而微粒就被过滤在通道壁面上。这种微粒捕集器对碳烟的过滤效率可达 90% 以上，可溶性有机成分 SOF（主要是高沸点 HC）也能部分被捕集。

一般微粒捕集器只是一种物理性的降低排气微粒的方法。随着过滤下来的微粒的积累，造成排气背压增加，使发动机动力性、经济性恶化。因此，必须及时除去微粒捕集器中的微粒，以便能继续工作。除去微粒捕集器中积存的微粒称为再生。

微粒捕集器常采用的再生方法是断续加热。在实际使用加热再生方法时，需要一套复杂的控制系统，如图 4-15 所示。排气系统中装有两个微粒捕集器，当一侧的捕集器由于微粒的存积使排气背压升高到一定限值时，再生系统起动，通过电磁阀切换，使排气流向另一侧的微粒捕集器；同时对积存了微粒的捕集器进行电加热以烧掉微粒使其再生。这样，两侧的微粒捕集器就交替工作或再生。

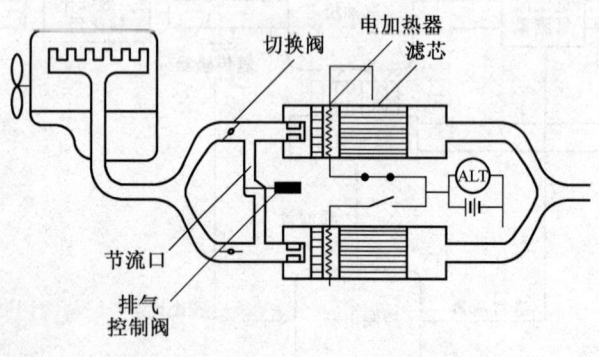

图 4-15　微粒捕集器控制系统

3. 使用中降低汽车排气污染物的主要措施

在用汽车的排放控制措施包括：改善燃料质量、推行 I/M 制度等。在用汽车的 I/M 制度就是使车辆在使用周期内一直保持良好的技术状况，降低排气污染。

I/M（Inspection and Maintenance Program）制度通过对在用车辆排放（尾气排放和蒸发排放、颗粒排放）进行控制，防止其排放净化系统被拆除、损坏、性能失效或恶化，充分发挥在用车本身净化能力，保证排放达标。具体手段是加强在用车维护，同时采用由管理部门认定的检测站对本辖区的在用车辆进行检测和监控。发现排放超标车辆,则强制该车进入具备维修资格的维修企业进行维修。

4.2 汽车噪声

噪声是指人们不需要并希望设法加以控制和消除掉的声音的总称。汽车噪声是汽车产生的不同振幅和频率组成的杂乱令人厌恶并有害于身心健康的声音。

噪声的危害是多方面的。噪声可以使人的听力下降,甚至耳聋;也可能诱发一些其他疾病。噪声作用于人的中枢神经系统,使大脑皮层兴奋、抑制失调,产生头疼、脑胀、昏晕、耳鸣、失眠、心慌等症状。噪声也可以影响人的各个系统,如消化系统、内分泌系统等。近年来,人们发现,在一定的强度噪声影响下,人们会出现心跳过速、心律不齐、血压增高等症状。汽车噪声一般是中强度噪声,由于车辆多,影响面广,所以危害很大。汽车的高噪声不仅影响环境,还会使驾驶员工作效率下降,反应迟钝,影响行车安全。汽车噪声被称为安全行车的隐形杀手。

随着现代交通运输的发展,城市交通工具越来越多,运行的速度越来越快,运输工具的功率越来越大,交通运输噪声已成为现代城市环境的最主要的噪声源之一。据一些大城市统计,交通运输噪声均占城市噪声的 75%,其中以汽车噪声影响最大。因此,采取有效地措施降低汽车本身的噪声是非常必要的。

4.2.1 汽车噪声的度量与评价

1. 声压 p

声压是指声波作用于大气使大气压强发生变动的变动量,通常用 p 表示,其单位为 Pa(帕)。正常人刚刚能听到的最轻微的声音的声压是 $2×10^{-5}$Pa。由于声压为 $2×10^{-5}$Pa 的声音刚刚能被人听到,所以 $2×10^{-5}$Pa 这个值被称为人耳的听阈,也叫基准声压,用 p_0 表示。使人耳有疼痛感的声音的声压是 20Pa 这个值被称为人耳的痛阈,也叫极限声压,用 p_{max} 表示。p_{max}(20Pa)比 p_o($2×10^{-5}$Pa)大得多,p_{max} 是 p_o 的 100 万倍,由此可见,人耳对声音的感觉范围是相当宽的。

2. 声压级 L_p

声压级 L_p 是声音的实际声压 p 和基准声压 p_o 之比,取以 10 为底的对数,再乘以 20。其数学表达式(即声压级)的计算公式为:

$$L_p = 20\lg\frac{p}{p_0} , \text{dB} \tag{4-7}$$

根据公式,听阈的声压级为 0dB,而痛阈的声压级为 120dB。由于采用了声压级,就将相差 100 万倍的可听声压范围,简化成 0~120dB 的声压级变化。它既符合人耳对声音的主观感觉,也便于表示。

3. 频谱

由于声音的频率不同,有的听起来很尖,有的则很低沉。一般的声源是由很多频率成分复杂的声音组成的。为了辨别噪声的主要成份,以减少噪声,仅知道声源某一点的声压级还不够,还要分析它的各种频率成分和相应的声压级,这种方法称为频谱分析。通常,以横坐标为频率，纵坐标为声压级，画出声源辐射声音的频率成分组成图，称为频谱图。频谱是描述声音的一个重要特性。具有一系列独立频率成分的频谱称为线状谱，如图4-16（a）所示。大多数噪声是由许多频率和强度都不同的、成分杂乱无章地组合起来的。许多谱线紧密地排列在一起，声能连续地分布在很宽的频率范围内。这种频谱称为连续谱，如图4-16（b）所示。可通过试验测得各类汽车的噪声频谱，用来分析汽车各种频率噪声的声压级的大小、主要噪声源的频率范围，并为汽车设计、改造提供理论依据。

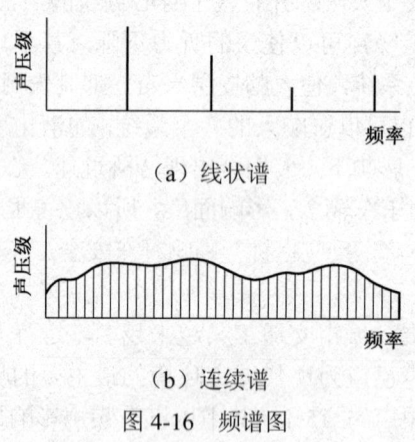

（a）线状谱

（b）连续谱

图4-16　频谱图

4. 倍频程

人耳的可听频率范围为20~20000Hz，低于20Hz为次声波，高于20000Hz为超声波。在这样宽的频带范围内进行噪声分析时，通常将宽广的声波频率范围分为几个频段（频带、频程），测量某一段频率间隔的声压级，这一频率间隔称为频带。

在噪声测量中，常采用倍频带的频带宽度。其频带上限频率 f_u 与下限频率 f_l 之间有如下的关系。

$$f_u = 2f_l \tag{4-8}$$

每个频带的中心频率为 $f_c = \sqrt{f_u f_l}$。在可听频率范围内各频带的中心频率值及相应的频率范围，见表4-1。若需要更详细地分析噪声，可采用1/2倍频带、1/3倍频带等较窄的频带。

表4-1　倍频带频率范围表

中心频率（Hz）	31.5	63	125	250	500	1000	2000	4000	8000
频率范围（Hz）	22.5~45	45~90	90~180	180~355	355~710	710~1400	1400~2800	2800~5600	5600~11200

5. 响度级与等响曲线

实践证明，人耳对声音的感觉不仅与声压有关，而且也与频率有关。人耳可听声音范围为20~20000Hz，往往声压级相同，但由于频率不同，听起来并不一样响；而不同频率的声音，虽然声压级不同，但有时听起来却一样响。因此用声压级测定的声音强弱与人们的生理感觉往往并不一致。由于噪声的危害对象主要是人，因而需采用与人耳生理感觉相适应的指标来评价声音的强弱，这个指标就是响度级，单位用方（phon）来表示。选取频率1000Hz的纯音作为基准音，某噪声听起来与该纯音一样响，该噪声的响度级（方值）就等于这个纯音此时的声压级（分贝值）。例如，某噪声听起来与声压级 80dB、频率 1000Hz 的基准音一样响，则该噪声的响度级就定为 85 方。

响度级是同时考虑声音的声压级和人耳对不同频率声音的响应而引入的表示声音响度的主观量标，它将声压级和频率统一起来。

利用与基准音比较的方法，就可以得到整个可听范围纯音的响度级，从而作出等响曲线，如图 4-17 所示。这些曲线中的每一条曲线相当于声压级和频率不同而响度相同的声音，即相当一定响度级的声音。最下面的是听阈曲线，最上面的是痛阈曲线，听阈曲线和痛阈曲线之间是正常人耳可以听到的全部声音。这组曲线是通过听觉正常的许多人大量试验和分析作出的。从等响曲线上可知，人耳对高频声音反应敏感，对低频声音反应迟钝。频率低的声音要达到和频率高的声音一样的响度，其声压级就需要提高到一定的数值。由于人耳对高频声音比较敏感，所以高频声音对人耳的损伤就比较严重，因此高频噪声为噪声控制的主要对象。

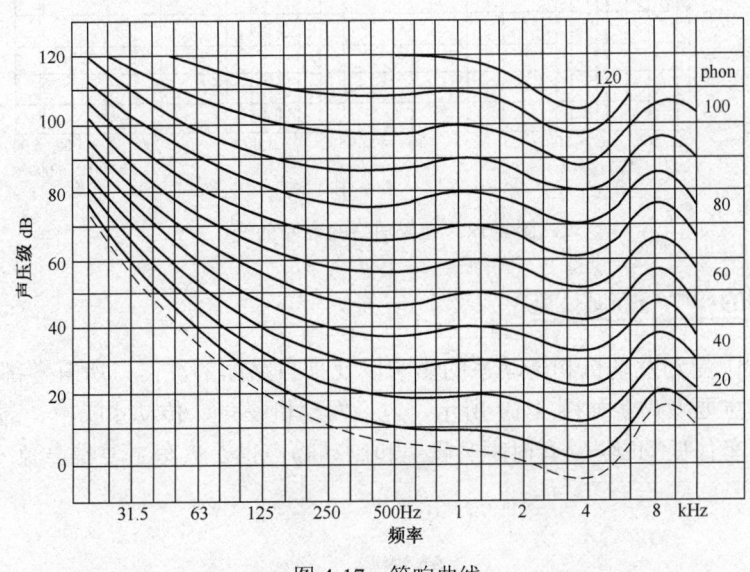

图 4-17 等响曲线

6. 噪声级

为了能测出与人耳感觉相一致的响度级，理应使用"响度级计"来测量声音的强弱，但要设计和制造出对于不同频率的声音均具有与人耳感觉一致的仪器较为困难。目前采用参考等响曲线，在声学测量仪中设置几个频率计权网络，利用它对高、中、低频的衰减不同模拟人耳听觉，如图 4-18 所示。一般设有 A、B、C 三个计权网络，这样就将 10 多条等响曲线简化成 3 条，近似地模拟人耳的听觉。

所谓噪声级就是指在选定的计权网络下所测得的声压级。例如，80dB（A）是指在 A 挡计权网络下测得的声压级为 80dB，称为噪声级 80dB（A）。用 A 计权网络测得的噪声值也称 A 声级。A 计权网络是模拟人耳对 40Phon 等响曲线设计的，使被测噪声在人耳不敏感的低频声音段有较大的衰减（不敏感），中频衰减次之，高频不衰减甚至稍有放大（敏感）。因此，A 计权网络测得的噪声值比较符合人耳对噪声的感觉，在汽车和发动机噪声测试时，多采用 A

计权网络。B、C 计权网络分别是模拟 70Phon 和 100Phon 等响曲线设计的，各有不同的特性。由于 A、B、C 三个计权网络的特性不同，故对所测得的分贝值必须注明所采取的计权网络，用 A 计权网络测得的声压级值，记作"dB（A）"。同样，用 B 和 C 计权网络测得的声压级值记作"dB（B）"和"dB（C）"。

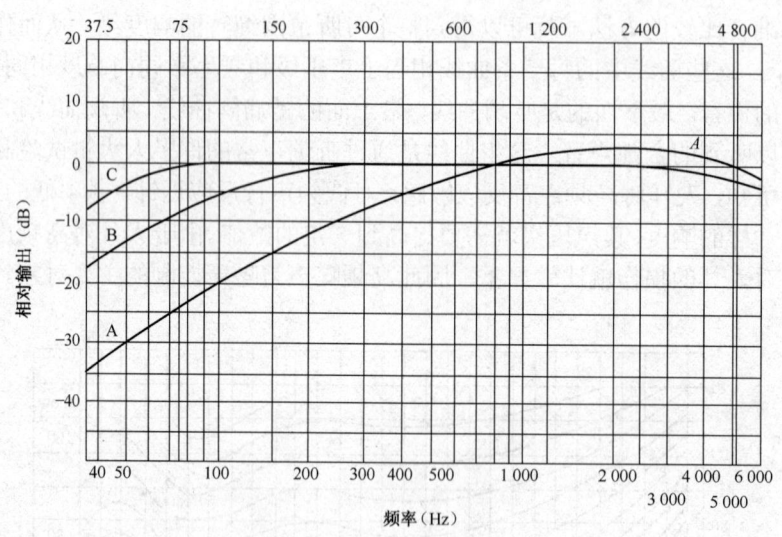

图 4-18　计权网络的衰减曲线

4.2.2　汽车噪声的产生与控制措施

汽车在行驶中受到发动机和传动系的影响以及来自路面的冲击，所有零部件都会产生振动和噪声。汽车主要噪声源如图 4-19 所示，包括发动机噪声、传动系噪声、高速行驶时产生的轮胎噪声以及车体振动噪声，有时喇叭噪声和制动噪声也是汽车主要噪声源。下面对部分噪声源进行分析。

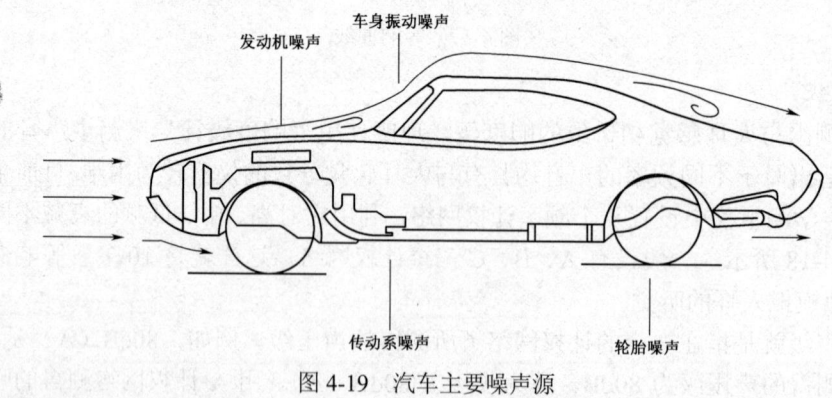

图 4-19　汽车主要噪声源

1. 发动机噪声

发动机是一个包括各种不同性质噪声的综合噪声源，主要包括燃烧噪声、机械噪声、进/排气噪声和风扇噪声等。发动机噪声分类示意图如图 4-20 所示。

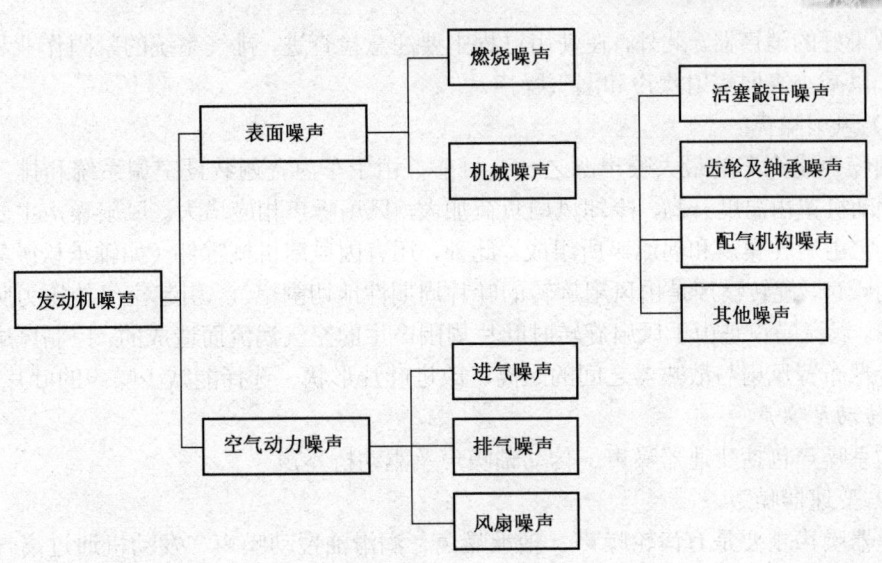

图 4-20 发动机噪声分类示意图

(1) 燃烧噪声

燃烧噪声是由于气缸内周期性变化的气体压力的作用而产生的。主要表现为燃料燃烧时急剧上升的气缸压力通过活塞、连杆、曲轴、缸体及气缸盖等引起发动机结构表面振动而辐射出来。

压力升高率是影响燃烧噪声的根本因素。因而，燃烧噪声主要集中在速燃期，其次是缓燃期。使用过程中，汽油机主要是通过根据压缩比选择合适牌号的燃料、适当推迟点火提前角、及时清除燃烧室积炭来减少爆燃和表面点火的产生，即可控制燃烧噪声。柴油机控制燃烧噪声的根本措施是降低燃烧时的压力增长率。由于压力增长率取决于着火延迟期和着火延迟期内形成的可燃混合气的数量和质量，因此可以通过选用十六烷值高的燃料，合理组织喷射和选用低噪燃烧室等实现。

(2) 机械噪声

机械噪声是指由于气体压力及机件的惯性作用，使相对运动零件之间产生撞击和振动所形成的噪声。机械噪声主要包括活塞敲缸噪声、配气机构噪声、齿轮啮合噪声、供油系噪声、不平衡力引起的噪声等。

活塞敲缸噪声通常是发动机最大的机械噪声源。敲缸的强度主要取决于气缸的最大爆发压力和活塞与气缸之间的间隙。控制活塞敲缸噪声的措施主要有：在满足使用与装配的前提下，尽量减少活塞与气缸之间的间隙。

配气机构噪声是由于气门开启和关闭时产生的撞击以及系统振动而形成的噪声。影响配气机构噪声的主要因素有凸轮形线、气门间隙和配气机构的刚度等。配气机构噪声的控制应从减少气门间隙、优化凸轮形线、提高配气机构刚度、减轻驱动元件质量等方面着手。

(3) 进、排气噪声

进、排气噪声是由于发动机在进、排气过程中的气体压力波动和气体流动所引起的振动而产生的噪声，按照噪声形成的机理，都属于空气动力噪声。降低进、排气噪声的主要措施是使用消声效果好的消声器。由于消声器的阻抗大，会使发动机的性能恶化，因此要选用阻抗小而消声效果好的消声器。此外，在使用过程中要注意检查进、排气系统的紧固作业和接头的密封状况，以减小表面辐射噪声和漏气噪声。

(4) 风扇噪声

风扇噪声是汽车的最大噪声源之一。目前，由于车内普遍装设空调系统和排气净化装置等，使发动机罩内温度升高，冷却风扇负荷加大，风扇噪声相应增大。风扇噪声主要是空气动力噪声，它由旋转噪声和涡流声所组成。此外，还有因风扇机械零件（如轴承松旷等）机械振动引起的噪声。旋转噪声是由风扇旋转的叶片周期性地切割空气，引起空气的压力脉动而激发出的噪声。涡流噪声是由于风扇旋转时叶片周围产生的空气涡流而造成的。控制风扇噪声的措施有：合理布置风扇与散热器之间的距离、改进叶片形状、选择能减少噪声的叶片材料。

2. 传动系噪声

传动系噪声包括变速器噪声、传动轴噪声及驱动桥噪声。

(1) 变速器噪声

变速器噪声主要是有齿轮噪声、轴承噪声、润滑油搅动噪声、发动机通过离合器传至变速器箱体的振动噪声等，如图 4-21 所示。在使用维修中，注意及时更换齿面剥落、缺损、磨损严重的齿轮，防止齿轮与轴上的花键配合松旷、轴向间隙过大、轴弯曲或轴承松旷等，保证齿轮正常的啮合间隙以减少齿轮噪声；及时更换钢珠碎裂或有疲劳麻点的轴承，消除轴承磨损严重引起的轴向或径向间隙过大和轴承内、外圈配合松动，均可以减少轴承运转噪声；润滑油粘度要合适且油量足够，及时清除变速器中的异物，经常检查紧固螺母以免松动。此外，提高齿轮加工精度，选择合适的齿轮材料，设计固有振动频率高、密封性好、隔声性强的齿轮箱等均可减少变速器噪声。

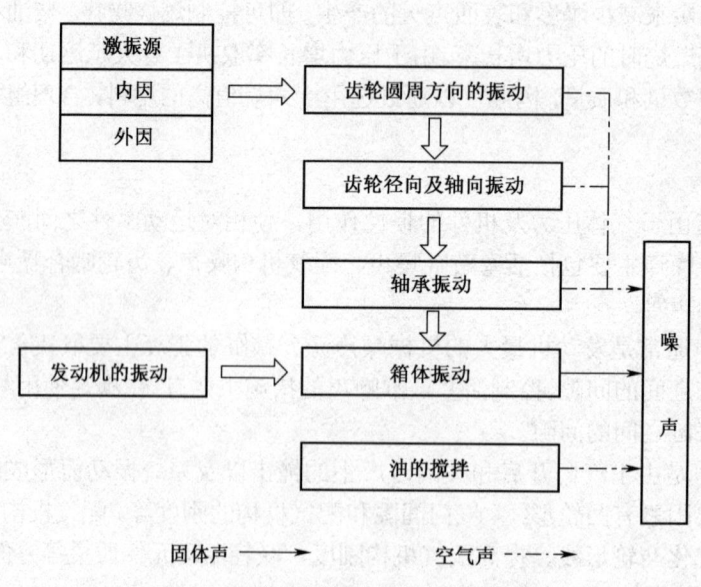

图 4-21 变速器噪声的产生及传播途径

(2) 传动轴噪声

传动轴噪声主要表现为汽车行驶中传动轴发出周期性响声，且车速越高响声越严重，甚至引起车身发生抖动、驾驶员握转向盘的手有麻木感，这是由于传动轴变形、轴承松旷及装配不良等原因造成的。因而在装配传动轴时,注意传动轴花键槽和伸缩节的装配记号;万向节凸缘叉接合平面清洁平整;避免中间轴承装配歪斜、支架螺栓松动或松紧不一;传动轴应进行动平衡试验,使用中经常检查平衡片有无脱落,避免超速行驶,以减少不平衡现象。

(3) 驱动桥噪声

驱动桥噪声在汽车行驶时车后部发出较大的响声,且车速越高响声越大。主要是齿隙不合适、齿轮装配不当、轴承调整不当等原因造成的。在使用维修中,要注意主减速器对锥齿轮的啮合印迹及间隙调整适当;保证足够的齿轮轴承预紧度;保证轴承座孔的同轴度等。

3. 轮胎噪声

轮胎噪声包括轮胎花纹噪声、道路噪声、弹性振动噪声以及轮胎旋转时搅动空气引起的风噪声。

(1) 花纹噪声

花纹噪声在轮胎噪声中占主要地位。汽车在行驶时,因轮胎胎面花纹槽内的空气在接地时被挤压,并有规则地排出,引起周围压力变化而引起噪声。

(2) 道路噪声

轮胎花纹噪声是胎面凹凸引起的,而道路噪声是由于路面凹凸不平而产生的噪声。当汽车通过小凸凹路面的凹凸内的空气因受挤压和排放,类似于泵的作用而形成的噪声。

轮胎花纹噪声和道路噪声都是轮胎和路面相互作用而产生的噪声。

(3) 弹性振动噪声

弹性振动噪声是由于轮胎不平衡、胎面花纹刚度变化或路面凹凸不平等原因激发轮胎振动而产生的噪声。

(4) 风噪声

风噪声与路面无关,它是轮胎在前进和旋转时搅动周围空气而产生的空气振动声。

影响轮胎噪声的因素主要有轮胎花纹、车速、负荷、轮胎气压、轮胎磨损程度以及路面状况等。

轮胎噪声随车速提高而增大的原因:一是轮胎花纹内的空气容积变化速度加快,"气泵"声增大;二是胎面花纹承受的激振力增大,振动声也随之增大。

当车辆的负荷不同时,轮胎花纹的挤压作用也产生变化。随着载荷的增加,胎面花纹的变形增大,轮胎的胎肩接触地面,横向花纹便容易造成"空腔的封闭"而使噪声增大,而对纵向花纹轮胎则影响不大。

轮胎气压增加,轮胎变形小,反之则变形增大。因此,对于齿形花纹轮胎来说,当气压高时,噪声小,而气压低时,噪声大。

对于齿形花纹轮胎,胎冠尺寸增大,花纹的接地状态产生变化,使噪声增大。当进一步磨损时,花纹逐渐磨平,槽内空气量减少,噪声降低。

路面状况对轮胎噪声的影响主要取决于路面的粗糙度和潮湿程度。随路面的粗糙度和潮湿程度的增大,其轮胎噪声随之增大。

使用中适当提高轮胎气压,可使轮胎变形减小,降低噪声。装配轮胎时应对轮胎进行动平衡试验,若不平衡会增加弹性振动,导致噪声增加。在汽车行驶过程中,应避免急起步、急转弯、急制动,以减少轮胎自振噪声。

4.3 汽车车内空气污染

自20世纪80年代，很多国家开始关注车内空气污染。研究发现，车内空气污染有时会高于车外10倍以上。为此，不少国家的环保机构制订了汽车车内环境标准，使得汽车车内各种有害气体的含量有了明确的限值，以确保车内空气污染没有达到对驾乘人员健康产生影响的程度。

4.3.1 汽车车内空气污染分析

1. 汽车车内空气污染概念

由于汽车车内引入能释放有害物质的污染源或汽车车内环境通风不佳而导致汽车车内空气中有害物质的含量和种类均不断增加，并影响汽车车内人员的健康，这称为汽车车内空气污染。

2. 汽车车内空气污染特点

（1）累加性

汽车车内各种物品，包括装饰材料、地毯、空调等都可能释放出一定的化学物质，若不采取有效措施，它们将在车内逐渐累加，导致污染物浓度增大，构成对人体危害。

（2）多样性

汽车车内空气污染的多样性既包括污染物种类的多样性，如生物性污染物（细菌）、化学性污染物（甲醛、苯、一氧化碳、二氧化碳等）；又包括汽车车内污染物来源的多样性，如车外污染源（道路上浓度较高污染物）、车内污染源（装饰材料在车内释放的污染物）等。

（3）多变性

汽车车内空气污染程度随汽车使用条件而变化，如汽车运行工况、汽车技术状况、环境状况（气温与环境的污染状况等）等都影响车内污染。

（4）长期性

即使浓度很低的污染物，若长时间作用于驾乘人员，也会影响健康。

3. 汽车车内空气污染物种类

汽车车内空气污染物主要有甲醛、甲苯及二甲苯、氮氧化物、二氧化硫、二氧化碳、一氧化碳、甲苯二异氰酸酯、总挥发性有机物、可吸入微粒物及细菌等。

4. 汽车车内空气污染主要来源

（1）汽车本身

目前国内汽车市场需求很大，许多未经有害气体释放期的汽车直接进入市场。由于安装在车内的塑料材质的配件、地毯、车顶毡、沙发等都含有可释放的有害气体，造成汽车车内空气污染。

（2）汽车车内装饰

多数消费者买车后都要进行车内装饰，还有的经销商以买车送装饰为优惠条件，使一些含有有害物质的座套垫、胶黏剂进入车内。这些装饰材料多含有苯、甲醛、丙酮、二甲苯等有毒气体，从而造成汽车车内污染。豪华车内部装饰选用的真皮、桃木、电镀、金属、油漆、工程塑料等如果处理不当，会挥发出有害物质。

（3）汽车车内驾乘人员活动

人体新陈代谢物（皮屑、毛发、口鼻分泌物、排泄物等）、吸烟时的烟雾、不清洁的车内环境等造成的污染都属于人为污染。

（4）其他

汽车发动机产生的尾气、汽油挥发、空调蒸发器产生的细菌等有害物质进入车内，均会造成汽车车内空气污染。

5．汽车车内空气污染形成原因

汽车车内封闭空间空气污染的形成原因主要有以下 4 种：

（1）汽车车内装饰物含有一些有害物质；

（2）汽车车内驾乘人员呼吸出来或物品散发出来的气体长时间得不到散发；

（3）汽车发动机产生的一些污染物；

（4）汽车车内空调蒸发器未及时维护造成的。

4.3.2　汽车车内空气污染控制

1．汽车车内空气污染控制措施

（1）臭氧法

采用产生大量臭氧的汽车专用消毒机进行消毒。臭氧是一种具有广泛性的、高效的快速杀菌剂，可以杀灭多种病菌、病毒及微生物。利用臭氧消毒一般不残存有害物质，不会对车内造成二次污染。

（2）离子法

通过车载氧吧释放离子达到车内空气清新的目的，事实上是一种空气清新和净化方式。具有使用简单、操作方便的优点，但缺点是净化过程缓慢。

（3）光触媒法

光触媒是一种光催化型纳米材料，构成光触媒的关键材料是纳米级二氧化钛。这种二氧化钛光催化剂，见光产生正、负电子，其中正电子与空气中的水分子结合产生具有氧化分解能力的氢氧自由基，而负电子则与空气中的氧结合成活性氧，两者均具有强大的降低车内空气污染的能力。氢氧自由基能对于汽车车内常见的污染物进行氧化还原反应，将其转化为无害的水和二氧化碳，同时还可清除汽车车内的浮游细菌，从而降低车内空气污染。

2．常用汽车车内空气污染控制设备

目前常用的汽车车内空气污染控制设备有：

（1）车用空气清新剂

清新剂由于携带方便、使用简单及价格便宜，是控制车内空气污染的常用物品。其原理是在发出恶臭的物质中加入少量药剂，通过化学反应除臭，或使用强烈的芳香物质隐蔽臭气。空气清新剂常见的香型有单花香型（茉莉花、玫瑰花、桂花、铃兰花、栀子花、百合花等）、复合香型、瓜果香型（苹果、菠萝、柠檬、哈密瓜等）、青草香型、"海岸"香型、"香水"香型（素心兰）等。

（2）车载氧吧

车载氧吧是利用活性氧发生技术，通过高频振荡，快速生成负离子，除了消除车内的空气异味外，还具有消毒、杀菌、防霉和提神等功效。与传统的空气清新剂相比，车载氧吧具有彻底清除车内有害气体达到净化空气质量的目的。

(3) 光源车用空气除臭器

光源车用空气除臭器是最新推出的空气净化方式，是利用活性炭加光催化达到净化空气的目的，采用先进的光催化材料及技术有效去除汽车内饰异味。

本章小结

1. 汽车环保性包括排放、噪声、电波干扰与车内汽车污染。

2. 汽车排放的污染物主要有一氧化碳（CO），碳氢化合物（HC），氮氧化物（NO_x）、微粒物（PM）等，国标规定一系列标准及其相应的试验方法，如：《点燃式发动机汽车排气污染物排放限值及测量方法（双怠速法及简易工况法）》（GB18285-2005）、《车用压燃式发动机和压燃式发动机汽车排气烟度排放限值及测量方法》（GB3847-2005）、《轻型汽车污染物排放限值及测量方法（中国III、IV阶段）》（GB18352.3-2005）、《车用压燃式、气体燃料点燃式发动机与汽车排气污染物排放限值及测量方法（中国III、IV、V阶段）》（GB17691-2005）、《装用点燃式发动机重型汽车曲轴箱污染物排放限值及测量方法》（GB11340-2005）、《装用点燃式发动机重型汽车燃油蒸发污染物排放限值及测量方法》（GB14763-2005）。

3. 污染物的生成量取决于混合气的空燃比，一切影响空燃比的因素都将影响到污染物的排放浓度。使用过程中，随负荷、发动机转速、车速、点火及喷油时刻的变化，CO、HC、NO_x的排放浓度变化很大。要特别注意，汽油机怠速工况CO、HC排放量较多，柴油机满负荷工况排放的碳烟量较多。此外，保持良好的发动机技术状况（如供油系、点火系等），提高驾驶技术，采用排气净化装置等是减少排放污染的有效措施。

4. 噪声公害对人和环境的危害也很大。为减少噪声，《汽车加速行驶车外噪声限值及测量方法》（GB1495-2002）、《声学汽车车内噪声测量方法》（GB/T18697-2002）、机动车运行安全技术条件（GB7258-2012）等标准规定了噪声限值及其相应的试验方法。噪声的单位为分贝（dB），一般用声级计A声级测量，其分贝值不应超过规定。

5. 为了降低发动机噪声，应采取如下措施：①从使用和设计方面采取措施，降低压力升高率，以减少燃烧噪声；②使用维修中注意活塞连杆组、配气机构，齿轮机构，柴油机供给系等各零部件间的配合间隙、装配要求、修复质量等；设计中应注意各零部件的刚度、材料，加工精度等，以减少机械噪声；③采用消声效果好的消声器，以减少进、排气噪声；④风扇噪声不容忽视，特别是车内装有空调系统和排气净化装置的汽车更应从设计和使用维修方面采取措施，降低风扇噪声。传动系噪声大小取决于变速器噪声，传动轴噪声及驱动桥噪声，传动轴噪声在某一车速时，由于共振而达到最大，严重时影响驾驶员的操作。因而，应特别注意对修复的传动轴进行动平衡，并使传动系各部齿轮装配正确，轴承预紧度合适，润滑油足够，以减少传动系噪声。随着汽车行驶中制动频繁程度的提高，制动噪声越来越引起人们的重视。设计低噪声制动系统，合理修复制动器各部件，是降低噪声的主要措施。轮胎噪声主要取决于轮胎花纹型式、车速及负荷、胎压及轮胎装配情况、轮胎磨损程度以及路面状况等。

6. 由于汽车车内引入能释放有害物质的污染源或汽车车内环境通风不佳而导致汽车车内空气中有害物质的含量和种类均不断增加，并影响汽车车内人员的健康，这称为汽车车内空气污染。汽车车内空气污染具有累加性、多样性、多变性、长期性等特点。汽车车内空气污染物主要来自汽车本身、汽车车内装饰、汽车车内驾乘人员活动等。汽车车内空气污染控制措施主要有臭氧法、离子法、光触媒法。

7. 随着人们生活水平的提高，对汽车的乘座舒适性和城市环境提出了更高的要求，因而研制环保性汽车和在使用中限制汽车污染物的生成量、降低汽车噪声、控制汽车车内空气污染，是现代汽车技术发展的主要方向之一。

1. 解释温室效应、光化学烟雾、汽车噪声、车内空气污染等概念。
2. 简述汽车环保性包括哪几个方面。
3. 简述 CO、HC、NO_X、碳烟等排放污染物的形成原因。
4. 分析使用因素中负荷对 CO、HC、NO_X、碳烟等的影响。
5. 简述汽车噪声的主要噪声源。
6. 分析燃烧噪声、机械噪声、轮胎噪声的产生原因。

1. 分组交流讨论降低汽车排放污染物的方案。
2. 调查汽车车内空气污染的现状并进行成果展示。

5 汽车制动性

 **知识目标**

1. 了解汽车行驶安全性的涵义；
2. 熟悉汽车制动性的评价指标；
3. 掌握汽车制动跑偏的概念与产生原因；
4. 掌握汽车制动侧滑的概念与产生原因；
5. 掌握制动距离的概念、计算公式；
6. 掌握滑动率的概念；
7. 掌握 I 曲线、β 线、f 线、r 线含义。

 **能力目标**

1. 会分析汽车地面制动力、制动器制动力及其与附着力的关系；
2. 会计算汽车制动时地面作用在前、后车轮上的法向反力；
3. 能够利用 I 曲线、β 线、f 线、r 线分析汽车的制动过程；
4. 会分析制动力系数、侧向力系数随滑动率的变化曲线；
5. 会分析 ABS、排气制动、缓速器对汽车制动性的影响。

汽车行驶安全性包括汽车主动安全性和汽车被动安全性。汽车主动安全性是指汽车本身防止或减少道路交通事故的能力。它主要与汽车的制动性、汽车的操纵稳定性、汽车的舒适性、汽车的尺寸与质量参数、汽车的视野与灯光等因素有关。此外，动力性中的超车加速时间短，可以减少整个超车过程中两车并行的时间，对安全有利。汽车被动安全性是指发生汽车事故后，汽车本身减轻人员受伤和货物受损的能力。汽车本身减轻汽车车内乘员受伤和货物受损的性能称为汽车内部被动安全性；汽车本身减轻其他人员伤害和其他车辆损害的性能称为汽车外部被动安全性。汽车内部被动安全性主要通过安全车身、安全带与安全气囊等装置限制驾乘人员位移、消除汽车车内部件的致伤因素等方面来改善。汽车外部被动安全性主要通过保险杠等装置来改善。

汽车制动性是指汽车行驶时能在短距离内停车并且维持行驶方向稳定和在下长坡时能维持一定车速的能力，以及汽车在一定坡道上能长时间停车不动的驻车制动能力。

汽车制动性是汽车的主要性能之一。自汽车诞生之日起，汽车制动性就显得至关重要，并且随着汽车技术的发展和汽车行驶车速的提高，其重要性也显得越来越明显。汽车的制动性直接关系到行车安全，汽车重大交通事故的发生往往与汽车制动距离太长、汽车紧急制动时发生侧滑等情况有关。所以，汽车的制动性是汽车安全行驶的重要保障。

汽车制动性主要由以下三方面指标来评价：

（1）制动效能，即制动减速度、制动距离以及制动力等。

（2）制动效能的恒定性，即抵抗制动效能的热衰退和水衰退的能力。

（3）制动时汽车的方向稳定性，即制动时汽车按照驾驶员给定方向行驶的能力，也就是制动时汽车不发生跑偏、侧滑以及失去转向的能力。

5.1 汽车制动时车轮受力

汽车行驶时，只有受到与行驶方向相反的外力作用，才能从一定的车速制动到较低的车速或直至停车。外力只能由地面和空气提供。但空气阻力相对较小，故实际上外力主要由地面提供，称之为地面制动力。

5.1.1 汽车地面制动力

汽车在良好硬路面上制动时车轮的受力情况如图 5-1 所示。

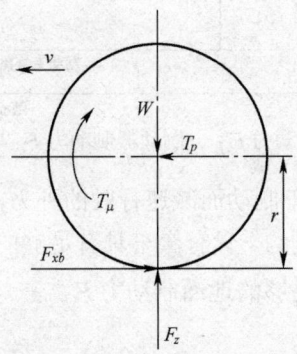

图 5-1 汽车制动时车轮的受力图

由图 5-1 可见，汽车制动时，车轮制动器中摩擦片与制动鼓或制动盘相对滑转时产生摩擦力矩 T_μ，其作用方向与车轮转动方向相反，地面就会给车轮一个与汽车行驶方向相反的作用力 F_{xb}，该力称为地面制动力。

5.1.2 汽车制动器制动力

汽车制动器制动力 F_μ 是指在汽车轮胎周缘为了克服制动器摩擦力矩所需的力。它相当于汽车车桥架离地面制动时,在轮胎周缘沿切线方向扳动车轮旋转所施加的力。

$$F_\mu = \frac{T_\mu}{r} \tag{5-1}$$

F_μ 仅由制动器的设计参数所决定,即取决于制动器的类型、结构尺寸、制动器摩擦副的摩擦因数、车轮半径、踏板力等。

5.1.3 汽车地面制动力、制动器制动力与附着力的关系

在制动时,若只考虑车轮的运动为滚动与抱死拖滑两种情况,当制动踏板力较小时,制动器摩擦力矩不大,地面与轮胎之间的摩擦力即地面制动力 F_{xb},足以克服制动器摩擦力矩而使车轮转动。

车轮滚动时,地面制动力 F_{xb} 始终等于制动器制动力 F_μ,并且随踏板力 F_p 增长成正比地增长,如图 5-2 所示。

当踏板力 F_p(或制动系液压力 p)上升到某一值时,地面制动力 F_{xb} 达到附着力 F_φ,车轮抱死不转而出现拖滑现象。此后,踏板力 F_p(或制动系液压力 p)再增大,制动器制动力 F_μ 由于制动器摩擦力矩的增大而仍按直线关系持续增大。但是,若作用在车轮上的垂直载荷为常数,地面制动力 F_{xb} 达到附着力 F_φ 后就不再增大。

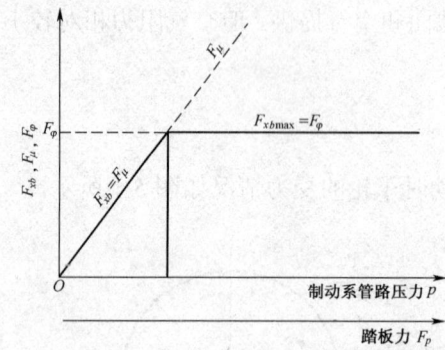

图 5-2　汽车地面制动力 F_{xb}、制动器制动力 F_μ 与附着力 F_φ 的关系

汽车的地面制动力 F_{xb} 是使汽车制动而减速行驶的外力,其大小首先取决于制动器制动力 F_μ,但同时又受地面附着条件的制约。只有汽车具有足够的制动器制动力 F_μ,同时地面又能提供高的附着力 F_φ 时,才能获得足够的地面制动力 F_{xb}。

5.2　汽车的制动效能

汽车的制动效能是指汽车能够迅速降低车速直至停车的能力,用常用制动距离和制动减速度来评价。

5.2.1 汽车制动距离

1. 汽车制动距离概念

汽车制动距离 s 是指汽车速度为 v_0 时,从驾驶员开始操纵制动控制装置(制动踏板)到

汽车完全停住为止所驶过的距离。它是评价汽车制动效能最直观的指标。

2. 汽车减速制动过程分析

如图 5-3 所示为汽车减速制动过程。

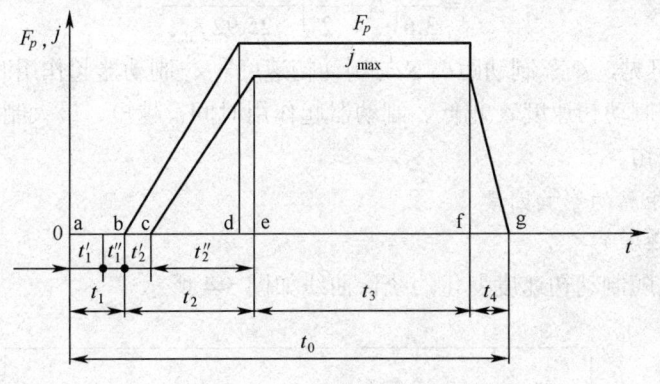

图 5-3 汽车减速制动过程

a 点表示驾驶员接到紧急停车信号的时刻。

t_1' 是从驾驶员接到紧急停车信号（a 点）到意识到应进行紧急制动并移动右脚所经历的时间。

t_1'' 是从驾驶员移动右脚到接触制动踏板（b 点）为止所经历的时间。

$t_1 = t_1' + t_1''$，称为驾驶员的反应时间，一般为 0.3～1.0s。在该时间内，汽车以 v_o 的初速度作等速行驶。

b→d 表示在 b 点以后，随着驾驶员踩制动踏板的动作，踏板力 F_p 迅速增大，至 d 点达到最大值。

t_2' 是从驾驶员脚接触制动踏板（b 点）起，到出现制动力，开始产生制动减速度（c 点）为止所经历的时间。它用于克服制动系机械传动部分的间隙、克服制动踏板的自由行程、克服气压或液压沿管路的传递等。在该时间内，汽车的减速度为 0，汽车以 V_o 的初速度作等速行驶。

t_2'' 是汽车制动力由 0 增大到最大值，制动减速度由 0（c 点）增大到最大值（e 点）所经历的时间。

$t_2 = t_2' + t_2''$，称为制动器的作用时间，一般为 0.2～0.9s。它一方面取决于驾驶员踩制动踏板的速度，另外更重要的是受制动系结构形式的影响。

t_3 是持续制动时间（由 e 点到 f 点）。该时间内，制动减速度基本不变。

t_4 表示从驾驶员松开制动踏板（f 点）起，到制动力完全消除，制动减速度为 0（g 点）所经历的时间，称为制动完全释放时间，一般为 0.2～1.0 s。这段时间过长，会耽误随后起步行驶的时间。另外，若因车轮抱死而使汽车失去控制，驾驶员采取放松制动踏板时，又会使制动力不能迅速释放，不能迅速解除制动，此时汽车将可能丧失制动稳定性。

由上述可知，一次制动过程，制动时间 t_o 包括驾驶员的反应时间 t_1、制动器的作用时间 t_2、持续制动时间 t_3、制动完全释放时间 t_4。

3. 汽车制动距离的理论公式

汽车制动距离 S 是指汽车在制动器作用时间 t_2 和持续制动时间 t_3 内所驶过的距离。经过理论推导（推导过程略），可得：

$$S = \frac{V_o}{3.6}\left(t_2' + \frac{t_2''}{2}\right) + \frac{v_o^2}{25.92 j_{\max}} \tag{5-2}$$

由式（5-2）可见，汽车制动距离 S 与制动初速度 v_o、制动器起作用时间 t_2、最大制动减速度 $j_{\max}$ 等有关。制动初速度 v_o 越低、制动器起作用时间 t_2 越短、最大制动减速度 $j_{\max}$ 越大，汽车制动距离 S 越短。

4. 汽车制动距离的影响因素

（1）制动初速度 v_o

轿车制动距离随制动初速度变化的统计曲线如图 5-4 所示。

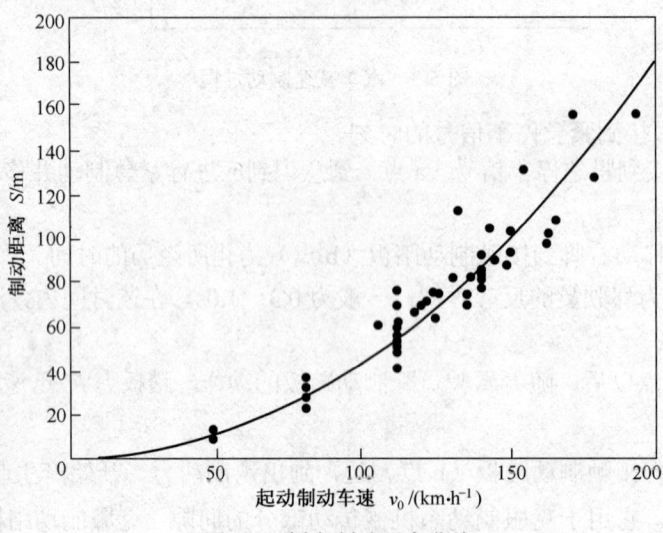

图 5-4 轿车制动距离曲线

它是根据《Autocar》1993~1998 年对装有真空助力器的 48 辆各种轿车，在干燥、良好路面上进行制动试验的结果而拟合得到的，代表了 20 世纪 90 年代轿车制动效能的水平。其拟合公式如式（5-3）所示

$$S = 0.0034 v_o + 0.00451 v_o^2 \tag{5-3}$$

（2）制动器起作用时间 t_2

改进制动系结构，缩短制动器起作用时间，是减小制动距离的有效措施。

当制动初速度为 110km/h 时，1s 时间内汽车行驶的距离约为 30m；如果消除制动器间隙的时间缩短 0.2s，则制动距离可缩短 6m。例如：红旗 CA770 轿车由真空助力制动系改为压缩空气助力（气顶油）制动系后，以 30km/h 初速度紧急制动，制动距离实测值由 12.25m 下降为 8.25m，最大制动减速度由 7.25m/s² 增大为 7.65m/s²，制动时间由 2.12s 下降到 1.45s。这种改进使制动距离缩短 32%，制动时间减少 31.6%，但最大减速度仅提高了 3.5%。最大减速度提高不大，说明以最大制动减速度制动的时间减小很小。因此，制动器起作用时间的减小是制动时间减小的主要原因，这导致制动距离的缩短。

（3）最大制动减速度 j_{max}

最大制动减速度 j_{max} 主要与最大制动器制动力（车轮滚动时）、附着力（车轮抱死拖滑时）有关。最大制动器制动力越大、附着力越大，则最大制动减速度 j_{max} 越大，制动距离越短。

5.2.2 汽车制动减速度

汽车制动减速度按测试、取值和计算的方法不同，可分为制动稳定减速度、平均减速度和充分发出的平均减速度。

1. 制动稳定减速度

汽车制动时，假设 $F_W = 0$、$F_f = 0$，即不计空气阻力和滚动阻力对汽车制动减速的作用，则地面制动力 $F_{xb\,max} = \varphi mg$，汽车能达到的制动减速度 $j_{max} = \varphi g$。

2. 平均减速度

平均减速度 d_o 是指按图 5-5 方法取值的平均减速度。

$$d_o = \frac{1}{t_3 - t_2} \int_{t_2}^{t_3} d(t) dt \tag{5-4}$$

式中：t_2——制动压力达到 75% 最大压力 P_{max} 时刻；

t_3——到停车时总时间的 2/3 时刻。

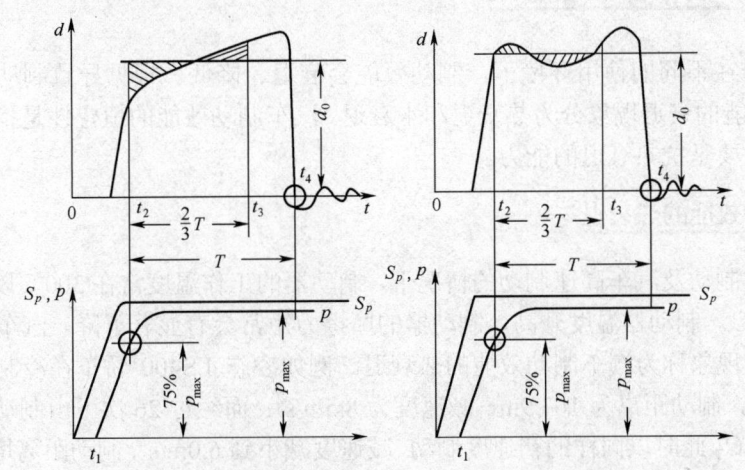

(a) 渐增型制动减速度曲线　　　(b) 马鞍型制动减速度曲线

d—汽车制动减速度；S_p—制动踏板行程；p—管路压力；t—时间

图 5-5　平均减速度取值方法

3. 充分发出的平均减速度

充分发出的平均减速度（Mean Full Developed Deceleration，MFDD）是在汽车制动试验中用速度计测得了制动距离和速度的情况下，根据如图 5-6 所示的汽车制动距离与制动车速曲线，用 v_b 到 v_c 速度间隔汽车驶过的距离根据下列公式计算的平均减速度。

$$MFDD = \frac{v_b^2 - v_e^2}{25.92(S_e - S_b)} \tag{5-5}$$

式中：v_o——制动初速度，km/h；

v_b——汽车制动速度为 $0.8v_o$,km/h;
v_e——汽车制动速度为 $0.1v_o$,km/h;
S_b——汽车制动速度 v_o 到 v_b 的行驶距离,m;
S_e——汽车制动速度 v_o 到 v_e 的行驶距离,m。

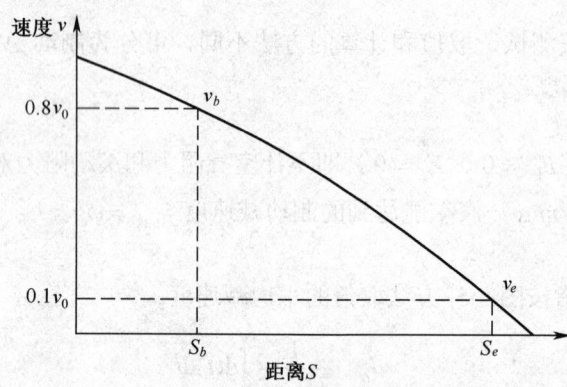

图 5-6 汽车制动距离与制动车速曲线

5.3 汽车制动效能的恒定性

汽车制动器在不同的使用环境下,制动效能会衰退、降低。根据导致制动效能衰退的原因,可将制动效能的衰退现象分为热衰退和水衰退。汽车制动效能的恒定性是指抗热衰退和水衰退的能力,主要是抗热衰退的能力。

5.3.1 汽车制动效能的热衰退

汽车下长坡制动及汽车高速制动的情况下,制动器的工作温度常在 300℃以上,有时竟高达 600℃~700℃。制动器温度升高,制动器的摩擦力矩常会有显著下降,汽车的制动效能会显著降低,这种现象称为汽车制动效能的热衰退。例如凌志 LS400 轿车在冷制动时,制动初速度为 195km/h,制动距离为 163.9m,减速度为 8.5m/s²;而经过 26 次下山制动后,前轮制动器温度高达 693℃,此时以同样的初速度制动,减速度减小到 6.0m/s²,制动距离增加到 244.5m。汽车制动效能的热衰退是目前制动器不可避免的现象,只是程度上有所差别。

汽车制动效能的恒定性主要指的是抗热衰退的能力。抗热衰退的能力常用一系列连续制动(以一定的初速度按规定的次数和达到的减速度制动)后,制动效能较冷制动时下降的程度来表示。

抗热衰退的能力与制动器摩擦副材料及制动器结构有关。

一般制动器的制动鼓、盘由铸铁制成,而摩擦片由石棉、半金属和无石棉等几种材料制成。正常制动时,摩擦副的温度在 200℃左右,摩擦副的摩擦因数约为 0.3~0.4。但在更高的温度时,制动器摩擦副材料性能变坏,有些摩擦片的摩擦因数会有很大降低而出现热衰退现象。选用高性能的材料,可以改善抗热衰退的能力。例如保时捷 911 汽车使用了特殊的陶瓷制动盘,以 100km/h 的初速度连续制动 10 次后,前轮制动器温度由 228℃升为 480℃,后轮制动器温度由 214℃升为 278℃，说明特殊的摩擦副材料使保时捷车温升较少，有效的控制了热衰退现象。

制动器的结构型式对抗热衰退的能力有较大的影响。

自动增力式制动器利用了摩擦力来增加制动蹄对制动鼓的压紧力，因而摩擦系数稍有下降，会使制动器的摩擦力矩大幅度的下降，其抗热衰退的能力比简单非平衡式制动器及盘式制动器差。例如某装有自动增力式制动器的轿车，在低速制动时，制动减速度高达（0.8～0.9）g，制动效能很好；若在 113km/h 的高速下制动，由于热衰退，制动减速度仅为 0.25g。

盘式制动器具有较高的抗热衰退能力，奔驰 600 轿车四轮都装有盘式制动器。它以 50km/h 的速度制动时，减速度达 8.5～8.9m/s^2；以 120km/h 的高速制动时，减速度仍能达到 7.3～7.7 m/s^2。盘式制动器的制动盘有实心制动盘、内通风制动盘和钻孔内通风制动盘等型式，后两种盘式制动器的散热效果好，可以提高抗热衰退的能力。

5.3.2 汽车制动效能的水衰退

汽车涉水后，制动器被水浸湿，由于水的润滑作用使得制动器摩擦系数下降，从而导致汽车制动效能下降，这种现象称为汽车制动效能的水衰退。为了保证行车安全，汽车涉水后应踩几脚制动踏板，使制动器摩擦副发生摩擦；用摩擦产生的热使制动器迅速干燥，此后制动效能才能恢复正常。

5.4 汽车制动时的方向稳定性

在制动过程中，汽车维持直线行驶的能力或按预定弯道行驶的能力，称为汽车制动时的方向稳定性。

汽车制动时方向稳定性的丧失，常造成严重的交通事故。例如，制动中后轴出现侧滑，汽车常发生不规则的急剧回转运动而失去控制，离开原来的行驶方向，甚至发生撞入对方车辆的车道、下沟、滑下山坡等危险情况。因此，对汽车制动时方向稳定性的分析，具有非常重要的意义。

5.4.1 汽车制动跑偏

汽车制动跑偏是指制动时，汽车自动向左或向右偏驶的现象。如图 5-7 所示是汽车制动跑偏时，轮胎在地面上留下的印迹。

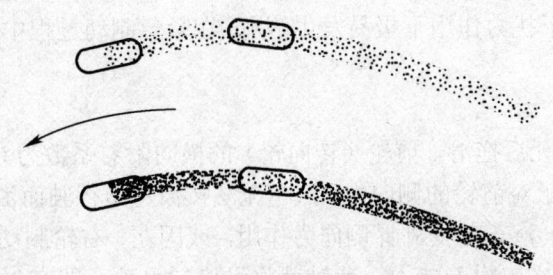

图 5-7 汽车制动跑偏时的情形

制动过程中，左、右轮地面制动力增大的快慢不一致，左、右轮地面制动力不等，特别是前轴左、右轮制动力不等，是产生制动跑偏的主要原因。另外，制动时悬架导向杆系与转向系拉杆，在运动学上的不协调、相互干涉，也会导致制动跑偏。

汽车制动跑偏的受力图，如图 5-8 所示。设前轴左轮地面制动力大于右轮，即 $F_{x1l} > F_{x1r}$，对过质心垂直于地面的轴将产生逆时针方向的力矩。为了平衡该力矩，路面将产生如图 5-8 中所示的侧向反力 F_{Y1}、F_{Y2}。显然，F_{x1l} 绕主销的力矩大于 F_{x1r} 绕主销的力矩。若左、右轮制动力相差较大时，该力矩差也会相当大，它可以使转向盘发生偏转。即使驾驶员把稳了转向盘，但由于转向机构各个零件间总有一定的间隙；且在间隙消除后还会产生一定的弹性变形，所以转向轮仍然会向左产生一定的偏转，形成制动跑偏。

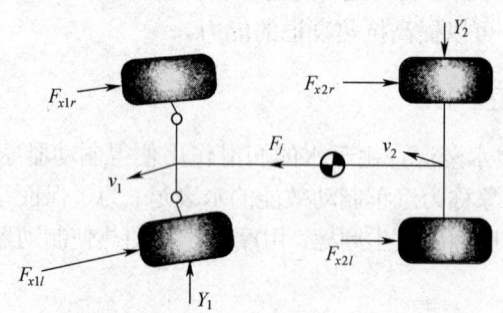

图 5-8　汽车制动跑偏时的受力图

侧向反力也有引起跑偏的作用。由于主销有后倾角、地面侧向反力 F_{Y1} 使车轮绕主销也向左偏转，增大向左跑偏的趋势。因此可见，若发生制动跑偏，则总是向制动力大的一边跑偏。

为了控制汽车制动跑偏，用制动力法检验汽车的制动效能时，提出了左、右轮制动器制动力平衡性的要求。《机动车运行安全技术条件》(GB7258-2012)规定：在用车制动力增长全过程中，左右轮制动力差最大值与该轴左右轮中制动力大者之比，对前轴不大于24%；当后轴轴制动力不小于轴荷的60%时，不应大于30%；当后轴轴制动力小于轴荷的60%时，不应大于轴荷的10%。

5.4.2　汽车制动侧滑

汽车制动侧滑是指制动时，汽车的某一轴或两轴车轮发生横向移动的现象。

汽车在制动过程中，当车轮未抱死制动时，汽车具有承受一定侧向力的能力。汽车在一般横向干扰力的作用下，不会发生制动侧滑。当车轮制动抱死时，车轮承受侧向力的能力几乎全部丧失，汽车在横向干扰力作用下极易发生侧滑。在紧急制动过程中，常出现一根轴的侧滑。

1. 汽车单轴侧滑

（1）前轴侧滑

汽车制动到前轮抱死后拖滑，前轮（转向轮）的横向附着系数为0，尽管操纵转向盘使前轮偏转，路面却产生不了对前轮的侧向力，汽车无法按原弯道行驶而沿切线方向驶出，即汽车丧失了转向能力。此时，汽车若受外界侧向力作用，或因左、右轮制动力不等引起的侧向力作用，由于前轮已丧失了横向附着能力，前轴就将沿横向滑动，即产生侧滑，其运动状态如图5-9所示。

前轴产生侧滑时,前轴中点的前进速度 v_A 便绕汽车纵轴线偏转一个角度。由于后轴未发生侧滑,后轴的前进速度 v_B 仍沿汽车纵轴线方向。此时汽车将发生类似转弯运动,其瞬时回转中心为速度 v_A、v_B 两垂线的交点 O。汽车作圆周运动时将产生作用于汽车质心 C 的惯性力 F_j。显然,F_j 的方向与侧滑的方向相反,惯性力 F_j 就起到了减少或阻止前轴侧滑的作用。

前轴侧滑,汽车基本上维持直线向前减速停车,汽车处于一种稳定状态。但汽车在弯道上行驶制动时,前轮抱死后就丧失了转向能力。

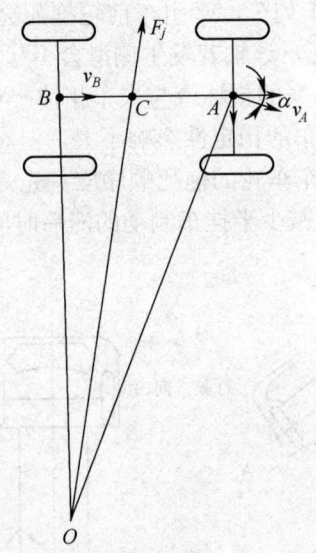

图 5-9 汽车前轴侧滑时的运动状态

(2) 后轴侧滑

汽车制动过程中,后轮先于前轮抱死,只要有侧向力作用,就会发生后轴侧滑。其运动状态如图 5-10 所示。

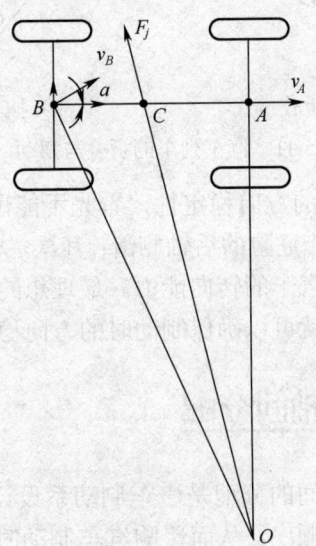

图 5-10 汽车后轴侧滑时的运动状态

后轴产生侧滑时,后轴中点的速度v_B便绕纵轴线偏转一个角度,而前轴中点的速度v_A仍沿汽车纵轴线方向。此时,汽车也会发生类似转弯运动,其瞬时回转中心为速度v_A、v_B两垂线的交点O。作用于汽车质心C的惯性力F_j就与后轴侧滑方向一致,从而加剧了后轴的侧滑,后轴侧滑又使惯性力F_j增强,又将加剧汽车转动,这样循环不止的互相影响,严重时汽车就发生甩尾转向,失去控制汽车方向的能力。因此,后轴侧滑是一种不稳定的危险工况。

2. 汽车列车单轴侧滑

由牵引车和半挂车组成的汽车列车,牵引车前轮抱死会失去方向控制能力,但运行方向不会改变很大;牵引车后轮先抱死,该轴若发生侧滑会引起列车折叠(图5-11(a)),使列车完全失去控制,这常常导致列车自身的损坏或与来车相撞;半挂车车轮先抱死,则引起列车尾部摆动(图5-11(b)),这对牵引车的稳定性影响不大,但对迎面来车很危险。为避免或减轻汽车列车制动时的折叠与摆动,列车车轮的抱死顺序应首先是牵引车前轮、其次是半挂车车轮、最后是牵引车后轮,同时应尽可能减少半挂车制动的滞后时间,以避免出现挂车推牵引车的制动不稳定状况。

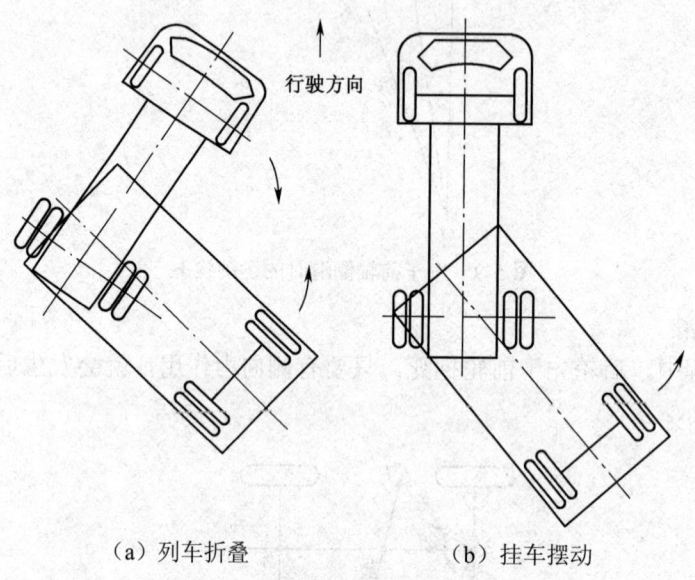

(a)列车折叠　　　　(b)挂车摆动

图5-11 汽车列车的折叠与摆动

由上可见,为保证汽车制动时的方向稳定性,首先不能出现只有后轴车轮抱死或后轴车轮比前轴车轮先抱死的情况,以防止危险的后轴侧滑;其次,尽量少出现只有前轴车轮抱死或前、后车轮都抱死的情况,以维持汽车的转向能力。最理想的制动情况是防止任何车轮抱死,前、后车轮都处于滚动状态,这样就可以确保制动时的方向稳定性。

5.5 汽车制动器制动力的轴间分配

汽车制动器制动力在前、后轴间的分配是汽车制动系设计的关键技术,其分配是否合理将影响汽车制动时前、后轮的抱死顺序,从而影响汽车制动时的方向稳定性和附着条件利用程度。

5.5.1 前、后车轮的法向反力

汽车在附着系数为 φ 水平路面上制动时的受力情况如图 5-12 所示。

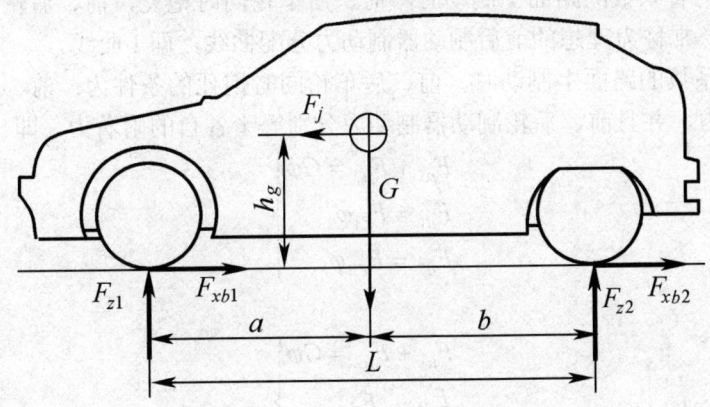

F_{z1}—前轮法向反力，N；F_{z2}—后轮法向反力，N；G—汽车重力，N；F_{xb1}—前轮地面制动力，N；F_{xb2}—后轮地面制动力，N；F_j—惯性力，$F_j = m\mathrm{d}v/\mathrm{d}t$，N；$a$—汽车质心至前轴的距离，m；$b$—汽车质心至后轴的距离，m；$L$—汽车轴距，m；$h_g$—汽车质心高度，m

图 5-12 汽车在水平路面上制动时的受力图

对后轮接地点取矩，得

$$F_{Z1}L = Gb + m\frac{\mathrm{d}v}{\mathrm{d}t}h_g \tag{5-6}$$

对前轮接地点取矩，得

$$F_{Z2}L = Ga - m\frac{\mathrm{d}v}{\mathrm{d}t}h_g \tag{5-7}$$

设 Z 为制动强度，令

$$Z = \frac{\mathrm{d}v}{\mathrm{d}t} \cdot \frac{1}{g} \tag{5-8}$$

则前、后车轮的法向反力为

$$\left.\begin{aligned} F_{Z1} &= \frac{G(b + Zh_g)}{L} \\ F_{Z2} &= \frac{G(a - Zh_g)}{L} \end{aligned}\right\} \tag{5-9}$$

汽车制动，前、后轮都抱死，$F_{Xb} = F_\varphi = G\varphi = m\dfrac{\mathrm{d}v}{\mathrm{d}t}$，$\dfrac{\mathrm{d}v}{\mathrm{d}t} = \varphi g$，$Z = \varphi$。

此时，前、后车轮的法向反力为

$$\left.\begin{aligned} F_{Z1} &= \frac{G(b + \varphi h_g)}{L} \\ F_{Z2} &= \frac{G(a - \varphi h_g)}{L} \end{aligned}\right\} \tag{5-10}$$

5.5.2 制动器制动力分配曲线与同步附着系数

1. I 曲线

汽车在任何附着系数的路面上制动时，前、后车轮同时抱死，前、后轮制动器制动力应满足的关系曲线，常称为理想的前后制动器制动力分配曲线，即 I 曲线。

在任何附着系数的路面上制动时，前、后车轮同时抱死的条件为：前、后轮制动器制动力之和等于附着力，并且前、后轮制动器制动力分别等于各自的附着力，即

$$\left.\begin{array}{l} F_{\mu 1} + F_{\mu 2} = G\varphi \\ F_{\mu 1} = F_{Z1}\varphi \\ F_{\mu 2} = F_{Z2}\varphi \end{array}\right\} \tag{5-11}$$

或

$$\left.\begin{array}{l} F_{\mu 1} + F_{\mu 2} = G\varphi \\ \dfrac{F_{\mu 1}}{F_{\mu 2}} = \dfrac{F_{Z1}}{F_{Z2}} \end{array}\right\} \tag{5-12}$$

将式（5-10）代入式（5-12），得

$$\left.\begin{array}{l} F_{\mu 1} + F_{\mu 2} = G\varphi \\ \dfrac{F_{\mu 1}}{F_{\mu 2}} = \dfrac{b + \varphi h_g}{a - \varphi h_g} \end{array}\right\} \tag{5-13}$$

在已知汽车重力（G）、汽车的质心位置（a、b、h_g）的条件下，假设一系列的 φ，可作出 I 曲线，如图 5-13 所示。

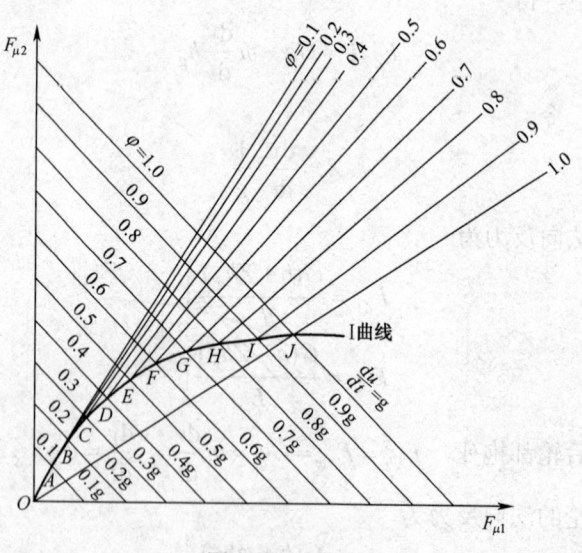

图 5-13 I 曲线

I 曲线上每一点代表在某一附着系数的路面上制动时，前、后车轮同时抱死应具有的前、后车轮地面制动力 F_{Xb1} 与 F_{Xb2}，即 $F_{\varphi 1}$ 与 $F_{\varphi 2}$。I 曲线上离坐标原点越远的点，所代表的附着系数越大。

2. β线

制动器制动力分配系数 β 是指对于前、后制动器制动力之比为固定比值的汽车,前制动器制动力 $F_{\mu1}$ 与汽车总制动器制动力 F_μ 的比值,即:

$$\beta = \frac{F_{\mu1}}{F_\mu} \tag{5-14}$$

又由 $F_\mu = F_{\mu1} + F_{\mu2}$,得

$$\frac{F_{\mu1}}{F_{\mu2}} = \frac{\beta}{1-\beta} \tag{5-15}$$

根据式(5-15)可作出实际的前、后制动器制动力分配线,简称 β 线,如图5-14所示。

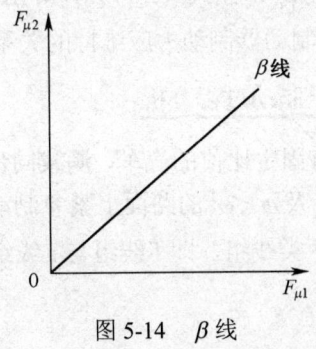

图 5-14　β线

3. 同步附着系数 φ_o

前、后制动器制动力具有固定比值的汽车,使前、后车轮同时抱死的路面附着系数称为同步附着系数 φ_o。

某一货车的 I 曲线和 β 线如图 5-15 所示。

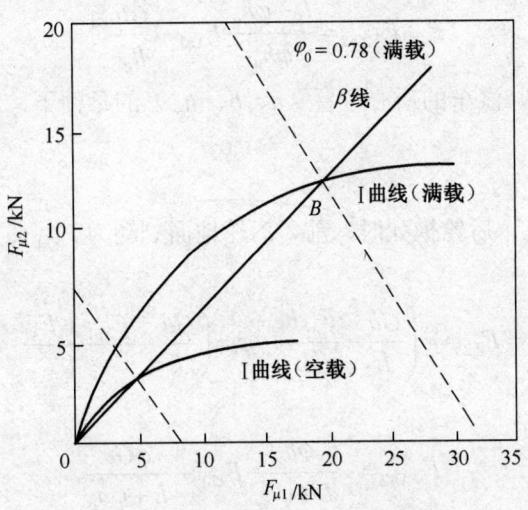

图 5-15　某一货车的 I 曲线和 β 线

由图 5-15 可知，β 线与 I 曲线（满载）交于 B 点，此时前、后车轮同时抱死，则由式（5-13）与式（5-15），得

$$\frac{\beta}{1-\beta} = \frac{b+\varphi_o h_g}{a-\varphi_o h_g} \tag{5-16}$$

经整理，得

$$\varphi_o = \frac{L\beta - b}{h_g} \tag{5-17}$$

β 线与 I 曲线交点对应的附着系数，称为同步附着系数 φ_o。它表示：对于前、后制动器制动力为固定比值的汽车，只有在一种附着系数，即同步附着系数 φ_o 路面上制动时，才能使前、后车轮同时抱死。

汽车设计、改装时，常先选定 φ_o，按式（5-17）计算出要求的制动器制动力分配系数 β，然后用式（5-15）可求得前、后制动器制动力应维持的关系，作为汽车制动器设计的依据。

5.5.3 汽车在不同附着系数路面上制动过程分析

设某前、后制动器制动力具有固定比值的汽车，满载同步附着系数 φ_o，即 β 线与 I 曲线交点对应的附着系数。分析在 $\varphi > \varphi_o$ 及 $\varphi < \varphi_o$ 的路面上紧急制动，前后轮的抱死次序。

为了便于分析问题，先介绍两类线组，即 f 线组与 r 线组。

1. f 线组与 r 线组

（1）f 线组

f 线组是指后轮没有抱死、前轮抱死时，前、后轮地面制动力 F_{Xb1}、F_{Xb2} 间的关系曲线。

此时，有

$$F_{Xb1} = F_{Z1}\varphi = \left(\frac{Gb}{L} + \frac{F_{Xb}h_g}{L}\right)\varphi = \left(\frac{Gb}{L} + \frac{F_{Xb1}+F_{Xb2}}{L}h_g\right)\varphi$$

整理，得

$$F_{Xb2} = \frac{L-\varphi h_g}{\varphi h_g} F_{Xb1} - \frac{Gb}{h_g} \tag{5-18}$$

已知汽车重力（G）、汽车的质心位置（a、b、h_g）的条件下，假设一系列的 φ，可作出 f 线组，如图 5-16 所示。

（2）r 线组

r 线组前轮没有抱死、后轮抱死时，前、后轮地面制动力 F_{Xb1}、F_{Xb2} 间的关系曲线。

此时，有

$$F_{Xb2} = F_{Z2}\varphi = \left(\frac{Ga}{L} - \frac{F_{Xb}h_g}{L}\right)\varphi = \left(\frac{Ga}{L} - \frac{F_{Xb1}+F_{Xb2}}{L}h_g\right)\varphi$$

整理，得

$$F_{Xb2} = -\frac{\varphi h_g}{L+\varphi h_g} F_{Xb1} + \frac{\varphi Ga}{L+\varphi h_g} \tag{5-19}$$

已知汽车重力（G）、汽车的质心位置（a、b、h_g）的条件下，假设一系列的 φ，可作出

r 线组，如图 5-16 所示。

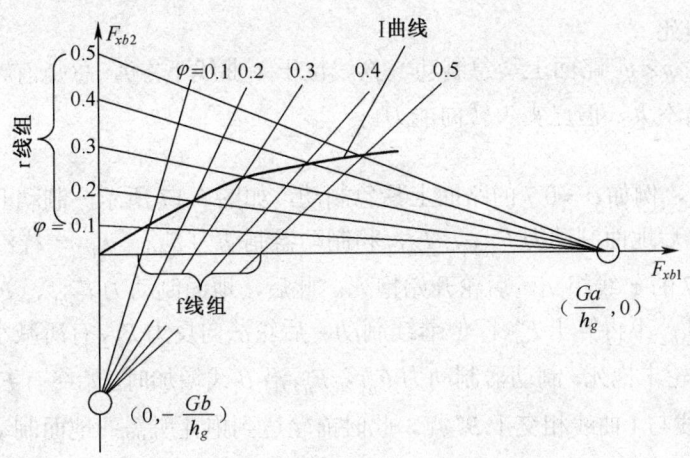

图 5-16 f 线组与 r 线组

各种相同 φ 时，f 线组与 r 线组的交点所连成的曲线，即为前述的 I 曲线。

2. 汽车在不同附着系数路面 φ 上的制动过程分析

汽车在不同附着系数路面 φ 上的制动过程分析，如图 5-17 所示。图中 β 线与 I 曲线交点 C 对应的同步附着系数 $\varphi_o = 0.4$。

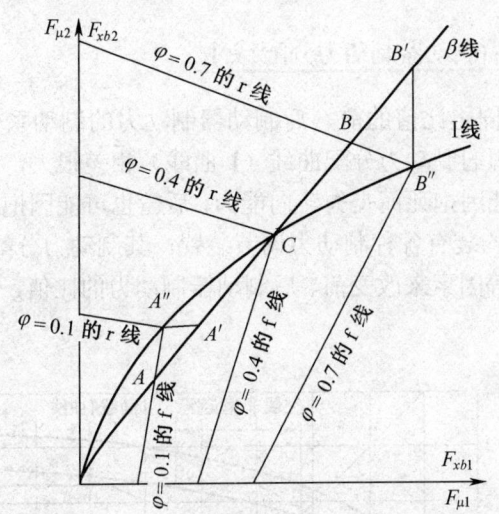

图 5-17 不同附着系数路面 φ 上的制动过程分析

（1）$\varphi < \varphi_o$

汽车在 $\varphi < \varphi_o$，例如 $\varphi = 0.1$ 的路面上紧急制动，如图 5-17 所示。制动开始时，前、后制动器制动力 $F_{\mu 1}$、$F_{\mu 2}$ 沿 β 线增加。因前、后车轮均未抱死，故地面制动力 F_{Xb1}、F_{Xb2} 也沿 β 线同步增加。到 A 点，β 线与 $\varphi = 0.1$ 的 f 线相交，前轮开始抱死。此后，地面制动力 F_{Xb1}、F_{Xb2} 沿 f 线变化，前轮地面制动力 F_{Xb1} 不再等于 $F_{\mu 1}$，但继续制动，前轮法向反力 F_{Z1} 增加，故 F_{Xb1}

沿 f 线稍有增加。但因后轮未抱死，制动器制动力 $F_{\mu1}$、$F_{\mu2}$ 沿 β 线增加时，始终有 $F_{Xb2} = F_{\mu2}$。当 $F_{\mu1}$、$F_{\mu2}$ 至 A' 点时，f 线与 I 曲线相交于 A'' 点，此时后轮达到抱死所需的地面制动力 F_{Xb2}，于是前后车轮均抱死。

因此，汽车在 $\varphi < \varphi_o$ 路面上紧急制动（β 线位于 I 曲线下方），总是前轮先抱死。虽然汽车的行驶方向偏离不大，但已丧失转向能力。

（2）$\varphi > \varphi_o$

汽车在 $\varphi > \varphi_o$，例如 $\varphi = 0.7$ 的路面上紧急制动，如图 5-17 所示。制动开始时，前、后车轮均未抱死，前、后地面制动力 F_{Xb1}、F_{Xb2} 和制动器制动力 $F_{\mu1}$、$F_{\mu2}$ 一样沿 β 线增加。到 B 点，β 线与 $\varphi = 0.7$ 的 r 线相交，后轮开始抱死。此后，地面制动力 F_{Xb1}、F_{Xb2} 沿 r 线变化，后轮地面制动力 F_{Xb2} 不再等于 $F_{\mu2}$，但继续制动，后轮法向反力 F_{Z2} 有所减小，故 F_{Xb2} 沿 r 线稍有下降。但因前轮未抱死，制动器制动力 $F_{\mu1}$、$F_{\mu2}$ 沿 β 线增加时，始终有 $F_{Xb1} = F_{\mu1}$。当 $F_{\mu1}$、$F_{\mu2}$ 至 B' 点时，r 线与 I 曲线相交于 B'' 点，此时前轮达到抱死所需的地面制动力 F_{Xb1}，前后车轮均抱死。

因此，汽车在 $\varphi > \varphi_o$ 路面上紧急制动（β 线位于 I 曲线上方），总是后轮先抱死。此时，汽车容易发生后轴侧滑使制动时的方向稳定性丧失。

（3）$\varphi = \varphi_o$

汽车在 $\varphi = \varphi_o$，例如 $\varphi = 0.4$ 的路面上紧急制动，如图 5-17 所示。制动时，汽车的前后车轮均同时抱死，是一种稳定工况，但也失去转向能力。

5.5.4 具有变化值的前、后制动器制动力分配特性

由上可知，对于具有固定比值的前、后制动器制动力的制动系分配特性，其实际的制动力分配曲线（β 线）与理想的制动力分配曲线（I 曲线）相差很大，制动器制动力不能完全转化为地面制动力，前轮可能因抱死而丧失转向能力，后轮也可能因抱死而使汽车发生后轴侧滑的危险。因此，现代汽车均装有各种制动力调节装置。其制动力分配曲线，如图 5-18 所示。它能根据制动强度、载荷等因素来改变前、后制动器制动力的比值，使 β 线尽可能接近 I 曲线，以满足制动性的要求。

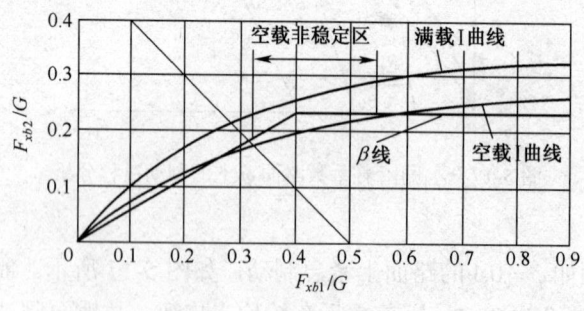

(a) 限压阀

图 5-18　各种制动力调节装置的制动力分配曲线

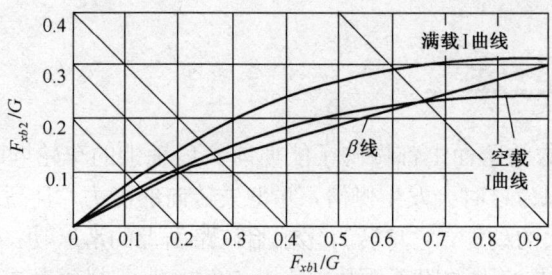

（b）比例阀

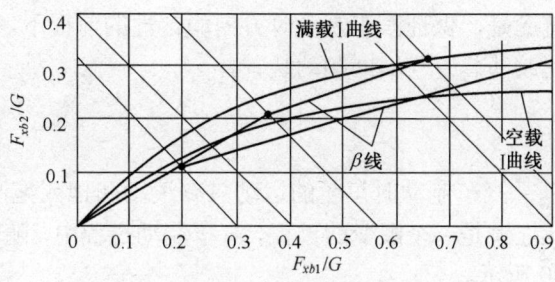

（c）满载比例阀

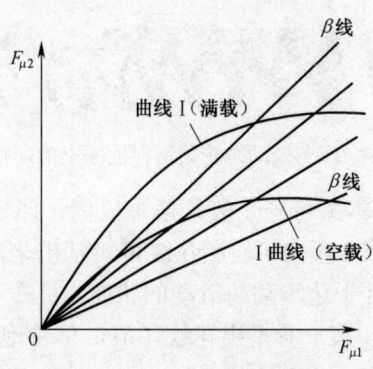

（d）满载射线阀

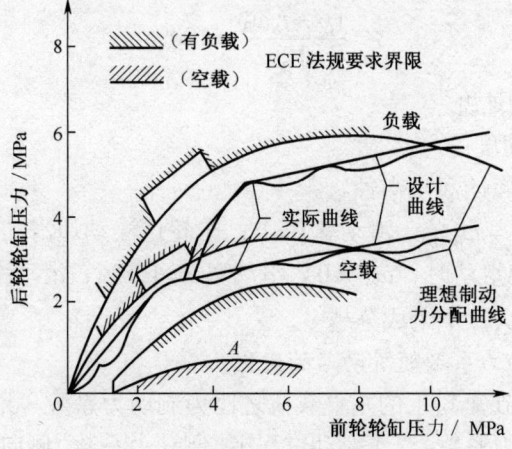

（e）减速度传感比例阀

图 5-18　各种制动力调节装置的制动力分配曲线（续图）

5.6 汽车理想的制动系统

即使在任何附着系数的路面上都做到了能使前、后轴上的车轮同时抱死，这样的制动系统仍然不是最理想的。因为这时会发生侧滑，并丧失转向的能力，且高速制动车轮被抱死后不能换位，而汽车仍有很大的动能，它将转为化轮胎在路面上的滑摩功，使轮胎接地处因局部高温而"稀化"，导致轮胎与路面的附着系数减小，汽车的地面制动力减小，制动减速度下降，因而制动距离增加。

汽车理想的制动系统应是，保证汽车制动时方向稳定性的前提下，获得最优的制动效能。本节主要介绍汽车防抱死制动装置与辅助制动装置。

5.6.1 滑动率

以前的分析，都是基于汽车制动时车轮的运动只有滚动和抱死拖滑两种状态。实际上，车轮的运动从滚动到抱死拖滑是一个渐变的过程。汽车制动过程中，随着踏板力增大，轮胎留在地面上的印痕如图 5-19 所示。

图 5-19 汽车制动时轮胎留在地面上的印痕

由图 5-19 可以看出，印痕基本上可分 3 段。第 1 段内，印痕的形状与轮胎胎面花纹基本上一致，车轮接近纯滚动状态；第 2 段内，轮胎花纹可辨别出来，但花纹逐渐模糊，轮胎胎面与地面有一定的相对滑动，车轮处于边滚动边滑动的状态，且随着制动强度增加，滑动成分增加。第 3 段内，形成一条粗黑的印痕，看不出花纹印痕，车轮抱死，处于完全拖滑状态。

1. 滑动率 s

通常用滑动率 s 表示不同的制动情况。滑动率 s 的定义式为

$$s = \frac{v_W - r_o \omega_W}{V_W} \times 100\% \tag{5-20}$$

式中：v_W——车轮中心的速度；

ω_W——车轮的角速度；

r_o——不制动时车轮的滚动半径。

车轮作纯滚动时，$v_W = \omega_W r_o$，滑动率 $s = 0$；车轮边滚动边滑动时，$v_W > \omega_W r_o$，滑动率 $0 < s < 100\%$。车轮抱死纯滑动时，$\omega_W = 0$，滑动率 $s = 100\%$；滑动率表示车轮运动中滑动成分所占的比例。滑动率越大，滑动成分越多。

2. 制动力系数、侧向力系数随滑动率的变化

令地面制动力与作用在车轮上的垂直载荷之比为制动力系数，地面侧向力与作用在车轮上的垂直载荷之比为侧向力系数。汽车制动过程中，制动力系数、侧向力系数随滑动率的变化，如图 5-20 所示。

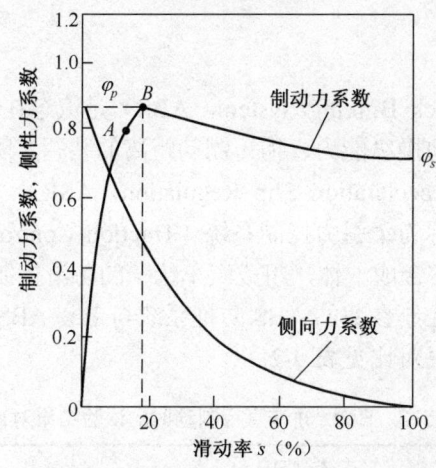

图 5-20 制动力系数、侧向力系数随滑动率的变化曲线

由图 5-20 可知：

（1）制动力系数在 OA 段近似为直线，随滑动率 s 的增加而迅速增大；过 A 点后上升缓慢，至 B 点达到最大值。制动力系数的最大值，称为峰值附着系数 φ_p，一般在 $s=15\%\sim20\%$ 出现。滑动率 s 再增加，制动力系数有所下降，直到滑动率 $s=100\%$。滑动率 $s=100\%$ 时的制动力系数，称为滑动附着系数 φ_s。在干燥路面上，φ_p 与 φ_s 差别较小；而在湿路面上，φ_p 与 φ_s 差别较大。各种路面的峰值附着系数 φ_p 与滑动附着系数 φ_s，见表 5-1。

表 5-1 各种路面的峰值附着系数与滑动附着系数

各种路面	峰值附着系数	滑动附着系数
沥青或混凝土路面（干）	0.8～0.9	0.75
沥青（湿）	0.5～0.7	0.45～0.6
混凝土（湿）	0.8	0.7
砾石	0.6	0.55
土路（干）	0.68	0.65
土路（湿）	0.55	0.4～0.5
雪路（压实）	0.2	0.15
冰路	0.1	0.07

（2）侧向力系数随滑动率 s 的增加而迅速减小，滑动率 $s=100\%$ 时的侧向力系数为 0。侧向力系数越大，汽车保持转向、防止侧滑的能力越大。

因此，由于滑动率 $s=100\%$ 时，滑动附着系数较小，地面制动力不是最大，因而制动距离不是最短，而且此时的侧向力系数为 0，能承受的侧向力为 0，车轮很容易侧滑，不能保证制动时的方向稳定性。理想的制动系统应能防止车轮被抱死，自动保持滑动率 $s=15\%\sim20\%$ 范围内，能够利用峰值附着系数获得最大的地面制动力，因而制动距离可以最短，而且此时还具有较高的侧向力系数，可以承受较大的侧向力而不致侧滑，并可保持汽车行驶方向的控制能力，具有很好的制动方向稳定性。

5.6.2 防抱死制动装置

防抱死制动装置（Antilock Braking System，ABS）是汽车在制动过程中防止车轮抱死、提高汽车的方向稳定性和转向操纵能力、缩短制动距离的装置。除 ABS 外，还有驱动过程中防止车轮滑转的控制装置（Acceleration Slip Regulation，ASR），因为其是通过牵引力控制来实现驱动车轮滑转控制，也称为牵引力控制系统（Traction Control System，TCS）。现代高级轿车，一般把 ABS 与 ASR 结合成一体，组成汽车统一的防滑控制装置。

装有以车轮角减速度为控制参数的 ABS 防抱系统与未装 ABS 防抱系统的 Benz 轿车，在直线行驶制动时，其试验结果对比见表 5-2。

表 5-2 Benz 轿车直行制动时的试验结果对比

试验条件		装有 ABS			未装 ABS		
混凝土路面	制动初速（km/h）	制动距离（m）	平均减速度（m/s²）	制动距离减少量（m）	制动距离（m）	平均减速度（m/s²）	残余速度（km/h）
干	100	41.8	9.25	8.2	50	7.73	40
湿	100	62.75	6.71	32.75	100	3.9	60
干	130	81.2	8.0	12.5	93.7	7.0	47.5
湿	130	97.1	6.71	41.1	138.2	4.72	70.9

注：残余速度是指装有 ABS 的汽车停住时，未装 ABS 的汽车还具有的车速。

表 5-2 中数据表明，装有 ABS 时，汽车平均减速度增大，制动距离缩短，在湿路面效果更好。

Benz 轿车制动初速度为 80km/h 的转弯制动试验对比如图 5-21 所示。

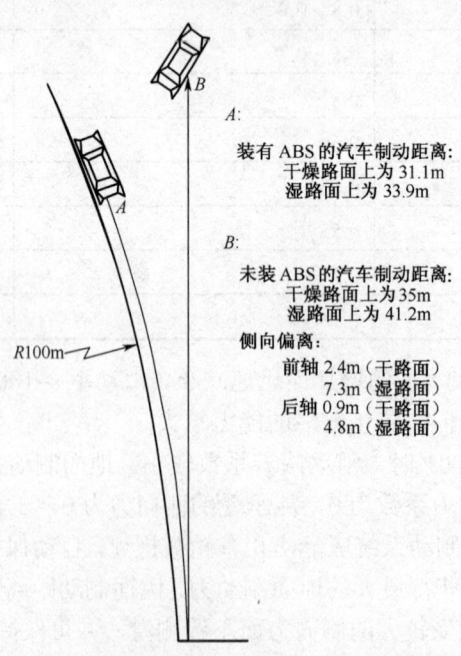

图 5-21 Benz 轿车制动初速度为 80km/h 的转弯制动试验对比

由图 5-21 可知，装有 ABS 的汽车制动时，能准确地按弯道行驶；而未装 ABS 的汽车未能按弯道行驶。装有 ABS 的汽车制动时，制动距离可缩短 3.9m（干路面）、7.3m（湿路面）。

应当指出，ABS 不能保证在任何情况下的制动效能都是最高，例如在碎石路及刚下过雪的路上，关闭 ABS 可能使制动距离缩短，因为车轮抱死时形成的碎石或雪的楔块，有阻止汽车车轮继续向前拖滑的作用。

5.6.3 辅助制动装置

轿车和商用车的车轮制动器没有持续缓速制动的功能，在下长坡行驶长时间连续制动时，车轮制动器无法及时将热量释放到大气中，可能因制动器过热导致制动效能下降（热衰退），严重时甚至制动失效。轿车单位质量对应的制动器容量比较大；而商用车，尤其是重型车辆单位质量对应的制动器容量比轿车小得多。因而为解决商用车下坡连续制动引发制动器热衰退问题，常装有无磨损辅助缓速制动装置，它独立作用于车轮，使汽车维持一定车速下长坡，减少制动器磨损，保证汽车安全行驶。

1. 排气制动

为了增加发动机制动的效果，在发动机排气管道中设置排气阀。这样，在排气冲程中，每一个活塞都必须克服排气系统的反压力，以此使汽车减速制动。使用排气制动时，变速器应挂上相应挡位，松开加速踏板。

2. 缓速器

在重型车上采用了液力缓速器或电涡流缓速器。液力缓速器装在变速器的输出端；电涡流缓速器装在变速器的输出端或传动轴上，也可装在驱动桥的主传动输入端。目前，几乎所有的高一级以上的大中型客车都标配或选装电涡流缓速器。由于电涡流缓速器是一种非接触式制动装置，制动时迅速而柔和，从而汽车行驶的舒适性也得到大大提高。

本章小结

1. 汽车行驶安全性包括汽车主动安全性和汽车被动安全性。汽车制动性是汽车主动安全性的重要内容之一。

2. 汽车制动性包括制动效能、制动效能的恒定性、制动时汽车的方向稳定性 3 方面的指标。

3. 地面制动力是制动时地面给车轮的切向力，方向与汽车速度方向相反，其最大值为附着力。制动器制动力是汽车车桥架离地面制动时，在轮胎周缘沿切线方向扳动车轮旋转所施加的力，它不受附着力的限制。

4. 汽车制动距离是指汽车从驾驶员开始操纵制动控制装置（制动踏板）到汽车完全停住为止所驶过的距离。其计算公式为 $S = \dfrac{v_o}{3.6}\left(t'_2 + \dfrac{t''_2}{2}\right) + \dfrac{v_o^2}{25.92 j_{max}}$。

5. 汽车制动效能的指标包括制动距离、制动减速度和制动力。GB7258-2012《机动车运行安全技术条件》规定，可以用制动距离法、充分发出的平均减速度法、制动器制动力法这 3 种方法之一对在用车和新车进行制动效能的检验。

6. 汽车制动效能的恒定性是指抗热衰退和水衰退的能力，主要是抗热衰退的能力。

7. 汽车制动时的方向稳定性指制动时，维持直行的能力及按预定的弯道行驶的能力，具体是指制动时对跑偏和侧滑的抵抗能力，制动跑偏的主要原因是由于左、右轮，特别是前轴左右轮制动力不均衡引起的。制动过程中，若一根轴上的车轮被抱死，则该轴受较小的侧向力就会沿轴向侧滑，后轴车轮先抱死很危险，因为侧滑开始后汽车绕瞬心转动时离心力起增大侧滑的作用；前轴车轮先抱死的危险性不大，因为前轴开始侧滑所产生的离心力与引起侧滑的侧向力的方向总是相反，能阻止侧滑的扩大，前轴车轮制动到抱死会丧失转向控制能力，此时驾驶员容易察觉，可以采取放松制动踏板的办法来恢复转向控制能力。

8. 在没有前，后轴制动器制动力调节装置的情况下，前，后轴制动器制动力是随制动系的油压或气压成线性关系增加的，后轴制动器制动力与前轴制动器制动力之比是一个常数（β线）。随着制动强度的不同，后轴和前轴的地面垂直反力是变化的，同时抱死要求的后轴地面制动力为 $F_{Z2}\varphi$、前轴地面制动力为 $F_{Z1}\varphi$，故后轴地面制动力与前轴地面制动力之比也是变化的，体现为 I 曲线，因此，I 曲线与 β 线交点处才能满足前，后轴同时抱死的条件，交点对应的附着系数称为同步附着系数 φ_o。汽车在 $\varphi=\varphi_o$ 路面上紧急制动，前、后轮同时抱死。汽车在 $\varphi<\varphi_o$ 路面上紧急制动（β 线位于 I 曲线下方），总是前轮先抱死。汽车在 $\varphi>\varphi_o$ 路面上紧急制动（β 线位于 I 曲线上方），总是后轮先抱死。

9. 滑动率 s 的定义式为 $s=\dfrac{v_W-r_o\omega_W}{v_W}\times100\%$

10. 理想的制动系统应能防止车轮被抱死，控制滑动率 $s=15\%\sim20\%$ 范围内，能够利用峰值附着系数获得最大的地面制动力，因而制动距离可以缩短，而且此时还具有较高的侧向力系数，可以承受较大的侧向力而不致侧滑，并可保持汽车方向的控制能力，具有很好的制动方向稳定性。

11. 为解决商用车下坡连续制动引发制动器热衰退问题，常装有无磨损辅助缓速制动装置（如电涡流缓速器、排气制动等），它独立作用于车轮，使汽车维持一定车速下长坡，减少制动器磨损，保证汽车安全行驶。

知识训练

一、解释概念

制动距离、制动强度、制动跑偏、制动侧滑、同步附着系数、滑动率、制动力系数、侧向力系数、峰值附着系数、滑动附着系数。

二、判断题

1. 汽车在制动过程中，只有当车轮抱死时，汽车才能得到最大制动减速度。
2. 汽车驾驶员反应时间的长短对汽车制动距离的计算没有影响。
3. 汽车利用发动机排气制动与汽车利用缓速器制动，主要是为了解决汽车制动器热衰退的问题。
4. 汽车在潮湿路面上制动，汽车各轮制动力同时达到附着极限值时，与汽车各轮制动力使汽车各轮同时抱死时相比，前者的制动减速度大。

三、简答题

1. 简述地面制动力与制动器制动力的区别与联系。
2. 简述汽车制动跑偏与制动侧滑的区别与联系。
3. 分析改善汽车制动性能的措施。
4. 分析汽车制动效能热衰退的原因。
5. 汽车前轴左右轮制动力不等为什么容易引起制动跑偏?
6. 分别分析后轴车轮先抱死与前轴车轮先抱死对汽车方向稳定性的影响。
7. 画图说明为什么装有自动防抱装置的汽车可提高制动时的方向稳定性。
8. 分析装载质量的变化对汽车制动性的影响。
9. 分析不同的双管路制动系统布置形式对汽车制动性的影响。
10. 简述汽车安全性的分类与影响因素。

四、计算题

1. 已知某汽车总质量 $m = 8000\,\text{kg}$,轴距 $L = 4\,\text{m}$,质心至前轴距离 $a = 3\,\text{m}$,质心高度 $h_g = 1.1\,\text{m}$,在附着系数 $\varphi = 0.6$ 的路面上制动,若要使所有车轮同时抱死,应有多大的前后轴制动器制动力?

2. 某车制动器制动力分配系数 $\beta = 40\%$。空载时质心至前轴距离 $a' = 2.2\,\text{m}$,质心至后轴距离 $b' = 1.8\,\text{m}$,质心高度 $h'_g = 0.77\,\text{m}$;满载时质心至前轴距离 $a = 3\,\text{m}$,质心至后轴距离 $b = 1\,\text{m}$,质心高度 $h = 1.11\,\text{m}$。若该车制动器制动力足够。计算该车空载及满载时的同步附着系数,并分析空载制动时是否会出现前轴车轮先抱死的现象?为什么?

3. 某汽车总质量 $m = 1320\,\text{kg}$,在附着系数 $\varphi = 0.6$、坡度为 $i = 20\%$ 的下坡道路上制动。试求:①该车能获得的最大地面制动力 $F_{xb\,\text{max}}$ 是多少?②不计滚动阻力和空气阻力,最大制动减速度是多少?③当车速为 $v_0 = 30\,\text{km/h}$ 时,该车最短制动距离是多少?(不计制动器反应时间及制动减速度上升时间)

1. 高速公路追尾碰撞,如图 5-22 所示,分析产生事故的原因,并提出预防措施。

图 5-22 高速公路追尾碰撞

2. 查找汽车制动侧滑引发交通事故的案例,并分组讨论。

6 汽车操纵稳定性

 知识目标

1. 掌握操纵稳定性概念；
2. 掌握汽车纵向与横向稳定性的条件；
3. 掌握汽车轮胎的侧偏现象与侧偏特性；
4. 了解汽车瞬态横摆角速度响应；
5. 熟练掌握汽车转向特性的不同表示方法；
6. 掌握转向轮上作用的稳定效应；
7. 了解现代汽车提高汽车操纵稳定性的电子控制系统。

 能力目标

1. 会分析不同转向特性对汽车操纵稳定性的影响；
2. 会分析影响汽车稳态转向特性的原因；
3. 会分析汽车车轮不平衡引起转向轮摆振的原因。

汽车操纵稳定性是指驾驶者在不感到过分紧张和疲劳的情况下，汽车抵抗各种外界干扰并按照驾驶者通过转向控制机构所给定方向稳定行驶的能力。随着道路条件的改善与汽车行驶速度的提高，汽车操纵稳定性是现代汽车高速行驶的生命线，成为现代汽车行驶安全的重要性能。汽车操纵稳定性涉及到两个方面：一方面是汽车根据道路、地形和交通情况的限制，按驾驶者通过转向控制机构所给定方向行驶的能力；另一方面是汽车抵抗路面不平、坡道、侧向风等改变其行驶方向的各种干扰，保持稳定行驶的能力。前者称为操纵性，后者称为稳定性。两者是相互依赖、密切相关的，很难分开，通常统称为汽车操纵稳定性。

6.1 汽车纵向与横向稳定性

6.1.1 汽车行驶的纵向稳定性

汽车在纵向坡道上行驶，随着坡度的增大，有可能使汽车产生纵向翻倒，也有可能出现驱动轮滑转而汽车爬不上坡的现象，这两种情况均会使汽车的稳定性遭到破坏。

1. 汽车纵翻的条件

后轮驱动汽车等速上坡受力图，如图 6-1 所示。上坡时车速较低，空气阻力可忽略不计。

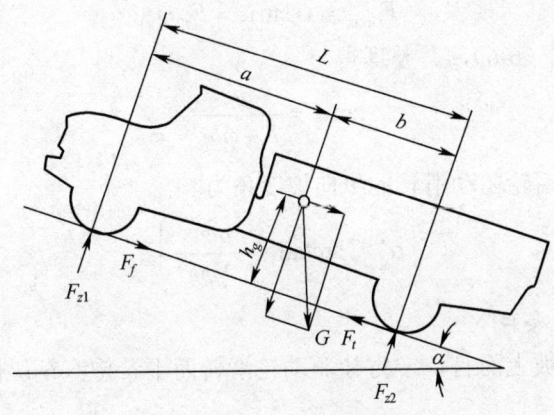

图 6-1 后轮驱动汽车等速上坡受力图

分别对后轮接地点和前轮接地点取力矩平衡，得以下方程式

$$\begin{cases} F_{z1}L - G\cos\alpha \cdot b + G\sin\alpha \cdot h_g = 0 \\ F_{z2}L - G\cos\alpha \cdot a - G\sin\alpha \cdot h_g = 0 \end{cases} \quad (6\text{-}1)$$

整理，得

$$\begin{cases} F_{z1} = \dfrac{bG\cos\alpha - h_g G\sin\alpha}{L} \\ F_{z2} = \dfrac{aG\cos\alpha + h_g G\sin\alpha}{L} \end{cases} \quad (6\text{-}2)$$

显然，随着纵向坡度角 α 的增大，路面给前轮的法向反力 F_{z1} 减小。当 $F_{z1}=0$ 时，即达到汽车绕后轴纵向翻倒的临界状态。

由式（6-2）可得

$$bG\cos\alpha - h_g G\sin\alpha = 0 \quad (6\text{-}3)$$

整理，得

$$\tan\alpha = \dfrac{b}{h_g} \quad (6\text{-}4)$$

由此得汽车不发生纵翻的纵向坡度角为

$$\alpha \leqslant \arctan\left(\frac{b}{h_g}\right) \tag{6-5}$$

由式（6-5）可以得出以下结论：汽车质心离后轴的距离 b 愈大，质心高度 h_g 愈小，则汽车愈不容易发生绕后轴纵翻，其稳定性愈好。一般在正常装载的情况下，汽车即使在较大纵坡上，也不会发生纵翻。

2. 汽车滑转的条件

汽车在纵坡上行驶，驱动轮也有滑转的可能。此时的 α 角较大，与上坡阻力相比，滚动阻力可忽略不计。

由驱动附着条件可知，驱动轮不发生滑转的临界状态为

$$F_{t\max} = G\sin\alpha = F_{z2}\varphi \tag{6-6}$$

将式（6-2）代入式（6-6），并整理得

$$\tan\alpha = \frac{a\varphi}{L - \varphi h_g} \tag{6-7}$$

由此得汽车不产生后轮驱动滑转的纵向坡度角为

$$\alpha' \leqslant \arctan\left(\frac{a\varphi}{L - \varphi h_g}\right) \tag{6-8}$$

3. 汽车纵向稳定性条件

就汽车处在较大纵坡上而言，宁肯让驱动轮滑转而不希望汽车纵翻产生。满足滑转先于纵翻的条件为

$$\frac{a\varphi}{L - \varphi h_g} < \frac{b}{h_g} \tag{6-9}$$

整理，得

$$\varphi < \frac{b}{h_g} \tag{6-10}$$

除此之外，还可分析出其他情况下，驱动轮滑转先于纵翻的条件：

对于前轮驱动型汽车，有 $L > 0$；

对于全轮驱动型汽车，有 $\varphi < \frac{b}{h_g}$。

这就说明，前轮驱动汽车上坡永远也不会发生纵翻；而全轮驱动滑转先于纵翻的条件与后轮驱动相同。

以上分析是针对汽车上坡情形。如果针对汽车下坡，也可就后轮驱动、前轮驱动和全轮驱动得出相应的结论。总地来说，汽车质心高度的降低对其稳定性是有好处的。对越野汽车，质心高度较高，轴距又往往较短，在较大纵坡上越野行驶时其稳定性是不容忽视的。

6.1.2　汽车行驶的横向稳定性

汽车横向稳定性的丧失，表现为汽车的侧翻或横向滑移。由于侧向力作用而发生的横向稳定性破坏的可能性较多，也较危险。

1. 汽车侧翻的条件

汽车在横向坡路上做等速转弯行驶运动时的受力图如图 6-2 所示。随着汽车行驶车速的提高，在离心力 F_c 的作用下，汽车可能以左侧车轮为支点向外侧翻。当右侧车轮法向反力 $F_{ZR} = 0$ 时，汽车处于侧翻的临界状态。因此，汽车绕左侧车轮侧翻的条件为

$$F_c \cos\beta h_g \geqslant F_c \sin\beta \frac{B}{2} + G\cos\beta \frac{B}{2} + G\sin\beta h_g \tag{6-11}$$

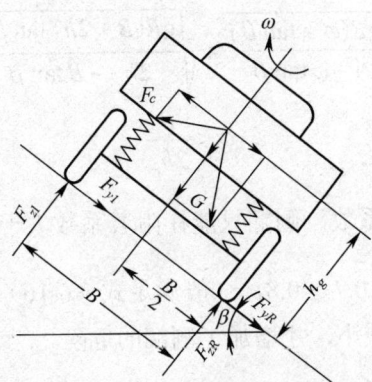

图 6-2　汽车在横向坡道上做等速转弯行驶运动时的受力图

如汽车转弯半径为 R，行驶速度为 v，则

$$F_c = \frac{G}{g}\frac{v^2}{R}$$

将 F_c 代入式（6-11），可求出在横向坡道上不发生向外侧翻的极限车速为

$$v_{\max} = \sqrt{\frac{gR(B + 2h_g \tan\beta)}{2h_g - B\tan\beta}} \tag{6-12}$$

由式（6-12）可见，当横向坡度值 $\tan\beta = \dfrac{2h_g}{B}$ 时，式（6-12）中分母为 0，$v_{\max} = \infty$，说明汽车在此横向坡道转弯行驶时，任何速度下都不会产生使汽车绕外侧车轮侧翻的现象。因此在公路建设上常将弯道处筑有一定的坡度，以提高汽车的横向稳定性。

若在水平路面上（$\beta = 0$），汽车转弯行驶不发生侧翻的极限车速为

$$v_{\max} = \sqrt{\frac{gRB}{2h_g}} \tag{6-13}$$

2. 汽车侧滑的条件

汽车在横向坡道上行驶发生侧滑的临界条件为

$$F_c \cos\beta - G\sin\beta = (F_c \sin\beta + G\cos\beta)\varphi$$

式中：φ——附着系数。

整理后，得汽车在侧滑前允许的最大速度为

$$v_{\varphi\max} = \sqrt{\frac{gR(\varphi + \tan\beta)}{1 - \varphi\tan\beta}} \tag{6-14}$$

当 $\tan\beta = \dfrac{1}{\varphi}$ 时,$v_\varphi = \infty$,则以任何车速行驶也不会发生侧滑。

在 $\beta = 0$ 的水平道路上,汽车侧滑前所允许最大速度为

$$v_{\varphi\max} = \sqrt{gR\varphi} \tag{6-15}$$

3. 汽车横向稳定性条件

为了使汽车行驶安全,应使侧滑发生在侧翻之前,即 $v_{\varphi\max} < v_{\max}$

$$\sqrt{\frac{gR(\varphi + \tan\beta)}{1 - \varphi\tan\beta}} < \sqrt{\frac{gR(B + 2h_g\tan\beta)}{2h_g - B\tan\beta}}$$

整理后得

$$\varphi < \frac{B}{2h_g} \tag{6-16}$$

$\dfrac{B}{2h_g}$ 称为汽车侧向稳定性系数,侧翻只能在附着系数大于侧向稳定性系数的道路上才会发生。在干燥沥青路面上,$\varphi = 0.7 \sim 0.8$,一般满足式(6-16)的条件。只有当汽车质心高度提高后,汽车侧向稳定性系数减小,才增加了侧翻的危险。

6.2 汽车轮胎侧偏特性

汽车轮胎侧偏特性主要是指侧偏力、回正力矩与侧偏角的关系,它是研究汽车操纵稳定性理论的基础。

6.2.1 轮胎坐标系与术语

为了讨论汽车轮胎的侧偏特性,建立如图 6-3 所示的汽车轮胎坐标系。其中车轮前进方向为 X 轴的正方向,向上为 Z 轴的正方向,Y 轴在地平面上,规定面向车轮前进方向时指向左方为正。

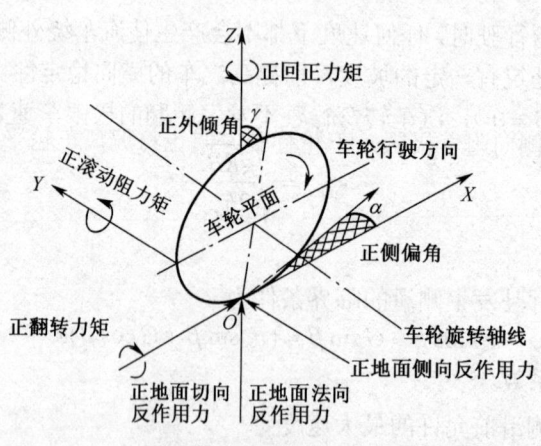

图 6-3 汽车轮胎坐标系

(1)车轮平面:垂直于车轮旋转轴线的轮胎中分平面。
(2)车轮中心:车轮旋转轴线与车轮平面的交点。

（3）轮胎接地中心：车轮旋转轴线在地平面（XOY 平面）上的投影（Y 轴），与车轮平面的交点，也就是坐标原点。

（4）翻转力矩 T_X：地面作用于轮胎上的力绕 X 轴的力矩。图示方向为正。

（5）滚动阻力矩 T_Y：地面作用于轮胎上的力绕 Y 轴的力矩。图示方向为正。

（6）回正力矩 T_Z：地面作用于轮胎上的力绕 Z 轴的力矩。图示方向为正。

（7）侧偏角 α：轮胎接地中心位移方向（即车轮行驶方向）与 X 轴的夹角。图示方向为正。

（8）外倾角 γ：XOZ 平面与车轮平面的夹角。图示方向为正。

6.2.2 轮胎的侧偏现象

汽车在行驶过程中，由于路面的横向坡道、侧向风或曲线行驶时的离心力等作用，车轮中心沿横轴方向将作用有侧向力 F_Y，相应地在地面上产生地面侧向反力 Y，Y 也称为侧偏力。假定车轮是刚性的，则可能发生如图 6-4 所示的两种情况。

（1）当地面侧向反力 Y 未超过车轮与地面间的侧向附着极限时，车轮与地面间没有滑动，车轮仍在其自身平面 cc 内运动。

（2）当地面侧向反力 Y 达到车轮与地面间的侧向附着极限时，车轮发生侧向滑动，若滑动速度为 Δv，车轮便沿合成速度 v' 的方向行驶，偏离了其自身平面 cc。

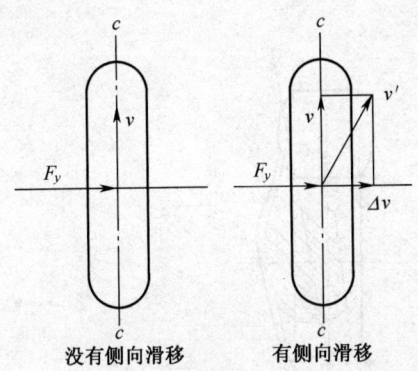

没有侧向滑移　　有侧向滑移

图 6-4　有侧向力作用时刚性车轮的滚动

实际上，汽车轮胎是弹性轮胎，弹性轮胎在任何侧向力作用下都会产生侧向变形。即使侧向反力 Y 还没有达到侧向附着极限，车轮行驶方向也将偏离车轮平面 cc 方向，这就是轮胎的侧偏现象。

轮胎的侧偏现象如图 6-5 所示。

（1）车轮静止不滚动

由于车轮有侧向弹性，轮胎发生侧向变形，轮胎胎面接地印迹的中心线 aa 与车轮平面 cc 不重合，错开 Δh，但 aa 仍平行于 cc（图 6-5（a））。

（2）车轮滚动

接触印迹的中心线 aa 不只是和车轮平面错开一定距离，而且不再与车轮平面 cc 平行，aa 与 cc 的夹角 α，即为侧偏角。此时，车轮就是沿着 aa 方向滚动的。

车轮的滚动过程，如图 6-5（b）所示。在轮胎胎面中心线上标出 A_1、A_2、A_3……各点，随着车轮向前滚动，各点将依次落到地面上相应的 A_1'、A_2'、A_3'……各点上。在主视图上可以看出，靠近地面的胎面上，A_1、A_2、A_3……各点连线在接近地面时逐渐变为一条斜线，因此它们落在地面相应各点 A_1'、A_2'、A_3'……的连线并不垂直于车轮旋转轴线，即与车轮平面 cc 有夹角 α。当轮胎与地面没有侧向滑动时，A_1'、A_2'、A_3'……的连线就是接地印迹的中心线，当然也是车轮滚动时在地面上留下的痕迹，即车轮并没有在车轮平面 cc 内向前滚动，而是沿着侧偏角 α 的方向滚动。

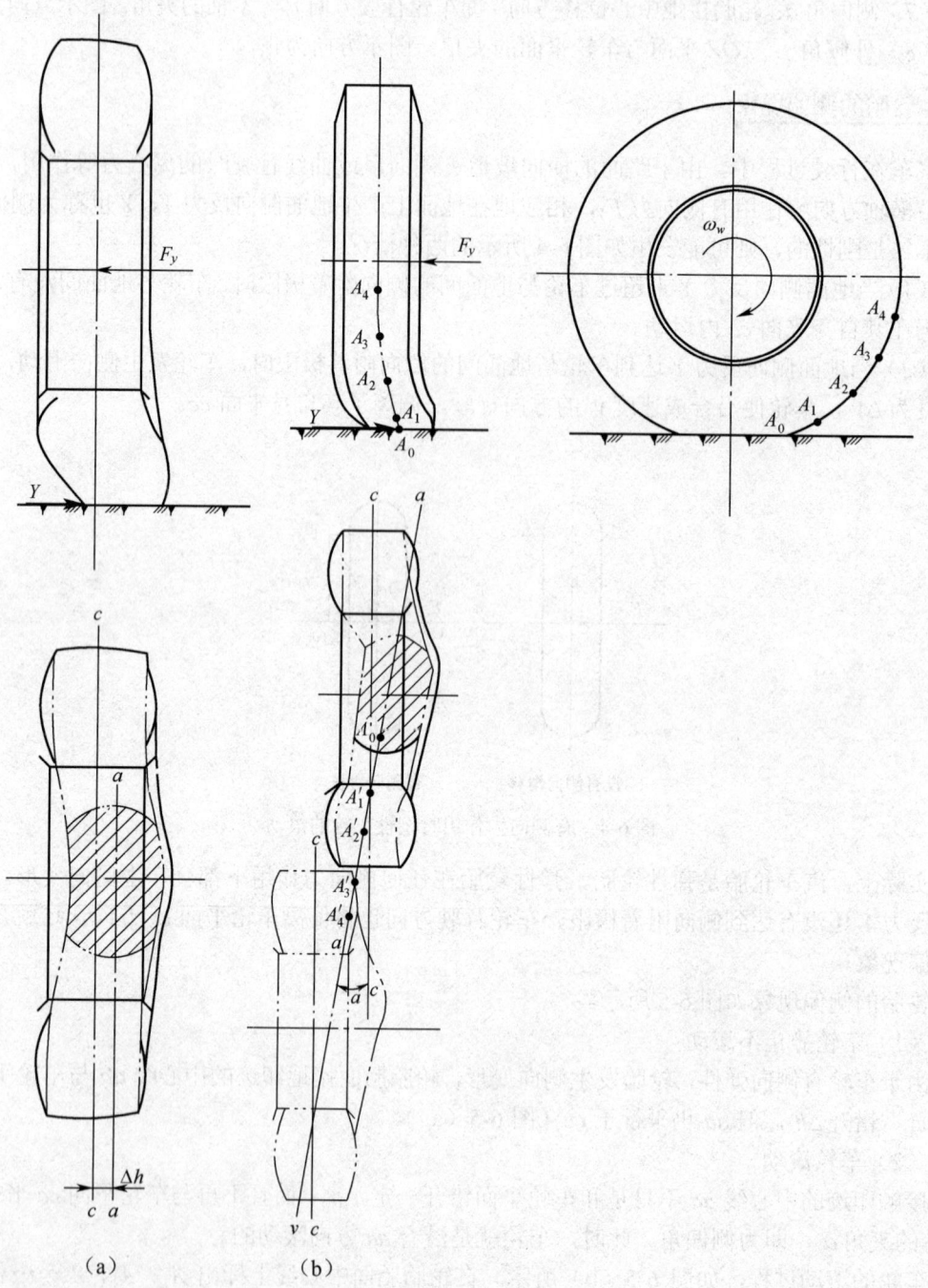

图 6-5 轮胎的侧偏现象

6.2.3 轮胎的侧偏特性

1. 侧偏力与侧偏刚度

侧偏力和侧偏角的关系如图 6-6 所示。横坐标是侧偏角 α，而纵坐标是侧偏力 Y。

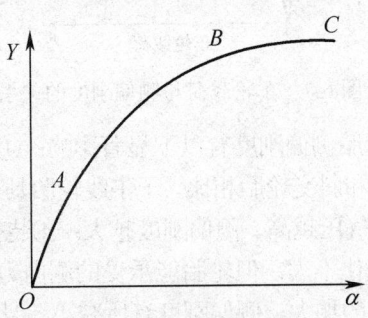

图 6-6　侧偏力和侧偏角的关系

在侧偏角由零增加到某一值时（该值取决于轮胎结构，车轮垂直载荷以及附着系数），侧偏力 Y 与侧偏角 α 成比例变化（线段 OA）。显然，这一阶段对应的是接地印迹中滑移区远小于附着区的情况。这样，在这一阶段内可以写出：

$$Y = k\alpha \tag{6-17}$$

式中：k——侧偏刚度。

k 在数值上等于侧偏角为 1°或 1rad 时的侧偏力，单位为 N/deg 或 N/rad。由轮胎坐标系有关符号规定可知，负的侧偏力产生正的侧偏角，因此侧偏刚度为负值。一些轮胎的 k 值，见表 6-1。

表 6-1　轮胎侧偏刚度数值

轮胎	车轮载荷（N）	轮胎气压（kPa）	侧偏刚度（N/rad）	轮胎	车轮载荷（N）	轮胎气压（kPa）	侧偏刚度（N/rad）
5.20-13	2452	160	-17893	155SR15	3924	210	-29049
6.00-13	2943	140	-17690	6.50-16	5886	250	-49310
6.40-13	3924	170	-20626	9.00-20	19620	550	-123687
165R14	3924	190	-31799	9.00R20	19620	550	-168205
175HR14	3433	200	-38382	11R22.5	16180	775	-112815
5.60-15	2943	180	-29332	12.00-20	29430	640	-187371

注：$\alpha = 0° \sim 3°$，干燥路面，无切向力。

在 AB 段相当于滑移区逐渐增加，而附着区逐步减小，但尚无为零的情况。

如果侧偏角 α 继续增大，附着区消失，车轮侧向滑移（BC 段）。这时侧偏力达到了侧向附着极限。此后，车辆的运动规律与刚性轮一样。

车轮载荷与侧偏刚度的关系如图 6-7 所示。车轮载荷增加，k 值开始随之增加，达到最大值后，又有所下降。这是因为，轮胎的垂直载荷越大，附着力就越大，轮胎侧滑的倾向就越小，最大侧偏力增大。但垂直载荷过大时，轮胎产生剧烈的径向变形，侧偏刚度反而有所下降。

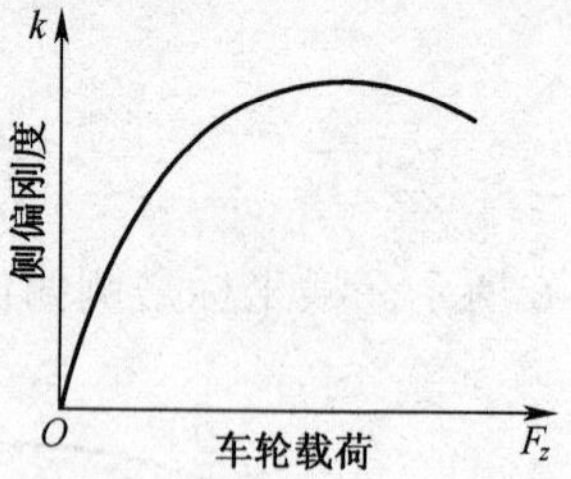

图 6-7 车轮载荷与侧偏刚度的关系

轮胎的型式和结构参数对轮胎侧偏刚度有以下显著影响：①尺寸较大的轮胎，侧偏刚度一般较大；②尺寸相同的子午线轮胎和斜交轮胎相比，子午线轮胎具有较大的侧偏刚度；③同一型号、同一尺寸的轮胎，帘布层越多、气压越高、侧偏刚度越大；④装有宽轮辋的轮胎，侧偏刚度较大；⑤附着系数变化时，侧偏刚度变化不大，但轮胎能承受的侧向力降低，容易发生侧滑；⑥随着轮胎切向反力（驱动力及制动力）的加大，侧偏刚度有所减小，且能承受的侧向力下降。

2. 回正力矩

在轮胎发生侧偏时，还会产生作用于轮胎绕 OZ 轴的回正力矩 T_Z。回正力矩是由接地面内分布的微元侧向反力产生的。

由图 6-5 知，车轮在静止时受到侧偏力后，印迹长轴线 aa 与车轮平面 cc 平行，错开 Δh，即印迹长轴线 aa 上各点的侧向变形（相对于 cc 平面）均为 Δh，故可以认为地面侧向反力沿 aa 线是均布的，如图 6-8a) 所示。

车轮滚动时，印迹长轴线 aa 不仅与车轮平面错开一定距离，而且偏转了 α 角，因而印迹前端离车轮平面近，侧向变形小；印迹后端离车轮平面远，侧向变形大。可以认为，地面微元侧向反力的分布与变形成正比，故地面微元侧向反力的分布情况，如图 6-8（b）所示，其合力 Y 的大小与侧向力 F_Y 相等，但其作用点必然在接地印迹几何中心的后方，偏移某一距离 e，e 即轮胎拖距，$Y \cdot e$ 就是回正力矩 T_Z。

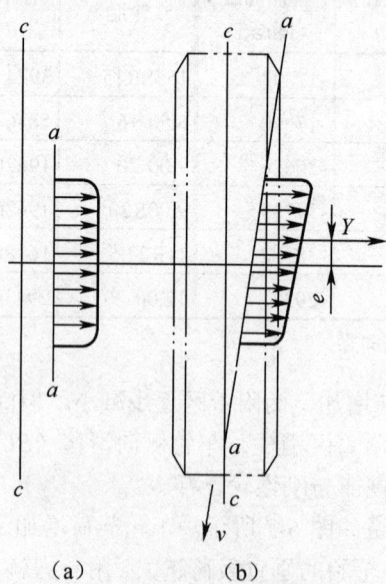

（a）　　　　（b）

图 6-8　轮胎回正力矩的产生

轮胎的型式及结构参数对回正力矩有重要影响。在同样侧偏角下,尺寸大的轮胎一般回正力矩较大。子午线轮胎的回正力矩比斜交轮胎的大。轮胎气压低,接地印迹长,轮胎拖距大,回正力矩也就大。

6.3 汽车稳态转向特性与瞬态响应

驾驶者操纵转向盘使汽车转向时,要通过眼睛、手和身体等感知汽车的转向效果,并经过大脑比较和判断,修正转向盘的操纵,这是通过驾驶者把系统的输出反馈到输入而构成一个人工闭路系统。如不计驾驶者的反馈作用,便称为开路系统。它的特点是系统的输出参数对输入控制没有影响。由于驾驶者的反馈作用十分复杂,作为闭路系统研究仍很不成熟,这里只把汽车作为一个开路系统,研究转向盘输入时汽车的运动响应。

由转向盘输入引起的汽车运动状况,可分为不随时间而变化的稳态与随时间变化的瞬态两种,相应的汽车响应称为稳态响应与瞬态响应。

6.3.1 汽车稳态转向特性

给等速直线行驶的汽车以前轮角阶跃输入,即急速转动前轮,然后维持前轮转角不变,一般汽车经过短暂时间后,将进入等速圆周行驶。一定车轮转角下的等速圆周行驶状态便是一种稳态响应,是评价汽车操纵稳定性的重要特性之一,称为汽车稳态转向特性。汽车稳态转向特性分成三种类型:不足转向、中性转向和过多转向,如图6-9所示。在圆周行驶时,驾驶者使转向盘保持一个固定的转角,令汽车以不同固定车速行驶。若行驶车速高时,汽车的转向半径R增大,则这种汽车具有不足转向特性。若汽车的转向半径R不变,则这种汽车具有中性转向特性。若转向半径愈来愈小,则这种汽车具有过多转向特性。

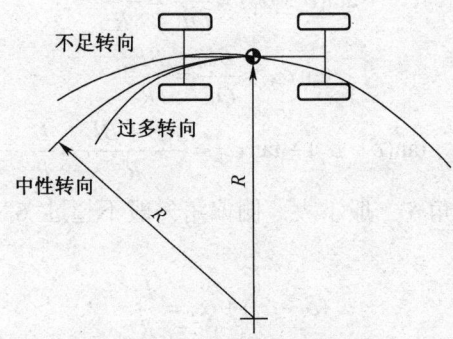

图6-9 汽车的三类稳态转向特性

1. 汽车稳态转向的几何关系

对汽车曲线运动进行初步分析时,把汽车看作平行于路面的平面运动。即汽车没有垂直运动,沿z轴的位移为零,绕y轴的俯仰角、绕x轴的侧倾角均为零。另外假设汽车前进速度不变,即沿x轴的汽车(绝对)速度v不变。因此汽车只有沿y轴的侧向运动与绕z轴的横摆运动这样两个自由度。

图6-10是一个由前后两个具有侧向弹性的轮胎支承于地面、具有侧向及横摆的二自由度汽车模型。下面分析中令固结于汽车上的动坐标系原点与汽车质心重合。

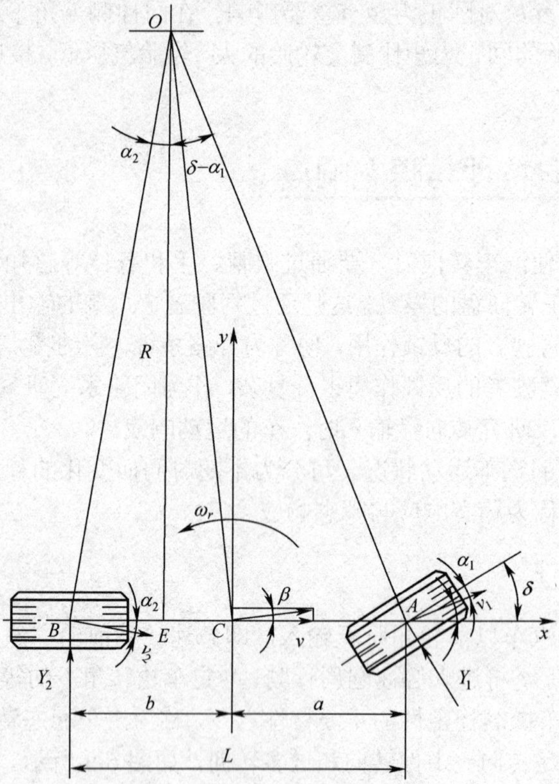

图 6-10 二自由度汽车模型

从运动关系可以求得：

$$\tan(\delta - \alpha_1) = \frac{AE}{OE} = \frac{AE}{R}$$

$$\tan \alpha_2 = \frac{BE}{OE} = \frac{BE}{R}$$

则：

$$\tan(\delta - \alpha_1) + \tan \alpha_2 = \frac{AE + BE}{R} = \frac{L}{R} \tag{6-18}$$

汽车高速行驶时，转向角 δ 一般不大，侧偏角一般不超过 $6°\sim 8°$，故式（6-18）可简化为

$$(\delta - \alpha_1) + \alpha_2 = \frac{L}{R}$$

则：

$$\delta = \frac{L}{R} + (\alpha_1 - \alpha_2) \tag{6-19}$$

2. 汽车稳态转向特性的表示方法

（1）用汽车稳定性因数表示汽车稳态转向特性

令稳态时单位前轮转角所引起的横摆角速度为稳态横摆角速度增益，用 $\left.\dfrac{\omega}{\delta}\right)_s$ 表示。则

$$\left.\frac{\omega}{\delta}\right)_s = \frac{v/R}{L/R + (\alpha_1 - \alpha_2)} = \frac{v/L}{1 + (\alpha_1 - \alpha_2)R/L} \tag{6-20}$$

假定汽车在水平路面上作等速圆周运动，则作用在汽车上的侧向力，仅为离心力 F_c 之侧向分力 F_{cy}，其值为

$$F_{cy} = m\frac{v^2}{R}$$

当转角 δ 不大时，前、后轮的侧偏力 Y_1、Y_2 可用下式计算：

$$Y_1 = m\frac{v^2}{R}\frac{b}{L} \qquad Y_2 = m\frac{v^2}{R}\frac{a}{L} \qquad (6\text{-}21)$$

由 $Y = k\alpha$ 知，$\alpha_1 = \dfrac{Y_1}{k_1}$，$\alpha_2 = \dfrac{Y_2}{k_2}$，连同式（6-21）代入式（6-20），得

$$\left.\frac{\omega}{\delta}\right)_s = \frac{v/L}{1+\dfrac{m}{L^2}\left(\dfrac{a}{k_2}-\dfrac{b}{k_1}\right)v^2} = \frac{v/L}{1+Kv^2} \qquad (6\text{-}22)$$

令

$$K = \frac{m}{L^2}\left(\frac{a}{k_2}-\frac{b}{k_1}\right) \qquad (6\text{-}23)$$

式中：k_1、k_2——分别是前、后轴的侧偏刚度，N/rad；
a、b——分别是汽车质心至前轴、后轴的距离，m；
L——汽车质心高度，m；
K——汽车稳定性因数，s^2/m^2。

从式（6-23）看出，不同的汽车质心位置和不同前、后轴侧偏刚度匹配时，汽车稳定性因数可以等于零、大于零或小于零，如图 6-11 所示。

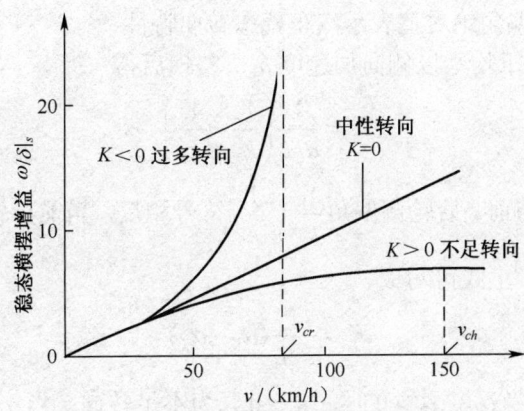

图 6-11　某汽车的稳态横摆角速度增益曲线

1）当 $K = 0$ 时，$\left.\dfrac{\omega}{\delta}\right)_s = \dfrac{v}{L}$，即稳态横摆角速度增益与车速 v 成线性关系。具有这种特性的汽车，称为中性转向汽车。此时，$\delta = \dfrac{L}{R}$。

2）当 $K > 0$ 时，式（6-22）分母大于 1，横摆角速度增益比中性转向时小，即前轮转过相同的角度，汽车横摆角速度 ω 要小些，$\left.\dfrac{\omega}{\delta}\right)_s - v$ 是一条低于中性转向的汽车稳态响应线。具有

这样特性的汽车，称为不足转向汽车。K 值越大，不足转向量越大。

3）当 $K<0$ 时，式（6-22）分母小于1，横摆角速度增益比中性转向时大，即前轮转过相同的角度，汽车横摆角速度 ω 要大。具有这样特性的汽车，称为过多转向汽车。随车速增加，$\left.\dfrac{\omega}{\delta}\right)_s - v$ 曲线向上弯曲。K 值越小，过多转向量越大。

（2）用特征车速 v_{ch} 与临界车速 v_{cr} 表示汽车稳态转向特性

1）对于不足转向的汽车，存在一个特征车速 v_{ch}，即汽车横摆角速度增益达到最大稳定值时所对应的车速。

将式（6-22）对 v 求一阶导数并令其为0，可求得特征车速 v_{ch}，单位为 m/s。

$$v_{ch}=\sqrt{\dfrac{1}{K}} \tag{6-24}$$

将式（6-24）代入式（6-22），可得 $\delta=2\dfrac{L}{R}$。可见，在特征车速 v_{ch} 下，绕半径为 R 的圆周行驶，所需的前轮转角 δ，正好是同轴距中性转向汽车所需前轮转角的 2 倍。

2）对于过多转向的汽车，存在一个临界车速 v_{cr}，即汽车横摆角速度增益为无穷大时所对应的车速，单位为 m/s。式（6-22）分母 $1+Kv^2=0$ 时，$\left.\dfrac{\omega}{\delta}\right)_s \to \infty$。由此可求得：

$$v_{cr}=\sqrt{-\dfrac{1}{K}} \tag{6-25}$$

汽车车速达到临界车速 v_{cr} 时，极其微小的前轮转角 δ 都会产生极大的横摆角速度 ω，这时汽车将失去操纵，出现激转现象，进而发生侧滑或翻车事故。

（3）用前、后轮侧偏角绝对值表示汽车稳态转向特性

将式（6-23）右边上下均乘以侧向加速度 a_y，整理后得

$$K=\dfrac{1}{a_yL}\left(\dfrac{Y_2}{k_2}-\dfrac{Y_1}{k_1}\right) \tag{6-26}$$

由于侧向加速度 a_y 与前、后轮侧偏角 $\dfrac{Y_1}{k_1}$、$\dfrac{Y_2}{k_2}$ 符号相反，当前后轮侧偏角取绝对值时，侧向加速度 a_y 亦取绝对值，上式可写成

$$K=\dfrac{1}{a_yL}(\alpha_1-\alpha_2) \tag{6-27}$$

由式（6-27）可知，当 $\alpha_1-\alpha_2>0$ 时，$K>0$，为不足转向；当 $\alpha_1-\alpha_2=0$ 时，$K=0$，为中性转向；当 $\alpha_1-\alpha_2<0$ 时，$K<0$ 时，为过多转向。

（4）用转向半径表示汽车稳态转向特性

由式（6-22）可得

$$R=(1+Kv^2)\dfrac{L}{\delta}=(1+Kv^2)R_0 \tag{6-28}$$

令 $R_0=\dfrac{L}{\delta}$

当 $K=0$ 时，$R=R_0$，为中性转向汽车。转向半径不随车速变化，始终等于 R_0。当 $K>0$

时，$R > R_0$，且 R 随车速增加而加大，为不足转向汽车。当 $K < 0$ 时，$R < R_0$，且 R 随车速的增加而减小，为过多转向汽车。

（5）用静态储备系数 $S \cdot M$ 来表征汽车稳态转向特性

静态储备系数 $S \cdot M$ 是和处于汽车纵轴上的中性转向点（使汽车前、后轮产生同一侧偏角的侧向力作用点）相联系的。

可通过力矩平衡找出中性转向点的位置，如图 6-12 所示。当侧向力作用于中性转向点的位置时，前、后轮产生同一侧偏角 α，前、后轴的侧偏力为 $Y_1 = k_1\alpha$，$Y_2 = k_2\alpha$。因此，中性转向点 c_n 距前轴的距离 a' 为

$$a' = \frac{Y_2 L}{Y_1 + Y_2} = \frac{k_2}{k_1 + k_2} L \tag{6-29}$$

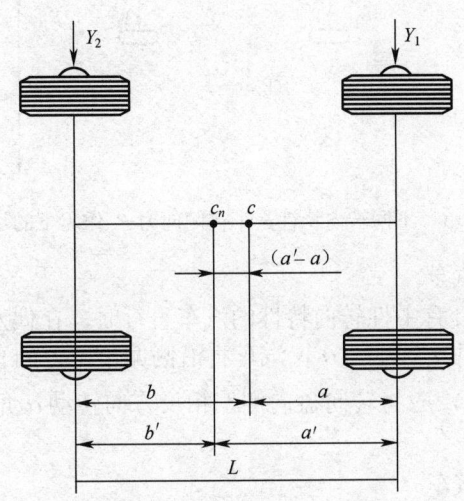

图 6-12 中性转向点位置的确定

静态储备系数 $S \cdot M$ 就是中性转向点至前轴距离 a' 与汽车质心至前轴距离 a 之差 $(a'-a)$ 与轴距 L 之比值，即

$$S \cdot M = \frac{a' - a}{L} = \frac{k_2}{k_1 + k_2} - \frac{a}{L} \tag{6-30}$$

当中性转向点与质心重合时，$a' = a$，$S \cdot M = 0$，在质心位置上作用的侧向力引起前、后轮的侧偏角相等，汽车具有中性转向特性。

当质心在中性转向点之前时，$a' > a$，$S \cdot M > 0$，在质心位置上作用的侧向力引起的前轮侧偏角 α_1 大于后轮侧偏角 α_2，汽车具有不足转向特性。

当质心在中性转向点之后时，$a' < a$，$S \cdot M < 0$，在质心位置上作用的侧向力引起的前轮侧偏角 α_1 小于后轮侧偏角 α_2，汽车具有过多转向特性。

3. 汽车稳态转向特性对操纵稳定性的影响

不同转向特性汽车在侧向力 F_Y 作用下的运动如图 6-13 所示。

（1）不足转向特性的汽车

如图 6-13（a）所示，具有不足转向特性的汽车直行时，在偶发侧向力（如侧向阵风、侧向坡道、路面侧向冲击）F_y 的作用下，前、后轴产生侧偏角 α_1、α_2，且 $\alpha_1 > \alpha_2$，汽车会绕 O

点转动,其离心力 F_C 的侧向分力 F_{CY} 的方向总是与侧向力 F_Y 的方向相反,起阻止侧偏的作用,产生的侧偏角 α_1、α_2 减小,汽车偏离原直行方向不严重。当偶然产生的侧向力消失后,F_{CY} 有使汽车自动回正的作用。所以不足转向特性的汽车在受到侧向力的干扰时,具有良好的保持直线行驶的能力,汽车具有良好的操纵性。

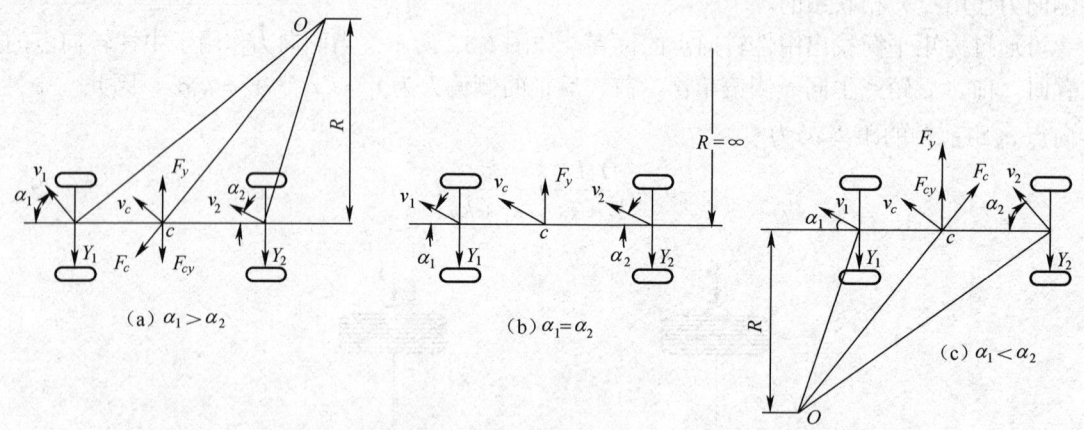

图 6-13　不同转向特性汽车在侧向力 F_y 作用下的运动

（2）中性转向特性的汽车

如图 6-13（b）所示,具有中性转向特性的汽车直行时,在偶发侧向力 F_y 的作用下,前、后轴产生侧偏角 α_1、α_2,且 $\alpha_1 = \alpha_2 = \alpha$,汽车将沿侧偏角 α 方向直线行驶,会驶出路面。如欲使汽车沿原直线方向行驶,应将转向盘向侧偏相反方向转动 α 角度,再回正,汽车将保持原直行状态。

（3）过多转向特性的汽车

如图 6-13（c）所示,具有过多转向特性的汽车直行时,在偶发侧向力 F_y 的作用下,前、后轴产生侧偏角 α_1、α_2,且 $\alpha_1 < \alpha_2$,汽车会绕 o 转动,其离心力 F_C 的侧向分力 F_{CY} 的方向总是与侧向力 F_Y 的方向相同,起加剧侧偏的作用,产生的侧偏角 α_1、α_2 增大,加剧了汽车转向趋势。这将导致汽车转向半径进一步减小。在某个临界车速下,这种恶性循环会不断地进行下去,汽车出现激转现象,直至发生侧滑或侧翻,汽车完全失去操纵。直行尚且如此,若该车起始时处于稳态转向状态,具有一定的前轮转角,再加上受到来自外侧的侧向力干扰,汽车的操纵性就更差。

综上所述,汽车不能具有过多转向特性。汽车具有中性转向特性也不好,因为汽车本身或外界使用条件的某些变化,中性转向特性的汽车常会转变成过多转向特性而使操纵稳定性变差。由式（6-19）可知,不足转向特性的汽车转向灵敏性较差,汽车的不足转向性不可过大。因此,只有具有适度不足转向特性的汽车,才具有良好的操纵稳定性,才能保持行车安全。《机动车运行安全技术条件》（GB7258-2012）规定,汽车（三轮汽车除外）应具有适度的不足转向特性。

6.3.2　汽车瞬态响应

给等速直线行驶的汽车以前轮角阶跃输入,经过短暂时间后,汽车将进入等速圆周行驶。

等速直线行驶与等速圆周行驶的过渡过程便是瞬态,相应的响应称为前轮角阶跃输入引起的汽车瞬态响应。在一般汽车行驶时,实际上驾驶者不断接触到的是汽车的瞬态响应。

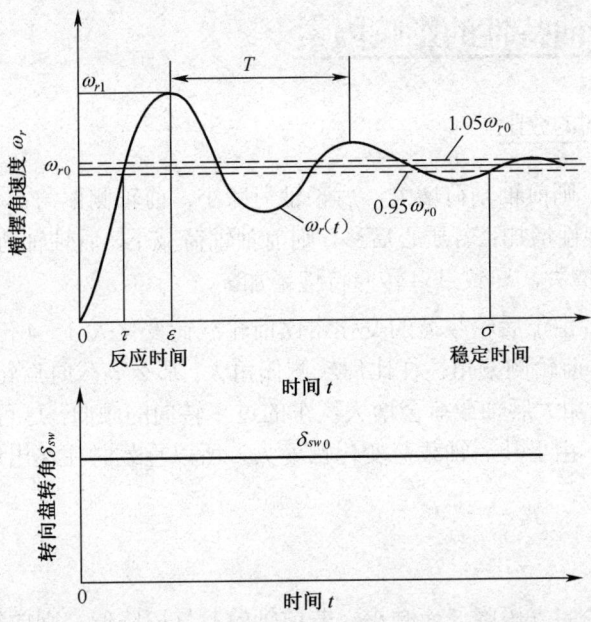

图 6-14　转向盘角阶跃输入时的汽车瞬态响应曲线

一辆直线行驶汽车,驾驶者在 $t=0$ 处突然猛打转向盘,转向盘转过某一角度 δ_{sw} 后,保持转向盘不动,即给汽车一个转向盘角阶跃输入后的瞬态响应曲线,如图 6-14 所示。作为这一过程的评价指标如下:

1. 反应时间

反应时间是指角阶跃转向输入后,横摆角速度第一次达到稳定值 ω_{r0} 所需的时间 τ。τ 值大,则驾驶者感到汽车反应迟钝,τ 值应小些好。

2. 峰值反应时间

从时间坐标原点开始,到所测横摆角速度响应达到第一个峰值止,这段时间称为峰值反应时间,一般用字母 ε 表示。

3. 横摆角速度超调量

在 $t=\varepsilon$ 时,横摆角速度达到最大值 ω_{r1},ω_{r1} 往往大于 ω_{r0},ω_{r1}/ω_{r0} 的百分数称为超调量。超调量表明瞬态响应中执行指令误差的大小,超调量越小越好。减小超调量可使横摆角速度波动较快衰减。

4. 横摆角速度波动

在瞬态响应中,横摆角速度值 ω 在 ω_{r0} 上、下波动。车速一定时,ω 的波动表现在转向半径 R 的时大时小,使乘员感到汽车左右摇晃,增加疲劳程度并使驾驶困难。为了减小这种不利影响,希望波动频率提高,现代轿车为 $1Hz$ 左右。

5. 稳定时间

横摆角速度达到稳定值 ω_{r0} 的 95%～105% 之间的时间,称为稳定时间 σ。这段时间应尽量短些,凡是能使横摆角速度加快衰减的因素,也是使稳定时间缩短的因素。个别汽车可能出现横摆角速度不收敛情况，即 ω 越来越大，若车速不变即转向半径 R 越来越小，就会急剧增加离心力，汽车将发生侧滑或侧翻等危险情况。

6.4 汽车稳态转向特性的影响因素

6.4.1 汽车质量在轴间的分配

若汽车质心前移，则前轴轴荷增大，后轴轴荷减小，前轴侧偏角 α_1 增大，后轴侧偏角 α_2 减小，导致不足转向特性增加；若质心后移，则前轴轴荷减小，后轴轴荷增大，前轴侧偏角 α_1 减小，后轴侧偏角 α_2 增大，导致过多转向特性增加。

对载货汽车来说，由于后轮载荷的变化常比前轮载荷变化大 3～4 倍，因而如果在一定的侧向加速度下，空载时前轮侧偏角往往比后轮侧偏角大；那么满载时后轮侧偏角则往往比前轮侧偏角大得多。因此，加大后轴载荷会增大汽车的过多转向的倾向，这可以说是所有汽车的共同的特性。而载货汽车由于其后轴载荷变化幅度大，所以重载时往往出现过多转向的倾向。

6.4.2 轮胎

1. 轮胎气压

轮胎侧偏刚度随轮胎气压降低而减小。若前轴轮胎气压降低，则前轴轮胎侧偏刚度减小，前轴侧偏角 α_1 增大，不足转向趋势增加；若后轴轮胎气压降低，则后轴轮胎侧偏刚度减小，后轴侧偏角 α_2 增大，过多转向趋势增加。

在汽车使用中，应特别注意不使后轴轮胎气压过低，因为前轴轮胎气压低于规定值，仅使汽车不足转向趋势增加，转向灵敏性（横摆角速度增益）下降；而后轴轮胎气压过低，后轮的侧偏角加大，甚至使原来不足转向性汽车变为过多转向性汽车，对汽车的操纵稳定性造成严重不良影响。

2. 轮胎结构型式

子午线轮胎比斜交轮胎侧偏刚度大。若汽车仅前轴换装子午线轮胎，后轴仍用原斜交轮胎，则前轴侧偏角会减小。如果前轴侧偏角减小至小于后轴侧偏角，则可使原来不足转向汽车变为过多转向汽车。

扁平率小的轮胎，侧偏刚度大。若汽车仅前轴换装扁平率小的轮胎，则前轴侧偏角会减小，有使汽车变为过多转向的趋势。若仅后轴改用扁平率小的轮胎，则有使汽车增加不足转向的作用。

因此，使用中不应随意换装不同结构型式的轮胎，因为这有可能使汽车具有过多转向性，对汽车的操纵稳定性造成严重不良影响，加剧安全隐患。

6.4.3 汽车驱动方式

转向时，随施加于轮胎上切向力的增加，轮胎的侧偏刚度减小，使汽车产生的侧偏角增大。因此，后轮驱动的汽车转向时施加驱动力，后轮侧偏刚度减小，使后轮侧偏角增加，有减小不足转向、向过多转向转化的趋势。前轮驱动的汽车转向时施加驱动力，前轮侧偏刚度减小，使前轮侧偏角增加；有增加不足转向的作用。

6.4.4 侧倾时左、右车轮垂直载荷的重新分配

在正常工作状态下，汽车左、右车轮的垂直载荷大体上是相等的。

曲线行驶时，由于转弯离心力作用在汽车质心高度处，对车身侧倾轴线形成侧倾力矩，该力矩分摊到轴上的部分，使轴上外侧车轮垂直载荷增加，内侧车轮垂直载荷减小，但内、外车轮垂直载荷的总和不变。由图 6-15 可知，轮胎的侧偏刚度与它的垂直载荷有关，轮胎的侧偏刚度在某一载荷下达到最大，大于或小于这个载荷时，侧偏刚度均下降。一般情况下，侧偏刚度最大时的垂直载荷约为额定载荷的 150%。

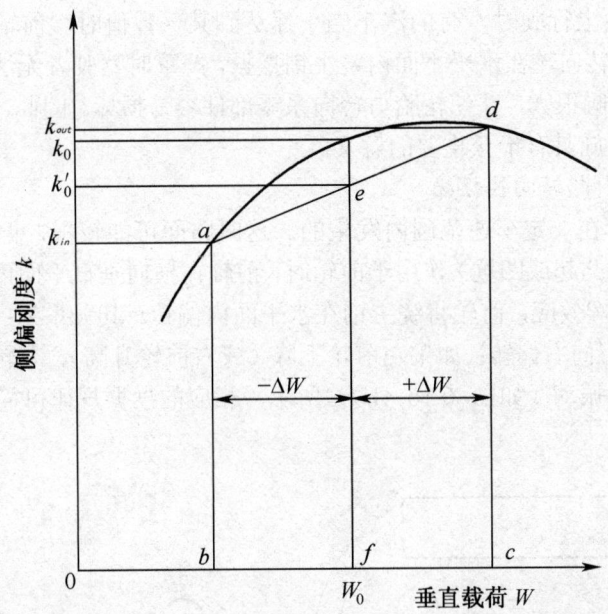

图 6-15　左、右车轮垂直载荷重新分配时轮胎的侧偏刚度

就一根车轴而言，在无侧向力作用于汽车时，车轴左、右车轮的垂直载荷均为 W_0（图 6-15），每个车轮的侧偏刚度均为 k_0。在车轴上有侧向力 F_y 时，地面有相应的侧向反力 Y 作用于两轮胎。若车身没有侧倾，则轴上左、右车轮垂直载荷没有发生变化，相应的侧偏角为 $\alpha_0 = \dfrac{Y}{2k_0}$。

实际上，在侧向力 F_y 作用下，左、右车轮垂直载荷均发生变化。内侧车轮减少 ΔW，外侧车轮增加 ΔW，两个车轮的侧偏刚度随之变为 k_{in}、k_{out}。由于同轴上左、右车轮的侧偏角必然相等，设为 α，故有：$Y = k_{in}\alpha + k_{out}\alpha$ 或 $\alpha = Y/(k_{in}+k_{out})$。若令 $k_0' = \dfrac{k_{in}+k_{out}}{2}$，$k_0'$ 为垂直载荷重新分配后每个车轮的平均侧偏刚度，则左、右车轮的侧偏角为 $\alpha = \dfrac{Y}{2k_0'}$。

由图 6-15 可知，平均侧偏刚度 k_0' 即为梯形 abcd 中线 $\overline{ef}$ 的高度。显然 $k_0 > k_0'$，即 $\alpha > \alpha_0$。进一步分析可知，左、右车轮垂直载荷差别越大，平均侧偏刚度越小。

由此可知，在侧向力作用下，若汽车前轴左、右车轮垂直载荷变动量较大，汽车趋于增

加不足转向量；若后轴左、右车轮垂直载荷变动量较大，汽车趋于减少不足转向量。汽车前轴及后轴左、右车轮载荷变动量决定于前、后悬架的侧倾角刚度、悬挂质量、非悬挂质量、质心位置以及前、后悬架侧倾中心位置等一系列参数。

6.5 汽车转向轮的摆振与稳定效应

6.5.1 汽车转向轮的摆振

汽车在不平路面上行驶时，有的汽车当车速达到某一数值时，前轴将在垂直平面内产生强烈的角振动，同时转向轮在水平平面内绕主销摆振，严重时驾驶者无法扶稳剧烈摆动的转向盘，这对安全行车影响很大，并使轮胎与转向系零部件容易损坏。因此，分析汽车转向轮摆振产生的原因及控制措施具有十分重要的意义。

1. 前轴角振动引起转向轮摆振

这一现象是汽车在一定车速范围内发生的。这时路面可能较平，但当偶有外激力（如汽车直线行驶车轮遇单凸起或凹坑）作用于前轮时，前轴在横向垂直平面内发生转动（如图 6-16（a））所示。由于陀螺效应，前轮将绕主销在水平面内偏转。其关系为：如果左前轮升高（或右前轮下降），车轮将向右偏转；如果左前轮下降（或右前轮升高），车轮将向左偏转。由此激发了前轮绕主销的角振动（如图 6-16（b））所示。相应的摆振规律可简记为：左下左、左上右；右下右、右上左。

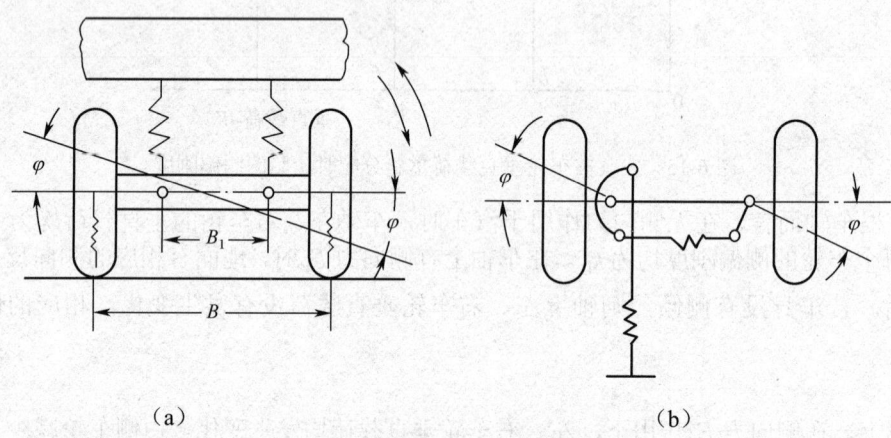

图 6-16 前轮振动系统示意图

要消除或至少是减轻这种现象，应减小悬架下前轴系统的转动惯量，提高角振动的固有频率；在采用独立悬架的汽车上，用等长双横杆独立悬挂，如图 6-17（a）所示，可使车轮在上下跳动时其旋转平面作平行移动而无偏转，这样也就避免了前轮绕主销摆振。但这种结构的缺点是当车轮上下跳动时，轮距改变较大，这会加剧轮胎的磨损，所以目前采用不等长的双横杆结构，如图 6-17（b）所示。另外，适当降低轮胎气压和改善路面平整度都有利于减轻摆振。

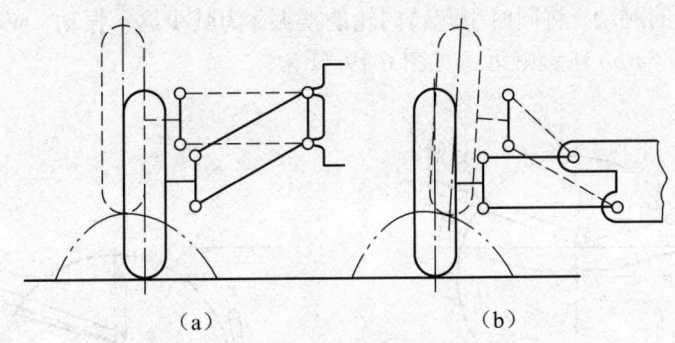

图 6-17 双横杆式独立悬挂运动简图

2. 转向车轮不平衡引起转向轮摆振

车轮的质心如果不在旋转轴上，则称为静态不平衡；如果质心在旋转轴上，但其质量分布不对称于车轮旋转平面，那么离心力引起的合力矩不为零，这时车轮处于动态不平衡状态。

由于车轮不平衡，在旋转时形成对转向主销的力矩，引起转向轮绕主销的摆振。而这一力矩的振幅与车速平方成正比，其频率与车速成正比。

车轮的不平衡可引起周期性的激励，造成转向轮的摆振。如图 6-18 所示。车轮转动时，其不平衡质量所引起的离心力 F_c 的水平分力 F_x 直接引起转向轮绕主销的摆振。此外，离心力 F_c 的垂直分力 F_y 引起车轮的上下跳动，由于陀螺效应前轮将绕主销在水平面内摆振。当左右车轮都不平衡，且不平衡质量处于对称位置时，则摆振更为严重。

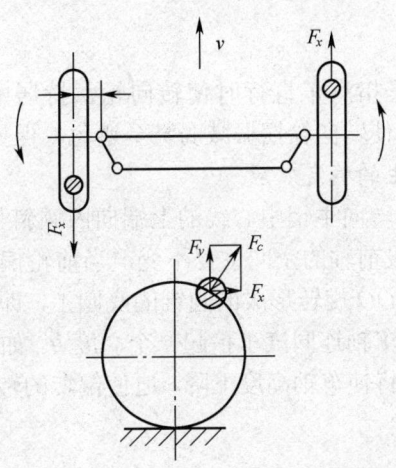

图 6-18 车轮不平衡引起转向轮摆振

为了避免因车轮不平衡引起的摆振，要求无论是新轮胎或经翻修过的轮胎，在装用之前都要进行动平衡检测并消除不平衡因素。

3. 前悬架与转向系运动学关系不协调引起转向轮摆振

图 6-19 是一种纵置半椭圆钢板弹簧前悬架与转向系布置简图。钢板弹簧固定吊耳在前轴前面，活动吊耳和转向器在前轴后面。板簧发生变形时，转向节上的球销 c 作为前轴上的一点绕 O_2 点摆动（试验研究结果表明，O_2 点的位置如图 6-19（a）所示），由于 aa 和 bb 不重合，而 C 点只能沿 aa 运动，结果转向节将相对于主销发生转动。这样，行驶在不平道路上时，由

于车轮相对于车架的跳动,将同时引起转向轮的摆振。为减少这一振动,应将转向器与固定吊耳尽量靠近,使 aa 与 bb 轨迹贴近,见图 6-19(b)。

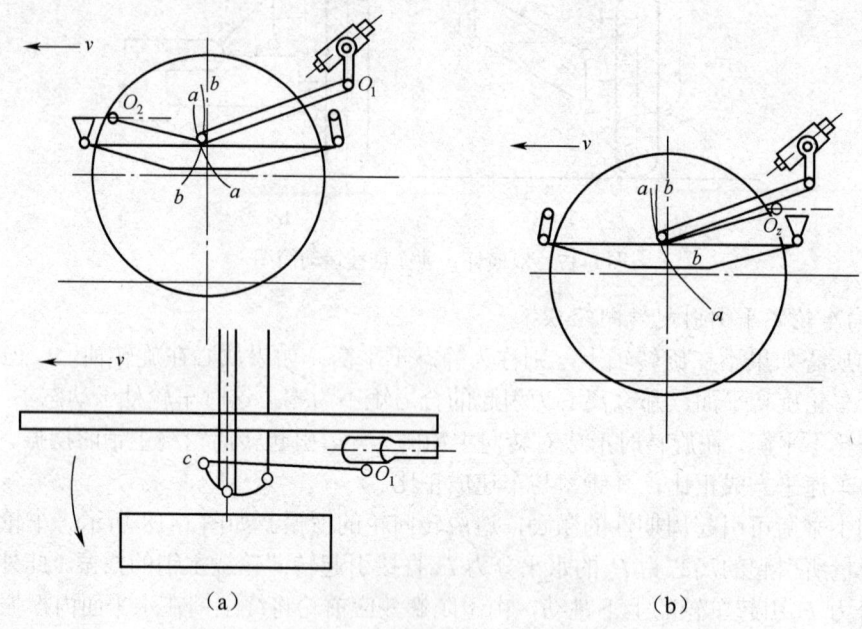

图 6-19 转向系与前悬架运动不协调引起转向车轮摆振

6.5.2 汽车转向轮的稳定效应

汽车转向轮的稳定效应是指汽车直行时使转向轮保持居中位置和转向后自动回正的能力。汽车转向轮的稳定效应可使转向轮摆振减弱甚至避免,保持汽车具有良好的行驶稳定性。

1. 主销内倾垂直反力产生的稳定效应

在汽车的横向垂直平面内转向主销中心线的上端向内倾斜与铅垂线所成的角度 γ 为主销内倾角,如图 6-20 所示。假设前轴的空间位置不变,当前轮偏转时,车轮与地面的接触点将落在以 OA 为母线、绕主销线 OO 旋转形成的圆锥的底圆上,即接地点将深入到地面之下,实际上接地点还在地面,只是将车轴连同汽车抬起一个高度 h。如果不在转向盘上施加一定力保持这种状态,前轴的重力作用将使车轴高度下降,迫使偏转的转向轮得以回正。其回正力矩分析如图 6-21 所示。

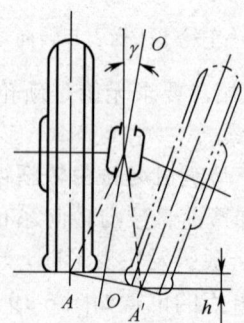

图 6-20 转向轮主销内倾角的作用

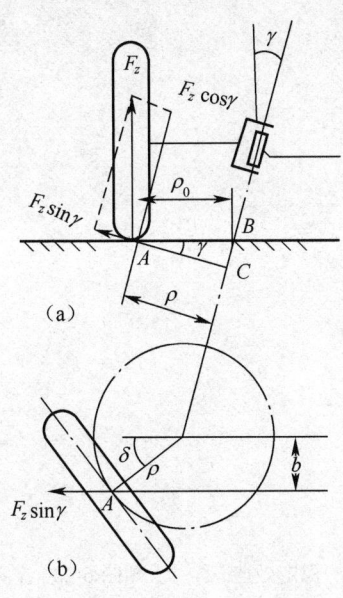

图 6-21 主销内倾垂直反力产生的稳定效应

汽车直行时,地面对车轮的垂直反力 F_z 与主销轴线在同一平面内,F_z 对主销轴线的力矩为零。而当前轮转过某一角度 δ 时,F_z 便产生使转向轮回正的力矩。车轮接地点 A 到主销轴线与地面交点 B 的距离为 ρ_0,A 点到主销轴线的垂直距离为 $\rho = \rho_0 \cos\gamma$。在前轮转过角度 δ 的状态时,将 F_z 分解沿主销轴线方向分力 $F_z \cos\gamma$ 和与之垂直的另一分力 $F_z \sin\gamma$。分力 $F_z \sin\gamma$ 的作用线与主销轴线之间的距离为 $b = \rho \sin\delta = \rho_0 \cos\gamma \sin\delta$,故 F_z 对主销产生的回正力矩为 $T_{Z\gamma} = F_z b \sin\gamma = F_z \rho_0 \sin\gamma \cos\gamma \sin\delta (= 1/2 F_z \rho_0 \sin 2\gamma \sin\delta)$ 且随 γ 和 δ 的增大而增大,阻止前轮偏转,起稳定效应的作用。因此,前轮以某一转角 δ 使汽车转弯时,须在转向盘上施加一个力矩,以克服回正力矩 $T_{Z\gamma}$ 使汽车实现稳定的圆周行驶。如果撒手,前轮在回正力矩作用下就会自动恢复到直行状态。

2. 主销后倾侧向反力产生的稳定效应

主销后倾侧向反力产生的稳定效应,如图 6-22 所示。在汽车的纵向垂直平面内转向主销中心线上端偏离铅垂线而向后倾斜的角度 β 为主销后倾角。当转向轮偏转时,汽车便处于转向状态,并会有相应的离心力产生,同时转向轮受到地面侧向反力的作用,此侧向反力作用于车轮接地点。由于主销后倾,形成对主销的回正力矩为 $T_{y\beta}$,阻止车轮偏转,促使转向轮回正。当转向轮处于直行状态时,没有离心力产生,$T_{y\beta}$ 也不复存在。

3. 轮胎侧偏侧向反力产生的稳定效应

轮胎所具有的侧偏特性对转向轮也产生稳定效应。由侧偏现象的机理很容易理解,汽车行驶出现侧偏时(如汽车转弯)。轮胎接地印迹的前端离车轮平面近,轮胎的侧向变形小;印迹后端离车轮平面远,轮胎侧向变形大。由力与变形的关系可确定地面对车轮侧向反力的分布,其合力 Y 的大小与侧向力 F_y 相等,Y 的作用点相对 F_y 后移某一距离 b_a,如图 6-23 所示。产生的回正力矩为 $T_{ya} = Y b_a$,其作用也是阻止车轮偏转。

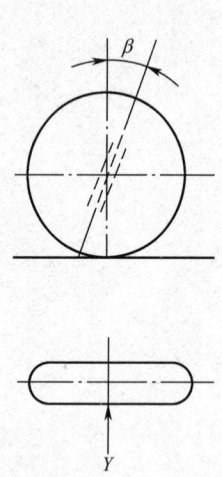
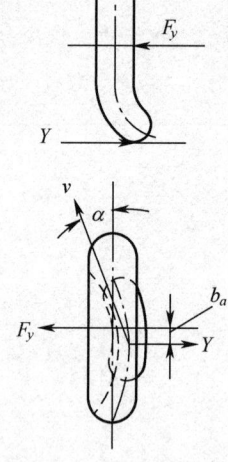

图 6-22 主销后倾侧向反力产生的稳定效应　　图 6-23 轮胎侧偏侧向反力产生的稳定效应

需要注意的是:对于许多胎压较低的现代轿车,转向行驶时由侧偏引起的回正力矩增大。试验表明,其转向车轮在侧向力的作用下,1°侧偏角所引起的回正力矩相当于主销后倾 5°~6° 的回正效果。为不使总的回正力矩过大,避免转向过于沉重和使转向轮在返回中间位置时过于猛烈,以致发生回正过量,反而引起转向轮摆振,造成操纵困难。近年来汽车转向轮主销的后倾角逐渐减小,有的车辆甚至为负值;还有转向车轮负外倾、车轮负前束、主销大内倾以及后轴车轮的外倾和前束等。另外,保持汽车稳定效应的车轮定位结构形式在左右轮上都是对称的。如果汽车在使用过程中因受外界作用而使其对称性遭到破坏,汽车行驶就会出现跑偏。这是由于左、右轮回正力矩不平衡导致的。所以在汽车使用过程中,应注意对汽车左、右轮对称性的检查和调整。

6.6 提高汽车操纵稳定性的电子控制系统

随着路面条件的改善和汽车速度的提高,行车安全对汽车的操纵稳定性也提出了更高的要求。除了传统的车轮定位对汽车起到稳定效应外,随着支持控制系统的计算机、传感器、执行机构的迅猛发展,改善汽车操纵稳定性的电子控制系统也在不断出现。

6.6.1 电控助力转向系统(EAS)

动力转向系统可以有效降低驾驶者的疲劳,而使汽车的操纵性得到改善,以前多用于大型、重型汽车。随着发动机前置前轮驱动汽车的增加,助力转向已成为轿车的标准装备,而且对其性能的要求不再单纯是为了减轻操作力,而是能够根据车速和行驶条件的变化产生相应的、合适的转向作用力。理想的动力转向系统应在停车状态时提供足够的助力,使原地转向容易;当车速增加时助力逐渐减小,进入高速状态时则应无助力,以使操纵者有一定的路感。

随着电子技术在汽车上的推广应用,电控助力转向系统在现代汽车上逐步得到应用和推广,它能够以较简单的控制方式,可靠而精确地实现理想控制。电控助力转向系统主要由传感器、控制单元和助力电机三部分组成。控制单元接受传感器所测信号（车速、转矩、转向状态、侧向加速度等），经过分析处理，然后由助力电机实现操作。根据汽车的运行状态，随时按照驾驶者的意图提供转向助力，从而提高汽车（特别在高速行驶时）的稳定性。

6.6.2 四轮转向系统（4WS）

普通轿车上一般使用两轮转向系统，操纵转向盘控制前轮胎的偏转，使汽车转向。随着高速公路和高架公路的增多，车速增大和车辆并行的机会有了大幅度提高，轮胎侧偏角的影响愈显突出。为了使汽车具有更好的操纵稳定性，一些汽车在后轮上也采用了相位可变（转向）系统，形成四轮转向系统。

四轮转向是指前、后轮都能转向，实现低速转向行驶时进行逆相位操作（即后轮的偏转方向与前轮的偏转方向相反），以减小转弯半径，提高汽车的灵活性，便于汽车进出车库和停车场；而中高速行驶转向时进行同相位操作（即后轮的偏转方向与前轮的偏转方向相同），以提高车辆转弯时的操纵稳定性和安全性。同相位操作的实质是靠车轮的偏转来抵消轮胎的侧偏角，如图6-24所示。后轮的最大逆相位与同相位转向角一般不是很大，通常为5°～8°。

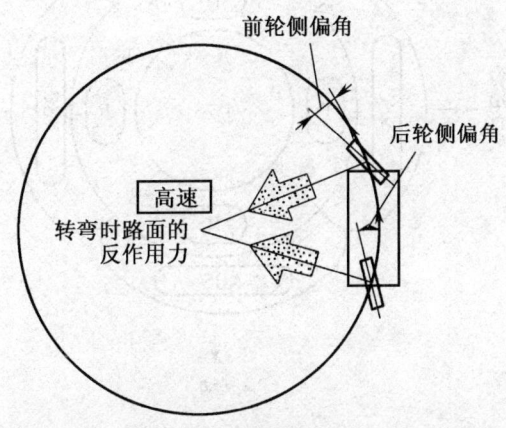

图6-24 高速转弯时侧偏角变化示意图

电控四轮转向系统主要也是由传感器、控制单元和操作执行机构三部分组成。控制单元接受传感器所测信号（车速、轮速、转向盘转角、油压等），经过分析处理，然后由执行机构实现后轮转向。另外，系统中还有油压系统和电控系统出现异常的失效保护机构。一旦有故障出现，四轮转向系统便自动转换为二轮转向系统，以确保行驶的安全性。同时仪表板上的故障灯会点报亮警，异常情况被存储在控制单元内。

6.6.3 稳定性控制系统（VSC）

防抱死制动系统（ABS）和驱动防滑系统（ASR）都是提高汽车操纵稳定性的电子控制装置。汽车稳定性控制系统（VSC）也是在ABS基础上发展而成的，包含ABS和ASR等多个控制系统。主要由传感器、控制单元和控制执行机构三部分组成。控制单元接受传感器所测信号（轮速、横摆角速度、侧向和纵向加速度、转向角、制动油压、节气门开度等），经过控制单元分析处理，将指令传给执行机构而对车轮进行制动或控制节气门开度，使汽车的操纵稳定性得到进一步改善。

稳定性控制系统主要在大侧向加速度、大侧偏角的极限工况下工作，利用左、右两侧制动力之差产生的横摆力偶矩来防止汽车出现难以控制的前、后轴侧滑现象，当前轴要侧滑而使汽车驶离弯道时，对汽车施加适当大小向内侧的横摆力偶矩；当后轴要侧滑发生激转时，对汽车施加向外侧的横摆力偶矩，防止汽车失去转向能力或严重甩尾，在任何行驶状况时更加稳定、灵活和安全。

提高汽车操纵稳定性的各种电子控制系统的有效工作区域，如图 6-25 所示，ASR 是在大驱动力附近的极限区域起作用；ABS 是在大制动力附近的极限区域起作用；VSC 则是在大侧向力附近的极限区域起作用的。此外，近几年在轿车上应用渐多的电子制动力分配系统（EBD）和主动车身控制系统（ABC）都会使汽车的操纵稳定性得到更大程度的提高。

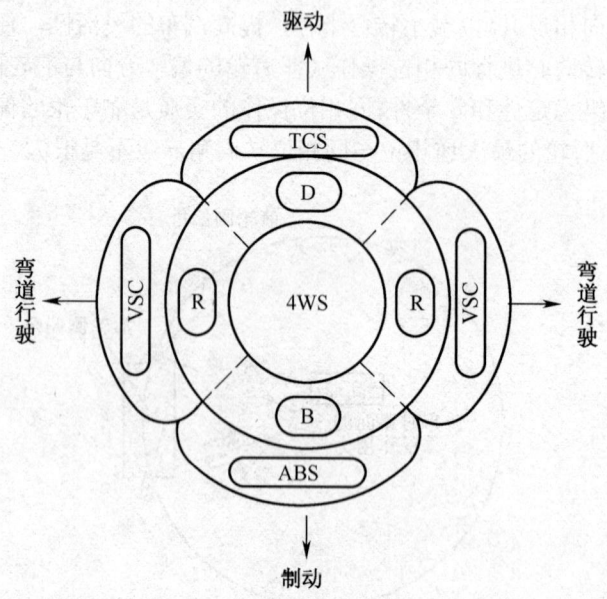

D—驱动力分配控制；R—侧倾刚度分配控制；B—制动力分配控制

图 6-25　提高汽车操纵稳定性的各种电子控制系统的有效工作区域

6.6.4　巡航控制系统（CCS）

随着高速公路的发展和汽车运行速度的大幅度提高，控制油门踏板的腿部肌肉疲劳加大，长时间的疲劳驾驶，对汽车的制动和操纵都不利。因此，许多现代轿车上装备了巡航控制系统。当该系统工作时，汽车可按驾驶者选定的速度恒速行驶，驾驶者无须再控制加速踏板，从而减轻了疲劳并提高了汽车行驶的安全控制。

电子巡航控制系统主要由主控开关、车速传感器、巡航控制单元和执行器四部分组成。主控开关实现车速设定、车速调节和巡航取消；车速传感器将车速信号送入控制单元，控制单元对指令车速和实际车速进行比较后，对执行器发出控制信号；执行器调节节气门开度，使其处于最佳状态，实现设定车速的保持与稳定。

1. 汽车操纵稳定性是指在驾驶者不感到过分紧张和疲劳的情况下，汽车抵抗各种外界干扰并按照驾驶者通过转向控制机构所给定方向稳定行驶的能力。

2. 汽车在纵坡上行驶，随着坡度的增大，有可能使汽车产生纵翻，也有可能出现驱动轮滑转的现象，这两种情况均会使汽车的稳定性遭到破坏。

3. $\dfrac{B}{2h_g}$ 称为汽车侧向稳定性系数，侧翻只能在附着系数大于侧向稳定性系数的道路上才会发生。前轮驱动汽车上坡永远也不会发生纵翻。

4. 汽车轮胎侧偏特性主要是指侧偏力、回正力矩与侧偏角的关系，它是研究汽车操纵稳定性理论的基础。弹性轮胎在任何侧向力作用下都会产生侧向变形。即使侧向反力还没有达到侧向附着极限，车轮行驶方向也将偏离车轮平面方向，这就是轮胎的侧偏现象。

5. 汽车稳态转向特性分成三种类型：不足转向、中性转向和过多转向。汽车转向时 $\delta = \dfrac{L}{R} + \alpha_1 - \alpha_2$。汽车稳定性因数 $K = \dfrac{m}{L^2}\left(\dfrac{a}{k_2} - \dfrac{b}{k_1}\right)$。汽车稳态转向特性可用下列参数来表示：汽车稳定性因数、侧偏角、转向半径、静态储备系数、特征车速、临界车速。

6. 给等速直线行驶的汽车以前轮角阶跃输入，经过短暂时间后，汽车将进入等速圆周行驶。等速直线行驶与等速圆周行驶的过渡过程便是瞬态，相应的响应称为前轮角阶跃输入引起的汽车瞬态响应。

7. 汽车不能具有过多转向特性。汽车具有中性转向特性也不好，因为汽车本身或外界使用条件的某些变化，中性转向特性的汽车常会转变成过多转向特性而使操纵稳定性变差。汽车应具有适度不足转向特性的汽车，才具有良好的操纵稳定性，才能保持行车安全。

8. 汽车转向特性的影响因素有：汽车质量分配、轮胎气压与结构型式、汽车驱动方式、侧倾时左右车轮垂直载荷的重新分配。

9. 引起转向轮摆振的主要原因有：路面不平的冲击使前轴产生角振动、前悬架与转向系运动学关系不协调、转向车轮不平衡。汽车转向轮的稳定效应是指汽车直行时使转向轮保持中位置和转向后自动回正的能力。转向轮的稳定效应可使摆振减弱甚至避免，保持汽车具有良好的行驶稳定性。

10. 提高汽车操纵稳定性的电子控制系统主要有：电控助力转向系统（EAS）、四轮转向系统（4WS）、稳定性控制系统（VSC）和巡航控制系统（CCS）。

一、概念题

操纵性、稳定性、操纵稳定性、稳定性系数、稳态响应、瞬态响应、侧偏现象、侧偏特性、侧偏刚度、稳定性因数、中性转向点、静态储备系数。

二、简答题

1. 汽车稳态转向特性有几种？一般汽车应具有什么性质的转向特性？为什么？
2. 在侧向力的作用下，分析刚性轮和弹性轮胎行驶方向的变化规律。（假设驾驶者不对汽车的行驶方向进行干预）
3. 汽车稳态转向特性的表示方法有哪些？
4. 汽车转向时瞬态响应好坏的评价指标有哪些？
5. 汽车左、右轮垂直载荷重新分配，对汽车转向特性有什么影响？为什么？
6. 汽车转向特性的影响因素有哪些？横向稳定杆分别装在前悬架和后悬架对汽车转向特性有什么影响？（提示：加装横向稳定杆会增加相应悬架的刚度，汽车受侧向力作用时，该轴分配到的侧向力增加，左右轮垂直载荷变动量大，对应的侧偏刚度变小。前后轴、左右轮侧向力的分配）
7. 汽车转向轮摆振的原因有哪些？
8. 汽车为什么应具有不足转向特性？
9. 作用在转向轮上的回正力矩有哪些？

三、计算题

1. 某汽车轮距 L=1.4m，质心高度 h_g=0.686m，路面附着系数 $\varphi=0.6$，当汽车沿曲线半径为 40m 无倾斜的道路及有 10°侧倾角的道路上行驶时，求：①侧翻在侧滑之前还是在侧滑之后？②不发生侧滑的临界车速。
2. 某汽车的总重量为 20100N，$L=3.2$m，静态时前轴轴荷占 55%，后轴轴荷占 45%，$k_1=-38920$N/rad，$k_2=-38300$N/rad，确定该车的稳态转向特性。

1. 有条件的同学自己驾驶汽车在弯道上行驶，体会所驾汽车的转向特性，并与其他同学交流。
2. 分组收集改善汽车操纵稳定性的新结构，并制作 PPT 汇报。

7 汽车舒适性

 知识目标

1. 掌握汽车舒适性的概念与评价指标；
2. 了解 ISO2631-1：1997（E）标准规定的人体坐姿受振模型；
3. 熟记人体的敏感频率范围；
4. 掌握人体对振动的反应及平顺性的评价方法。

 能力目标

1. 会进行汽车振动系统的简化；
2. 能正确分析影响汽车平顺性的结构因素；
3. 会提出改善汽车平顺性的方案。

随着科技的进步和人类生活水平的提高，汽车作为最常用的载运工具和"活动房间"的功用正在日益扩大，人们对汽车舒适性的要求也越来越高。汽车在行驶过程中，由于自身及路面不平度等激励因素的存在，会使汽车产生振动。这种振动达到一定程度时，将使乘员感到不舒适和疲劳或使运送的货物损坏。因而有必要采取措施来改善汽车的舒适性，即通过各种措施保证乘坐者不舒适的感觉不超过一定界限和货物运输的安全。

汽车的舒适性包括行驶平顺性、车内噪声、空气调节和居住性等内容。汽车行驶平顺性是指汽车在一定的速度范围内行驶时，能够保证乘员不致因车身振动而引起不舒服和疲劳的感觉，对于载货汽车还有保持所运货物完整无损的性能。

保持振动环境的舒适性，以保证驾驶员在复杂的行驶条件下具有良好的心理状态和准确灵敏的反应，有利于保障行车安全、有利于汽车动力性的发挥；其次，振动产生的动载荷，会加速零件磨损，甚至引起损坏，降低汽车的可靠性和使用寿命；振动还引起附加的能量消耗，

使汽车的燃料经济性变差。因此,减少汽车的振动,不仅对保持乘坐舒适性和所运货物的完整性有利,而且有利于提高汽车运输生产率、行驶安全性、燃料经济性、使用寿命和工作可靠性。在坏路上行驶的汽车,这种影响更为重要。

7.1 人体对振动的反应与平顺性的评价

7.1.1 人体对振动的反应

机械振动对人体的影响,一方面取决于振动频率、振动强度、振动方向和暴露时间;另一方面也取决于人的心理、生理状态,而且心理品质和身体素质不同的人,对振动敏感程度有很大的差别。因此,振动对人体的影响长期以来缺乏公认的评价指标与允许的界限。

20 世纪 30 年代以来,人们在这一方面进行了许多试验研究工作。1974 年,国际标准化组织(ISO)在综合大量有关人体全身振动研究工作和文献的基础上,制定出了国际标准 ISO2631-1974(E)《人身承受全身振动的评价指南》。该标准的关键是给出了三个不同的感觉界限,即暴露界限、疲劳-降低工效界限和降低舒适性界限。该标准还明确给出了振动频率、振动强度、振动方向以及暴露时间对人体感觉的影响,提出了用 1/3 倍频带分别评价方法和总加权值方法来计算评价指标,这对全面系统地研究人体对振动的反应有着重大的指导意义。

但是该标准以短时间简谐振动的实验研究成果为基础制定的,把它扩展到汽车行驶过程(长时间的随机振动)以及其他一些冲击比较大的振动环境的适用性仍有争论,因此该标准不断地补充、修正,1997 年又公布了 ISO2631-1:1997(E)《人身承受全身振动评价-第一部分:一般要求》,此标准能与主观感觉更好地符合。

ISO2631-1:1997(E)标准规定的人体坐姿受振模型如图 7-1 所示。

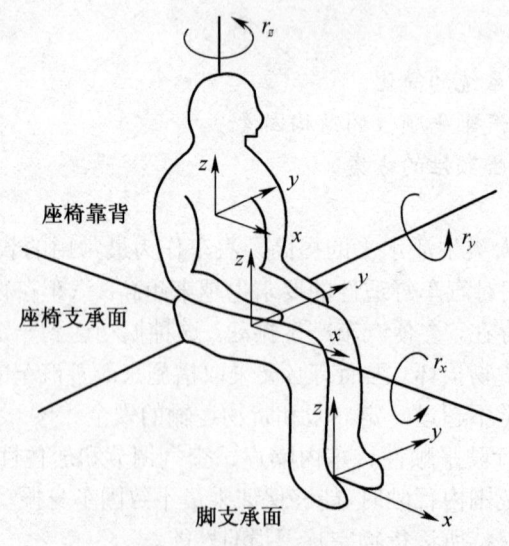

图 7-1 人体坐姿受振模型

模型表明:在进行舒适性评价时,除了考虑座椅支承面处输入点 3 个方向的线振动外,还考虑该点 3 个方向的角振动以及座椅靠背和脚支承面 2 个输入点各 3 个方向的线振动,总共

3个输入点、12个轴向的振动。该标准认为人体不仅对不同频率振动的敏感程度不同，而且对不同的输入点振动、不同的轴向振动也有差异。3个输入点、12个轴向振动的频率加权函数及相应的轴加权系数，见表7-1。

表7-1 频率加权函数及相应的轴加权系数

位置	坐标轴名称	频率加权函数	轴加权系数 k
座椅支承面	x_s	w_d	1.00
	y_s	w_d	1.00
	z_s	w_k	1.00
	γ_x	w_e	0.63
	γ_y	w_e	0.40
	γ_z	w_e	0.20
座椅靠背	x_b	w_c	0.80
	y_b	w_d	0.50
	z_b	w_d	0.40
脚支撑面	x_f	w_k	0.25
	y_f	w_k	0.25
	z_f	w_k	0.40

由表7-1各轴向的轴加权系数可以看出，座椅支承面处输入点3个线振动的轴加权系数$k=1$，是12个轴向中人体最敏感的，其余各轴向的轴加权系数均小于0.8。标准规定，当评价振动对人体健康的影响时，就考虑x_s、y_s、z_s这三个轴向，且x_s、y_s两个水平轴向的轴加权系数取$k=1.4$，比垂直轴向更敏感。标准还规定靠背水平轴向x_b、y_b可以由椅面x_s、y_s水平轴向代替，此时轴加权系数取$k=1.4$。

各轴向频率加权函数如图7-2所示。

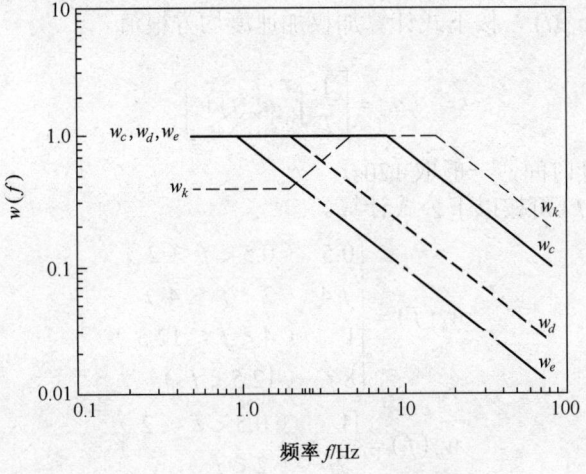

图7-2 各轴向频率加权函数

由图 7-2 可以看出，椅面垂直轴向 z_s 的频率加权函数 w_k 最敏感频率范围为 4～12.5Hz。在 4～8Hz 这个频率范围，人的内脏器官产生共振，而 8～12.5Hz 频率范围的振动对人的脊椎系统影响很大。椅面水平轴向 x_s、y_s 的频率加权函数 w_d 最敏感频率范围为 0.5～2Hz，大约在 3Hz 以下，水平振动比垂直振动更敏感，且汽车车身部分系统在此频率范围产生共振，故对水平振动应给予充分重视。

7.1.2 汽车行驶平顺性的评价方法

汽车行驶中，试验所得的振动加速度曲线是一条十分复杂的非周期曲线，如图 7-3 所示。

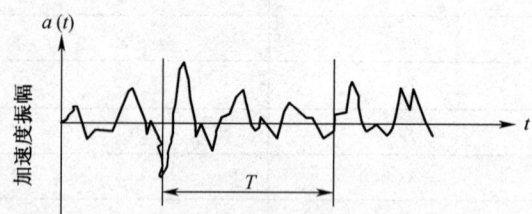

图 7-3 汽车驾驶员座垫处的加速度－时间曲线

由数学分析的理论可知：非周期函数可以看作是频率连续变化的周期函数叠加而成的。所以加速度曲线实际上包含了频率连续变化的周期性函数成分。其中，对人体振动有意义的频率范围是 0.5～80Hz。

ISO2631-1:1997（E）标准规定，汽车行驶平顺性评价方法包括基本评价方法与辅助评价方法。当汽车振动波形峰值系数（峰值系数是指加权加速度时间历程 $a_w(t)$ 的峰值与加权加速度均方根值 a_w 的比值）≤9 时，采用基本评价方法，即加权加速度均方根值来评价振动对人体舒适和健康的影响；反之，采用辅助评价方法，即加权加速度 4 次方和根值来评价。

1. 基本评价方法

加权加速度均方根值是按振动方向，根据人体对振动频率的敏感程度而进行加权计算的。各轴向加权加速度均方根值的计算方法有如下两种。

（1）对于图 7-3 记录的加速度时间历程 $a(t)$，通过相应频率权函数 $w(f)$ 的滤波网络得到加权加速度时间函数 $a_w(t)$，按下式计算加权加速度均方根值。

$$a_w = \left[\frac{1}{T}\int_0^T a_w^2(t)\mathrm{d}t\right]^{\frac{1}{2}} \qquad (7\text{-}1)$$

式中：T——统计持续时间，一般取 120s。

频率加权函数 $w(f)$ 可按以下公式计算。

$$w_k(f) = \begin{cases} 0.5 & (0.5 < f \leq 2) \\ f/4 & (2 < f \leq 4) \\ 1 & (4 < f \leq 12.5) \\ 8/f & (12.5 < f) \end{cases}$$

$$w_d(f) = \begin{cases} 1 & (0.5 < f \leq 2) \\ 2/f & (2 < f) \end{cases}$$

$$w_c(f) = \begin{cases} 1 & (0.5 < f \leq 8) \\ 8/f & (8 < f) \end{cases}$$

$$w_e(f) = \begin{cases} 1 & (0.5 < f \leq 1) \\ 1/f & (1 < f) \end{cases}$$

（2）对于图 7-3 记录的加速度时间历程 $a(t)$，进行频谱分析得到加速度自功率谱密度函数 $G_a(f)$，按下式计算加权加速度均方根值 a_w。

$$a_w = \left[\int_{0.5}^{80} w^2(f) G_a(f) \mathrm{d}f \right]^{\frac{1}{2}} \tag{7-2}$$

（3）当同时考虑椅面 x_s、y_s、z_s 这三个轴向振动时，三个轴向的总加权加速度均方根值 a_{wo} 按下式计算。

$$a_{wo} = \left[(1.4 a_{xw})^2 + (1.4 a_{yw})^2 + a_{zw}^2 \right]^{\frac{1}{2}} \tag{7-3}$$

式中：a_{xw}——前后方向（即 x 轴向）加权加速度均方根值，m/s²；

a_{yw}——左右方向（即 y 轴向）加权加速度均方根值，m/s2；

a_{zw}——垂直方向（即 z 轴向）加权加速度均方根值，m/s²。

（4）加权振级 L_{eq} 与加权加速度均方根值 a_w 换算

有些"人体振动测量仪"采用加权振级 L_{eq}，它与加权加速度均方根值 a_w 的关系，按下式换算。

$$L_{eq} = 20 \log \frac{a_w}{a_o} \tag{7-4}$$

式中：L_{eq}——一定测量时间内的加权加速度均方根对数值，即等效均值，dB；

a_o——参考加速度均方根值，$a_o = 10^{-6}$ m/s²。

a_w 与 L_{eq} 和人的主观感觉之间的关系，见表 7-2。

表 7-2 a_w 与 L_{eq} 和人的主观感觉之间的关系

加权加速度均方根值 a_w m/s²	加权振级 L_{eq} dB	人的主观感觉
<0.315	110	没有不舒适
0.315~0.63	110~116	有一些不舒适
0.5~1.0	114~120	相当不舒适
0.8~1.6	118~124	不舒适
1.25~2.5	112~128	很不舒适
>2.0	126	极不舒适

试验表明，汽车在正常行驶工况下，其平顺性的评价均适合用基本评价方法来评价。

2. 辅助评价方法

当峰值系数>9 时，标准规定用加权加速度 4 次方和根值（即振动剂量值）来评价，它能更好地估计偶尔遇到过大的脉冲引起的高峰值系数振动对人体的影响。振动剂量值（Vibration Dose Valve，VDV）按下式计算，其单位为 $m/s^{1.75}$。

$$VDV = \left[\int_0^T a_w^4(t)\mathrm{d}t \right]^{\frac{1}{4}} \tag{7-5}$$

7.2 汽车振动系统的简化与单质量系统的振动分析

7.2.1 汽车振动系统的简化

汽车是一个复杂的多质量振动系统。在汽车质心处建立的三轴空间坐标系上，汽车有垂直（Z 向）、纵向（x 向）与横向（y 向）的线振动和绕 y 轴线颠簸（φ）、绕 x 轴线摇摆（θ）以及绕 z 轴线横摆（γ）的角振动，座位上的驾驶员也承受此 6 个自由度的振动。为了方便分析，需要根据所分析的问题对由多质量组成的汽车振动系统进行简化。

1. 汽车 7 自由度振动系统的立体模型

通常，将汽车整车质量 m 分为悬挂质量 m_2 与非悬挂质量 m_1 两部分。悬挂质量是弹簧之上的质量，非悬挂质量是弹簧之下的质量。其他如传动轴、弹簧、直拉杆、减振器等的质量，因一端和弹簧之上质量连接，另一端与弹簧之下质量连接，故将其质量的一半计入悬挂质量，另一半计入非悬挂质量。对于非独立悬架，整个车桥和车轮都属于非悬挂质量。对于独立悬架，只包括车轮质量和悬挂系统中的一部分零件的全部或部分质量，显然比用非独立悬架时的非悬挂质量小得多。车轮经过具有一定弹性和阻尼的轮胎支承在路面上。因此，汽车振动系统的立体模型，如图 7-4 所示。在这个模型中，讨论平顺性时主要考虑车身质量垂直、俯仰、侧倾 3 个自由度，4 个车轮质量有 4 个垂直自由度，共 7 个自由度。

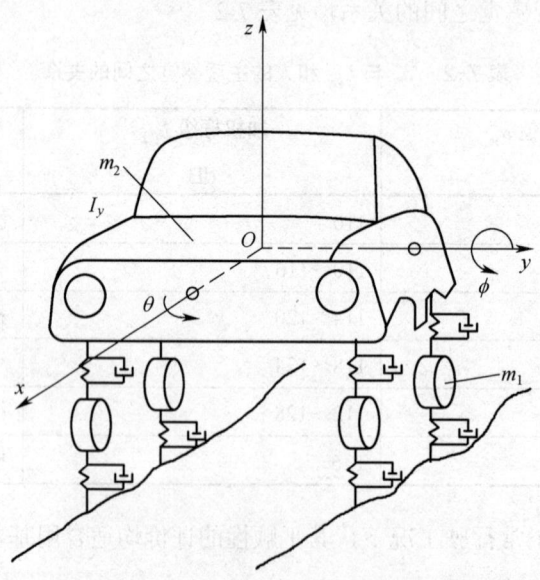

图 7-4 汽车 7 自由度振动系统的立体模型

2. 汽车 4 自由度振动系统的平面模型

假定汽车左右车轮遇到的是对称路面，而且汽车对称于纵向轴线，此时汽车没有横向角振动，只有垂直振动和绕轴的纵向角振动。把悬挂质量 m_2 分解为前轴上的质量 m_{2f}、后轴上的质量 m_{2r} 以及质心上的质量 m_{2c}，这三个质量由无质量的刚性杆连接。轮胎的阻尼较小可以忽略。在此情况下，汽车振动系统可简化为如图 7-5 所示的 4 自由度的平面模型。

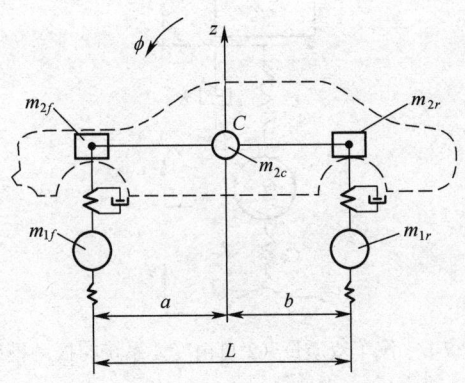

图 7-5　汽车 4 自由度振动系统的平面模型

前轴上的质量 m_{2f}、后轴上的质量 m_{2r} 以及质心上的质量 m_{2c} 的大小应同时满足 3 个条件：总质量不变、质心位置不变、对通过质心且垂直于汽车纵向平面的 y 轴的转动惯量 I_y 不变。分别表示为：

$$m_2 = m_{2f} + m_{2r} + m_{2c} \tag{7-6}$$

$$m_{2f}a - m_{2r}b = 0 \tag{7-7}$$

$$I_y = m_2\rho_y^2 = m_{2f}a^2 + m_{2r}b^2 \tag{7-8}$$

式中：ρ_y——绕横轴的回转半径，m；

a、b——悬挂质量中心（质心）至前、后轴的距离，m；

L——轴距，m；

解上面三式组成的方程组，得

$$m_{2f} = m_2 \frac{\rho_y^2}{aL}$$

$$m_{2r} = m_2 \frac{\rho_y^2}{bL} \tag{7-9}$$

$$m_{2c} = m_2 \left(1 - \frac{\rho_y^2}{ab}\right)$$

3. 汽车双质量（2 自由度）系统的振动模型

令 $\varepsilon = \dfrac{\rho_y^2}{ab}$，称为汽车悬挂质量分配系数。由式（7-9）可以看出，当 $\varepsilon = \dfrac{\rho_y^2}{ab} = 1$ 时，$m_{2c} = 0$。

据统计，大部分汽车 $\varepsilon = 0.8 \sim 1.2$，即接近 1。在 $\varepsilon = 1$ 的情况下，前、后轴上的集中质量 m_{2f}、m_{2r} 在垂直方向上的运动是相互独立、互不相关的。因为 $m_{2c} = 0$ 时，m_{2c} 产生的惯性力为 0。

当前轮遇到路面不平而引起振动时，前悬挂质量 m_{2f} 的振动不会引起后悬挂质量 m_{2r} 的振动，反之亦然。在这种特殊情况下，可以分别讨论图 7-4 中 m_{2f} 和 m_{1f} 以及 m_{2r} 和 m_{1r} 所构成的 2 个双质量系统的振动。

双质量系统振动模型如图 7-6 所示。

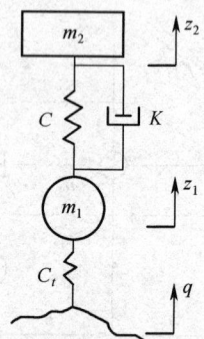

图 7-6　汽车双质量（2 自由度）系统的振动模型

4. 汽车单质量系统（车身）的振动模型

对于图 7-6 所示的双质量（2 自由度）系统的振动模型，在远离车轮固有频率（10～16Hz）的较低激振频率范围（如 5Hz 以下），轮胎动变形很小，忽略其弹性与车轮质量，得到分析车身垂直振动的最简单的单质量系统，如图 7-7 所示。

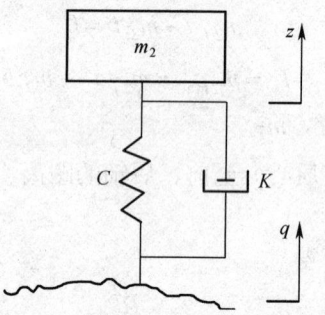

图 7-7　汽车单质量系统（车身）的振动模型

7.2.2　汽车车身单质量振动系统分析

汽车车身振动的单质量系统模型中，车身垂直位移坐标 z 的原点取在静力平衡位置，即已考虑了车身重力引起悬挂的静挠度。令车身质量为 m_2，弹簧刚度为 c，减振器阻尼系数为 k。液力式减振器的阻尼力近似地与振动物体速度的一次方成正比。根据牛顿第二定律，可写出系统运动的微分方程

$$m_2\ddot{z} = -k\dot{z} - cz \tag{7-10}$$

即

$$m_2\ddot{z} + k\dot{z} + cz = 0 \tag{7-11}$$

令 $2n = k/m_2$，$\omega_o^2 = c/m_2$，则上式可改写成如下的标准形式

$$\ddot{z} + 2n\dot{z} + \omega_o^2 z = 0 \tag{7-12}$$

这是一个二阶常系数线性齐次微分方程，微分方程的通解为

$$z = A_1 e^{s_1 t} + A_2 e^{s_2 t} \tag{7-13}$$

$$s_{1,2} = -n \pm \sqrt{n^2 - \omega_o^2} \tag{7-14}$$

阻尼对运动的影响取决于 n 和 ω_o 的比值 ψ，ψ 称为相对阻尼系数，可表示为

$$\psi = \frac{n}{\omega_o} = \frac{k/(2m_2)}{\sqrt{c/m_2}} = \frac{k}{2\sqrt{cm_2}} \tag{7-15}$$

汽车悬挂系统的 ψ 值通常在 0.25 左右，是属于 $\psi < 1$，即 $n < \omega_o$ 的情形。此时：

$$s_{1,2} = -n \pm j\sqrt{\omega_o^2 - n^2} \tag{7-16}$$

$$z = A_1 e^{-nt + j\sqrt{\omega_o^2 - n^2} \cdot t} + A_2 e^{-nt - j\sqrt{\omega_o^2 - n^2} \cdot t} \tag{7-17}$$

经整理后，得

$$z = A e^{-nt} \sin(\sqrt{\omega_o^2 - n^2} \cdot t + \alpha) \tag{7-18}$$

其中 A 和 α 为两个积分常数，它们由运动的初始条件确定。设在 $t = 0$ 时，$z = z_o$，$\dot{z} = v_o$，代入上式，可得

$$A = \sqrt{z_o^2 + \frac{(v_o + nz_o)^2}{\omega_o^2 - n^2}} \tag{7-19}$$

$$\tan \alpha = \frac{z_o \sqrt{\omega_o^2 - n^2}}{v_o + nz_o} \tag{7-20}$$

式（7-19）说明，有阻尼时，质量 m_2 以圆周频率 $\omega = \sqrt{\omega_o^2 - n^2}$ 振动，其振幅按 e^{-nt} 衰减，如图 7-8 所示。

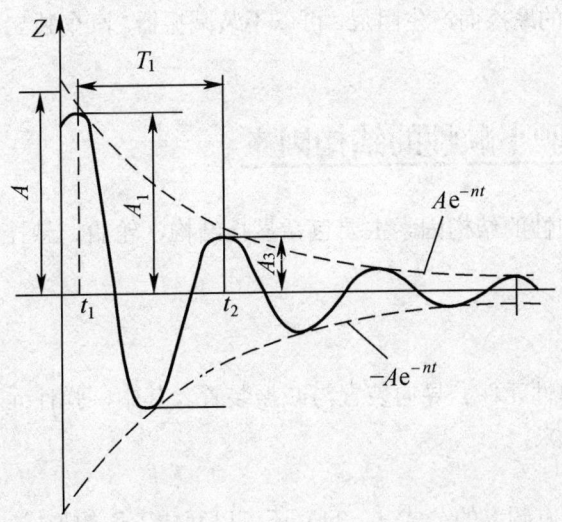

图 7-8　汽车衰减振动曲线

相对阻尼系数 ψ 对衰减振动有以下影响：

1. 使振动圆周频率 ω_d 略有下降

$$\omega_d = \sqrt{\omega_o^2 - n^2} = \omega_o\sqrt{1-\psi^2} \tag{7-21}$$

取汽车悬挂系统相对阻尼系数 $\psi = 0.25$，可算得 ω_d 比 ω_o 只下降 3%左右，即装了减振器后对振动频率无多大影响。故在工程上近似地取 $\omega_d = \omega_o$。

当不计减振器的影响，即阻尼系数 $k = 0$，相对阻尼系数 $\psi = 0$ 时，则 $\omega_d = \omega_o$。ω_o 为悬挂质量自由振动的固有圆频率，即：

$$\omega_o = \sqrt{\frac{c}{m_2}} \tag{7-22}$$

振动固有频率为：

$$f_o = \frac{\omega_o}{2\pi} = \frac{1}{2\pi}\sqrt{\frac{c}{m_2}} \tag{7-23}$$

2. 使振幅快速衰减

图 7-7 上一个整周期两个振幅 A_1、A_3 之比称为衰减率或减幅系数 d。

$$d = \frac{A_1}{A_3} = \frac{Ae^{-nt_1}}{Ae^{-n(t_1+T_1)}} = e^{nT_1} \tag{7-24}$$

此处的 T_1 为衰减振动的周期

$$T_1 = \frac{2\pi}{\omega_d} = \frac{2\pi}{\sqrt{\omega_o^2 - n^2}} = \frac{2\pi}{\omega_o}\frac{1}{\sqrt{1-\psi^2}} \tag{7-25}$$

将上式代入式（7-23），得

$$d = e^{\frac{2\pi\psi}{\sqrt{1-\psi^2}}} \tag{7-26}$$

按 $\psi = 0.25$，代入上式算得 $d = 5.058$。可见，减振器的作用可使振幅依次按等比级数大致为 5 的程度迅速衰减，这对提高汽车的行驶平顺性有利。汽车非独立悬挂多采用多片钢板弹簧，振动中由于叶片间的摩擦而产生阻尼，可以不装减振器。汽车独立悬挂，多利用螺旋弹簧，通常都必须装减振器。

7.3 影响汽车行驶平顺性的结构因素

影响汽车行驶平顺性的结构因素主要包括悬挂结构、轮胎、悬挂质量、非悬挂质量和座椅等方面。

7.3.1 悬挂结构

悬挂结构主要指弹性元件、导向装置与减振装置。其中，弹性元件与悬挂系统中的阻尼对汽车平顺性的影响较大。

1. 弹性元件

悬挂上质量振动固有频率的公式（7-24）还可以写成下面的形式：

$$f_o = \frac{1}{2\pi}\sqrt{\frac{cg}{m_2 g}} = \frac{1}{2\pi}\sqrt{\frac{c}{G_2}\cdot g} \approx \frac{5}{\sqrt{f_s}} \qquad (7\text{-}27)$$

式中：c——悬架刚度，N/cm；

G_2——悬架重力，$G_2 = m_2 g$，N；

g——重力加速度，981cm/s^2；

f_s——悬挂重力 G_2 作用下的悬挂的静挠度，$f_s = \dfrac{G_2}{c}$，以 cm 为单位。

悬挂静挠度，对于刚度不变的悬挂，是指在静载荷作用下的变形量；对于变刚度悬挂，则是指悬挂上的静载荷和与此相应的瞬时刚度之比。

悬挂系统振动固有频率 f_o 降低，可以减小由于不平路面的激励而引起乘员承受的加速度，是改善汽车平顺性的基本措施。这要求悬挂刚度 C 小，悬挂静挠度 f_s 增大，即采用软弹簧及低的轮胎气压，但弹簧过软在不平路面上行驶的动挠度 f_d 增大。为了防止汽车在不平路面上行驶时缓冲块经常冲击车架（这种现象常称为"悬架击穿"）而降低行驶平顺性，悬架还必须有足够的限位动行程$[f_d]$（由悬挂静平衡位置起至悬挂与缓冲块处相碰为止，悬挂允许的最大压缩行程）。但限位动行程$[f_d]$受汽车结构布置限制，不能太大，所以降低 f_o 是有限度的。

表 7-3 是目前大多数汽车悬挂系统的固有频率 f_o、静挠度 f_d、限位动行程$[f_d]$和阻尼比 ψ 的实用范围。

表 7-3 悬挂系统 f_o、f_d、$[f_d]$、ψ 的实用范围

车型	f_o（Hz）	f_d（cm）	$[f_d]$（cm）	ψ
轿车	1.2～1.1	15～30	7～9	0.2～0.4
货车	2～1.5	6～11	6～9	
大客车	1.8～1.2	7～15	5～8	
越野汽车	2～1.3	6～13	7～13	

此外，弹簧过软会使悬挂下质量高频振动的振幅加大。轿车在不平路面上某速度下行驶时，车身很平稳而车轮急速跳动即是这种现象。大幅度的车轮振动，会使车轮离开地面，车轮定位角也会发生显著变化；在紧急制动时，汽车"点头"现象严重；在转弯时，因悬架侧倾刚度的降低，车身容易产生较大的侧倾角。

汽车前后悬架系统刚度的匹配对汽车平顺性也有较大的影响。一般希望前、后悬架系统的固有频率接近相等，这可以通过选择前、后悬架刚度来实现。为了减小车身纵向角振动，通常将前悬架的固有频率选得略低于后悬架的固有频率。

对于刚度不变的悬架（线性悬架），其车身振动固有频率将随装载质量的变化而改变，尤其是后悬架载质量变化较大的货车和大客车。这种变化使汽车空载或部分载荷时前、后悬架振动固有频率过高，导致车身剧烈颠簸，平顺性变差。为此，可采用变刚度悬架（非线性悬架），即悬架的刚度可随载荷的改变而改变，以保证汽车在各种载荷情况下，车身振动的固有频率基本不变或变化不大，从而明显地改善汽车的行驶平顺性。例如，某货车在满载时，后悬架的载荷约为空车的 4 倍多，假定悬架刚度不变，若满载时的静挠度等于 10cm 时，则空车时的静挠度将不到 2.5cm。不难算出，满载时的振动频率为 1.6Hz，而空车时的频率则为 3.2Hz。显然，

空车时的振动频率过高,已接近人最容易感到疲劳的频率范围(4~8Hz),使平顺性变差。如果采用变刚度悬架,使空车时的刚度比满载时的低,就会降低空车的振动频率而改善汽车行驶的平顺性。现代货车在后悬架上采用钢板弹簧加副簧即为此种最简易的办法。在载荷变动量较大的货车和大客车上,采用可以自动调节车身高度的变刚度悬架,如空气悬架等是比较理想的,其载荷变形曲线如图7-9所示。

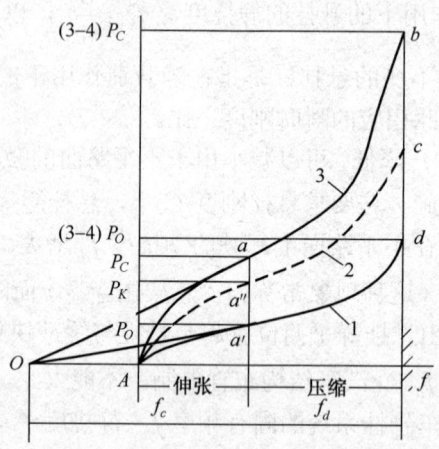

1—静载荷为空载; 2—静载荷为半载; 3—静载荷为满载

图7-9 变刚度悬架特性曲线

图7-9画出了有代表性的三条曲线。曲线1、2和3分别表示静载荷值为空载、半载和满载时的情况。由于不同静载荷下,悬架可沿不同的特性曲线工作,虽然载荷发生了变化,但静变形、静挠度均保持不变,因而车身高度不变,且各种载荷下的固有频率不变。

这些曲线在悬架行程中各点的斜率也是不同的,即悬架刚度还随行程而变化。一般是在静载时(行程中间位置)刚度小,而在离静载荷较远的两端,如在压缩行程b、c、d处和伸张行程的A点处的刚度就较大。这样,悬架从静载荷位置起,变形到缓冲块与车架接触为止的有限的限位动行程范围内,曲线之下的面积较大,吸收的功多,悬架的动容量较大,缓冲块发生碰撞的可能性减小。

2. 悬挂系统的阻尼

悬架系统应具有适当的阻尼。其作用是衰减车身自由振动,减小车身、车轮的共振,以减小车身垂直振动的加速度、减小车轮的振幅、减小车轮对地面压力的变化、防止车轮跳离地面,可以提高汽车的行驶平顺性,改善汽车的操纵稳定性,有利于行车安全。因此,使用中应防止减振器不起作用。在行驶一段路程后,用手摸减振器外壳,应感到外壳温度高于环境温度,否则减振器已经工作不正常,应及时维修。

悬架系统阻尼的来源有相对运动的摩擦副中的摩擦、轮胎变形时橡胶分子间的摩擦、减振器的阻尼。

对于各种悬架结构,以钢板弹簧悬架的干摩擦最大,钢板弹簧叶片数目越多,摩擦越大。所以,有的汽车采用钢板弹簧悬架时,可以不装减振器,但阻尼力的数值很不稳定,钢板生锈后阻力过大,不易控制。而采用其他内摩擦很小的弹性元件(如单片钢板弹簧、螺旋弹簧、扭杆弹簧等)的悬架,必须使用减振器,以吸收振动能量,使振动迅速得到衰减。

为了使减振器阻尼效果好,又不传递较大的冲击力,常把压缩行程的阻尼和伸张行程的阻尼取得不同。在悬架压缩行程内,减振器阻尼力应较小,以便充分利用弹性元件的弹性,减少减振器传递的路面冲击力,应选择较小的相对阻尼系数ψ_c;在悬架伸张行程内,减振器阻尼力应较大,以求迅速衰减振动,应选择较大的相对阻尼系数ψ_e。一般减振器的ψ_c与ψ_e之间的关系为

$$\psi_c = (0.25 \sim 0.5)\psi_e \tag{7-28}$$

单向作用减振器时,减振器压缩行程无阻尼,只在伸张行程有阻尼作用。

对于不同的悬架固有频率及不同的使用条件,满足平顺性要求的相对阻尼系数应有所不同。对于固有频率较低、路面又较差的,动挠度会相当大,为减少悬架撞击限位块的概率,相对阻尼系数应取偏大值。

7.3.2 轮胎

轮胎对行驶平顺性的影响取决于轮胎的径向刚度、轮胎的展平能力以及轮胎内摩擦所引起的阻尼作用。

轮胎也是一个弹性元件,由于轮胎的作用,悬架刚度比弹簧刚度减小10%~15%。在弹簧刚度不变的情况下,减少轮胎的径向刚度,悬架刚度下降,悬架的固有频率下降,从而提高行驶平顺性。

当汽车在不平路面上行驶时,由于轮胎变形的影响,轮胎位移曲线较道路断面轮廓要圆滑平整,其长度较道路坎坷不平处的实际长度大,而曲线的高度则较道路不平的实际高度小,这就是轮胎的展平能力。轮胎的径向刚度越小,这种展平作用越明显。展平作用大,可使车身的振动减小,并可使车轮的高频共振在更高的车速下才会发生。

减小轮胎的径向刚度,轮胎的径向变形较大,轮胎的接地面积增加,这对提高轮胎对路面的附着能力有利,此外还使轮胎内摩擦消耗的功多,使悬架对振动的衰减作用增强。

需要注意的是,不应通过随意地降低轮胎气压来减小轮胎的径向刚度。因为这样会使车轮的侧偏角加大,可能导致汽车操纵稳定性变差。同时,还使滚动阻力增加,轮胎寿命降低。

7.3.3 悬挂质量

一般来说,汽车的悬挂质量越大,汽车行驶的平顺性越好,这是由于车身振动和加速度降低。

减少公共汽车和载货汽车的悬挂质量。由于车身的低频振动加速度增加,会大大降低行驶平顺性。在此情况下,为了保持良好的行驶平顺性,应采用等挠度悬架,使悬架刚度随悬挂质量的减小而减小。

另外,悬挂质量的布置应尽量使悬挂质量分配系数$\varepsilon = 1$,以减少前、后悬挂质量振动的联系。

7.3.4 非悬挂质量

减小非悬挂质量可降低车身的振动频率,增高车轮的振动频率。这样就使低频共振与高频共振区域的振动减小,而将高频共振移向更高的行驶速度,对行驶平顺性有利。

其次减小非悬挂质量，还将引起高频振动的相对阻尼系数增加，因而减振器所吸收的能量减少，工作条件可以获得改善。非悬挂质量可因悬架导向装置型式而改变，采用独立悬架，可使非悬挂质量减小。

常用非悬挂质量与悬挂质量之比评价非悬挂质量对行驶平顺性的影响。比值越小，行驶平顺性越好。对于现代轿车该比值为 10.5%～14.5%，可以保证良好的行驶平顺性。

7.3.5　座椅

考虑悬挂、轮胎、座椅的弹性与阻尼的 3 自由度振动简化模型，如图 7-10 所示。

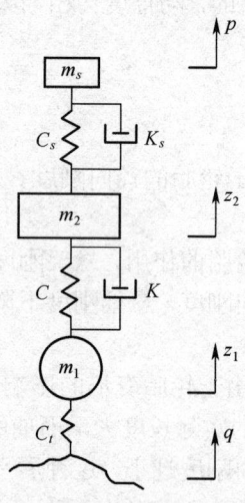

图 7-10　在车身－车轮双质量系统上附加的"人体－座椅"子系统的振动模型

座椅的布置对乘员的疲劳程度有很大的影响。实际感受和试验表明：座椅接近车身的中部，越接近于质心，乘员感到的振动越小。座椅位置常由它与汽车质心间的距离来确定，用座椅到汽车质心距离与汽车质心到前（后）轴的距离之比评价座位的舒适性。该比值越小，车身振动对乘客的影响越小。

对载货汽车和公共汽车，座椅在高度上的布置也是重要的。为了减小水平纵向振动的振幅，应尽量减小座椅与汽车质心在高度上的差别。

弹簧座椅刚度的选择要适当，使人-座椅系统的固有频率不在最敏感的频率范围（4～12.5Hz）内，又要尽量不与车身的振动频率重合，以减小共振，一般可控制约为 3Hz。

人－座椅系统的相对阻尼系数希望达到 0.2 才有较好的减振效果，用高阻尼材料制成的泡沫坐垫相对阻尼系数可达 0.3～0.4。

座椅阻尼有减少乘员振动固有频率的作用。如果再把人体本身的减振效果考虑进去，固有频率还会降低。为避免与车身的振动频率重合，人-座椅系统无阻尼时的固有频率可以再高一些。例如用泡沫制成的坐垫，其固有频率取 5～6Hz。

对于具有较硬悬架的汽车，可采用较软的坐垫。对于具有较软悬架的汽车，可采用较硬的坐垫。

总之，影响行驶平顺性的结构参数很多，且其关系错综复杂，必须对这些参数进行综合分析，以便正确选择参数，提高汽车行驶的平顺性。

7.4 汽车车内噪声

汽车车内噪声指的是行驶汽车车厢内存在的各种噪声。车厢内噪声极易使乘车人员感到疲劳，对汽车的舒适性有很大影响。

7.4.1 汽车车内噪声的产生

从声源来看车内噪声和车外噪声的来源基本相同，即发动机噪声、进排气噪声、底盘噪声等。这些噪声源的噪声能经由空气和固体两个传播途径传入车内，如图7-11所示。

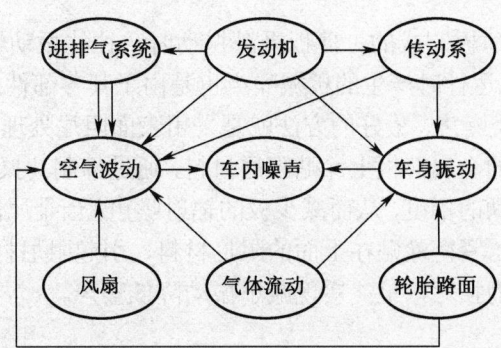

图 7-11　汽车车内噪声的主要来源与传播途径

研究表明，车厢外的噪声向车厢内的传播是按空气传播规律进行的，具体的途径有两个：

第一个途径是通过车厢壁板（包括地板、顶板和四周的壁板），门窗上所有的孔、缝，直接传入车厢内，称为空气传播。

第二个途径是车厢外的声源或振动源作用于车身壁板，激发壁板振动，并向车厢内辐射噪声，称为固体传播。

车厢内的噪声实际上是直达声和多次反射声叠加的结果，车厢内的总噪声应该是由固体声、空气声和混响声组成的。

7.4.2 汽车车内噪声的控制

汽车上几乎所有的噪声源都对车内辐射噪声，加上车身自身产生的噪声及车身对外部噪声的放大作用，所以车内噪声控制是一项相当复杂的工作。但归纳起来有减弱声源强度、隔绝传播途径和吸声处理等几个方面。

1. 消除或减弱噪声源的噪声辐射

降低每一个噪声源辐射能量，对车内噪声控制都是有利的。如对发动机采取屏蔽处理可以达到显著的降噪效果，大客车采用发动机屏蔽罩，并在屏蔽罩壁板涂敷阻尼层，可降低车内噪声9～10dB。

2. 隔绝传播途径

利用隔振、隔声和密封等措施来隔绝噪声传播途径。利用具有弹性和阻尼的材料来隔断振源与车身之间的振动传递；利用涂布、阻尼粘胶等来改善车身壁板隔声性能，并辅以密封措施减小车室壁板的孔隙数和尺寸，从而可阻断固体传声和削弱气体传声。这些措施均可以减弱汽车行驶过程中传入车内的噪声。

3. 吸声处理降低车内混响声

对车室顶棚、底板和侧壁采用吸声处理，如选用软内饰、衬垫时尽量使用本身吸声性能好的材料，同时综合考虑隔声和阻尼，都可起到降低车内混响声的作用。

4. 防止或消除车室共鸣与风振

调整设计车身固有频率，有效利用吸声材料或在激振力—传递系统—声发射系统上调节振动特性，来改善车室空腔共鸣问题。

消除风振的措施可在车窗部分设置适当的覆盖物，防止卡门涡流对窗框的冲击等。

5. 表面阻尼处理

汽车的壳体是由金属薄板制成的。薄板受激振动时，往往振动辐射噪声成为机器的主要噪声源。同时汽车和发动机运行时产生的机械噪声也是由于其各部件的振动及其相互作用产生的。为有效降低或控制这类噪声，最好的方法就是采用表面阻尼处理结构减小振动。阻尼减振降噪的方法是在发生振动的金属薄板上涂贴阻尼材料，通过抑制其振动降低噪声。原理是阻尼层减少了金属薄板弯曲振动的幅度，从而减少板的辐射噪声。当金属薄板受激发而产生弯曲振动时，其振动能迅速传递给紧密涂贴在上面的阻尼材料，引起阻尼材料内部相应错动和摩擦，从而使振动能量变为热能而损耗，最终实现减小振动降低噪声。

7.5 汽车车内空气调节与居住性

汽车车内空气调节的目的是使车内空气经常保持乘员舒适的状态。居住性是将座椅、转向盘、仪表等合理地布置在汽车的有限居住空间内，选用舒适的内饰材料及其色彩，营造一种特殊的生活环境，以适应各种人体特征和心理的要求。

7.5.1 汽车车内空气调节

为了使乘车人员保持舒适的状态，必须在车内进行空气调节，使车厢里的空气温度、湿度、流速和清洁度等项指标，保持在一定的范围内。主要表现在以下方面：

1. 人体的温度感觉

人体在不断地产生和散发热量，以此维持体温恒定不变的热平衡，在各季节中均能获得这种平衡，便可以认为处于舒适状态。

对温度进行感性评价时，夏天常用不适指数这一指标。

不适指数＝（气温＋湿球温度）×0.42＋40.6

气温一定时，降低湿度（湿球温度低）会使皮肤表面的汗加快蒸发，人感觉凉快。当不适指数超过 80 时，会有酷热的感觉，使判断和操作机能迟钝。

2. 空气舒适感的多种因素

（1）车内处于如下状态，人会感到舒适。

冬季温度 16℃～20℃，湿度 55%～70%；夏季温度 19℃～23℃，湿度 60%～75%。

（2）车内应有足够的新鲜空气，以防止乘车人员疲劳、头痛和恶心。对于每位乘客所需的空气更换量，冬季约为 20～30m^3/h，夏季的空气更换强度应比冬季高 2～3 倍。如果没有足够的空气更换，车厢内很快就会聚集水汽、二氧化碳。车厢里一氧化碳的含量不应超过 0.01mg/L，二氧化碳的含量则不宜超过 1.5mg/L。

（3）车内空气流动应均匀，车厢内各部分的空气流速差不应太大，无穿堂风和大的涡流循环，只能在车厢上部允许有局部涡流。在乘客头部水平的空气流速，冬季（车内温度 22℃时）不大于 0.15m/s，夏季（车内温度 26℃时）不大于 0.5m/s。

（4）清除车内的灰尘、烟雾和异味，增加舒适性。

7.5.2　居住性

为了确保长时间行驶而不感到疲劳，要求汽车有良好的居住性。主要表现在以下几个方面：

1. 必要的居住空间

车内空间应保证乘员能根据需要变化姿势。车内结构要符合人体工程学要求，进行合理布局。操作机构方便，省力，座椅可调。一般驾驶员座椅的前后调节量应为 90～140mm，上下调节量为 30～60mm，座角与水平面夹角变化量在 5°～10° 之间，靠背调节量可为 3°～8°。长途客车座椅靠背可以倾斜到 25° 以上，以便于乘客休息，座椅靠背的结构应相应地采用头枕式。

2. 车内装饰与软化

车内结构的造型还要符合美学的要求，表面进行软化处理，以保证在汽车振动时，防止乘员由于触及车内装备件而受伤。

3. 视野宽阔

尽可能减少驾驶员看不见的死角，提高乘员的外视能力，仪表和信号灯的视认性好，有足够的夜间照明。

4. 良好的密封性，隔热、隔振能力，较低的噪声和合适的音响

5. 合适的色彩

汽车车身及内部装饰件的色彩对人的感受有很大影响。不同色调对人引起的心理感觉是不同的。不同人，不同心理状态，或不同民族及风俗习惯，对色彩的心理反映也是不同的。因而，在汽车色彩设计或选购汽车时，应充分考虑上述区别，以便满足人的心理需求和减轻疲劳，保证行车安全。

本章小结

1. 汽车的舒适性包括行驶平顺性、车内噪声、空气调节和居住性等内容。

2. ISO2631-1:1997（E）《人身承受全身振动评价-第一部分：一般要求》，此标准能与主观感觉更好地符合。许多国家都参照它进行汽车平顺性的评价，我国参照相应标准制定了 GB/T4970-1996《汽车平顺性随机输入行驶试验方法》，建立了自己的汽车平顺性评价标准。对于人体振动的评价用加权加速度均方根值 a_w，并分别用 a_{zw}、a_{yw}、a_{xw} 表示垂直方向、左右方向和前后方向振动的加权加速度均方根值，或用三轴向加权加速度均方根的矢量和即总加权加速度均方根值，用 a_{wo} 表示。对货车车厢振动的评价用加速度均方根值 $a_{r.m.s}$ 和加速度功率谱密度函数 $G_a(f)$。

在良好路面上行驶时，座垫上人体主要承受的振动是垂直振动。对于垂直振动，人体最

敏感的频率是 4～12.5Hz，即在同样感觉界限、同样暴露时间的情况下，频率为 4～12.5Hz 时允许的加速度均方根值最小。

3. 汽车振动系统根据研究问题的需要可分别简化为 7 自由度、4 自由度、2 自由度等振动模型。通常，汽车整车质量 m 分为悬挂质量 m_2 与非悬挂质量 m_1 两部分。

减振器的主要作用是使车身自由振动很快地衰减，在受到不平路面激励时，能减少车轮及车身的共振，提高平顺性。

4. 影响汽车行驶平顺性的结构因素主要包括悬挂结构、轮胎、悬挂质量、非悬挂质量和座椅等方面。

悬挂上质量振动固有频率的公式 $f_o = \dfrac{5}{\sqrt{f_s}}$。悬挂静挠度 f_s，对于刚度不变的悬挂，是指在静载荷作用下的变形量；对于变刚度悬挂，则是指悬挂上的静载荷和与此相应的瞬时刚度之比。

汽车前后悬架系统刚度的匹配对汽车平顺性也有较大的影响。一般希望前、后悬架系统的固有频率接近相等。为了减小车身纵向角振动，通常将前悬架的固有频率选得略低于后悬架的固有频率。

5. 汽车车内噪声指的是行驶汽车车厢内存在的各种噪声。车厢内噪声极易使乘车人员感到疲劳，对汽车的舒适性有很大影响。

6. 空气调节的目的，是使车内空气经常保持乘员舒适的状态。居住性是将座椅、转向盘、仪表等合理地布置在汽车的有限居住空间内，选用舒适的内饰材料及其色彩，营造一种特殊的生活环境，以适应各种人体特征和心理的要求。

知识训练

1. 汽车舒适性包括哪几个方面？
2. 人体对振动的评价指标是什么？
3. 人体对垂直振动、水平振动的敏感频率范围是多少？
4. 简述汽车振动系统的简化原则，通常可将汽车作怎样的简化？
5. 解释线性悬挂、非线性悬挂、悬挂静挠度、悬挂质量分配系数的含义。
6. 简述汽车减振器的作用。
7. 汽车悬挂系统振动频率如何计算？
8. 回答汽车车内噪声的产生原因及控制措施。
9. 简述悬挂结构、悬挂系统的阻尼及轮胎对汽车行驶平顺性的影响。
10. 对空气进行调节和保证居住性的要求有哪些？

能力训练

分组讨论汽车行驶平顺性对汽车其他使用性能的影响。

8

汽车通过性

1. 掌握汽车通过性的概念;
2. 掌握汽车通过性的评价指标。

1. 能说出汽车通过性的结构参数、尺寸参数对汽车通过性的影响;
2. 能提出改善汽车通过性的措施。

汽车通过性(亦称越野性),是指在一定载质量下,汽车能以足够高的平均车速通过各种坏路和无路地带以及克服各种障碍的能力。坏路和无路地带,是指松软土壤、沙漠、雪地、沼泽等松软地面和坎坷不平地段;各种障碍,是指陡坡、侧坡、台阶、壕沟等。

汽车通过性可分为牵引支承通过性和几何通过性。牵引支承通过性反映汽车通过松软土壤、沙漠、雪地、冰面、沼泽等地面的能力;几何通过性反映汽车通过坎坷不平路段和障碍(如陡坡、侧坡、台阶、壕沟等)的能力。

汽车在松软地面上行驶时,一方面驱动轮对地面施加向后的水平作用力,使地面发生剪切变形,相应的剪切变形所构成的地面水平反作用力,称为土壤推力。它常比在一般硬路面上的附着力要小得多。另一方面,由于轮胎对土壤的压实、推移作用产生压实阻力、推土阻力,以及弹性轮胎变形产生迟滞损失阻力。它要比在硬路面上的滚动阻力大得多。汽车往往不能满足行驶附着条件的要求,这是松软地面影响汽车通过性的主要原因。汽车在陡坡、侧坡、台阶、壕沟等障碍路段行驶时,由于汽车越障能力不足而影响汽车的通过性。军用汽车、农用汽车以及在建筑工地、林区使用的汽车,经常行驶在坏路和无路地面以及有障碍的路段上。因此,要求这些汽车应具有良好的通过性。

8.1 汽车通过性的评价指标

汽车通过性的评价指标分为汽车牵引支承通过性的评价指标和汽车几何通过性的评价指标两类。

8.1.1 汽车牵引支承通过性的评价指标

汽车牵引支承通过性的主要评价指标包括附着质量、附着质量系数与接地比压。

1. 附着质量和附着质量系数

附着质量是指汽车驱动轴载质量。

附着质量系数是指汽车附着质量与汽车总质量之比。

很显然，附着质量、附着质量系数越大，汽车在附着系数小的路上行驶，有利于汽车最大驱动力的发挥，减少车轮滑转的可能性，能提高汽车的通过性。为了提高汽车的通过性，应对汽车附着质量系数有明确的要求。如意大利对 4×2 牵引车组成的汽车列车的附着质量系数规定为 0.27，英国规定为 0.263。

2. 接地比压

接地比压是指车轮对地面的单位压力，即车轮上的负荷与轮胎接地面积之比。

汽车在松软地面上行驶的滚动阻力系数和附着系数都与接地比压有关。接地比压小，轮辙深度小，汽车的行驶阻力就小。同样，当汽车行驶在粘性土壤和松软雪地上时，降低接地比压，可使得车轮接地面积增加，提高地面承受的剪切力，附着系数可以提高，使车轮不易滑转，提高汽车的通过性。

8.1.2 汽车几何通过性的评价指标

汽车与不规则地面的间隙不足，可能会出现汽车被托住而无法通过的现象，称为间隙失效。间隙失效主要有"触头失效"、"托尾失效"、"顶起失效"等形式。触头失效是汽车前端触及地面的间隙失效。托尾失效是汽车车尾触及地面的间隙失效。顶起失效是汽车中间底部的零件碰到地面，而被顶住的间隙失效。

汽车几何通过性的评价指标是与防止间隙失效有关的汽车本身的几何参数，主要包括最小离地间隙、接近角、离去角、纵向通过角、汽车的最小转弯直径和内轮差、转弯通道圆及车轮半径。

1. 汽车最小离地间隙 h_{min}

汽车满载时，汽车中间区域内的最低点到汽车支承平面（地面）的距离，称为汽车最小离地间隙。中间区域是指平行于汽车纵向对称平面且与其等距离的两平面之间所包含的部分，两平面之间的距离为同一轴上两端车轮内缘最小距离的 80%，如图 8-1 所示。

汽车最小离地间隙表示汽车无碰撞地越过石块、树桩等低矮障碍物的能力。汽车的发动机油底壳、驱动桥壳或前悬架的下摆臂等部位通常有较小的离地间隙，一旦与地面相碰造成损坏，不仅无法继续行驶，而且损失巨大。越野汽车一般有较大的最小离地间隙。

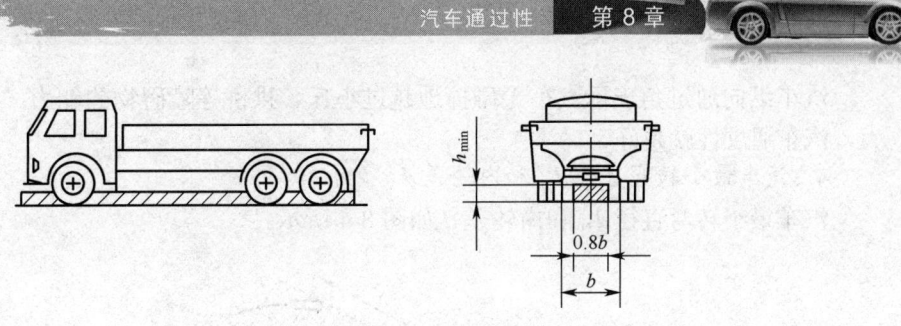

图 8-1 汽车最小离地间隙 h_{min}

2. 汽车接近角 α 与汽车离去角 β

汽车接近角是指切于静载前轮轮胎外缘且垂直于汽车纵向对称平面的平面与汽车支承平面之间所夹的最大锐角，前轴前方任何固定在汽车上的刚性部件均在此平面的上方，如图 8-2（a）所示。

汽车离近角是指切于静载汽车最后车轮轮胎外缘且垂直于汽车纵向对称平面的平面与汽车支承平面之间所夹的最大锐角，位于最后车轴后方的任何固定在汽车上的刚性部件均在此平面的上方，如图 8-2（b）所示。

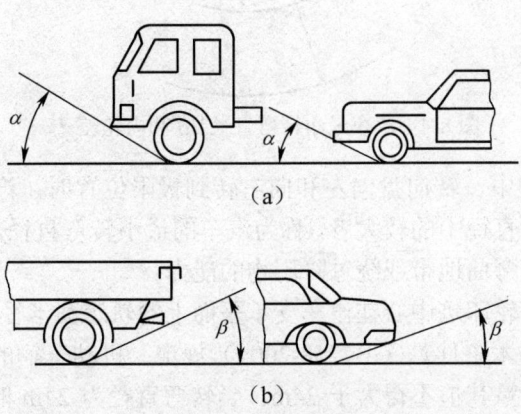

图 8-2 汽车接近角 α 与汽车离去角 β

汽车的接近角与离去角表示汽车接近或离开障碍物（如地面凸起物、沟洼地）或陡坡时不发生碰撞的可能性。汽车的接近角与离去角越大，汽车通过性就越好。

3. 汽车纵向通过角 θ

当分别切于静载车轮前后轮胎外缘且垂直于汽车纵向对称平面的两平面交于车体下部较低位置时，车轮外缘两切面之间所夹的最小锐角，称为汽车纵向通过角，如图 8-3 所示。

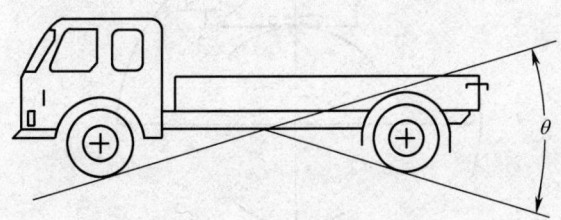

图 8-3 汽车纵向通过角 θ

汽车纵向通过角表示汽车无碰撞地越过小丘、拱桥等障碍物的能力。汽车纵向通过角越大，汽车通过性就越好。

4. 汽车最小转弯直径d_H和内轮差d

汽车最小转弯直径d_H和内轮差d如图8-4所示。

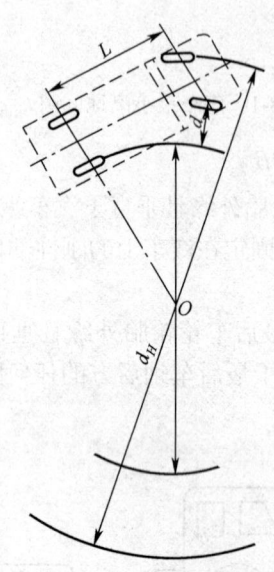

图8-4 汽车最小转弯直径d_H和内轮差d

汽车在转向行驶过程中，转向盘向左和向右转到极限位置时，汽车外转向轮印迹中心在汽车支承平面上的轨迹圆直径中的较大者，称为汽车的最小转弯直径，它表示汽车在最小面积内的回转能力和通过狭窄弯曲地带或绕过障碍物的能力。

前转向轴和末轴的内轮印迹中心在汽车支承平面上的轨迹圆半径之差，称为内轮差。

《机动车运行安全技术条件》（GB7258-2004）规定：机动车辆的最小转弯直径，以前外轮轨迹中心线为基线，测量其值不得大于24m。当转弯直径为24m时，前转向轴和末轴的内轮差（以两内轮轨迹中心线计）不得大于3.5m。

5. 汽车转弯通道圆

汽车的转向盘转至极限位置时，下述两圆之间的通道为汽车转弯通道圆：汽车所有点在汽车支承平面上的投影均位于圆外的最大内圆和包含汽车所有点在汽车支承平面上的投影均位于圆内的最小外圆，如图8-5所示。

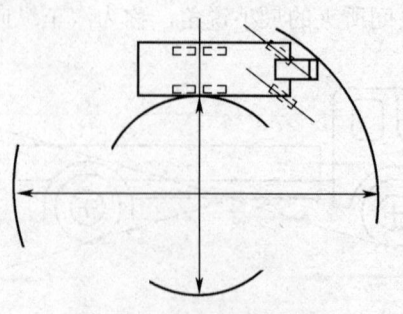

图8-5 汽车转弯通道圆

汽车有左转弯通道圆和右弯通道圆。汽车转弯通道圆的最大内圆直径越大，最小外圆直径越小，汽车所需的通道宽度越窄，通过性就越好。

6. 汽车车轮半径 r

汽车克服垂直障碍物（台阶、壕沟）的能力与车轮半径有关。对于后轮驱动的汽车，在驱动力和附着力足够的条件下，能克服垂直障碍物的最大高度为 $h=\frac{2}{3}r$，如图8-6（a）所示；对于双轴驱动的汽车，$h \approx r$，如图8-6（b）所示。

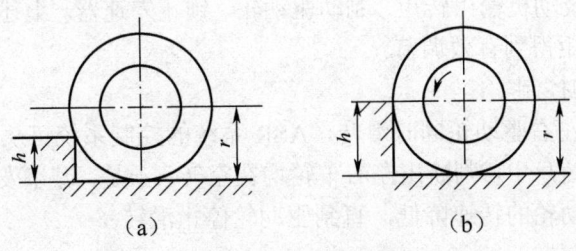

图 8-6 汽车克服垂直障碍物高度 h

若壕沟的边缘足够结实，一般结构的双轴汽车所能越过的壕沟宽度 $b=r$；对于双轴驱动的汽车，这个数值大约为 $1.2r$。如图8-7所示。

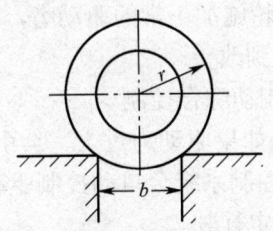

图 8-7 汽车越过壕沟宽度 b

8.2 提高汽车通过性的主要措施

8.2.1 改进汽车结构

1. 采用驱动防滑系统

汽车在泥泞路段或冰雪路面上行驶时，常因路面的附着系数较小，出现驱动轮滑转的现象。

（1）驱动轮滑转的危害

汽车驱动轮滑转时，产生的驱动力很小，特别是当驱动轮原地空转时，产生的驱动力为0，汽车不能前进（汽车驱动轮陷入泥坑时）。汽车驱动轮（一侧或两侧）滑转后，汽车总的驱动力不足以克服行驶阻力，使汽车通过坏路的行驶能力受到限制，影响汽车动力性的发挥。汽车驱动轮滑转时，抵抗侧向力的能力下降，当遇有侧向风或横向斜坡时，极易使汽车发生侧滑，影响汽车的横向稳定性。驱动轮滑转增加了轮胎的磨损，降低了轮胎的使用寿命。

（2）驱动防滑系统的工作原理

随着汽车电子技术的发展，汽车驱动防滑系统（Acceleration Slip Regulation，ASR）在现代汽车上得到应用。汽车驱动防滑系统 ASR 是电子防抱系统 ABS 的延伸。ABS 可保证汽车制动过程中的稳定性和转向性,ASR 则可保证汽车驱动过程中的稳定性和转向性。因此,ASR 是保证驱动-附着条件,充分发挥驱动力,保障汽车的驱动稳定性的装置。在现代汽车的 ABS 系统中,电子控制装置设有与 ASR 的电子控制装置交换信号的接口电路,为 ASR 系统的应用提供了便利条件。ASR 系统也可独立装车使用,不受 ABS 系统的限制。

ASR 系统的主要功能是能自动调节驱动轮上的力矩,使驾驶员的工作强度减小,稳定性及操纵性得到保障,驱动力的发挥得到改善。该系统保持驱动轮处于最佳滑转范围内的控制方式有以下几种:调节发动机输出转矩、制动驱动轮、锁止差速器。上述控制方式的最终效果均使驱动轮上的驱动力矩得到有效调节。

1) 发动机转矩的控制

如果驱动过程中左右驱动轮同时滑转,ASR 系统的控制系统可从前、后车轮速度传感器传来的转速差极大的信息中,判断出左右车轮均在空转。于是,减小发动机供油量,相应降低其输出转矩,使得驱动轮的转速降低,直到驱动轮停止滑转。

2) 驱动轮制动控制

汽车行驶中若出现一侧车轮滑转超过规定值时,控制系统向差速制动阀和制动压力调节器发出控制指令,对滑转的车轮施加制动,使得滑转的车轮减速,当其减速至规定值后,停止对其控制。若又开始滑转,则重复上述循环过程。在整个过程中,一方面对滑转的车轮施加制动,另一方面又对另一侧无滑转车轮施加正常的驱动力,其效果相当于差速锁的作用,汽车在滑路上的方向稳定性和起步能力得到改善。

3) 发动机输出转矩与驱动轮制动综合控制

当汽车在滑路段转弯行驶时,如果驱动力过大,会引起驱动轮空转,使汽车在离心力的作用下甩尾侧滑。遇到这类情况,控制系统会自动控制驱动轮制动和调节发动机输出转矩,使二者同时或单独工作,确保汽车稳定行驶。

此外,在驱动轮滑转时,ASR 系统自动向驾驶员发出警报(报警灯),以提示驾驶员不要猛踩加速踏板,注意转向盘操作。

2. 合理设计汽车结构

当汽车在松软路面上行驶时,若汽车前、后轮轮距相等并有相同的轮胎宽度时,后轮沿已被前轮压实的轮辙行驶,使行驶阻力减少;增多轴数可以减少对地面的单位压力,减少轮辙深度,也可减少行驶阻力。因而,越野车应广泛采用等轮距、单胎布置、增多驱动轴数的措施,提高汽车的通过性。

为了减少汽车在松软路面上的行驶阻力,提高通过性,应使前轮的单位压力比后轮小约 20%~30%,这要靠汽车设计或改装中对轴荷的合理分配来保证。

行驶车速降低、土壤的抗剪切能力较强,可以提高附着系数。因此,用低速行驶去克服困难地段,可改善汽车的通过性。越野汽车要求的最低稳定车速见表 8-1。

表 8-1 越野汽车的最低稳定车速

汽车总重(kN)	<19.6	<63.7	<78.4	>78.4
最低稳定车速(km/h)	≤5	≤2~3	≤1.5~2.5	≤0.5~1

装有液力变矩器或液力偶合器的汽车可以提高在松软路面上的通过能力。这种汽车在起步时驱动轮的转矩增加缓慢，因而可以避免汽车起步时驱动轮转矩急剧增长而产生的对路面的冲击，避免因土壤破坏，轮辙深度增加，而导致车轮滑转。液力传动的汽车可以长时间稳定地以低速（0.5～1.5km/h）行驶，从而避免了机械式有级变速器的汽车在坏路上行驶所产生的问题，即换挡动力中断，惯性力不足以克服较大的行驶阻力，导致停车；重新起步时，又可能因破坏土壤而造成起步困难。

汽车采用普通锥齿轮式差速器时，转矩在左、右轮上是平均分配的。当一侧车轮滑转时，另一侧车轮只能产生与滑转车轮相等的驱动力，使总驱动力不能克服行驶阻力，汽车不能前进。为此，越野车上采用高摩擦差速器，可以使转得慢的车轮得到较大的驱动力，从而使总的驱动力增加，有利于提高通过性。当装有差速锁时，两边车轮的驱动力可以按各自的附着力来分配，这可使总驱动力增加，改善通过性的作用比高摩擦差速器更明显。

为了提高汽车的涉水能力，应注意发动机的配电器、火花塞、蓄电池、曲轴箱通风口、油尺等处的水密封问题。空气滤清器应保证不会进水。

8.2.2　合理选择和使用轮胎

1. 适当调整轮胎气压

在松软路面上行驶，降低轮胎气压，可以使轮胎对地面接触面积增加，降低汽车对路面的单位压力，使汽车滚动阻力系数减少，附着系数增加。例如，轮胎气压从 294kPa 降至 49kPa 时，附着系数可由 0.17 增加到 0.48。而在坚硬的路面上，适当提高轮胎气压，可以减少轮胎变形，使滚动阻力系数减小。越野汽车常装有中央充气系统，驾驶员在驾驶室内可随时根据路面情况调整轮胎气压，以提高汽车的通过性。

2. 使用通过性好的轮胎

为了提高汽车在坏路和无路条件下的通过性，可使用通过性高的轮胎。轮胎花纹如图 8-8 所示。

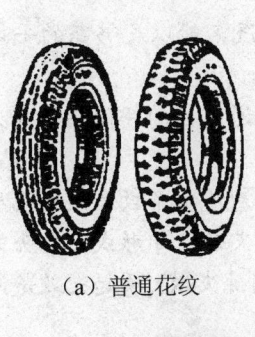
（a）普通花纹

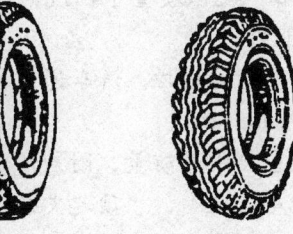
（b）混合花纹

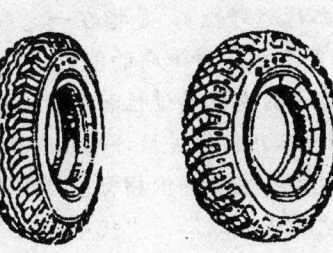
（c）越野花纹

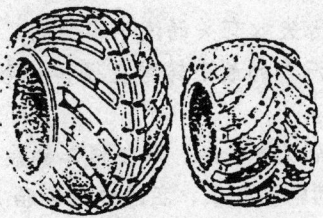
（d）拱形胎花纹

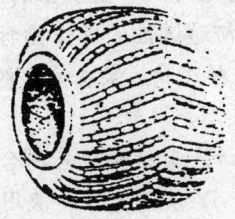
（e）低压特种轮胎

图 8-8　汽车轮胎花纹

越野花纹轮胎花纹沟槽深，凸出面积小，汽车在松软路面行驶，轮胎花纹可嵌入土壤中，起抓地作用，使附着系数增大。汽车在潮湿硬路面上行驶，只有花纹的凸起部分与路面接触，提高了单位压力，有利于挤出轮胎与路面间的水层，增大附着系数。越野花纹轮胎的汽车适于泥泞道路、冰雪道路和松软的土路上行驶。

拱形轮胎和低压特种轮胎的断面比普通轮胎的断面宽，在专用越野汽车上得到较广泛的使用。如拱形轮胎，在相同轮辋直径的情况下，其断面宽度要比普通轮胎大 2～2.5 倍，轮胎气压很低（29.4～83.3kPa）。拱形轮胎的汽车在沙漠、雪地、沼泽、田间行驶有较好的通过性。但它不能在硬路面上行驶，否则轮胎将过早损坏并增加行驶阻力。

8.2.3 提高驾驶技术

驾驶技术对汽车通过性的发挥有很大的影响。

汽车在通过泥泞地、砂地、雪地等松软路面时，应该用低速挡，以保证汽车有较大的驱动力和较低的行驶车速。在行驶中应避免换挡、加速，尽量保持直线行驶，否则将难于通过。

后轮安装双胎的汽车，常会在两胎之间夹杂泥石，或使车轮表面粘附一层很厚的泥，因此使附着系数下降，车轮滑转趋势增加。遇到这种情况，驾驶员可适当提高车速，将车轮上的泥甩掉。

当汽车传动系装有差速锁时，汽车进入可能滑转区前，驾驶员就应将差速锁锁住。因为车轮一旦滑移后，土壤表面就会被破坏，附着系数下降，再锁住差速锁不会起显著作用。汽车在驶离坏路后，驾驶员应将差速锁脱开，以免转向困难。

在冰冻等形成的滑溜路面上，为防止车轮滑转，应增加车轮与路面的附着力或减少车轮对路面的压力。有效的防滑措施是在汽车驱动轮上装防滑链，以提高通过性。

本章小结

1. 汽车的通过性（亦称越野性），是指在一定载质量下，汽车能以足够高的平均车速通过各种坏路和无路地带以及克服各种障碍的能力。

2. 汽车通过性可分为牵引支承通过性和几何通过性。汽车通过性的评价指标分为汽车牵引支承通过性评价指标和汽车几何通过性评价指标两类。

3. 汽车牵引支承通过性的主要评价指标包括附着质量、附着质量系数及接地比压。

4. 间隙失效主要有"触头失效"、"托尾失效"、"顶起失效"等形式。触头失效是汽车前端触及地面的间隙失效。托尾失效是汽车车尾触及地面的间隙失效。顶起失效是汽车中间底部的零件碰到地面，而被顶住的间隙失效。

5. 汽车几何通过性的评价指标是与防止间隙失效有关的汽车本身的几何参数，主要包括最小离地间隙、接近角、离去角、纵向通过角、汽车的最小转弯直径和内轮差、转弯通道圆及车轮半径。

6. 合理设计汽车结构（采用合理的轴荷分配及等轮距、降低汽车的最低稳定车速、装差速锁和防滑链等）、合理选择和使用轮胎（合适的轮胎气压、高通过性轮胎）、提高汽车驾驶技术等措施均可提高汽车的通过性。

汽车通过性　第8章

1. 什么是汽车通过性？
2. 什么是汽车间隙失效？
3. 汽车几何通过性的评价指标有哪些？
4. 汽车牵引支承通过性的评价指标有哪些？

1. 针对汽车不同驱动方式对通过性的影响撰写论文并 PPT 展示。
2. 分小组讨论改善汽车通过性的方案。

9
汽车运行材料及其使用

1. 初步了解汽车燃料、润滑剂、特种液、轮胎的关键性能；
2. 掌握汽车燃料、润滑剂、特种液、轮胎的表示方法。

1. 会说出汽油牌号划分的依据；
2. 会说出柴油牌号划分的依据；
4. 会说出汽车发动机油、齿轮油、润滑脂、自动变速器油分类的方法；
5. 会说出制动液、冷却液分类的依据；
6. 会说出轮胎分类的方法；
7. 能合理选用汽车燃料、润滑剂、特种液、轮胎。

汽车使用过程中所消耗的燃料（汽油、柴油、代石油燃料）、润滑剂（发动机油、齿轮油、自动变速器油、润滑脂）、特种液（制动液、冷却液、空调制冷剂与冷冻机油）和轮胎等统称为汽车运行材料。

汽车运行材料与汽车使用性能密切相关，汽车运行材料关系到汽车的动力性、燃料经济性、制动安全性、操纵稳定性、舒适性、通过性、环保性和可靠耐久性。历史发展表明，汽车技术总是与汽车运行材料同步发展以及升级换代。若汽车运行材料选用不当，不仅会影响汽车使用性能的发挥，往往还会导致汽车早期损坏、资源浪费、环境污染，甚至酿成事故。通常把燃料比作粮食，把润滑剂比作血液，把特种液比作体液，把轮胎比作鞋子，可见汽车运行材料作用之大。汽车运行材料已成为汽车技术的重要组成部分，也是汽车技术管理的主要内容。我国汽车运行材料正按照国际有关标准，迅速与国际接轨，步入标准化、系列化、高档化的发展轨道。

9.1 汽车燃料及其使用

燃料是指通过化学反应（燃烧）能够将自身储存的化学能转变为热能的物质。燃料是发动机的"粮食"，是产生动力的来源，燃料的种类及其物理化学特性直接影响发动机的性能。现代汽车发动机所用燃料主要有汽油、轻柴油和代用燃料。

9.1.1 车用汽油及其使用

车用汽油是现代汽车所用点燃式发动机的主要燃料。

1. 汽油的使用性能

（1）汽油的蒸发性

蒸发性是指液体物质汽化的难易程度。

汽油进入发动机气缸之前，必须先经过汽化并与空气混合。现代汽车发动机转速很高，汽油在发动机内蒸发和形成混合气的时间十分短促，要在如此短的时间内形成均质可燃混合气，除汽油发动机技术状况、环境气温和压力等条件以及驾驶操作技术水平外，主要由汽油本身的蒸发性决定。

蒸发性很弱的汽油，则不能形成良好的混合气，这样不仅会造成汽油发动机起动困难、加速缓慢，而且未汽化的悬浮油滴还会使发动机工作不稳定，燃油经济性变差。若未燃尽的油滴附着在气缸壁上，还会破坏润滑油膜，甚至窜入曲轴箱稀释润滑油，从而使发动机润滑不良，造成机械磨损增大。

汽油的蒸发性越强，就越容易汽化，与空气混合就越均匀。由于汽化良好，混合均匀的可燃混合气的燃烧速度快，并完全燃烧，因而不仅发动机容易起动、加速及时，而且能减少机械磨损，降低汽油消耗。因此，汽油发动机要求汽油必须具有良好的蒸发性，但蒸发性也不能过强。蒸发性过强的汽油在炎热的夏季以及在大气压力较低的高原和高山地区使用时，汽油发动机的燃油供给系容易产生"气阻"，严重时导致供油中断。另外，在贮存、运输过程中，还会增加蒸发损失。

汽油蒸发性的评价指标是馏程和饱和蒸气压。

1) 馏程

油品在规定条件下，蒸馏所得到的以初馏点和终馏点表示其蒸发特征的温度范围叫馏程。

试验时将试样加入蒸馏烧瓶中，按要求调节加热速度，从冷凝管下端滴下第一滴冷凝液所观察到的温度叫做初馏点；量筒回收到10mL、50mL、90mL冷凝液时，所同时观察到的温度分别称为10%、50%、90%蒸发温度；当全部液体从蒸馏烧瓶底部蒸发后的温度称为终馏点或干点。

汽油的各蒸发温度对发动机性能的影响如下：

初馏点表示汽油中是否含有在低温起动时所需的轻质馏分，是汽油的最低蒸发温度，影响发动机低温起动性。一般车用汽油初馏点约在35℃～45℃。

10%蒸发温度表示汽油中轻质馏分的含量，它对汽油机起动的难易程度和供油系产生"气阻"倾向有很大影响。10%蒸发温度越低，发动机越易起动，并且起动时间短，燃料消耗量少；但是10%蒸发温度并不是愈低愈好。过低时，表示轻质馏分太多，炎热夏季和气压低地区，供油系易产生气阻。一般情况下，汽油的10%蒸发温度不宜低于60℃～65℃。

50%蒸发温度表示汽油的平均蒸发性。该温度低可改善发动机的加速性、工作稳定性和起动后的暖车升温性能。

汽油蒸发性与汽油发动机的加速性有密切关系。因为发动机加速时要快开节气门，使进入气缸的混合气浓度迅速增加，增大发动机功率，提高转速。但实际情况却往住相反，当节气门突然开大时，由于空气的惯性比燃油的惯性小，增加快，而燃油的增加则较慢。又因为有一部分燃料不能蒸发而形成油膜，只能沿进气管壁缓慢流到各气缸，使混合气变稀。另外，节气门打开后，进气管内真空度减小，不利于燃料蒸发。50%蒸发温度低，节气门突然开大时，供油量急剧增加，而且大部分汽油能汽化，能供给气缸较浓的混合气，以满足加速时的需要，使加速及时，工作平稳。

汽油蒸发性与汽油发动机的暖机性的关系：汽油发动机冷起动后，必须怠速运转一段时间，待汽油发动机的温度上升到50℃左右，才能带负荷运转。汽油50%蒸发温度低，在常温下也能有较多的汽油蒸发，这样会使混合气中的汽油蒸气较多，燃烧放出的热量较多，因而发动机预热到正常工作所需的时间就短，能缩短汽油发动机暖机时间，从而减少汽油消耗。

90%蒸发温度和终馏点都是表示汽油中重质馏分的含量，该温度高，汽油蒸发性差，即在发动机燃烧室中处于未蒸发状态的汽油数量多。这些未蒸发的汽油，一方面由于燃烧不完全，会造成油耗大，污染增加；另一方面将冲刷气缸壁上的油膜，稀释润滑油，增加机械磨损。一般来说，90%蒸发温度和终馏点低些好。

残留量是在标准蒸馏条件下，测得的残留物质占试油的体积百分比。表示汽油中最不易蒸发的重质馏分和储存过程中生成的氧化胶状物的含量。这些物质的含量过高会使汽油燃烧时燃烧室积炭增加，进气门、化油器量孔或喷油器喷嘴处结胶严重，从而影响发动机的正常工作，故使用中应严格控制。

2）饱和蒸气压

在规定条件下，油品在适当的试验仪器中气液两相达到平衡时，液面蒸气所显示的最大压力，称饱和蒸气压，用kPa表示。饱和蒸气压用来判断汽油发生气阻倾向的大小。

汽油馏程中规定10%蒸发温度不高于某一数值，以保证汽油的起动性。但10%蒸发温度过低时，易产生气阻。汽油形成气阻的倾向用蒸气压表示更为直接，因而汽油同时规定了蒸气压这一质量要求。

饱和蒸气压与汽油所含轻质馏分的多少、温度的高低和气液两相体积之比有关。汽油内含轻质馏分愈多，汽油温度愈高，气液相体积比愈大，饱和蒸气压愈高。

汽油饱和蒸气压过高时，夏季工作的汽油机，特别在高原地带，常发生"气阻"，汽油在储存和使用中的蒸发损失增大。在国家标准中规定汽油蒸气压春夏季不得大于74kPa，秋冬季不得大于88kPa。因为汽油饱和蒸气压的大小与使用时的大气温度和大气压有关，大气温度越高，大气压越低，则汽油的蒸气压也越高，在发动机中也就越容易产生气阻。

（2）汽油的抗爆性

汽油抗爆性是指汽油在发动机气缸内燃烧时抵抗爆燃的能力，是车用汽油的一项重要质量指标，用辛烷值评定。

辛烷值是表征点燃式发动机燃料抗爆性的一个约定数值。在规定条件下的标准发动机试验中，通过和标准燃料进行比较来测定，采用和被测燃料具有相同抗爆性的标准燃料中异辛烷的体积百分数表示。测定的方法有研究法（Research Octane Number，RON）和马达法（Motor

Octane Number，MON）两种。

由于汽车在道路上行驶时对辛烷值的要求不能单独用研究法辛烷值或马达法辛烷值来描述，目前常采用抗爆指数 AI（Anti-lock Index）这一指标来表示汽油的抗爆性能。

$$AI = \frac{RON + MON}{2} \qquad (9\text{-}1)$$

（3）汽油的安定性

汽油在正常的贮存和使用条件下保持其性质不发生永久性变化的能力，称为汽油的安定性。安定性好的汽油长期储存不会变质；安定性差的汽油在储存和使用过程中会出现颜色变深、生成粘稠胶状沉淀物的现象。使用这类安定性差的汽油会在油箱、输油管和滤清器中形成胶状物，堵塞油路、甚至中断供油。胶状物还能使气门粘滞，关闭不严，降低发动机的功率。胶状物在高温时会分解生成积炭沉积在气缸盖、气缸壁及活塞顶上，导致气缸散热不良，发生过热，引起爆振和加大磨损。此外，安定性不好的汽油在储存中，随着胶质的增长，会使辛烷值下降，酸值增加。因此，汽油必须有良好的安定性。

评定汽油安定性的指标主要有实际胶质和诱导期。

实际胶质是指在规定的条件下测得的车用汽油蒸发残留物的正庚烷不溶部分，以 mg/100mL 表示。测定时按 GB/T8019《车用汽油和航空汽油实际胶质测定法（喷射蒸发法）》，使已知量的汽油在控制温度和空气流的条件下蒸发，再在残留物中加入一定量正庚烷，按规定除去正庚烷溶液后剩余部分便为实际胶质，用 100mL 试样中所含毫克数（mg/100mL）表示。它可用来判断汽油在汽油机中生成胶质的倾向，可以通过这一指标来鉴别汽油能否使用和继续储存的可能性。

诱导期是指在规定的加速氧化条件下，油品处于稳定状态所经历的时间，可评定汽油在贮存期间产生氧化和形成胶质的倾向。诱导期越长，汽油越不易被氧化。测定时，按 GB/T256《汽油诱导期测定法》，把试样置于密闭容器中，在压力为 686kPa、温度为 100℃下，保持压力不下降所经历的时间，以 min 计。

（4）汽油的无腐蚀性

汽油在运输、贮存和使用过程中，不可避免地要与各种金属接触。如果汽油具有腐蚀作用，就会腐蚀运输设备、贮油容器和发动机的零部件。

组成汽油的各种烃类，都是没有腐蚀性的化合物。如果汽油具有腐蚀性，那完全是烃类以外的一些物质所引起的，如硫及硫的化合物、水溶性酸及碱、有机酸和水等。

控制汽油无腐蚀性的指标主要有硫含量、水溶性酸碱、酸度、铜片腐蚀试验、博士试验等项。

（5）汽油的清洁性

汽油的清洁性是指汽油中是否含有机械杂质和水分。所谓机械杂质，就是存在于油品中所有不溶于规定溶剂的杂质。由于机械杂质和水分的危害很大，所以不允许存在。

（6）汽油的无害性

汽油的无害性是指汽油中不应含有对车辆排放污染控制装置和环境有害的物质，它是对汽油质量提出的一个更高要求。1999 年 6 月 1 日，我国国家环境保护总局发布了 GWKB001-1999《车用汽油有害物质控制标准》，规定了苯、烯烃、芳烃、锰、铁、铜、铅、磷、硫含量的控制限值。

2. 汽油的标准

世界各国都在根据本国汽油发动机的结构特点、使用条件和石油的炼制水平来制订本国的汽油规格。同时，随着发动机的发展及石油炼制水平的提高而不断地进行修订。

国外根据其环保法规，绝大多数使用无铅或低铅汽油。为了保证电喷汽油机性能的充分发挥和长寿命运行，以及符合美国1990年颁布的清洁空气法的要求，国外开始生产新配方汽油（RFG）。这种汽油除辛烷值符合发动机要求外，为了保护环境，还需严格控制芳香烃、苯和烯烃的含量，不准使用含金属的添加剂等，同时要求增加氧含量并必须加有适量的抵抗沉积物的添加剂等，这是因为电喷发动机的喷嘴易被沉积物堵塞。美国联邦清洁空气法修正案规定，自1995年1月起，全美国的汽油必须加有含抵抗沉积物的添加剂，日本优质汽油中均含有这种添加剂，同时在汽油中大量加入甲基叔丁醚（MTBE）一类含氧化合物。然而最近正在考虑废除这一法令，因为长期研究表明，MTBE会污染地下水源，可致癌。

我国汽油的发展经历了高辛烷值化、无铅化，已向清洁化方向发展。《车用汽油》（GB17930-2013），车用汽油（Ⅲ）和车用汽油（Ⅳ）按研究法辛烷值分为90号，93号和97号3个牌号，车用汽油（Ⅴ）按研究法辛烷值分为89号、92号、95号和98号4个牌号。牌号的含义为研究法辛烷值（RON）。例如：90号汽油表示该汽油RON值不小于90。车用汽油（Ⅳ）和车用汽油（Ⅴ）的技术要求与试验方法，分别见表9-1、表9-2。

表9-1 车用汽油（Ⅳ）的技术要求和试验方法

项目		质量指标			试验方法
		90	93	97	
抗爆性： 研究法辛烷值（RON） 抗爆指数（RON+MON）/2	≤ ≤	90 85	93 88	97 报告	GB/T5487 GB/T503、GB/T5487
铅含量 [a]/（g/L）	≥	0.005			GB/T8020
馏程： 10%蒸发温度/℃ 50%蒸发温度/℃ 90%蒸发温度/℃ 终馏点/℃ 残留量/℃（体积分数）	≥ ≥ ≥ ≥ ≥	70 120 190 205 2			GB/T6536
蒸气压 [b]/kPa 11月1日至4月30日 5月1日至10月30日	≥ ≥	42~85 40~68			GB/T8017
胶质含量/（mg/100mL） 未洗胶质含量（加入清净剂前） 溶剂洗胶质含量（加入清净剂前）	≥ ≥	30 5			GB/T8019
诱导期/min	≤	480			GB/T8018
硫含量 [c]/（mg/kg）	≥	50			SH/T0689

续表

项目		质量指标			试验方法
		90	93	97	
硫醇（满足下列指标之一，即判断为合格）：					
博士试验			通过		SH/T0174
硫醇硫含量（质量分数） /%	≯		0.001		GB/T1792
铜片腐蚀（50℃，3h）/级	≯		1		GB/T5096
水溶性酸或碱			无		GB/T259
机械杂质及水分			无		目测 [d]
苯含量 [e]（体积分数） /%	≯		1.0		SH/T0713
芳烃含量 [f]（体积分数） /%	≯		40		GB/T11132
烯烃含量 [f]（体积分数） /%	≯		28		GB/T11132
氧含量（质量分数）/%	≯		2.7		SH/T0663
甲醇含量 [a]（质量分数）/%	≯		0.3		SH/T0663
锰含量 [g]/%（g/L）	≯		0.008		SH/T0711
铁含量 [a]%（g/L）	≯		0.01		SH/T0712

表 9-2　车用汽油（V）的技术要求和试验方法

项目		质量指标				试验方法
		89	92	95	98	
抗爆性：						
研究法辛烷值（RON）	≮	89	92	95	98	GB/T5487
抗爆指数（RON+MON）/2	≮	84	87	90	93	GB/T503、GB/T5487
铅含量 [a]/（g/L）	≯	0.005				GB/T8020
馏程：						GB/T6536
10%蒸发温度/℃	≯	70				
50%蒸发温度/℃	≯	120				
90%蒸发温度/℃	≯	190				
终馏点/℃	≯	205				
残留量/℃（体积分数）	≯	2				
蒸气压 [b]/kPa						GB/T8017
11月1日至4月30日	≯	45~85				
5月1日至10月30日	≯	40~65 [c]				
胶质含量/（mg/100mL）						GB/T8019
未洗胶质含量（加入清净剂前）	≯	30				
溶剂洗胶质含量（加入清净剂前）	≯	5				
诱导期/min	≮	480				GB/T8018
硫含量 [d]/（mg/kg）	≯	10				SH/T0689

续表

项目		质量指标				试验方法
		89	92	95	98	
硫醇(满足下列指标之一,即判断为合格): 博士试验 硫醇硫含量(质量分数)/%	≤	通过 0.001				SH/T0174 GB/T1792
铜片腐蚀(50℃,3h)/级	≤	1				GB/T5096
水溶性酸或碱		无				GB/T259
机械杂质及水分		无				目测 [e]
苯含量 [f](体积分数)/%	≤	1.0				SH/T0713
芳烃含量 [g](体积分数)/%	≤	40				GB/T11132
烯烃含量 [g](体积分数)/%	≤	24				GB/T11132
氧含量(质量分数)/%	≤	2.7				SH/T0663
甲醇含量 [a](质量分数)/%	≤	0.3				SH/T0663
锰含量 [a]/(g/L)	≤	0.002				SH/T0711
铁含量 [a]/(g/L)	≤	0.01				SH/T0712
密度 [h](20℃)/(kg/m³)		720~775				GB/T1884、GB/T1885

3. 汽油的选用

使用汽油车时,应根据汽车使用说明书推荐或国家相关权威部门推荐选择汽油牌号。压缩比越大,使用的汽油牌号一般也越高。选择合适的汽油牌号,要使汽油的牌号与发动机的压缩比相匹配,若高压缩比的发动机选择低牌号的汽油,汽油发动机容易产生爆燃,发动机长时间爆燃,容易出现活塞烧结、活塞环断裂等故障,加速发动机部件的损坏;若低压缩比的发动机选用高牌号汽油,虽能避免发动机爆燃,但高牌号汽油配低压缩比的发动机会改变点火时间,造成汽缸内积炭增加,长期使用会缩短发动机的使用寿命。

汽油易燃、易爆、易产生静电,使用中要注意安全。严禁用汽油作煤油炉、汽化炉燃料,以免发生火灾。推广使用加入有效的汽油清净剂的无铅汽油。

9.1.2 车用柴油及其使用

柴油是应用于压燃式发动机(即柴油发动机)的主要燃料。由于柴油机与汽油机的工作过程有本质的区别,因此对燃料的要求也与汽油有所不同。柴油发动机对轻柴油的要求是:良好的燃烧性、良好的低温流动性、适当的蒸发性、良好的安定性、合适的粘度、良好的抗腐蚀性。

1. 车用柴油的使用性能

(1)低温流动性

低温流动性是指柴油在低温条件下的流动性能。温度对柴油的影响远大于对汽油的影响,柴油在低温条件下流动的特性对柴油车的运行性能有很大影响。流动性不好,发动机燃料供给系在低温下不能正常供油,发动机就不能正常工作;而且与柴油在低温下的贮存、运输、倒装等作业能否正常进行都有着密切的关系。

柴油的低温流动性评定指标有凝点、浊点、冷滤点三种。日本用凝点来评定，美国用浊点来评定，欧洲国家多采用冷滤点来评定，我国用凝点和冷滤点来评定。

1) 凝点

凝点是指试样在规定条件下冷却至液面停止移动时的最高温度，以℃表示。

柴油和其他石油产品一样，是由多种烃类组成的复杂混合物，每一种烃都有它自己的凝点。因此，柴油不像均匀的单体物质那样具有一定的凝点。当温度降低时，油品并不立即凝固，而要经过一个稠化阶段，在相当宽的温度范围内逐渐凝固。所以，油品凝点只是油品丧失流动性时近似的最高温度，是一个受试验条件影响的相对数值。为此，不得不在严格的试验条件下测定油品的凝点。我国的石油产品凝点测定方法应按 GB/T510 执行。凝点的测定方法概要是：将试样装在规定的试管中，并冷却到预期的温度时，将试管倾斜45°，经过 1min，观察试样液面是否能移动，从而找出其液面停止移动的最高温度，即为所测油品的凝点。

油品的凝点与油品的化学组成有关。由石蜡基石油制成的油品要比环烷－芳香烃基石油制成的油品的凝点高。正构烷烃的凝点随链长度的增加而升高；异构烷烃的凝点比正构烷烃的凝点低；不饱和烃的凝点比饱和烃的凝点低。石油产品随着温度的降低会逐渐失去流动性是因为溶解在油品中的石蜡发生结晶所引起的。油品冷却到某一临界温度时，石蜡开始形成小结晶体，再进一步冷却时，液体中析出石蜡的现象加剧，并使各单位微粒的结晶体聚合起来，形成所谓的石蜡结晶网络。在凝固过程中，这种石蜡结晶网络逐步延伸到全部液体，使液体流动阻力逐渐增加，最后完全控制住液体，以致使全部油品失去流动性。

为了保证柴油机正常工作，柴油的凝点应较柴油机使用的周围地区风险率为 10%的最低气温低 4℃～6℃。国产车用柴油按凝点分为七种牌号，即 10 号、5 号、0 号、-10 号、-20 号、-35 号、-50 号。

2) 浊点

柴油浊点是从柴油中开始析出石蜡晶体，到柴油失去透明时的最高温度，以℃表示。

柴油浊点的高低同样与柴油的烃类组成有关，浊点对柴油的使用性能来说，其实用意义更大，也就是说，柴油机使用周围地区的气温与柴油的浊点相同时，这时柴油机燃料供给系统向柴油机燃烧室中供给的柴油的量将受到影响，也影响了柴油机的工作性能。

3) 冷滤点

冷滤点是在规定条件下，1min 内通过过滤器的柴油不足 20mL 时的最高温度，以℃（按 1℃的整数）表示。

冷滤点越低，流动性能越好。一般柴油冷滤点比其凝点高 4℃～6℃，比其浊点略低。通过大量试验，证明冷滤点与柴油实际使用温度有着良好的对应关系。冷滤点对柴油的使用有着实际的指导意义。另外，冷滤点还可以表明加有流动性能改进剂的柴油的质量。

（2）雾化和蒸发性

在既定的燃烧室和喷油设备条件下，柴油的雾化和蒸发性就决定了柴油发动机燃烧室内形成良好混合气质量。影响柴油雾化和蒸发的主要因素有柴油的馏程、运动粘度、密度和闪点。

1) 馏程

柴油馏程的测定方法同汽油馏程的测定方法。

柴油馏程中各蒸发温度低，柴油蒸发就快，对形成混合气有利。否则，柴油蒸发就慢，形成的混合气质量就差，燃烧将在膨胀行程中继续进行，影响发动机正常工作。

柴油馏程中 50%蒸发温度越低，说明柴油中的轻质馏分越多，使发动机容易起动。但应注意：不能单从起动难易角度来要求柴油有过轻的馏分。因为含有过轻馏分的柴油往往是含自燃点高的烃多，它将使发动机发生工作粗暴现象。柴油馏程中 90%和 95%蒸发温度越低，说明柴油中的重质馏分越少，这不仅可以提高发动机的动力性，减少机械磨损，避免发动机产生过热现象，还可以降低燃油消耗。

2）运动粘度

运动粘度表示液体在重力作用下流动时内摩擦力的量度，其值为相同温度下液体的动力粘度与其密度之比，在国际单位制中以 m^2/s 表示；单位习惯用厘斯，符号为 cS_t（$1cS_t=1mm^2/s$）。

柴油经喷油器孔以高速喷入气缸，由于气缸内压缩空气的阻力和柴油流经喷孔时油柱内部的扰动作用，喷入的柴油被分散成细小的油滴并在气缸内散布开来，形成一团由无数细粒组成、外形与火炬相似的油雾。雾化要求油雾细、分布均匀、形状应与燃烧室的形状相适应。这样，油雾的蒸发表面积才大，才能形成良好的混合气，缩短着火落后期，使燃烧充分；反之，会引起后燃，甚至发生排气冒黑烟。

柴油粘度大，分子间相互作用力大，这种作用力有阻止油柱分散的作用。因此，柴油喷出的油滴直径大、射程远、圆锥角小，使油滴的有效蒸发表面积减小，混合气形成不良，燃烧不完全，油耗增大。柴油粘度小，喷出的油流射程近，圆锥角大，这样油滴直径小，但其油柱形状与燃烧室形状不适应，同样造成混合气形成不良。

综上所述，柴油粘度不可太大，也不可太小。另外，在柴油机的燃料供给系统中，喷油泵和喷油器都是由精密零件组成，例如柱塞偶件、出油阀偶件和针阀偶件。这些配合件在工作时，经常处于摩擦状态，而摩擦面的润滑是靠柴油来保证润滑的要求。粘度太小的柴油，在摩擦面间不能形成油膜，使精密配合件的磨损增大，不仅会因漏失量增大而减少供油量，而且使喷雾质量下降。柴油粘度大一些对精密配合件的润滑有利，但过大了也会降低喷雾质量并使燃烧过程恶化。

3）密度

柴油密度的增大也会影响喷入燃烧室内油柱的射程。随着柴油密度的增大，其粘度也要增大，这样也要影响柴油的雾化。柴油的密度大，还会提高柴油机在一个工作循环内的供油量，表面上看，可提高柴油机的功率。但由于此时柴油雾化质量差，影响形成良好的混合气，使燃烧条件变坏，排气冒黑烟，所以反而会使柴油机的经济性降低。柴油密度的提高也是柴油内存在芳香烃的标志，它将导致柴油机工作中产生粗暴现象。

4）闪点

在规定条件下，加热油品所逸出的蒸气和周围空气形成的混合气与火焰接触发生瞬间闪火的最低温度，叫闪点，用℃表示。

油品闪点根据测定方法不同分为开口闪点和闭口闪点两种。开口闪点是用规定的开口杯闪点测定器所测得的闪点，用℃表示，多用于重质油品（如发动机油、齿轮油）闪点的测定。闭口闪点是用规定的闭口杯闪点测定器所测得的闪点，用℃表示，多用于轻质油品（如柴油）闪点的测定。

柴油闪点既是控制柴油蒸发性的指标，也是确保柴油安全性的指标。闪点低的柴油蒸发性好，但是闪点不能太低，否则储存过程中会有危险。

从贮存和运输环节来看，馏分过轻的柴油不仅蒸发损失大，而且产生大量的柴油蒸气也不安全。所以闪点也是保证柴油安全性的评定项目。油品的危险等级就是根据闪点来划分的，闪点在 45℃以下的为易燃品，45℃以上的为可燃品。在贮存、运输中禁止将油品加热到它的闪点温度，加热的最高温度，一般应低于闪点 20～30℃。

在柴油馏程控制项目的指标中，只规定了 50%蒸发温度不高于 300℃，以保证柴油有较强的蒸发性，但没有规定不低于多少度。为了控制柴油的蒸发性不致过强，国家标准规定了柴油的闪点应不低于某一温度。如 GB252 规定 10 号、5 号、0 号、-10 号、-20 号轻柴油闭口闪点不低于 55℃；-35 号、-50 号轻柴油因用于寒区冬季，馏分较轻，允许不低于 45℃。这样用闭口闪点和前述的馏程两个项目相互配合，就可控制柴油的馏分不致过重或过轻。

注意闪点、燃点、自燃点的区别：在规定条件下，加热油品所逸出的蒸气和周围空气形成的混合气与火焰接触发生瞬间闪火的最低温度为闪点（柴油一般用闭口杯测定，为闭口闪点）；如果在闪火温度的基础上，再继续对燃油加热，当接近火焰时，不但油面上的混合气体有闪火现象，而且整个液体油面都开始着火的最低温度称为燃点；若再加热，直至液体油面不接触火焰而自行着火，即燃油出现自燃现象，燃油发生自燃的最低温度称为自燃点。

（3）燃烧性

柴油的燃烧性常用十六烷值来表示。十六烷值高的柴油，自燃点低，当柴油喷入气缸后，在高压高温条件下，容易形成高度密集的过氧化物，很快着火燃烧，故着火落后期短；在速燃期内压力升高率不过大，不易产生工作粗暴。反之，十六烷值低的柴油，自燃点高，着火落后期长，则在气缸内积聚并完成燃烧准备的柴油就多，造成大量柴油同时燃烧，使缸内压力急剧升高，发动机运转不平稳，容易产生工作粗暴。但是柴油的十六烷值并不是越高越好。因为十六烷值过高的柴油，其分子量大，柴油的低温流动性、雾化和蒸发性均受到影响。还会因分子量大，喷入的柴油裂化较快形成大量难于燃烧的游离碳，补燃期延长。若来不及燃烧，会出现排气冒黑烟，功率下降、油耗上升。同时，十六烷值过高，一般凝点较高，也不利于使用。

（4）安定性

柴油的安定性是指柴油在运输、贮存和使用过程中应保持其外观颜色、组成和使用性能不变的能力。安定性好的柴油在贮存过程中外观颜色和所含胶质变化不大，也不生成不可溶性胶质和沉渣。影响柴油安定性的因素主要是柴油中所含的不同的不安定组分。这些不安定组分在烃类中主要是二烯烃、烯烃和环烷芳香烃；在非烃类中主要是苯硫酚类、酚类和吡咯类等。其次是外部环境的影响。

评定柴油安定性的项目有以下几项。

1）色度

色度表示油品颜色的深浅，可反映馏分的轻重。控制柴油的色度主要是控制其重质馏分，即控制其残碳和沉渣。油品色度按 GB/T6540《石油产品颜色测定法》规定测定，色度从 0.5～8 共分 16 个色号（每 0.5 为一级）。

2）氧化安定性

氧化安定性是指一定量的过滤柴油，在规定的条件下氧化后所测得的总不溶物的量，以 mg/100mL 表示。总不溶物是指粘附性不溶物和可过滤的不溶物之和。粘附性不溶物是在规定的试验条件下，柴油在氧化过程中产生并在柴油放出后粘附在氧化管壁上的不溶于异辛烷的物质。可过滤不溶物是在规定的试验条件下，柴油在氧化过程中产生并通过过滤从柴油中能分离出来的物质。它包括两部分，一部分是氧化后在柴油中悬浮的物质，另一部分是在管壁上易于用异辛烷洗下来的物质。

3）10%蒸余物残炭（质量分数）

10%蒸余物残炭是指柴油的 10%蒸余物（馏程测定中馏出 90%以后的蒸余物）经强烈加热一定时间即进行裂化和焦化反应，在规定的加热时间结束后，将盛有炭质残余物的坩埚置于干燥器内冷却并称重，计算残炭值，以原试样质量的百分数表示。

10%蒸余物残炭值是柴油馏程和精制程度的函数。柴油的馏分越轻，精制程度越深，则残炭值越小；馏分越重，精制程度越浅，则残炭值越大。残炭值大的柴油，在柴油发动机气缸内生成积炭的倾向大，喷油器孔也易结胶堵塞，影响发动机正常使用。

4）实际胶质

柴油实际胶质是指柴油在规定的试验条件下，油中的烃类经热空气流蒸发、氧化、聚合和缩合所生成的深棕色、黄色或黑色的残留物，以 mg/100mL 表示。

柴油中不安定组分越多，实际胶质就越大，油的贮存安定性越差。柴油的实际胶质测定方法与汽油的实际胶质测定方法相同，只是操作温度较汽油为高。

（5）腐蚀性

柴油中的腐蚀性物质有硫、硫化物、水溶性酸碱等。柴油腐蚀性的评定项目有硫含量、硫醇硫含量、铜片腐蚀试验、水溶性酸碱。

柴油中的硫含量一般比汽油中的高。柴油中的硫化物不管是活性的，还是非活性的，燃烧后都生成 SO_2 和 SO_3（使水蒸气露点升高）。这些酸性氧化物在气缸温度不高时，与水蒸气作用生成 H_2SO_3 和 H_2SO_4。

这不仅强烈腐蚀发动机零部件，而且还会使润滑油的某些成分变成磺酸或胶质等，加速润滑油老化。酸性氧化物还会与气缸壁上的润滑油和尚未燃烧的柴油起反应，加速烃类的聚合反应，使燃烧室、活塞顶和排气门等部位的漆状物和积炭增多。积炭层中如有硫存在，会使其变得很坚硬，不仅增大零部件磨损，而且很难清除。

（6）清洁性

清洁性是指柴油中是否含有机械杂质和水分。柴油的清洁性常用机械杂质、水分和灰分来评定。

灰分是指溶于柴油中无机酸盐类和有机酸盐类以及不能燃烧的机械杂质经过煅烧后所剩余的不燃物质。所以，灰分就间接表示了上述物质的含量。灰分所表示的物质能侵蚀金属，在摩擦副起磨料作用，是造成气缸壁与活塞环以及喷油泵柱塞套筒偶件磨损的重要原因之一。

（7）无害性

无害性是指柴油中不应含有对车辆排放污染控制装置和环境有害的物质。它是对柴油质量提出的一个更高要求。柴油中的硫含量、芳烃含量对柴油机的排放污染影响很大，应加以限制。

2. **车用柴油的标准**

《车用柴油标准（Ⅴ）》（GB19147-2013）将柴油按凝点分为 5 号、0 号、-10 号、-20 号、-35 号、-50 号共 6 个牌号。牌号的含义为凝点。例如：5 号表示该种柴油的凝点不高于 5℃。车用柴油（Ⅳ）和车用柴油（Ⅴ）技术要求和试验方法，分别见表 9-3、表 9-4。

表9-3 车用柴油（Ⅳ）技术要求和试验方法

项目		5号	0号	-10号	-20号	-35号	-50号	试验方法
氧化安定性（以总不溶物计）/（mg/100mL）	≯			2.5				SH/T0175
硫含量[a]/（mg/kg）	≯			10				SH/T0689
酸度（以KOH计）/（mg/100mL）	≯			7				GB/T258
10%蒸余物残炭[b]（质量分数）/%	≯			0.3				GB/T268
灰分（质量分数）/%	≯			0.01				GB/T508
铜片腐蚀（50℃，3h）/级	≯			1				GB/T5096
水分[c]（体积分数）/%	≯			痕迹				GB/T260
机械杂质[d]				无				GB/T511
润滑性 校正磨痕直径（60℃）/μm	≯			460				SH/T0765
多环芳烃含量[e]（质量分数）/%	≯			11				SH/T0606
运动粘度（20℃）/（mm²/s）		3.0～8.0		2.5～8.0		1.8～7.0		GB/T265
凝点/℃	≯	5	0	-10	-20	-35	-50	GB/T510
冷滤点/℃	≯	8	4	-5	-14	-29	-44	SH/T0248
闪点（闭口）/℃	≮	55		50		45		GB/T261
着火性[e]（需满足下列要求之一） 十六烷值 十六烷指数	≮ ≮		49 46		46 46		45 43	GB/T386 SH/T0694
馏程： 50%回收温度，℃ 90%回收温度，℃ 95%回收温度，℃	≯ ≯ ≯			300 355 365				GB/T6536
密度（20℃）[g]/（kg/m³）		810～850			790～840			GB/T1884 GB/T1885
脂肪酸甲酯[h]（体积分数）/%	≯			1.0				GB/T23801

表9-4 车用柴油（Ⅴ）技术要求和试验方法

项目		5号	0号	-10号	-20号	-35号	-50号	试验方法
氧化安定性（以总不溶物计）/（mg/100mL）	≯			2.5				SH/T0175
硫含量[a]/（mg/kg）	≯			50				SH/T0689
酸度（以KOH计）/（mg/100mL）	≯			7				GB/T258

续表

项目		5号	0号	-10号	-20号	-35号	-50号	试验方法
10%蒸余物残炭[b]（质量分数）/%	≯	0.3						GB/T268
灰分（质量分数）/%	≯	0.01						GB/T508
铜片腐蚀（50℃,3h）/级	≯	1						GB/T5096
水分[c]（体积分数）/%	≯	痕迹						GB/T260
机械杂质[d]		无						GB/T511
润滑性 校正磨痕直径（60℃）/μm	≯	460						SH/T0765
多环芳烃含量[e]（质量分数）/% ≯		11						SH/T0606
运动粘度（20℃）/（mm²/s）		3.0～8.0		2.5～8.0		1.8～7.0		GB/T265
凝点/℃	≯	5	0	-10	-20	-35	-50	GB/T510
冷滤点/℃	≯	8	4	-5	-14	-29	-44	SH/T0248
闪点（闭口）/℃	≮	55		50		45		GB/T261
着火性[e]（需满足下列要求之一） 十六烷值 十六烷指数	≮ ≮	51 46		49 46		47 43		GB/T386 SH/T0694
馏程: 50%回收温度,℃ 90%回收温度,℃ 95%回收温度,℃	≯ ≯ ≯	300 355 365						GB/T6536
密度（20℃）[g]/（kg/m³）		810～850			790～840			GB/T1884 GB/T1885
脂肪酸甲酯[h]（体积分数）/%	≯	1.0						GB/T23801

3. 车用柴油的选择和使用

（1）柴油牌号的选择

选择柴油的主要依据是气温，应该根据不同地区和季节选择不同牌号的柴油。由于柴油的冷滤点与实际使用温度之间有良好的对应关系，所以柴油一般按各号柴油冷滤点对照当地月风险率为 10%的最低气温进行选择。而柴油的牌号是按凝点划分的，若根据凝点选择，凝点要比当地月风险率为10%的最低气温低 4℃～6℃（因为凝点比冷滤点低 4℃～6℃）。

一般可以按照以下情况选择各种牌号的柴油：

1）5号柴油适合于风险率为10%的最低气温在8℃以上的地区使用；

2）0号柴油适合于风险率为10%的最低气温在4℃以上的地区使用；

3）-10号柴油适合于风险率为10%的最低气温在-5℃以上的地区使用；

4）-20号柴油适合于风险率为10%的最低气温在-14℃～-5℃的地区使用；

5）-35号柴油适合于风险率为10%的最低气温在-29℃～-14℃的地区使用；

6）-50号柴油适合于风险率为10%的最低气温在-44℃～-29℃的地区使用。

风险率为 10%的最低气温表示最低气温低于该温度的概率为 0.1,或者说最低气温低于该温度的可能性不超过 1/10。

（2）使用注意事项

1）柴油加入油箱前,一定要充分沉淀（不少于 48h）、过滤,除去杂质,切实做好柴油的净化工作,以保证柴油机燃料供给系统的精密零件不出故障和延长使用寿命。

2）不同牌号的柴油可以掺兑使用,以降低高凝点柴油的凝点,以充分利用资源。例如:某地区的最低气温为-10℃,不能用-10 号的轻柴油,但是用-20 号的又浪费（由于低牌号柴油炼制工艺复杂、生产成本高,其价格也比高牌号柴油高）。此时可以把-10 号的和-20 号的轻柴油掺和使用。寒冷地区低凝点柴油缺少时,可以向高凝点柴油中掺入 10%～40%的喷气燃料,以降低其凝点。掺兑后应注意搅拌均匀。

3）柴油中不能掺入汽油。掺入汽油后,燃烧性明显变差,导致发动机起动困难,甚至不能起动。

4）低温条件下,起动发动机时可以采取预热措施。如对进气管、机油及蓄电池预热,也可采用馏分轻、蒸发性好又具有一定十六烷值的低温起动液,以保证发动机的顺利起动。低温起动液的主要成分是乙醚,自燃点仅 190℃～210℃,很容易在柴油内自燃,低温起动液不能加入油箱与柴油混用,否则易形成气阻。

5）对于那些季节气温变化较大的地区,应特别注意季节变化对柴油的影响,及时选用合适牌号的柴油。

6）冬季使用桶装高凝点柴油时,不能用明火加热,以免引起爆炸。

9.1.3 石油代用燃料

汽车的发展促进了经济和社会的发展,同时也加剧了石油资源的短缺和生态环境恶化。它必将对汽车使用的传统石油燃料（汽油、柴油）发起挑战。因此,石油代用燃料（Alternative Fuel）的重要性越来越突出。

1. 石油代用燃料研究开发的意义

20 世纪 70 年代石油危机的出现,促使工业化国家进行汽车代用燃料的研究开发,以对付石油供应的危机及最终的石油枯竭。然而在发展中国家,由于当时能源的消耗量极少,所以能源问题并未受到足够重视。

20 世纪 80 年代,环境保护（汽车尾气排放的限值更为严格,且采取了强制措施）和经济性这两个方面的因素进一步推动了可清洁燃烧的代用燃料在工业化国家中的应用。同时,虽然大部分发展中国家已经开始注意到石油使用量的增加所造成的环境影响,但是他们对此问题的关心程度还不足以使他们使用代用燃料。不过,出于经济方面的考虑,低廉的代用燃料在一些发展中国家（如阿根廷和巴西）得到了广泛使用。

20 世纪 90 年代,由于执行了严格的汽车尾气排放法规和进行了技术改进,工业化国家中的汽车尾气排放得到了较好的控制。但是,持续的工业增长以及汽车的广泛使用,抵消了尾气排放控制所取得的技术进展。

使用石油代用燃料可能是解决环境污染、石油供应不足以及石油储藏最终枯竭的最有效的办法之一。代用燃料通常要比汽油和柴油便宜,这就使得代用燃料在经济上更具有吸引力。我国能源结构的特点是煤多油少,地区分布不均衡,故代用燃料的研究对改善我国能源结构有重要意义。在煤多油少的情况下，以煤为原料生产甲醇，再以甲醇代替汽油是改善能源结构的重要措施。特别是在少油地区，大力开发醇类燃料有助于改变石油分布不均衡的局面。

石油紧缺不仅带来了油价高涨，也是过去在中国能源体系中被长期边缘化的煤基醇醚燃料，如甲醇、乙醇、二甲醚等，以替代能源的身份走向舞台中央。在中国的石油消耗中，交通运输占到50%左右。此前，在山西、山东、云南、四川等地已经进行了甲醇燃料替代汽油的试验研究，在黑龙江、吉林、辽宁、河南、安徽5省的全部和河北、山东、江苏、湖北的部分地区推广使用了车用乙醇汽油。甲醇作为车用替代燃料在经济上可行，只要遵守操作规程，外界所担心的对人体健康的影响不会很大。二甲醚前途很好，原料应以煤为主。包括乙醇汽油在内的生物质油应"不与民争粮，不与民争地"，扩大原料来源，并合理考虑运输半径。

因此，研究和使用代用燃料对应付石油危机，在石油资源枯竭后燃料品种的平稳过渡以及减少汽车的排气污染、保护环境等都具有重要的现实意义和战略意义。由于环保问题的日益突出，各种代用燃料在减少汽车排气污染方面的作用越来越引起重视，因而代用燃料有时也被称之为清洁燃料。应该注意的是燃烧清洁燃料的汽车不等于低排放汽车，因为专门设计的使用汽油或柴油的发动机燃烧各种清洁燃料时达不到最佳排放效果。

2. 代用燃料的选取原则

代用燃料选取的一般原则如下：

（1）资源必须丰富。汽车的保有量在逐年增加，用作汽车的替代燃料只有资源丰富、长期可靠地供应，才能满足汽车日益增加的需要。

（2）价格应比较便宜，以便于大范围推广。

（3）能量密度大，热值高，携带较少的数量时就能使汽车有足够的续驶里程。

（4）毒性低，环境污染小。

（5）安全性好，易于输送、贮存和使用。

（6）对发动机的可靠性无不良影响。

根据以上选取原则，作为汽车石油代用燃料比较有前途的主要有：天然气NG（包括压缩天然气CNG、液化天然气LNG、吸附天然气ANG）、液化石油气LPG、醇类燃料（包括甲醇、乙醇）、乳化燃料、甲烷水合物、氢气和生物柴油（bio-diesel）等。

3. 主要代用燃料的比较

主要代用燃料的比较见表9-5。

表9-5 主要代用燃料的比较

代石油燃料	主要优点	主要缺点	现状
氢气	1. 来源非常丰富； 2. 污染很小； 3. 辛烷值高，热值高	1. 氢气生产成本高； 2. 气态氢能量密度小且储运不便，液态氢技术难度大，成本高； 3. 需要开发专用发动机	仍处于基础研究阶段
天然气	1. 资源丰富； 2. 污染小； 3. 辛烷值高； 4. 价格低廉	1. 建加气站网络要求投资强度大； 2. 气态天然气的能量密度小，影响续驶里程等性能； 3. 与汽油车比，动力性低； 4. 储带有所不便	在许多国家获得广泛使用并被大力推广

续表

代石油燃料	主要优点	主要缺点	现状
液化石油气	1. 来源较为丰富； 2. 污染小； 3. 辛烷值较高	面临天然气汽车的类似问题，但程度较轻	目前世界上液化石油气汽车获得广泛使用并被大力推广
甲醇（乙醇）	1. 来源较为丰富； 2. 辛烷值高； 3. 污染较小	1. 甲醇的毒性较大； 2. 需解决分层问题； 3. 对金属及橡胶件有腐蚀性； 4. 冷起动性能较差	已获得一定程度的应用；可以作为能源的一种补充
二甲醚	1. 来源较为丰富； 2. 污染小； 3. 十六烷值高	面临与液化石油气类似的储运方面的问题	正在研究开发
生物质能	1. 来源丰富，可再生； 2. 污染小	1. 供油系部件易堵塞； 2. 冷起动性能较差	可以作为能源的一种补充

9.2 汽车润滑剂及其使用

汽车润滑剂主要包括发动机油、齿轮油、液力传动油（自动变速器油）、润滑脂。在汽车的实际使用中，虽然润滑剂本身的消耗量不大，但它对于减少摩擦阻力和零件磨损，延长汽车的使用寿命和工作可靠性，进而减少维修工作量和时间以及提高汽车利用率都有很大影响。因而，它间接地影响运输生产率和运输成本，对其合理使用也是极为重要的。

9.2.1 发动机油及其使用

发动机油是发动机润滑油的简称，又称内燃机油，是润滑油中用量最大，性能要求较高，品种、规格要求繁多，工作条件异常苛刻的一种油品。发动机油分为汽油机油和柴油机油两大类。

润滑油在发动机中不断地与各处高温机件接触，在金属催化作用下，发生氧化反应，促使机油不断老化变质。

在发动机工作中，燃烧废气和燃烧不完全的气体，在气缸密封不良时会不断地窜入曲轴箱。特别是含硫燃料，在使用中会使润滑油产生油泥、酸性产物，最后导致润滑油严重变质。此外，由于灰尘、磨损下来的金属屑、燃烧后生成的积炭，都会严重地污染润滑油。因此润滑油在发动机中的工作条件是极为苛刻的，而润滑油又是维持发动机正常运转所必需的，这就对发动机油的性能提出了较高的要求。发动机的附加机件使机油的工作条件苛刻。

1. 发动机油的使用性能

（1）粘温性

1）粘度

粘度是润滑油的一项重要指标，是润滑油分类的主要依据，也是选用润滑油的依据。液体受外力作用而流动时，分子之间产生剪切，形成内摩擦，而内摩擦力的大小，可用粘度来表示。粘度种类通常有三种：动力粘度、运动粘度和条件粘度（相对粘度）。

①动力粘度（Dynamic Viscosity）

表示液体在一定剪切应力下流动时内摩擦力的量度。在国际单位制（SI）中，液体动力粘度的单位是帕斯卡·秒（Pa·s）。动力粘度习惯上使用的单位是泊（P），1P=0.1Pa·s，百分之一泊称为厘泊（cP），1cP=1mPa·s。水在 20℃时的粘度为 1.005mPa·s。

②运动粘度（Kinematic Viscosity）

表示液体在重力作用下流动时内摩擦力的量度，其值为相同温度下液体动力粘度与其密度之比。在国际单位制（SI）中，液体运动粘度的单位是 m^2/s。运动粘度习惯上使用的单位是斯（S_t），$1S_t=10^{-4}m^2/s$，百分之一斯为厘斯（cS_t），$1cS_t=10^{-6}m^2/s$。

③条件粘度

是相对粘度，常见的有以下几种：

恩氏粘度（Engler Degrees）采用恩格勒粘度计测定。在规定温度下从恩氏粘度计中流出 200mL 试油所需的秒数与同体积的水在 20℃流出所需的秒数的比值，以符号°Et 表示。单位习惯上称"度"。例如：某油在 100℃时，从恩氏粘度计中流出 200mL 所需的时间是 293s，同体积的水在 20℃流出时间是 51s，则°E_{100}＝293/51＝5.7。

雷氏粘度（Redwood Standard Seconds）是用雷德乌德粘度计测定的。在规定温度（70°F、140°F 或 212°F）下，从雷氏粘度计流出 50mL 所需的时间，以"秒"为单位。根据粘度计的孔径，可分为雷氏 1 号（用 R_t 表示，测轻质油）和雷氏 2 号（用 RA_t 表示，测重质油）两种。

赛氏粘度（Seconds Saybolt Universal）用赛波尔特粘度计测定。在规定温度下（70°F、140°F 或 212°F）下，从赛氏粘度计流出 60mL 所需的时间，以"秒"为单位。根据粘度计孔径不同，可分为通用粘度（用 SUS 或 SSU 表示）和重油粘度又称赛氏弗罗粘度（用 SFS 表示）两种。

2）粘温性

润滑油粘度随温度升降而改变的性质称为粘温性。润滑油温度升高，粘度降低，而润滑油粘度随温度变化程度越小，粘温性越好。

润滑油在 50℃以下粘度随温度变化较显著，50℃～100℃之间变化幅度较小，100℃以上变化更小。这是因为 50℃以下时，油分子运动能量较小，分子间距离近，分子间引力加大，同时石蜡结晶逐渐析出，出现结构粘度。而在高温时（>100℃），润滑油分子运动能量大，分子间距离较远，引力较小，固体烃充分溶解，因此粘度随温度变化缓慢。

粘度指数（VI）是国际通用的表示粘温特性的方法。粘温指数（Viscosity Index）越大，粘度受温度的影响越小，表示润滑油的粘温特性越好，反之越差。所以这项指标的规格是"不小于"某数值。

国家标准规定粘度指数低于 100 并包括 100 时按下式计算粘度指数 VI：

$$VI = \frac{L-\mu}{L-H} \times 100 \qquad (9-2)$$

式中：L——与试样 100℃时运动粘度相同，粘度指数为 0 的石油产品在 40℃时的运动粘度，mm^2/s；

H——与试样 100℃时运动粘度相同，粘度指数为 100 的石油产品在 40℃时的运动粘度，mm^2/s；

M——试样 40℃时的运动粘度，mm^2/s。

（2）低温性

发动机的低温起动性能与发动机油的低温粘度有关。发动机油粘度随气温降低而增加，因此使发动机低温起动时转动曲轴的阻力矩增加，曲轴转速下降，从而造成发动机起动困难。但是低温粘度并不能完全说明发动机油低温性。这是因为即使在低温下油品的低温粘度小，发动机容易起动，但也不能保证发动机起动后能正常润滑。实际使用中发现有的发动机油能使发动机在低温下起动，但机油泵却不能及时、正常供油，从而造成运动部件的严重磨损和噪声增大等问题。可见，发动机油还应具有良好的低温泵送性能。发动机油凝点不影响发动机的低温起动性能，而主要影响低温下油泵供油。

发动机油的低温性常用低温动力粘度、边界泵送温度（能将发动机油连续地、充分地供给发动机机油泵入口的最低温度）与倾点（发动机油在规定试验条件下冷却时能够流动的最低温度）等指标来评定。

（3）清净分散性

清净分散性包括两层含义：一是指将已沉积在发动机部件上的积炭、漆膜等清洗下来；二是指将油中的不溶物增溶或悬浮在油中。发动机油应具有良好的清净分散性。

积炭是一种黑色坚硬而又不易溶解的厚度较大的固体炭状物，除和零件有摩擦的部分外，其表面没有光泽。它主要覆盖在活塞顶、排气门、气缸盖、火花塞、喷油嘴等高温区域，是未完全燃烧的燃料或发动机油窜入燃烧室在高温下分解的烟炱等物质在高温零件上沉积而形成的。

漆膜是一种很薄的坚硬、有光泽而又不易溶解的沉积物，主要产生在活塞环区和活塞裙部。它主要是烃类在高温和金属的催化作用经氧化、聚合生成的胶质、沥青质等高分子聚合物。

油泥是一种比较稳定的油水乳状体与多种杂质的凝聚物。

从生成机理上分析，漆膜和积炭都属于高温沉积物，油泥属于低温沉积物。

发动机油基础油本身是不具备清净分散性的，而是通过添加清净剂和分散剂后获得的。现代发动机的性能逐渐强化，工作条件越加苛刻。从一定意义上说，发动机油使用性能高低，表现在清净剂和分散剂的性能和添加量上。

发动机油的清净分散性主要通过相应的发动机试验来评定。企业常用方法是斑痕法，即在滤纸上滴一滴润滑油，斑痕沉积为一点，润滑油不能用；斑痕分散成为一渗油片，润滑油清净分散性好；也可用图谱对比。

（4）润滑性

发动机油的润滑性是指在各种润滑条件下，发动机油降低摩擦、减缓磨损和防止其金属零部件在正常工作过程中烧结损坏的能力。

润滑油的粘度和化学性质对发动机零件在不同润滑状态的润滑作用有重要影响。

以图 9-1 所示的 Stribeck 曲线可分析粘度对摩擦系数的影响。

摩擦系数 f 可表示为：

$$f = \frac{2\pi^2 D \eta n}{hP} \tag{9-3}$$

式中：D——件直径；

η——滑油的粘度；

h——动副间隙；

n——转速；

P——承受的压力；

$\dfrac{\eta n}{P}$——Sommerfeld 准数（特性因数）。

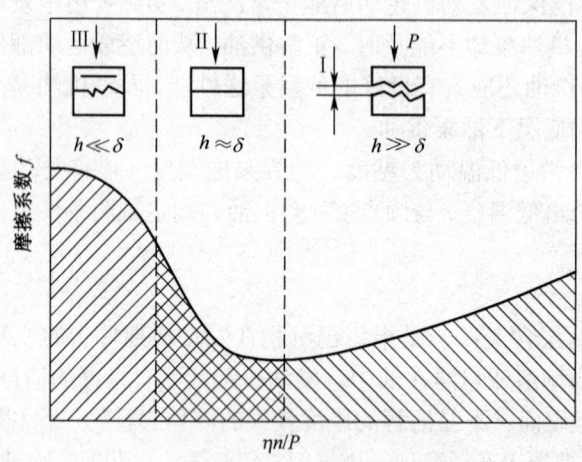

h－油膜厚度；δ－两表面的粗糙度

图 9-1　Stribeck 曲线

在 Sommerfeld 准数（特性因数）中，唯一与润滑性有关的因素就是润滑油的粘度。在图 9-1 中从右至左有 3 种润滑状态。

最右边的区域为液体润滑，油膜厚度比运动副表面粗糙度大得多。润滑油具有一定的粘度是形成液体润滑的基本条件之一。而粘度是液体流动时内摩擦力的量度。在液体润滑区域，摩擦系数随润滑油粘度降低而减小。

当润滑油粘度低到一定程度时，油膜厚度降低到近似等于运动副的粗糙度，该区域为混合润滑状态，这时润滑油的粘度和化学性质对摩擦系数都有影响。

当油膜厚度小于运动副表面粗糙度时，便成为边界润滑状态，如图 9-1 中左面的区域。此时起润滑作用的不再是润滑油的粘度，而完全是润滑油的化学性质，即润滑油的油性和极压性。油性是润滑油在摩擦金属表面上的吸附性。润滑油中极性分子定向排列吸附在金属表面上形成吸附膜，这种吸附膜只有在中温、中速、中负荷或低温情况下才能保持边界润滑。当高温、高压、高速时，吸附膜脱附，油性失效。极压性是润滑油在摩擦表面的化学反应性质。当润滑油中加入含硫、磷等化合物添加剂时，高温下这些化合物分解生成的活性元素与金属形成化学反应膜，该反应膜的熔点和剪切强度比较低，在摩擦过程中能降低金属零件的摩擦和磨损。因该反应膜剪切强度较低，在摩擦过程中易于脱离金属表面，但新的反应膜会在金属摩擦表面及时生成。

发动机油粘度是评定润滑性的重要指标。但是，对于边界润滑主要是油性和极压性起作用，所以发动机油的润滑性还通过相应的发动机试验来评定。

（5）抗腐蚀性

润滑油在使用过程中总会与各种金属接触，不腐蚀这些金属是对润滑油最基本的要求。为了提高润滑油的抗腐蚀性能，一般都要在基础油中加入抗腐蚀添加剂。抗腐蚀添加剂能在金属表面形成保护膜,从而减缓侵蚀性物质(润滑油中所含的硫化物、有机酸、无机酸、水分等)对金属的侵蚀作用。发动机油抗腐蚀性主要通过中和值(中和 1g 试油中含有的酸性或碱性组分所需的碱量或相当的碱量,用 mg KOH/g 表示)及相应的发动机试验来评定。

(6) 氧化安定性和热安定性

氧化安定性是指在一定的条件下,发动机油抵抗大气(或氧气)的作用而保持其性质不发生永久变化的能力。润滑油在使用与贮存过程中,与空气中的氧气接触发生氧化反应,而产生一些新的氧化物,如酸类、胶质等。这些氧化物聚集在润滑油里,使润滑油的外观和理化性质发生变化,如颜色变暗、粘度增加、酸性增大,并有胶状沉积物析出,腐蚀零件或破坏发动机正常工作。

发动机油的氧化过程分两个阶段:①轻度氧化。在这个阶段里烃类化合物被氧化生成不同类别的酸性产物。②深度氧化。某些酸性产物再度缩合沉淀形成胶质、沥青质和油焦质等。

发动机油的氧化有两种情况:①厚油层氧化。发动机油底壳的发动机油是处在厚油层、低压和低温的情况下,不具备深度氧化的条件,所以它的氧化反应属于轻度氧化,主要是生成各种酸性物质。②薄油层氧化。在发动机的活塞与气缸壁部位,发动机油处在薄油层、高温、高压和有金属催化作用的影响下,显然这种氧化属于深度氧化,生成物是胶质沉淀。

发动机油经常处在高温与氧接触的条件下工作,不仅要求具有一般条件下良好的氧化安定性,而且还要求具有在高温条件下良好热氧化安定性。热氧化安定性就是指润滑油抵抗氧和热的共同作用而保证其性质不发生永久变化的能力。润滑油在高温条件下氧化最严重的部位是活塞环区。第一道气环附近的温度,旧型发动机大约是 200℃;现代高性能汽油机可达 270℃,车用柴油机多在 200℃~250℃范围内,增压柴油机可达 260℃。在高温下,零件表面的薄层润滑油中一部分轻质馏分被蒸发,另一部分在金属催化下深度氧化,最后生成的氧化缩聚物(树脂状物质)沉积在零件表面,形成漆膜;曲轴箱中油温虽然低一些,但由于润滑油受到强烈的搅动和飞溅,它们与氧接触面积很大,所以氧化作用也相当强烈,使油内可溶和不可溶的氧化物增多,如树脂状物质、悬浮的固体氧化物和杂质增加。这些物质也能沉积在活塞环槽内,加上吸附燃气中的碳化物,进一步焦化,形成漆膜。漆膜的导热性能很差,使活塞升温,严重时造成粘环,破坏气缸的密封性,气缸壁磨损剧增,以致严重擦伤。所以发动机要求使用热氧化安定性好的润滑油。特别是现代高性能发动机的热负荷很高,如有的增压柴油机需要向活塞内腔喷射润滑油来降低其温度,这就要求润滑油必须具备特别优异的热氧化安定性,活塞内腔表面才不致形成阻碍散热的沉积物。在这些润滑油中通常都加有性能良好的抗氧添加剂。发动机油的抗氧性通过相应的发动机试验来评定。

(7) 抗泡沫性

发动机油在润滑系统循环流动时,润滑油要受到激烈搅动。在常压下润滑油可溶解 9%体积的空气。溶解量随气压的增加而增多,如气压下降,多余的空气会从润滑油中迅速逸出以达到新的平衡。如果空气被润滑油膜包住,不易破裂就会形成气泡。润滑油在使用中常会受到振荡搅拌作用,使空气混入润滑油中不易逸出而形成气泡。润滑油中存在气泡使流动性变坏,润滑效果下降,增大润滑油的体积使油箱溢油;增大润滑油的压缩性使润滑油压力下降,造成油泵抽空;增大润滑油与空气的接触面积,加速润滑油的氧化,使导热性变坏,降低冷却效果;作为工作介质时影响传递效果,妨碍稳定工作。故希望润滑油要有良好的抗泡性,在出现气泡后应能及时消除,即抗泡性好,以保证润滑系统正常工作。

抗泡沫性用泡沫倾向和泡沫稳定性表示。泡沫倾向表示生成泡沫的难易，数值越大越不好。泡沫稳定性表示泡沫寿命的长短，数值越大反映润滑油的消泡能力越低，越不好。所以抗泡性好的润滑油，FT 和 FS 均低。

（8）抗乳化性

抗乳化性，又称破乳化时间，是指在规定条件下，润滑油、水充分乳化后达到分层所需的时间。润滑油抗乳化性低，润滑油、水不易分离，乳化液能降低润滑油的润滑性能，妨碍导热，阻滞管道，加速润滑油氧化变质。

2. 发动机油的分类

发动机油的分类，国际上广泛采用粘度分类和使用性能分类两种分类方法。前者的基准是 SAE（Society of Automotive Engineers，美国汽车工程师学会）粘度分类法，后者的基准是 API（American Petroleum Institute，美国石油学会）使用性能分类法。

（1）AE 粘度分类法

早期汽车发动机体积大、功率小，热、机械负荷低，精制的直馏矿油就能满足其使用要求，当时关心的主要问题是粘度对发动机工作的影响。1911 年美国汽车工程师学会（SAE）制定粘度分类法，中间曾几经修改。现今使用的是 SAE J300 Dec 99 粘度分类，见表 9-6。

表 9-6 美国汽车工程师学会（SAE）发动机油粘度等级分类（SAE J300 Dec 99）

SAE 粘度等级	低温粘度（cP）		高温粘度		
	低温起动最大粘度	边界泵送温度下最大粘度	100℃、低剪切率下的运动粘度（cS_t）		150℃、高剪切率下粘度（cP）
			最小	最大	最小
0W	6250（-35℃）	60000（-40℃）	3.8	—	—
5W	6600（-30℃）	60000（-35℃）	3.8	—	—
10W	7000（-25℃）	60000（-30℃）	4.1	—	—
15W	7000（-20℃）	60000（-25℃）	5.6	—	—
20W	9500（-15℃）	60000（-20℃）	5.6	—	—
25W	13000（-10℃）	60000（-15℃）	9.3	—	—
20	—	—	5.6	<9.3	2.6
30	—	—	9.3	<12.5	2.9
40	—	—	12.5	<16.3	2.9（0W-40，5W-40，10W-40）
40	—	—	12.5	<16.3	3.7（15W-40，20W-40，25W-40，40）
50	—	—	16.3	<21.9	3.7
60	—	—	21.9	<26.1	3.7
试验方法	ASTM D5293	ASTM D4684	ASTM D455		ASTM D4683 ASTM D4741 CEC-L-36-A-90

根据润滑油 100℃运动粘度对春、夏、秋季用油进行分类,分为 20、30、40、50 和 60 五个牌号;根据润滑油最大低温动力粘度、最大低温边界泵送温度下粘度和 100℃时的运动粘度进行分类,分为 0W、5W、10W、15W、20W 和 25W 六个牌号,W (Winter,冬季) 表示冬季用油。

凡符合上述之一要求的,只能满足低温或高温一种粘度级别要求的发动机油为单级油,如 30、40、10W、15W;凡符合上述两者要求的,既满足低温工作时的粘度级别要求,又能满足高温工作时的粘度级别要求的发动机油为多级油(俗称稠化机油),如 10W-30、15W-40 等。多级油可在一定地区范围内全年通用,牌号差越大,适用的温度范围就越宽,如 5W-40,可以在很广的地区范围内全年通用。牌号越高,适应的温度也越高。

(2)API 使用分类法

20 世纪 30 年代后期,由于发动机功率增大,体积减小,结构趋于紧凑,热负荷增加,屡屡出现粘环、铜铅合金轴承腐蚀以及机油迅速变质等与润滑油性能有关的故障,为解决这些问题开始发展各种添加剂,以提高机油的使用性能。

开始时,把这种加有添加剂的油品取名为重负荷润滑油。直到 1970 年,由美国石油学会(API)、美国汽车工程师学会 (SAE) 和美国材料试验学会 (ASTM) 共同研究,提出了发动机油的使用性能必须通过规定的发动机试验来确定,形成现今的 API 使用分类法。该分类法能正确反映除粘度特性以外所有性能的综合要求,所以也称为质量分类或使用性能分类。

根据发动机油的性能和使用场合不同,把发动机油分为 S 系列油(汽油机油系列,service station classification 加油站分类),有 SA、SB、SC、SD、SE、SF、SG、SH、SJ、SL、SM 等级别;C 系列(柴油机油系列,Commercial Classification 工商业分类),有 CA、CB、CC、CD、CD-II、CE、CF、CF-4、CG-4、CH-4 等级别。

S 系列(汽油机油系列)中的各个级别,依次反映了汽车汽油机不同年代产品性能和结构特点及其对机油的不同要求。C 系列(柴油机油系列)的发展过程,反映了汽车柴油机强化和性能提高的过程。

无论汽油机油还是柴油机油,其使用性能等级以字母"A,B,C,…,H,J,L,…"为序,序号越往后,其使用性能级别越高,适用的机型越新,适用的工作条件越苛刻。

API 使用分类法是一种开端分类法,随着发动机及润滑油技术的发展,将顺次增加新级别的油品。

通用发动机油,即汽油机、柴油机通用的发动机油。在国外应用十分广泛,在欧美市场上,通用发动机油已超过 60%。通用发动机油,若把汽油机油质量等级写在前面,如 SF/CD 表示以 SF 级汽油机油为主,也可用作 CD 级柴油机油;若把 CD 写在前面如 CD/SF 则意思与上述相反。通用发动机油给用户的保管、使用带来了极大的方便,但由于成本较高或售价较高,目前仍不能取代非通用的汽、柴油机油。目前在国外,大部分高档的汽油机都使用适用于汽油机为主的通用发动机油,而柴油机仍普遍使用单独的柴油机油。

(3)其他使用分类法

另外,国际润滑油标准化和认可委员会(International Lubricant Standardization and Approval Committee,ILSAC)把汽油机油分为 GF-1、GF-2、GF-3、GF-4、GF-5 等级别,分别相当于 API 中的 SH、SJ、SL、SM、SN 等级别。

3. 发动机油的选择

发动机油选择得合理，发动机的动力性、经济性以及使用寿命就会得到保证；反之，既不能满足发动机使用性能的要求，还会造成发动机过早损坏。因此，正确选择润滑油是非常重要的。

选择发动机油时，首先应当确认是汽油车使用还是柴油车使用，据此再选择相应的汽油机油、柴油机油或者汽油机/柴油机通用机油。发动机油的选择主要包括使用性能等级和粘度等级两方面，一方面选择需要的使用性能等级，如汽油机油 API SF、SJ 等，柴油机油 API CD、CF-4 等；另一方面选择需要的粘度等级，如 SAE 15W-40、30、40 等。

（1）使用性能等级的选择

使用性能等级选择的原则是：根据发动机制造商的推荐、发动机的机械负荷和热负荷、工作条件的苛刻程度、燃料性质等来确定。

1) 根据车辆制造商推荐选择

汽车出厂时，都会对发动机润滑油的使用作严格的试验，并会在出厂说明书中推荐选用的发动机油。这应该是发动机油选用的首要依据，但这仅仅是选油的一般原则，因为它还必须考虑润滑油的使用工况。在使用工况特别苛刻时，用油等级也应提高。

2) 根据发动机的机械负荷和热负荷选择

发动机的机械负荷和热负荷也是选用发动机油的重要根据。通常，根据汽油机压缩比及附属装置选择汽油机油使用性能等级，根据柴油机强化系数选择柴油机油使用性能等级。

3) 考虑燃料的质量

燃料的质量对发动机油的使用影响很大。燃料质量差，含硫量高，对发动机油的质量要求就苛刻。一般来说，柴油中含硫量大于 0.5%（质量分数）时，应选用使用性能高一个等级的润滑油。

4) 考虑特殊使用条件

选用发动机油的使用性能等级时，发动机工作条件苛刻，使用条件恶化等，应将用油使用性能等级酌情提高一级或适当缩短换油期。苛刻工况如下：少于 16km 的短程行驶；长时间在高温、高速下工作，尤其是满载长距离行驶；在寒冷的气候下行驶；开开停停的行驶；2t 以上的牵引车，满载、长时间行驶（带拖挂）；在灰尘严重的场所。

城市公共汽车使用条件比较恶劣：经常处于变工况的使用状态、长时间在较低速度下满载行驶，容易使发动机油氧化变质产生沉积物。

（2）发动机油粘度等级的选择

粘度是发动机油的重要指标，确定发动机油的使用性能等级后，选择合适的粘度就显得更为重要。粘度过大或过小都会引起能源浪费、磨损增加或其他润滑故障。

发动机油粘度等级的选择应遵循以下原则：

1) 根据发动机工作的环境温度选择

单级油不能同时满足高温和低温条件下的工作要求，因此应根据当地的气温条件进行合理选择。多级油适用的温度范围虽宽，但不同粘度等级的多级油其低温粘度及泵送性也有区别，适用的气候条件也不尽相同，也应正确选择。

寒冷地区冬季选用粘度小、倾点低的单级或多级发动机油，一般在寒区或严寒区为保证冬季顺利起动，应选用多级油。如我国东北地区，可选用 10W-30、5W-30 等机油；夏季或全年气温高的地区选用粘度适当高些的发动机油。如海南省、两广地带，可选用30、40、50等机油。

2）考虑发动机载荷和转速

载荷高、转速低，一般选用粘度大的发动机油；载荷低、转速高，一般选用低粘度发动机油。

3）考虑发动机的磨损状况

新发动机应选择粘度较小的发动机油（考虑节能），而磨损较大（摩擦面间隙增大）的发动机则应选择粘度较大的发动机油（考虑密封）。

4. 发动机油的使用

发动机油在使用中应该注意以下几个问题。

（1）正确选择发动机油的使用性能等级

选择发动机油使用性能等级时，应在满足使用性能要求情况下，选择低使用性能等级的发动机油以降低运输成本。一般来说，高使用性能等级的油可代替低使用性能等级的油，但过多降级使用不划算。绝不能用低使用性能等级的油去代替高使用性能等级的油，否则会导致发动机出现故障甚至损坏。

（2）使用低粘度发动机油

应在保证活塞环密封良好，机件磨损正常的条件下适当选择低粘度的发动机油。因为高粘度发动机油的低温起动性和泵送性差，起动后供油慢，磨损大，燃料消耗增加；润滑油循环速度慢，润滑和冷却作用差。

（3）优先使用多级油

在保证润滑的前提下，应优先使用多级油，如15W-40可在我国黄河以南地区四季通用。多级油的特点在于其突出的高、低温性能，即低温起动时，发动机油能够迅速流到零件的摩擦部位提供润滑，保护发动机免遭磨损；在高温时它具有比单级油更高的粘度，从而使发动机油保持足够的粘度，提供良好润滑。因此，多级油可冬夏通用，既可减少季节性换油，又可降低发动机摩擦阻力，减少燃料消耗，节约能源。

（4）严防水分混入

发动机油中都加有数种添加剂，这些添加剂有的是良好的乳化剂。水分混入后会使油品乳化变质，不能使用，故一定要防止水分混入。

（5）换油一般在热车时进行且应将废油放净

油温高、油的粘度小，油容易由放油孔放出，并且油温高时油中劣化物被悬浮、分散，易和发动机油一起排出发动机。

为了延长发动机的使用寿命，在换油时要将旧油放净，以免污染新加入的润滑油，造成迅速变质，引起对发动机的腐蚀性磨损。

（6）汽油机油和柴油机油的相互代用

如果把汽油机油用于柴油机上很难满足柴油机的使用要求，容易损坏发动机。如果把柴油机油用于汽油机，虽然不像汽油机油用于柴油机那样损坏发动机，但是效果不好。

（7）使用同一厂家的发动机油

不同厂家的发动机油，即使是同一级别，性能也可能有差异，最好不要混用。

（8）发动机油的更换

润滑油在使用过程中，由于温度、空气以及金属催化等作用而不断被氧化，油中积聚了污染物或油品本身发生化学变化，致使其不能继续使用而必须更换，以避免对发动机造成损坏。

1）按质换油

对于早期没加清净分散剂的润滑油来说，使用中颜色变黑的确是润滑油已严重变质的表现。但现代汽车使用的润滑油都加有清净分散剂，目的是将粘附在活塞上的漆膜和黑色的积炭洗涤下来并悬浮在油中，减少发动机高温沉积物的生成。故润滑油使用一段时间后颜色容易变黑，但这时润滑油并未变质。使用中的润滑油是否严重变质、是否需要更换，应主要根据润滑油的理化指标是否达到报废标准来判定。确定换油周期要注意消除以润滑油颜色变黑作为更换的依据。比较合理的换油方法是按质换油，即根据在用润滑油的某些指标（粘度、闪点、水分、不溶物、铁含量、中和值）变化程度来确定换油周期。这样不仅可及时更换不适用的机油，更为重要的是，能够及时发现发动机的隐患，提前采取措施予以消除，从而避免造成重大损失。

2）定期换油

对汽车发动机油难以进行质量监测，而又要确保汽车发动机经常处于良好的工况状态，可采用汽车生产厂家推荐的换油周期定期换油。这种作法虽然简便易行，但不能正确反映是否应该换油，容易造成资源浪费。

如果使用使用性能较高的润滑油，其换油周期可适当延长。

3）规定换油周期同时控制油的指标

在规定了发动机换油周期的同时，也控制在用油的某些理化指标，必要时可提前报废。

使用发动机油的关键是选择合理的换油周期，换油周期过长，会增加发动机的磨损。换油周期过短，会造成润滑油的浪费。但就汽车发动机油而言，因为每辆汽车的发动机油用量较少，而目前油样化验费用高，采用定期换油较经济

9.2.2 车辆齿轮油及其使用

齿轮传动是汽车最主要的一种传动方式，主要应用在汽车的手动变速器、驱动桥、转向器中。通常，齿轮传动装置中，齿轮、轴承及轴等零件的润滑所用润滑剂称为齿轮油。齿轮油和发动机油一样，也由矿物型（或合成型）基础油和相应添加剂所组成。齿轮油的作用主要包括减少齿轮及轴承的摩擦和磨损、加强摩擦表面的散热作用、防止机件发生腐蚀和锈蚀、缓和振动、清洗摩擦面和密封。

1. 车辆齿轮油的使用性能

（1）油性和极压性

所谓油性，是指润滑剂介于运动着的润滑面之间，具有降低摩擦作用的性质。改善这种性质的添加剂叫油性剂。油性剂对边界润滑状态甚为重要，因为这时运动的金属表面上油性剂分子定向吸附形成油性剂膜，能防止金属直接接触而降低摩擦。

所谓润滑剂的极压性，是在摩擦面接触压力非常高、油膜容易产生破裂的极高压力的润滑条件下，能与齿面上的金属发生化学反应生成油膜，能防止齿面擦伤或烧结等摩擦面损伤的性能。极压性有时也叫承载能力、抗胶合性或油膜强度等。

车辆齿轮油应具有适宜的运动粘度，以保证形成较好的润滑状态。汽车齿轮多处于混合润滑和边界润滑状态，主要是油性剂的油膜和极压抗磨剂的反应膜起作用，从而减小磨损量，防止高负荷条件下的齿面擦伤和烧结。

对于齿轮油的润滑性和极压抗磨性，其评定指标除运动粘度外，还要通过四球极压试验机或台架试验来评定。利用四球法在四球极压试验机上进行评定润滑油承载能力的模拟试验，通过试验确定出润滑油的最大无卡咬负荷（PB）、烧结负荷（PD）和综合磨损值（ZMZ）等指标，如图9-2所示。

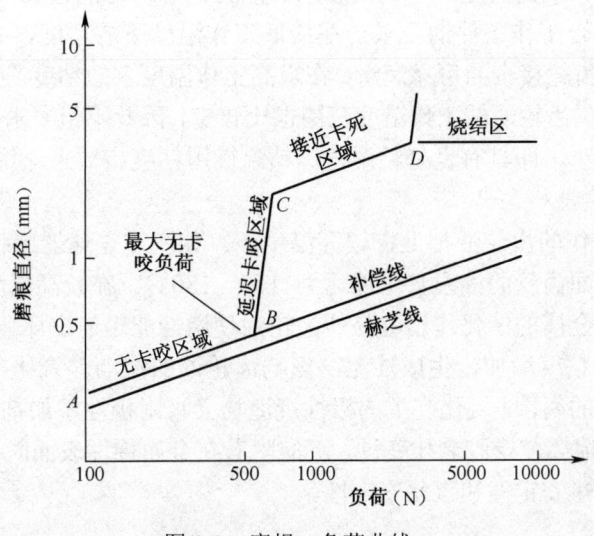

图9-2　磨损－负荷曲线

在试验条件下使钢球不发生卡咬最高负荷，即无卡咬负荷，它表示润滑油的油膜强度，在该负荷下摩擦表面间能保持完整的油膜。在该试验条件下，使钢球发生烧结的最低负荷，即烧结负荷，它表示润滑剂的极限工作能力。综合磨损值等于若干次校正负荷数学平均值，它表示润滑油从低负荷至烧结负荷整个过程的平均抗磨性能。

（2）低温流动性

齿轮油要求在低温下也能保持必要的流动性。如果齿轮油在低温条件下有蜡析出，粘度急剧上升，就不能确保齿轮和轴承得到及时有效的润滑，而且低温起步阻力矩增大，进而影响汽车的使用性能。

为了保证车辆齿轮油具有良好的低温流动性，除规定了倾点（规定试验条件下，试油能够流动的最低温度）、成沟点（规定试验条件下，试油成沟的最高温度）和粘度指数等指标外，还特别采用了"表观粘度达150Pa·s"指标。

试验表明，齿轮油的低温表观粘度，对车辆起步时的润滑可靠性有重要影响。车辆起步后，驱动桥齿轮油被激溅到桥壳上部后流入主动锥齿轮前轴承，若这段时间太长，轴承便有可能因缺油而被烧坏。所以要求车辆齿轮油使用时低温表观粘度不大于150Pa·s。齿轮油低温表观粘度达150Pa·s时的最高温度是划分车辆齿轮油粘度级号的依据之一。

（3）粘温性

齿轮油的粘度应使传动机构工作时消耗于内摩擦的能量尽量少，又能保证齿轮和轴承不发生损伤，接合面不发生漏油现象。

高粘度齿轮油可有效防止齿轮及轴承损伤，减少漏油。粘度越大，其承载能力越大，但粘度过大也会给循环润滑带来困难，增加齿轮运动的搅拌阻力，造成不必要的动力损失。同时还由于粘度大的润滑油流动性差，对被挤压的油膜及时自动补偿修复较慢而增加磨损。因而粘度一定要合适，特别是加有极压抗磨剂的齿轮油，其承载能力主要是靠极压抗磨剂，这类齿轮油更不能追求高粘度。

低粘度齿轮油有利于提高传动效率、机件表面的冷却和齿轮油的传送。但齿轮油粘度过小，会被齿轮的离心力从齿面甩掉，且油膜承载能力也小，可能造成机件磨损及渗漏。

齿轮油粘度应符合工作条件的要求：在最低工作温度下的粘度，必须保证车辆不经预热便可顺利起步，并使齿轮接合面可靠润滑；在最高工作温度下的粘度，必须保持齿轮的正常润滑和允许的油耗。车辆齿轮油的工作温度范围也比较宽，因此不但要求低温时流动性好，而且高温时粘度值不能太小，即具有良好粘温性。粘温性用粘度指数来评价。

（4）热氧化安定性

在苛刻条件下工作的齿轮油都处在较高温度下。如汽车差速器中使用的齿轮油温度可达120～130℃，准双曲面齿轮的油温甚至能达到 160～180℃。在较高温度下，齿轮油很容易被氧化，加上齿轮箱中金属的催化作用容易使齿轮油使用性能迅速变坏。

氧化使齿轮油的粘度增加，生成油泥，影响齿轮油的流动。氧化产生的腐蚀性物质会加速车辆齿轮油对金属的腐蚀。氧化产生的极性沉淀物会吸附极性添加剂，使极性添加剂随沉淀一起从油中析出。沉淀会使橡胶老化变硬，沉淀附着在金属零件表面时又会影响散热。因此要求齿轮油具有良好的热安定性和氧化安定性。

（5）抗泡沫性能

由于齿轮运转中的剧烈搅动等原因，会使得齿轮油产生泡沫。如果泡沫不能很快消失，会因油面升高从呼吸孔漏油，同时将影响齿轮啮合面油膜的形成，或堵塞油路，使供油量减少，冷却作用不够。这些现象都可能引起齿轮及轴承损伤。所以齿轮油应当泡沫生成得少，消泡性好，即齿轮油应具有良好的抗泡沫性。

（6）抗腐防锈性

齿轮油的腐蚀性来源于油中的酸性物质。无机酸和低分子有机酸对齿轮有很强的腐蚀性。金属中以铅、铜等有色金属及合金对酸性腐蚀最敏感。另外由于齿轮油中含有极压添加剂，化学活性强，容易与金属表面发生反应造成腐蚀。

齿轮油的防锈性是指齿轮油防止金属产生锈蚀的性能，金属机件的生锈主要是油中氧和水的存在而引起的。

齿轮油在使用过程中会发生分解或氧化变质产生酸性物质和胶质，特别是与水接触时容易产生腐蚀和锈蚀，因此齿轮油中要加有防腐防锈剂以提高其抗腐防锈性能。

（7）抗乳化性

由于齿轮在运转过程中常不可避免地与水接触，如果其抗乳化性不强会造成齿轮油乳化和产生泡沫，导致油膜强度降低或破裂。含有极压抗磨剂的油乳化后，极压剂会发生水解或产生沉淀，从而失去极压作用并且产生有害的物质，使齿轮油迅速变质，从而造成齿轮擦伤、磨损。

（8）抗剪切安定性

齿轮油的粘度在使用期间，容许有一定的变化，但是在指定的温度下，不容许有大的变化。齿轮油粘度变化的发生是由于齿轮啮合运动所引起的剪切作用的结果，特别是中、重载荷条件下，最容易受剪切影响的成分是聚合物，如粘度指数改进剂。因此齿轮油中使用的粘度指数改进剂必须有良好的抗剪切安定性，以保证齿轮油在使用过程中粘度基本保持不变。

(9) 贮存安定性

齿轮油的基础油和极压抗磨剂间应有足够的溶解性，在长期的贮存中添加剂组分间不能相互反应，遇水不发生加水分解，不生成沉淀。因此齿轮油应有良好的贮存安定性。

(10) 与密封材料的适应性

齿轮油中由于有基础油和极压抗磨剂等，会造成密封材料溶胀、硬化，因而机械强度和使用寿命下降。同时会发生变形，密封作用变差。伴随着密封材料的密封性能下降，会使齿轮油因泄漏而油量不足，以及外部异物进入齿轮传动副和轴承而造成损伤。泄漏出来的齿轮油如果接触到制动器或轮胎等机件后，会因发生滑动而危及行车安全。所以齿轮油与密封材料必须有很好的相容性（配伍性）。

2. 车辆齿轮油的分类

车辆齿轮油的分类与发动机油相似，也是采用美国 API 的使用性能分类和 SAE 的粘度分类进行类别划分的。

(1) API 使用性能分类

美国 API 的车辆齿轮油使用性能分类，是根据齿轮的类型、承载情况等使用要求对齿轮油进行分类的。API 的分类经过多次修改，美国石油学会车辆齿轮油使用性能现行分类将车辆齿轮油分为：GL-1、GL-2、GL-3、GL-4、GL-5。近年来，随着汽车技术不断发展，许多汽车制造厂商对车辆齿轮油的要求超过这些技术规范。因此 SAE（汽车工程师协会）和 ASTM（美国材料试验学会）建议用新的等级表示，即 MT-1 和 PG-2。其中 MT-1 是机械变速器用油，改善了齿轮油的热安定性、抗氧性、清净性、抗磨性、密封材料与青铜件的配伍性，其使用性能高于 GL-4。PG-2 用于驱动桥润滑，其使用性能高于 GL-5。

我国则参照 API 分类法将车辆齿轮油分为普通车辆齿轮油、中负荷车辆齿轮油和重负荷车辆齿轮油三类，分别相当于 API GL-3、GL-4、GL-5。

(2) SAE 粘度分类

我国车辆齿轮油的粘度分类《驱动桥和手动变速器润滑剂粘度分类》（GB/T17477-1998）是等效采用 SAE 制定的车辆齿轮油粘度分级标准 SAE J306C，见表 9-7。

表 9-7 我国车辆齿轮油的粘度分类

SAE 粘度级号	动力粘度达 150Pa·s 时的最高温度/℃	运动粘度（100℃）/(mm²/s)	
		最小	最大
70W	-55	4.1	—
75W	-40	4.1	—
80W	-26	7.0	—
85W	-12	11.0	—
90	-10	13.5	<24.0
140	-10	24.0	<41.0
250	—	41.0	—

齿轮油根据动力粘度为 150Pa·s 时的最高温度和 100℃时的运动粘度不同，分为 70W、75W、80W、85W、90、140、250 七种粘度级号。其中数字后带有 W 的表示低温用齿轮油，

数字后不带 W 的表示常温或高温下使用的齿轮油，这七种粘度级号均为单级油。为了节能、方便四季及寒暖区通用，SAE 也设计了车辆齿轮油多级油，其性能需要同时满足两种粘度级号的要求。如 80W-90 含义是低温粘度符合 SAE 80W 要求，高温粘度符合 SAE 90 要求。

与发动机油相似，车辆齿轮油规定由使用级别和粘度级号构成，如 GL-5 80W-90 表示使用级别为 GL-5、粘度级号为 80W-90 的车辆齿轮油。

3. 车辆齿轮油的选用

（1）车辆齿轮油的选择

车辆齿轮油的选择包括使用性能级别和粘度级号的选择。使用性能级别应根据齿轮类型和工作条件来选择，粘度级号应根据其工作的最低环境温度和传动装置的运行最高温度来选择。

1）车辆齿轮油使用性能级别的选择

通常来说，在汽车传动机构中驱动桥主减速器的工作条件较为苛刻。手动变速器和转向器一般负荷较小。但为了简化用油品种，方便管理，通常使用与驱动桥相同的齿轮油。有的车辆驱动桥用中、重负荷车辆齿轮油，而变速器则要求使用普通车辆齿轮油。

车辆齿轮油使用性能等级的选择主要是依据齿轮形状、齿面载荷、车型及工况确定。有的变速器含有铜质零件，则要求使用柴油机油，主要因为中、重负荷齿轮油中的极压抗磨剂对铜质零件有腐蚀作用。

2）车辆齿轮油粘度级号的选择

车辆齿轮油粘度级号的选择，主要根据最低气温和最高油温并考虑车辆齿轮油换油周期较长的因素，保证低温下的车辆起步，又能满足油温升高后的润滑要求。

齿轮油的低温粘度达 150Pa·s 时的最高温度决定其适用的最低气温。70W、75W、80W 和 85W 号油该温度分别为-55℃、-40℃、-26℃和-12℃，应对照当地冬季最低气温适当选用。齿轮油最高工作温度下的粘度要求不低于 10～15mm²/s，一般地区，车辆 90 号油可满足其使用要求，只有在天气特别热或负荷特别重的车辆上使用 140 号油。长江流域及其他冬季气温不低于-10℃的广大地区，可全年使用 90 号油；长江以北及其他气温不低于-12℃的地区，一般车辆可全年使用 85W-90 号油，负荷特别大的车辆，可全年使用 85W-140 号油；长城以北及其他冬季气温不低于-26℃的寒区，可全年使用 80W-90 号油；黑龙江、内蒙古、新疆等冬季最低气温在-26℃以下的严寒地区，冬季应使用 75W 号油，夏季则应换用 90 号油。

（2）车辆齿轮油的使用

1）使用性能级别较高的齿轮油可以用在要求较低的车辆上，但过多降级使用经济上不合算。普通车辆齿轮油不能取代中、重负荷车辆齿轮油，用于双曲线齿轮的润滑，否则会加速齿轮磨损和损坏。

2）不同品牌的齿轮油不要混存混用。因为即使是同一使用性能级别、同一牌号的齿轮油，某些性能指标也不完全相同。

3）在满足润滑要求的基础上，使用粘度级别低的齿轮油，粘度级别过高，传动效率低，会使燃料消耗明显增加，特别在现代高速轿车上，应尽可能选用合适的多级齿轮油。

齿轮油粘度高对弹性流体动力润滑有利，因为油膜厚度大，承载能力高，但粘度高产生的摩擦阻力大，消耗较多动力能源。随着科技发展，油品中加有各种极压抗磨剂、油性剂，以保证足够润滑性能。在北美、西欧普遍采用低粘度的多级齿轮油，使变速器、驱动桥齿轮工作处于混合润滑，既有弹性流体动力润滑，又有边界润滑。

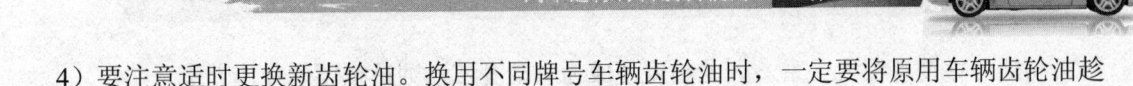

4）要注意适时更换新齿轮油。换用不同牌号车辆齿轮油时，一定要将原用车辆齿轮油趁热放出，并将齿轮箱清洗干净后再注入新油。

5）与发动机机油一样，任何使用性能等级的车辆齿轮油，在使用中其质量是不断下降的，当其主要性能不能满足车辆齿轮的使用要求时，就应该果断地更换齿轮油。

6）加油量要适当，不能过多或过少。加油过多，会增加齿轮运转时的搅拌阻力，造成能量损失；加油过少，会造成润滑不良，加速齿轮磨损。应经常检查齿轮箱渗漏情况，保持各油封、衬垫完好。

7）齿轮油的使用寿命较长，消耗量较少，只要按时补充新油，一般可行驶30000～50000km。如使用单级油，在换季维护时换用不同的粘度级号，放出的旧油还未达到换油指标时，可在再次换油加车使用。旧油应妥善保管，严防水分和机械杂质混入，否则易引起车辆齿轮油的变质。

9.2.3 汽车自动变速器油及其使用

自动变速器是一个很复杂的机构，在自动变速器中装有液力变扭器、齿轮机构、液压机构、湿式离合器和制动器等。目前，自动变速器中普遍采用的是液力变矩器和变速器是同一油路系统供油的，因此自动变速器中的液力传动油通常称为自动变速器油。自动变速器油属于液力传动油，但比一般的液力传动油要求有更高的性能。

自动变速器油（Automatic Transmission Fluid，ATF）在自动变速器中占有重要地位，不容忽视，它兼有多种功能。在液力变扭器中作为动力能的传动介质，借之以传递发动机的动力，是进行能量转换的工作介质。在自动变速器换挡执行元件动作中，作为操纵油路系统实现液压控制的压力用油。自动变速器油对自动变速器的齿轮和诸多换挡元件摩擦副进行强制润滑。把损耗在自动变速器油中的热能传至油冷却器，用发动机冷却液进行强制冷却，冷却后的自动变速器油再返回自动变速器中，防止高温产生。自动变速器油的循环流动带走磨损的铁屑等杂质，经滤清器或磁性螺栓清除或吸附掉。

因此，对汽车自动变速器来说，自动变速器油（ATF）是必不可少的工作液体，它除了起动力传递作用外，还起换挡控制和使执行机构（如离合器、制动器）工作的作用以及汽车自动变速器内部机件的润滑、冷却和清洁等作用。能将几种油的性能集于一身，统一体现多功能性，这就要求自动变速器油配方研制具有多方平衡才能达到，可以说自动变速器油技术含量较其他车辆用油而言是最高的。

1. 自动变速器油的使用性能

自动变速器油由基础油和添加剂配制而成，其使用性能主要有：粘度特性、抗磨性、热氧化安定性、抗泡沫性、贮存安定性、摩擦特性、密封材料适应性和防锈防腐性等。

（1）适宜的粘度和良好的粘温特性

自动变速器油按其作用可分别作为动力传递介质、自动控制用的液压油、齿轮和轴承润滑用的齿轮油等。各种不同的作用，对自动变速器油的粘度要求不同。作为动力传递介质，粘度对液力变矩器的效率影响很大，通常粘度越小，传动效率越高。但粘度过小又会导致液压系统的泄漏增加。作为自动控制的液压油、齿轮和轴承润滑的齿轮油，要求自动变速器油保持一定的粘度。

自动变速器油的使用温度范围为-40℃～170℃，这就要求自动变速器油应具有良好的低温性能（低温流动性）和高温性能（高温、高压下保持合适的粘度）。由于自动变速器工作正常与否与油的粘度有极大关系，因此粘度便成为自动变速器油最重要的使用性能之一。

为保证油品在变速器正常工作时粘度变化不至过大，要求油品具有良好的粘温特性即较高的粘度指数（>140），表9-8为常用自动变速器油的粘度参考值。为兼顾高温和低温工况对粘度的不同要求，一般将100℃时自动变速器油的运动粘度控制在$7mm^2/s$左右。

表9-8 常用自动变速器油的粘度参考表

自动变速器油种类		DEXRON	DEXRON-Ⅱ	F	MERCON
运动粘度/mm^2s^{-1}	40	41.43	34.81	32.57	42.03
	100	7.51	6.94	6.91	8.02
粘度指数		150	165	180	167

（2）抗磨性

自动变速器内的齿轮摩擦副、轴承也要用自动变速器油润滑，所以自动变速器油必须要有良好的抗磨性。为了提高其抗磨性，油中通常都加有抗磨添加剂。

（3）热氧化安定性

试验结果表明，轿车在市区行驶时自动变速器油温可达93.0℃～111.7℃，在高速公路上行驶时油温可达82.2℃～87.8℃。自动变速器油在工作中又不断与空气及铝、铜等有色金属（油品氧化催化剂）接触，所以自动变速器油易氧化变质，结果形成油泥、漆膜、沉积物，发生摩擦片打滑、控制系统失灵等故障。因此，自动变速器油必须具有良好的热氧化安定性，为此要向油中加入抗氧化剂。

（4）抗泡沫性

自动变速器工作时，由于内部零部件的旋转搅拌，油品形成泡沫，使其润滑性能变坏，气泡的可压缩性也会使液压系统无法正常工作。泡沫形成严重时，执行机构中的离合器和制动器会出现打滑，引起机件磨损甚至烧毁。自动变速器油产生的泡沫将影响自动控制系统的准确性、变矩器的性能和破坏正常的润滑条件。为防止此类问题的发生，在油品中加入抗泡沫添加剂，以降低油品的表面张力，尽量避免气泡的形成，并限制气泡形成后的存留时间。常用的抗泡沫剂是烷基聚硅氧烷类（也称硅酮类）。国产各种油品中一般加二甲基硅油，代号T-901，添加量极少，一般在5～20mg/kg之间。加入后不但有好的抗泡作用，同时对油品的热稳定性和清净分散性都有明显的提高。

（5）剪切安定性

自动变速器油在液力变矩器中会受到强烈的剪切，引起粘度下降，油压降低，以致离合器、制动器打滑。因此要通过严格的剪切试验。

（6）贮存安定性

含有多种添加剂混合组分的自动变速器油，其相容性是主要的，保证在一定温度范围内和一定时间应该均相，且没有分解，而且各成分不应该出现分层或析出等现象。故良好的贮存安定性非常必要。

（7）摩擦特性（换挡特性）

自动变速器油的摩擦特性包括动摩擦特性和静摩擦特性，其性能对离合器摩擦有很大影响。油品的摩擦性能在很大程度上是由摩擦改进剂的添加剂所决定的。根据是否添加这种改进剂，自动变速器油可分为两类，市场上常见的 DEXRON、DEXRON-Ⅱ、MERCON 含有这种添加剂，而 F 型则不含。是否含有摩擦改进剂虽然对油品动摩擦系数的影响不大，但其造成的静摩擦系数差异却是极为明显的，例如，前一类油的静摩擦系数就远远低于后一类。如果动摩擦系数小，离合器结合时滑转大，换挡时间长；如果静摩擦系数过大，在离合器结合的最后阶段转矩变化剧烈，有异响，换挡冲击大。摩擦特性好，要有相匹配的动、静摩擦系数。

(8) 与橡胶密封材料的适应性

自动变速器油不应使自动变速器机构中的丁睛橡胶、丙烯橡胶、硅橡胶等密封材料有明显的膨胀、收缩和硬化，否则将会产生漏油和其他危害。

此外，零件的腐蚀或锈蚀会造成系统工作失灵，以致损坏，因此自动变速器油还应有防腐防锈性。

2. 自动变速器油常用品种

经过多年来的使用与选择，美、日以及欧洲各大汽车公司普遍集中使用三大类的自动变速器油，即通用汽车公司的 DEXRON 系列、福特汽车公司的 F 型和 MERCON。下面分别予以简要介绍。

(1) 通用公司的 DEXRON 系列自动变速器油

1967 年，美国通用汽车公司生产出 DEXRON 自动变速器油，它含有摩擦改进剂。到 1973 年，通用汽车公司又推出 DEXRON-ⅡC 自动变速器油。在 DEXRON-ⅡC 短暂的使用过程中，发现它易引起自动变速器冷却器管路的腐蚀，因此通用汽车公司 1976 年用 DEXRON-ⅡD 自动变速器油代替了 DEXRON-ⅡC。

1990 年，通用汽车公司推出了 DEXRON-ⅡE 自动变速器油，与 DEXRON-Ⅱ相比，新油品低温粘度降低、抗泡沫性增强。对该新油品还改变了抗磨性试验、摩擦试验、热氧化安定性试验、耐久性试验等项目中所用的材料、试验装置及其标准值，并新增了带式离合器的摩擦试验项目。轿车、轻型货车用自动变速器油的典型规格是通用汽车公司（GM）DEXRON-Ⅱ，皇冠 3.0、凌志 LS400、凯迪拉克、福特和奔驰等轿车的自动变速器和转向助力器要求使用的自动变速器油都是 DEXRON-Ⅱ。

(2) 福特汽车公司的 F 型自动变速器油

福特汽车公司在 1995 年研制开发出不含摩擦改进剂的 F 型自动变速器油，较之该公司以前推荐使用的福特汽车公司的 A 型系列油，F 型油的粘度有所改进，同时其抗氧化能力更强。开发研制 F 型油的目的，是为了适应发动机强化后自动变速器内产生的更高的热量，但它是通过使制动器和离合器更快地接合来做到这一点的，因而与 DEXRON 系列自动变速器油有着根本的不同。

(3) 福特汽车公司的 MERCON 自动变速器油

该公司 1988 年开发的 MERCON 油品是一种新的含有摩擦改进剂的多用途自动变速器油。该公司推荐用 MERCON 代替 DEXRON-Ⅱ型自动变速器油，但不能替代 F 型油品，这一点必须切记。

3. 自动变速器油的选用

自动变速器油的用油规格、加油方法、油量、换油里程间隔均应严格遵守规定，认真执行。否则不但容易发生故障，而且影响自动变速器性能发挥和使用寿命。

(1) 自动变速器油的选择

按照车辆使用说明书的规定,选用适当规格的自动变速器油。自动变速器油的选择可参考以下原则:

一般轿车和轻型货车自动变速器都选用符合通用汽车公司 DEXRON 规格的自动变速器油,常用的是 DEXRON ⅡD,电控的用低温性能优良的 DEXRON ⅡE、DEXRON Ⅲ,最新规格是 DEXRON Ⅳ;或选用符合福特汽车公司 F 型、MERCON 规格的自动变速器油,常用的是 NEW MERCON、MERCON Ⅲ,最新规格是 Mercon Ⅴ。

(2) 自动变速器油的使用

必须使用规定的自动变速器油,按规定方法经常检查油面高度,按规定里程或时间间隔进行换油,换油时必须同时清洗油冷却器和滤清器。

1) 使用原厂规定或推荐的自动变速器油,既不能错用,也不能混用

不同制造厂家的产品,所使用的自动变速器油是不同的。例如,美国通用、福特和克莱斯勒三大汽车公司所有原厂加注的自动变速器油均为石油基产品,而一些日本和欧洲的汽车公司却使用了部分乃至全合成的自动变速器油,而即便同是石油基产品,通用汽车公司使用的是 DEXRON 系列油品,而福特汽车公司却是 F 型和 MERCON 自动变速器油,必须符合各自的技术要求。

以 DEXRON 和 MERCON 两大主流系列自动变速器油与 F 型自动变速器油相互比较,由于前两者含有摩擦改进剂,而后者不含,所以随意换用会引发一些不良的后果。含有摩擦改进剂的自动变速器油,其动摩擦系数较高而静摩擦系数有所下降,因而原设计考虑使用这种油品的自动变速器,离合器的摩擦片数目要稍多些,制动带尺寸要稍大些。一旦这类自动变速器误用了 F 型自动变速器油,使用过程中会出现换挡冲击过大问题,同时自动变速器内部某些零件的工作载荷加大,会造成零部件损坏等后果。反之,当原设计使用 F 型油品的自动变速器误用含摩擦改进剂的 DEXRON 和 MERCON 油品时,在车辆上坡等需要大扭矩传动的工况下,内部滑动摩擦显著增加,离合器和制动器摩擦材料的磨损加剧,使用寿命大幅度下降。

因此,为保证装有自动变速器汽车良好的工作性能和低的使用与维修成本,用户必须在车辆的使用和维修过程中加注车辆原生产厂家规定或推荐的自动变速器油。否则,不仅可能造成自动变速器性能下降或原本可以避免故障的发生,而且对新车而言,还可能造成产品索赔与"三包"权利的丧失。

2) 自动变速器油油面的检查

为保证自动变速器工作的可靠性及寿命,其内部的液面高度有明确的规定。一般来说,设计人员确定自动变速器油液面高度时所依据的原则是,当自动变速器内部的液力变矩器、各处油道和油缸均充满油液后,变速器油底壳中的液面高度不应高于行星齿轮变速器回转零部件的最低位置,同时又必须高出阀体与自动变速器壳体安装的接合面。这样做的目的是防止自动变速器工作时,其内部的旋转零部件产生强烈的搅油动作,使大量气泡进入自动变速器油,加速自动变速器油的氧化失效;同时又可防止含有大量气泡的自动变速器油被吸入或变速器壳体内的空气直接经阀体与壳体接合面密封不良处渗入液压控制系统,影响系统的正常工作。

自动变速器的生产厂不同,油面高度的检查条件也不同,油尺的刻度标准也不完全相同。检查时一般都要求:自动变速器处于热状态(油温为 70℃~80℃),汽车停放在水平路面上并拉紧驻车制动器,发动机怠速运转。踩下制动踏板,将自动变速器的选挡操纵手柄在各挡位轮

换停留短时间,使自动变速器油充满液力变矩器和所有执行元件。发动机熄火,将选挡操纵手柄拨至停车挡(P)位置。这样就可保证自动变速器中的液力变矩器和各处油道及油缸均充满自动变速器油。转动油尺至非锁止位置,将其自套管中抽出并用干净的抹布擦干净,再将油尺完全插入套管后,重新抽出油尺,检查其上自动变速器油位置应位于"HOT"("热态")范围内。若此时自动变速器油位置低于上述范围的下限,则应添加原厂规定品牌及型号的自动变速器油至热态范围的上限处。需要注意的是,虽然油尺上有"COOL"("冷态")范围,但它只是在更换自动变速器油或发动机未运转时作为参考之用,以便在发动机处于冷态时大致了解自动变速器的油面高度是否正常,而热态范围(HOT)才是标准的。

一般情况下,检查时不会出现油面位置过高现象,除非发生了以下两类问题:一是汽车长时间高速行驶或长时间拖挂其他车辆后,使油温过分升高导致液面异常;二是液力变矩器自动变速器油出口处的单向阀(或由液力变矩器调压阀兼作的单向阀)故障,致使停车后液力变矩器中的自动变速器油流泄到变速器油底壳中。对前一种问题,可在停车一定时间后自动变速器油温度降至正常后再检查;对后一种问题,则应及时采取措施,使故障得以排除。

3)油质的检查

正常的自动变速器油,清澈略带红色,且无异味。如果使用不当,容易出现自动变速器油变质,因此,必须加强对自动变速器油品质的检查。自动变速器油品质的检查,可用检测仪器进行检查。如无检测设备时,可从外观上判断,如用手指捻一捻自动变速器油,感觉一下粘度,用鼻子闻一闻有无特殊的气味。若发现自动变速器油变质,应及时换用新油。

根据使用的经验,现将自动变速器油品质变化现象与其原因列于表9-9,以供参考。

表9-9 自动变速器油品质变化现象与原因

现象	原因
颜色发白、浑浊	水分已进入油中
黑色、发稠,油尺上有胶质油膏	自动变速器油油温过高
深褐色、棕色	自动变速器油使用时间过长;长期高负荷运转,或某些部件打滑、损坏,引起自动变速器过热
自动变速器油中出现固体残渣	离合器片、制动带和单向离合器磨损严重
自动变速器油中有烧焦味	油温过高,油面过低;油冷却器、滤清器或管路堵塞

4)油温和通气管的检查

油温是影响自动变速器油和自动变速器使用寿命的一个重要因素。油温过高,将使自动变速器油粘度下降,性能变坏,产生油膏沉淀物和积炭,堵塞细小孔道,阻滞控制滑阀,降低润滑、冷却效果,破坏密封件等,最终导致故障。而影响油温的主要因素有液力变矩器有故障、离合器、制动器打滑或分离不彻底,单向离合器打滑及油冷却器堵塞等。因此,必须按规定正确操纵自动变速器,保证自动变速器技术状况良好。行车途中应注意检查自动变速器壳体的温度是否正常,若发现温度过高,应立即停车检修。

因自动变速器过热而引起自动变速器油变质时,应首先检查油面高度是否合适。若油面高度合适仍过热,则应更换自动变速器油;若换油不能奏效,就需要检查管路是否堵塞;若仍然难以奏效,那就需要全面检修自动变速器。此外,还应注意检查自动变速器壳体上的通气管是否畅通，以防被污泥堵塞，不利于变速器内气压平衡。

5）自动变速器油的更换

汽车自动变速器油使用一定里程或时间后，其各项理化指标均发生明显变化，当其不再能够满足使用要求时，就必须及时更换。

未及时更换自动变速器油，容易造成自动变速器油变质、粘度降低，加大摩擦片间的磨损，油耗增加；还易使油料颗粒增大或者产生碎屑而阻塞油路、拉伤阀体、阻塞柱塞，甚至产生换挡冲击。

自动变速器油的本色发红、透明。如果车辆的使用条件恶劣，自动变速箱油粘稠、变黑、有异味，建议换油、维修，否则易造成油耗加大，动力降低，甚至箱体损坏。

一般情况下，汽车制造厂商均为自己生产的汽车制定了相应的换油周期。如使用条件一般，建议按照车辆使用说明书的规定定期更换自动变速器油，以防止小碎颗粒进入油路造成阻塞。如雅阁、捷达、宝来、高尔夫、富康、爱丽舍、赛纳和毕加索等轿车规定每6万公里更换自动变速器油。如果车子的使用条件和工况良好，自动变速器油清澈、杂质稀少（可用肉眼观察），可适当延长换油周期。

表9-10为日本丰田汽车公司为其凌志LS400型轿车制定的自动变速器油检查及更换周期。

表9-10 凌志LS400型轿车自动变速器油检查及更换周期

周期	1000km	10	20	30	40	50	60	70	80
	月	6	12	18	24	30	36	42	48
作业项目	正常使用		检查		更换		检查		更换
	非正常使用	检查	更换	检查	更换	检查	更换	检查	更换

表9-9中所列的检查作业包括自动变速器油液面高度的检查及必要时自动变速器油的补充，而且丰由汽车公司提出，检查时一旦发现自动变速器油发出烧焦的味道或油色变黑，则应予以更换

正常情况下，石油基的自动变速器油呈清亮透明的红色，这有助于维修技工确定汽车底盘部分的漏油是否来自自动变速器或其他总成、被水或发动机冷却液污染后的自动变速器油具有一种乳状的粉红色，这有助于判断自动变速器的冷却器是否泄漏。过热的石油基自动变速器油闻起来有一股焦糊味，而长期使用后为各种杂质、污物所污染的石油基自动变速器油则变为红褐色、褐色、甚至黑褐色。在使用部分或全合成的自动变速器油时，气味和颜色往往并不能准确地表明自动变速器油的状况。所以对一般用户而言，应按汽车制造厂商的规定换油。

换油时，一般厂商均声明必须使用原厂推荐的油品，如丰田公司规定凌志LS400轿车必须使用T-Ⅱ型自动变速器油或相当产品；本田公司规定雅阁轿车应使用自己的ULTRA型自动变速器油，如用替代品的话，仅可使用DEXRON-Ⅱ。

从自动变速器的换油机构看，美、日、欧车系中，有些车带有油堵，可以卸下油堵放油，换油率40%；没有油堵的车型，可以卸下油底壳，但是液力变矩器里的油难以更换，换油率在50%到60%左右。

目前有专用自动变速器清洗换油设备，用此设备换油既可将自动变速器彻底清洗，又可将旧油全部换出，因此应用专用设备更换自动变速器油。

①严格控制加油量

自动变速器油量的多少，对其使用性能和使用寿命均有较大影响，因此，加入自动变速器的油量必须符合标准。若油面低于标准，油泵会吸入空气，导致空气混入工作液，降低液压系统的工作压力，使各控制滑阀和执行元件动作失准，操纵失灵，使离合器、制动器的摩擦材料早期磨损，同时还会加速自动变速器油的氧化变质。当油面过低时，由于运动件得不到充分可靠的润滑，还有可能因过热而引发运动件卡滞及产生噪声。当油面过高时，会由于机械搅拌而产生大量泡沫，这些泡沫进入液压控制系统，会引发与油面过低而产生的同样问题。如果控制阀体浸没于自动变速器油中，则液压管路中的离合器、制动器的泄油口会被自动变速器油阻塞，施加于离合器、制动器的油压就不能完全释放或释放速度太慢，使离合器、制动器动作迟缓。在坡路上行驶时，由于过多的自动变速器油在油底壳中晃动，有时会导致从加油管往外窜油，容易引起发动机罩内起火，这是很危险的。

②自动变速器油的更换方法

首先放掉旧自动变速器油。放油前先行驶车辆，使自动变速器油预热到正常工作温度（70℃～80℃），以便降低油的粘度（确保油内杂质和沉淀物随油一起排出），然后停车熄火，将汽车停放在水平路面上，选挡操纵手柄拨至停车挡（P）位置，并拉紧驻车制动器。拧开位于变速器油底壳下部的放油螺塞，将自动变速器油排空后重新拧紧该螺塞。某些自动变速器的放油螺塞具有磁性，用来吸附内部轴承、齿轮和离合器片等零件上磨损下来的铁磁性磨屑，以防这些磨屑重新随自动变速器油进入摩擦副或控制油道，造成新的磨料磨损或影响自动变速器正常工作。如果放油螺塞有磁性，放油时一定要注意清理掉吸附于其上的铁磁性粉末。

换油时，自动变速器油滤清器的滤芯应一并予以更换。一般使用条件下，纸质或毛毡滤芯至少应每隔 40000km 更换一次，而对新型的合成材料滤网，为清除附在其上的杂质，可按上述周期取出并在溶剂中清洗，但它不能被浸泡在化油器清洗剂中。若滤网有破裂、划痕、堵塞或漆状物无法除去，则必须予以更换。拆下自动变速器油底壳上的放油螺塞，将油底壳内的自动变速器油放净，视情况拆下油底壳，彻底清洗油底壳和过滤器滤网，并将自动变速器油冷却器用汽油冲洗干净，然后再将油底壳和放油螺塞装好。

加油时，应使发动机处于熄火状态，从自动变速器加油口注入预定数量的自动变速器油后，方可起动发动机，并将选挡手柄经所有挡位后回到停车挡（P）位置。与此同时，保持发动机怠速运转，然后检查自动变速器油液面高度。这时，不防先将自动变速器油加至油尺上的"COOL"（"冷态"）位置。让汽车行驶至发动机和自动变速器达到正常工作温度（自动变速器油温70℃～80℃），并再次检查油位，然后根据需要添加自动变速器油，只是注意不要添加过量即可。如果加油时不慎使油面高于规定的高度，这时不应勉强使用，而应该拧开放油螺塞进行放油；如没有放油螺塞，可从加油口处用吸管或其他器具吸出多余的油。

6）保持自动变速器油清洁

在储存和使用中要严格防止混入水分和杂质，以防自动变速器油乳化变质。

9.2.4 汽车润滑脂及其使用

润滑脂的主要作用是润滑、防护和密封等。绝大多数润滑脂是半固体，在常温下能保持自己的状态，在垂直表面不流失，并能在敞开或密封不良的摩擦部位工作，能解决润滑油难于解决的问题。润滑脂具有其他润滑剂所不能代替的特点，因此，在汽车上的诸多部位都使用润滑脂作为润滑材料。

润滑脂是将稠化剂分散到液体润滑油中形成的润滑剂。实际上是一种稠化了的润滑油。为了改善润滑脂的某些性能,可以加入一些其他组分(如添加剂或填料等)。润滑脂主要是由基础油(润滑液体)、稠化剂、添加剂等组成。

1. 润滑脂的使用性能

(1) 稠度

稠度是指像润滑脂一类的塑性物质在受力作用时抵抗变形的程度,润滑脂的软硬程度。润滑脂应具有适当的稠度。稠度的评价指标是锥入度。

在试验条件下(按 GB/T269 进行),将规定质量的标准圆锥体在 5s 内沉入润滑脂中的深度,叫做润滑脂的锥入度,以 0.1mm 为单位。

锥入度越大,表示润滑脂越软或者稠度小;锥入度越小,表示润滑脂越硬或者稠度大。

润滑脂的锥入度也和润滑油的粘度一样,随温度变化而变化。温度升高,锥入度增大;温度降低,锥入度减小。另外,锥入度还受机械剪切的影响。润滑脂受机械剪切的次数愈多,由于骨架结构受到破坏,润滑脂变软,锥入度增大。所以,测定润滑脂锥入度时,规定搅动 60 次,这时的锥入度称为工作锥入度。若搅动超过 60 次测定的锥入度,称为延长工作锥入度。若润滑脂在尽可能少的搅动下测定的锥入度,称为不工作锥入度。

润滑脂的稠度级号就是根据润滑脂锥入度的范围来划分的。我国和国际上广泛采用的是美国润滑脂协会的(NLGI)的稠度级号划分方法。划分标准见表 9-11。

表 9-11 锥入度划分的润滑脂级号

NLGI 级号	000	00	0	1	2	3	4	5	6
工作锥入度范围(25℃)/(1/10mm)	455~475	400~430	355~385	310~340	265~295	220~250	175~205	130~160	85~115

选择润滑脂时,应考虑润滑脂锥入度的大小。当机械摩擦表面负荷很大时,应使用锥入度小的润滑脂,否则会因不能承受所受负荷而被挤出;如摩擦表面负荷很小时,应采用锥入度大的润滑脂,否则不易形成完整的油膜,或者增加摩擦阻力,而且容易引起机件过热。通常 2 号、3 号润滑脂因其软硬程度比较适合汽车和工程机械的使用要求,因而用得最多、最广。

(2) 高温性能

润滑脂在的高温性能润滑脂的高温性能评价指标有滴点、蒸发性。

1) 滴点

润滑脂的滴点是指在规定条件下,润滑脂受热变软达到一定流动性时的最低温度。

润滑脂滴点的高低主要取决于稠化剂的种类和含量。稠化剂的种类不同,润滑脂的耐温性也不同。无机稠化剂和有机稠化剂的润滑脂滴点最高,其次的顺序是锂基润滑脂、钠基润滑脂、钙基润滑脂,工业凡士林最差。

用同一种稠化剂制成的润滑脂,稠化剂含量越多,润滑脂的滴点也越高。

滴点是与润滑脂的使用温度有关。如果润滑部位的工作温度高于润滑脂的滴点,润滑脂就会丧失对金属表面的粘附能力而从润滑部位流失。为了保证润滑脂能在润滑部位长期工作而不流失,在选用润滑脂时,其使用温度应低于滴点 20℃~30℃或更低。

2）蒸发性

润滑脂的蒸发性表示润滑脂在高温条件下长期使用时，润滑脂油分挥发的程度。蒸发性越小越理想。润滑脂中基础油的蒸发不仅引起性能的劣化，而且冷凝的油雾还引起设备故障并影响正常观察。影响蒸发性的内因是基础油的种类和粘度，外因是温度和压力。外部压力越小，润滑脂的蒸发量越大。润滑脂的蒸发性主要取决于基础油的性质和馏分组成。

（3）低温性能

润滑脂低温性能的评定指标有：强度极限、相似粘度、低温转矩。

1）强度极限

润滑脂是半固体状的物质，所受的外力如果不大，它只会塑性变形，而不会流动；当外力逐渐加大，达到某一临界数值时，润滑脂开始流动，使润滑脂产生流动所需的最小的力，称为润滑脂的强度极限。

强度极限对润滑脂的使用有重要意义，如润滑脂的强度极限过小，在不密封的摩擦部件或垂直面上使用时，容易流出或滑落；在高速旋转的机械中使用时如强度极限过小，也会被离心力甩出。此外，润滑脂的高、低温使用性能也和强度极限有关。在高温下，润滑脂强度极限会减小，如减得过小，则润滑脂容易流失；在低温下，润滑脂强度极限也不应过大，否则便会使机械起动困难，或消耗过多的动力。因此，规定润滑脂在较高温度下强度极限不小于某一数值；在低温下强度极限不大于某一数值。大部分润滑脂在使用温度范围内强度极限约在 98～294Pa（1～30g/cm^2）之间。强度极限与稠化剂的性质和含量有关，含稠化剂含量增多，润滑脂的强度极限也增大。因此，低温用润滑脂稠化剂含量应较少，以免低温强度极限过大。

2）相似粘度

润滑脂在所受外力超过它的强度极限时，就会产生流动。润滑脂流动的难易，与其分子间摩擦阻力有关，其摩擦阻力大小也用粘度表示。

但是，润滑脂流动时的粘度和一般润滑油的粘度有区别。一般润滑油的粘度在一定温度下是个常数，润滑脂流动时的粘度在一定温度下却不是常数，而是随着润滑脂层间剪切速率的改变而改变。剪切速率小则粘度大，剪切速率大则粘度小。而当剪切速率很大时，其粘度小到一定程度则保持恒定，所以称为相似粘度（也称表观粘度）。相似粘度影响起动阻力和功率损失以及润滑脂进入摩擦面间隙的难易程度。需要注意的是：在说明润滑脂的相似粘度时，必须注明测定时温度和剪切速率（单位为 s^{-1}），否则没有意义，相似粘度用 Pa·s 表示。

3）低温转矩

低温转矩按 SH/T 0338《滚珠轴承润滑脂低温转矩测定法》在低温（-20℃以下）测定起动转矩和运转转矩。它可说明润滑脂在低温下的运转阻力的大小。

（4）抗水性

润滑脂的抗水性是指润滑脂在大气湿度条件下的吸水性能，要求润滑脂在储存和使用中不具有吸水的性能。润滑脂吸水后，会使稠化剂溶解出现润滑脂滴点降低，引起腐蚀。

（5）润滑性（极压抗磨性）

润滑脂是不同于润滑油的一种半固体润滑剂，稠化剂的种类和含量对润滑脂的润滑性有明显的影响，而且润滑脂的润滑性能比润滑油好得多。

涂在相互接触的金属表面间的润滑脂所形成的脂膜，能承受来自轴向与径向的负荷，脂膜具有的承受负荷的特性称为润滑脂的极压性。润滑脂通过保持在运动部件表面间的脂膜，防止金属与金属相接触而磨损的能力称为抗磨性。

（6）安定性

润滑脂的安定性包括胶体安定性、氧化安定性和机械安定性。

1）胶体安定性

润滑脂在储存和使用中抑制分油的能力，叫做润滑脂的胶体安定性。若制成的润滑脂在相当短的时间内就产生分油，说明这种润滑脂的胶体安定性差；反之，经较长时间的储存也不分油的润滑脂，说明这种润滑脂的胶体安定性好。如果某种润滑脂的胶体安定性不好，分油严重，这种润滑脂就不宜长期储存。发现润滑脂有轻度分油时，可将其搅拌均匀后尽早使用。从润滑角度来说，润滑脂在使用中有轻微的分油，对滚动轴承的润滑是有好处的。如果润滑脂已经严重分油，改变了原来的结构，这种润滑脂就不能使用，应进行再生处理。

润滑脂胶体安定性的评价指标是分油量。

2）氧化安定性

润滑脂在储存和使用过程中抵抗氧化的能力，叫做润滑脂的氧化安定性。

严重氧化的皂基润滑脂，颜色变深，有恶臭，对金属产生腐蚀，变软（皂分解）或结块等。主要原因是皂结构受到破坏并产生酸性物质。

3）机械安定性（剪切安定性）

机械安定性是指润滑脂在工作条件下抵抗稠度变化的能力。润滑脂在工作时，由于受到剪切，稠度会发生改变，如果剪切后稠度变化小，则机械安定性好。

（7）橡胶配伍性

在汽车上有些润滑部位的润滑脂会与橡胶密封元件接触。由于受到润滑脂的作用下，橡胶密封元件有的收缩，有的膨胀，都会影响橡胶密封件的正常工作。

（8）机械杂质与水分

1）机械杂质

润滑脂中的机械杂质主要是指磨损性的机械杂质，如砂粒、尘土、铁锈、金属屑等。

润滑脂混入机械杂质后，既不能沉淀，也不能过滤，会造成润滑部位的严重磨损，要严格控制。

2）水分

润滑脂的水分有两种，一种是游离水，它会引起金属生锈，这是不希望有的；另一种是结合水，它是润滑脂的胶溶剂。不同的润滑脂，含水量不同。通常，烃基润滑脂不允许含水分，皂基润滑脂的含水量也作了不同的规定。但有些润滑脂本身具有一定的吸水性，如钠基润滑脂、硅胶润滑脂等，对这类润滑脂应密封保管。

2. 润滑脂的分类

国际标准组织 ISO 于 1987 年提出了润滑脂分类的国际标准 ISO 6743-9:1987，该标准按照润滑脂应用场合的最低使用温度、最高使用温度、抗水和防锈水平、极压抗磨性能和稠度等级等状况对润滑脂进行分类。

我国润滑脂的分类参照国际 ISO 分类方法，制定了国家标准 GB/T 7631.8-1990。这种润滑脂分类方法的主要内容，见表 9-12 和表 9-13。它是根据润滑脂的操作条件（温度、负荷、水污染）对润滑脂进行划分的。润滑脂的稠度等级由工作锥入度的范围进行划分，分为 000，00，0，1，2，3，4，5，6 九个等级，见表 9-12。

表 9-12 汽车润滑脂按使用性能的分类代号

适用范围	使用要求									标记
	操作温度范围				水污染③	字母4	负荷EP	字母5	稠度等级	
	最低温度①/℃	字母2	最高温度②/℃	字母3						
用润滑脂的场合	0 -20 -30 -40 <-40	A B C D E	60 90 120 140 160 180 >180	A B C D E F G	在水污染的条件下，润滑脂的抗水性和防锈性	A B C D E	在高负荷或低负荷下，表示润滑脂的润滑性和极压性，用A表示非极压型脂，用B表示极压型脂	A B C D E F G I	000 00 0 1 2 3 4 5 6	一种润滑脂的标记是由代号字母L-X与其他4个字母及稠度等级号联系在一起来标记的

注：①设备起动或运转时或者泵送润滑脂时所经历的最低温度。
②在使用时，被润滑部件的最高温度。
③见表9-13。

表 9-13 汽车润滑脂水污染（抗水性和防锈性）代号的确定

环境条件①	防锈性②	字母4	环境条件①	防锈性②	字母4
L	L	A	M	H	F
L	M	B	H	L	G
L	H	C	H	M	H
M	L	D	H	H	I
M	M	E			

注：①L表示干燥环境；M表示静态潮湿环境；H表示水洗。
②L表示不防锈；M表示淡水存在下的防锈性；H表示盐水存在下的防锈性。

例一：一种润滑脂，代号为 L-XCCHA2 表示的意义。

L——类别（润滑剂）；

X——组别（润滑脂）；

C——最低操作温度（-30℃）；

C——最高操作温度（120℃）；

H——水污染（经受水洗，淡水能防锈）；

A——极压性（非极压型润滑脂）；

2——数字（稠度等级：2）。

例二：一种润滑脂，适用于下述操作条件：

最低操作温度：-20℃；

最高操作温度：160℃；

环境条件：经受水洗；

防锈性：不需要防锈；

负荷条件：高负荷；

稠度等级：00。

这种润滑脂的代号应为 L-XBEGB00。

3. 润滑脂的选择和使用

要正确合理地选用润滑脂，除需要了解各种润滑脂的特性外，还必须考虑润滑脂的工作温度、转速、负荷、工作环境、供脂方式等因素。

（1）润滑脂的选择原则

根据汽车使用说明书中的规定，选择与用脂部位的操作条件相适应的润滑脂。具体的选择原则如下：

1）最低操作温度和最高操作温度

被润滑部位的最低操作温度应高于所选润滑脂的低温界限，否则在起动和运转时，将会造成摩擦和磨损增加。被润滑部位最高操作温度应低于所选润滑脂的高温界限，否则易发生润滑脂的流失而失去润滑作用。被润滑部位最高操作温度也不能离滴点太近，要比滴点低 20~30℃或更低，否则会因基础油蒸发，氧化加剧，造成润滑脂寿命缩短。

2）水污染

水污染的选择主要取决于润滑脂适用的环境条件和对防锈性的要求。

潮湿或易与水接触的部位，不宜选择钠基润滑脂，甚至不可以选用锂基润滑脂。因为钠基润滑脂抗水性较差，遇水容易变稀流失和乳化。有些部位用锂基脂也无法满足要求，如立式水泵的轴承可以说是经常浸泡在水中的，用锂基脂也发生乳化，寿命很短，轴承很容易损坏。在这样的部位应当选用抗水性良好的复合铝基润滑脂或脲基润滑脂。汽车、拖拉机和工程机械，常在潮湿和易与水接触的环境下工作，我国目前多用钙基润滑脂或锂基润滑脂，国外多选用抗水性能更好的锂—钙基脂或脲基润滑脂。

3）负荷

根据润滑脂工作负荷高低的不同分别选用非极压性或极压性润滑脂。

4）稠度级号

稠度级号的选择与环境温度、转速、负荷、供脂方式都有关系。

一般高速低负荷部位应选用稠度级号低（稠度小）的润滑脂，而在环境温度偏高时，稠度级号可提高一级。

润滑脂的加注方法有人工加注和泵集中加注。涂抹或填充、脂枪加注、脂杯加注等都为人工加注。如轮毂轴承采用人工填充法，钢板弹簧用人工涂抹法、钢板弹簧销等（设有注油嘴）采用脂枪加注法，分电器传动轴采用脂杯加注法。采用人工加注的部位，在选择润滑脂时主要是应考虑它的稠度，一般为 1~3 号稠度的润滑脂，最好选用 2 号稠度的润滑脂，加注比较容易，寿命也较长。有些汽车和工程机械润滑脂采用集中加注法，通过管道向这些部位定时定量压送润滑脂进行润滑。为了加注方便，不致使泵压过大，采用润滑脂的稠度一般为 1~0 号，最好选用 0 号稠度的润滑脂。

汽车润滑脂的选择见表 9-14。

表 9-14 汽车润滑脂的选择

润滑脂	应用部位
汽车通用锂基润滑脂（GB/T5671-1995）或 2 号通用锂基润滑脂（GB7234-1987）	轮毂轴承、水泵轴承、起动机轴承、发电机轴承、离合器分离轴承和底盘用脂润滑部位
石墨钙基润滑脂（SH/T0392-1992）	钢板弹簧
工业凡士林（SH0039-1990）	蓄电池接线柱

（2）润滑脂的使用

润滑脂在使用过程中应注意以下几点：

1）润滑脂在使用时，不同稠化剂制成的润滑脂不能掺混，否则可能破坏其胶体结构而使其失去原有的性能。对于不同种类的极压润滑脂，由于所加极压剂是活性物质，很可能相互反应变成腐蚀设备的物质，更不应混用。换用新润滑脂时，须将用旧的润滑脂擦除干净，否则会加速新润滑脂的氧化变质。

2）在润滑脂的保存和使用过程中，应严防水分、砂尘等外界杂质的侵入，尽可能减少润滑脂与空气的接触。

3）推广使用空毂润滑

过去汽车轮毂轴承均采用满毂润滑方式，即除轴承装满润滑脂外，轮毂内腔也都加满润滑脂。一是润滑脂用量增加，造成浪费；二是轮毂中过量的润滑脂在行车过程中，通常不可能补充到轴承滚道里而只能使轴承散热困难，因温度升高而流失的润滑脂甚至漏失到制动摩擦副上而影响制动效果，造成制动失灵。为此，汽车轮毂轴承推行空毂润滑，即在内、外轴承内填满润滑脂，轮毂空腔仅涂上极薄的一层润滑脂防锈即可。空毂润滑与满毂润滑相比，有利于安全行车、节约润滑脂用量和动力消耗。

4）尽量使用低稠度润滑脂。用 1 号或 2 号润滑脂较使用 3 号润滑脂可节约用脂量和动力消耗。

5）润滑脂"无滴点"并不代表着它可耐高温

滴点是判定润滑脂使用最高温度的一个参考数据，一般润滑脂使用温度均比其滴点低 30℃左右。滴点是一种条件试验结果，只能表示在统一的试验条件下，某种脂熔化或变软而滴落的温度，但并不能完全代表其实际的使用温度，也只能作为参考。对于新开发的无滴点脂，它采用无机物（如炭黑、硅胶等）或有机物（如颜料、染料、聚脲及聚四氟乙烯等）作稠化剂的生产的润滑脂均"无滴点"，但并不代表它可耐高温，因为决定润滑脂的使用温度关键有两方面：一是基础油，在温度升高时会发生氧化变质，同时伴有蒸发而损失；二是稠化剂，有可能不耐高温而变质。一般而言，润滑脂是否耐高温受基础油性质制约性大些。一般矿物油可耐 120℃～150℃的使用温度，短时间内可承受 180℃高温，而合成油则可耐更高的温度。所以，用矿物油制成的无滴点润滑脂并不见得可耐高温，在车辆上的使用效果是否良好，还需看其他性能是否良好，是否符合使用条件。

6）一般应按使用说明书的规定定期更换润滑脂。如解放 CA1091 型汽车要求每行驶 2000km 向水泵轴承、离合器踏板轴、制动踏板轴、传动轴各点、前/后钢板弹簧销、转向节主销、转向拉杆等各润滑节点处注脂。但在使用过程中，若润滑脂发生严重析油、分层与软化流失时必须及时更换。

9.3 汽车特种液及其使用

汽车特种液是指制动液、冷却液、空调制冷剂与冷冻机油、液压油以及减振器液等，本节主要介绍制动液与冷却液。

9.3.1 汽车制动液及其使用

在轿车和轻型汽车上广泛采用液压行车制动系统。制动液（Brake Fluid），亦称为刹车油或刹车液，是用于液压行车制动系统中传递压力，使车轮制动器实现制动作用的一种功能性液体。其制动工作压力一般为 2MPa，有些重型车、赛车等高达 4～5MPa。随着汽车技术的不断提高，对制动液的性能要求越来越高。由于制动液的性能指标高低直接关系到车辆的行驶安全，因此必须按照车辆技术性能要求，选用相应使用性能等级的制动液。

1. 制动液的类型与组成

随着制动液的发展，制动液的类型经历了蓖麻油醇型制动液、矿物油型制动液和合成型制动液三大类。其组成随制动液的类型不同而存在较大的变化，但基本上都是由基础油或基础液和各种添加剂组成。

目前，合成型制动液主要有三种类别，即醇醚型、酯型和硅油型。其中，酯型制动液又分为羧酸酯型和醇醚硼酸酯型制动液；硅油型制动液分硅酮型和硅酯型制动液。合成型制动液由基础液、稀释剂和添加剂组成。

2. 制动液的使用性能

（1）高温性能

现代汽车行驶速度越来越快，为了保证汽车在炎热的夏季或使用条件恶劣的山区等苛刻条件下行驶时，汽车液压制动系统能正常可靠地工作、制动及时灵敏，制动液必须具有优良的高温性能。

制动液的高温性能指标主要包括：100℃运动粘度、平衡回流沸点、湿平衡回流沸点、蒸发性和气阻温度 5 项指标。

1) 100℃运动粘度

目前，国内外各种合成制动液标准对制动液在 100℃时运动粘度指标要求都是相同的，即不小于 $1.5mm^2/s$。制动液标准之所以要规定这一指标，主要是为了保证制动液在使用过程中，当温度升高到一定程度时，仍能保证制动液具有良好的润滑和密封性能，同时防止制动液在高温条件下的渗漏。

2) 平衡回流沸点

平衡回流沸点（Equilibrium Reflux Boiling Point）是指在冷凝回流系统内与大气压平衡条件下，试样沸腾的温度。平衡回流沸点一般简称为制动液的干沸点。应注意与馏分的沸点的区别。

3) 湿平衡回流沸点（WERBP）

平衡回流沸点是制动液出厂检验时或在加入车辆制动系统使用前，在没有吸收水分情况下的耐高温性能指标，主要反映组成制动液的各种原料组分的沸点高低。一般情况下，只有平衡回流沸点越高，制动液的高温性能才可能越好。然而，并不是所有具有高平衡回流沸点的制动液就一定具有优良的高温性能，只有在平衡回流沸点和湿平衡回流沸点都高的情况下，制动液才具有好的高温性能。

湿平衡回流沸点（WERBP），又称为制动液的湿沸点，是指在规定的试验条件下，制动液吸收一定量水分或加入一定量水分后测得的平衡回流沸点温度值。

由于合成制动液的一个显著特点是在储存和使用过程中与空气接触，很容易吸收空气中的水分，因此，与平衡回流沸点指标相比，湿平衡回流沸点指标更能反映制动液在实际使用过程中的耐高温性能状况。一般情况下，如果平衡回流沸点高，湿平衡回流沸点也应该较高，但它们的关系并不是呈线性关系变化，不同制动液，其平衡回流沸点与湿平衡回流沸点指标相差较大。

4）蒸发性

制动液的蒸发性是一项重要高温性能指标，它是将规定量的制动液在100℃温度条件下按规定方法经过一定时间恒温（如168h）后，根据试验前后制动液的质量变化，计算其蒸发损失百分率；同时检查试验后的残液中有无砂粒或磨蚀物，并测定其在-5℃条件下的流动性。

制动液的蒸发性指标是控制制动液在一定温度条件下蒸发损失大小的指标。该指标对于制动液的润滑性能、使用寿命和保证制动液在较高温度条件下使用时，制动系统正常、可靠工作都具有重要意义。

5）气阻温度

在汽车制动过程中，摩擦产生的热量会使制动液的温度不断升高，当达到能使制动液开始气化的温度时，就会产生一定量的气体；如果这时主泵活塞正好处于泄油位置，系统入口也敞开着，则生成的气体会迫使不可压缩的制动液返回到主泵贮液罐中，在这种情况下，若再次使用制动，主泵活塞压缩的除了制动液外，还有一部分可压缩的气体；当制动液产生的气体体积数量增大到一定程度时，即使主泵活塞移动到极限位置，仍不能产生足够大的压力去推动制动装置进行制动，导致制动失灵，这种现象就称为气阻，产生气阻时所测得的制动液温度就称为气阻温度（VLT）。

（2）低温性能

制动液的低温性能主要是指制动液在寒冷、极寒冷地区使用时，保证车辆制动系统正常工作，制动灵敏、可靠的能力。制动液的低温性能指标同样是重要的使用性能指标，其数值高低直接关系到车辆在低温条件下的行车安全。国内外制动液标准也对不同使用性能等级的制动液产品规定了相应的低温性能控制指标。这些性能指标主要包括低温（-40℃或-55℃）运动粘度、低温流动性和外观。

（3）抗腐蚀性和防锈性

在液压制动系统中与制动液接触的金属管路和元器件较多，并涉及多种金属元素，为了确保这些零部件长期正常、可靠工作，一个重要条件是液压制动系统中的金属零部件不发生锈蚀、腐蚀，因此制动液必须具有优良的抗腐蚀性和防锈性。

（4）与橡胶的配伍性

在液压制动系统中，为了保证制动液不渗漏、并传递制动能量，使用了多种橡胶零部件。制动液在工作过程中会直接与这些橡胶部件相接触。为了保证这些橡胶件正常工作，要求制动液具有良好的橡胶配伍性，对橡胶配件不能产生过度的软化、溶胀、溶解、固化和收缩作用。车辆制动系统的制动总泵和分泵中都有随活塞一起运动的橡胶皮碗，这些皮碗不仅要与缸壁紧密接触，以保证其良好的密封性，而且还要活动自如。决不能因制动液的浸润，造成皮碗机械强度过分降低，体积、形状发生明显变化而失去应有的密封作用，从而影响制动能量的传递，更不能发生皮碗卡死、制动不能回位等导致制动失灵的现象。

（5）抗氧化性

制动液在制动系统中受高温和金属催化等因素的影响，会促使制动液氧化变质，为此，要求制动液具有优良的抗氧化性。制动液抵抗氧化衰变的能力称为抗氧化性。抗氧化性越好，则制动液不易氧化变质，储存期和使用期就长。

（6）容水性

要求制动液吸水后能与水互溶，不产生分离和沉淀，主要用来评定水分对制动液性能的影响。

（7）液体稳定性

制动液的液体稳定性包括高温稳定性和化学稳定性两项指标。该指标主要用来反映制动液在一定试验条件下的物理和化学稳定性能。

高温稳定性是将 60mL 试验制动液加热到 185℃，恒温 2h 后，再升温测定其平衡回流沸点，用试验制动液恒温前的平衡回流沸点与恒温后测得的平衡回流沸点之差来评定制动液的高温稳定性能。

化学稳定性是将 30mL 试验制动液与 30mL 相容性液体混合后测定其平衡回流沸点，用开始沸腾回流后第一分钟内混合试液的最高温度与随后测得的平均沸点之差来评定制动液的化学稳定性。

（8）液体相容性

主要用来评定试验制动液是否与其他同类型的制动液混溶。该试验重点考察制动液之间的物理和化学相容性，如制动液与相容性液体进行混合后是否分层、沉淀等。

3. 汽车制动液的标准

美国制动液标准是世界上制订最早，也是目前最有影响力的制动液标准。包括美国汽车工程师协会制定的 SAE Jl703、1704 和 1705 系列标准，美国联邦运输部制定的 FMVSS No.116 规格 DOT3、DOT4、DOT5 和 DOT5.1 系列标准以及美国军用标准 MIL-B-46176。

日本工业标准 JIS K 2233 "非石油基机动车辆制动液"是日本的制动液标准。

制动液的国际标准是 ISO 4925-1978"道路车辆—非石油基制动液"。该标准对制动液各项性能指标的要求是综合了当时的 SAE Jl703f 和 FMVSS No.116"机动车辆制动液"标准中 DOT3 级制动液的相应性能指标而择优制订的。因此，在当时的同级制动液性能指标要求中具有先进性。然而，随着时间的推移，对制动液的性能指标要求已有很大提高，目前 ISO 4925 标准对制动液性能指标的要求已经失去其先进性。虽然 ISO 4925 标准也曾在 20 世纪 90 年代提出过修订方案，将制动液分为 1、2、3 级三个使用性能等级，并分别与 DOT3、DOT4 和 DOT5.1 级制动液相对应。但是该修订方案至今也没有正式发布。

我国现行有效的制动液标准均为合成制动液标准。

（1）GB10830-1998"机动车制动液使用技术条件"。JG 为交通部、公安部系列，J 为"交通部"，G 为"公安部"第一个汉字的汉语拼音的首字母（大写）。JG 系列机动车制动液分为 JG3、JG4、JG5 三级。

（2）GB12981-2003"机动车辆制动液"标准规定了合成制动液的技术要求和试验方法。

本标准系列的代号由汉语拼音字母和阿拉伯数字两部分组成。其中 H、Z 和 Y 分别为"合成"、"制动"和"液体"的第一个汉字汉语拼音的首字母大写,阿拉伯数字作为区别本系列各使用性能等级的标记。HZY3、HZY4、HZY5 分别对应 DOT3、DOT4、DOT5 或 DOT5.1。

4. 制动液的选择和使用

制动液的正确选择和使用是确保汽车制动系统安全、可靠工作和制动及时、灵敏的重要环节,故对制动液的选用要慎重。

(1) 选择制动液时,要求其性能与工作条件相适应

应遵循以下原则:

1) 根据环境条件,主要是气温、湿度和道路交通条件选择。如在炎热的夏季,在山区多坡或高速公路上行驶,车辆制动强度大,制动液温度高,特别是在湿热条件下,一般应选用 JG3 或 JG4 级制动液(HZY3 或 HZY4 等合成制动液)。

2) 根据车辆速度性能,高速车辆,特别是高级轿车制动液的工作温度与一般货车相比要高,应使用级别较高的制动液。国产车使用进口制动液或进口车使用国产制动液,应根据其对应关系正确选择。

3) 选用时应依据车辆使用说明书。选用的制动液使用性能等级不能低于车辆制造厂规定的制动液使用性能等级;可以选用比车辆制造厂规定的制动液质量更高等级的制动液;所选用的制动液类型应与车辆制造厂规定使用的制动液类型一致;应选用知名厂家生产的、性能稳定、质量有保证的制动液。

(2) 制动液的正确使用与维护

为了防止制动液在使用过程中受到其他污染物的影响,或过度吸水后造成车辆制动系统工作不可靠、制动失灵的故障,应正确使用制动液,并对使用中的制动液进行适当维护。

制动液贮液罐位于制动主缸上方,贮液罐上有最高(MAX)和最低(MIN)标记,制动液在使用过程中液面高度必须位于该两个标记之间,才能满足制动系统的工作要求,保证车辆行驶安全。

1) 制动液的正确加注或更换

正确加注或更换制动液包含两个方面的内容。一是正确选用与车辆制动系统技术性能相适应的制动液;二是使用正确的方法将制动液加注到车辆制动系统中。在确定好要使用的制动液后,加注或更换制动液可采用以下两种方法。

使用专用充油机加注或更换制动液:将充油机连到制动贮液罐上,踏板压具压在制动踏板和驾驶员座椅之间压紧踏板。再按后右轮制动器、后左轮制动器、前右轮制动器、前左轮制动器的顺序,打开放气螺塞,让制动液从每个放气塞流出,然后,旋紧每个螺塞。加注完制动液后,将充油机从制动贮液罐上取下,拆出踏板压具,用力踏几下制动踏板,检查制动状况。

人工加注或更换步骤如下:

一般需要两人操作。

①将前、后制动器上的放液螺塞取下,放出制动系统中的全部旧制动液,然后拧紧各螺塞(新车制动系统不需要放出旧制动液)。

②擦干净制动总泵贮液罐的加注口,拧开螺塞,加入制动液,并充满贮液罐。

③排出制动系统中的空气,先从制动总泵处放气,然后按照离制动总泵由远及近的顺序(右后轮-左后轮-右前轮-左前轮)放气。具体操作方法是:一人踩制动踏板数次后,将踏

板踩到最低点，用力踩着不动；另一个人在车下按上述顺序分别拧开各制动器放液螺塞，直到不再流出气泡为止。此时应将制动踏板一直踩着不放，待将螺塞重新拧紧后才可放开制动踏板，以免空气再次进入制动系统。反复进行上述操作，直到将制动系统中的空气排净为止。

④放气结束后，将制动液加注到贮液罐液位的最高标记处（MAX）。

制动液加注时的注意事项：

①制动液有一定毒性，因此一定不能用嘴去吸取制动液。同时，一次没有使用完的制动液要放在原包装容器内，立即用盖拧紧。原则上，没有使用完的制动液存放一定时间后（如7天）就不能再使用了，应作报废处理。

②制动液对车身涂层有破坏作用，会产生"咬漆现象"。因此，在更换和加注过程中要非常小心，严防制动液与涂层接触。

③在排除制动系统中的旧制动液时，绝对不要像使用蓖麻油醇型制动液一样使用酒精来清洗制动系统。否则，残存在制动系统中的酒精会明显降低制动液的高温性能。

④加注过程中，不要使用脏手或脏布去擦拭制动系统贮液罐或压力管等部件内壁，避免造成对制动液的污染。

2）制动液的检查和添加

①如果是新车，制动液液位在贮液罐上的位置应位于最高标记处。

②汽车行驶一段时间后，制动液液面有可能略有下降，这是正常现象。如果制动液液面下降到最低标记处（MIN）以下时，则说明制动摩擦片已经磨损到极限，此时不必添加制动液。

③更换新摩擦片后，制动液液面应位于最高（MAX）和最低（MIN）两条标记条之间。否则，表明制动系统有渗漏，应立即检查，并采取相应措施后补加制动液到规定量。

3）制动液在使用过程中适时更换

制动液在使用过程中会因氧化变质或吸水而使其质量产生劣化，适时更换制动液成为保证制动液正常、可靠工作的必要手段。

关于制动液的换液期，国内外有关厂家的做法不完全相同，对换液期的规定也不一致。但总地来说，制动液换液期是由汽车生产厂家或制动液生产厂家制定。

在国外，美国汽车生产厂家一般都不明确规定制动液的换液期；但欧洲和亚洲的汽车制造厂家常常会明确制动液的换液期；对于制动液生产厂家而言，也是有的规定，有的不规定制动液的换液期。如壳牌（Shell）公司规定其制动液的换液期为3年或根据车辆制造厂家的规定更换；Mobil制动液产品规定的换液期为2年或车辆每行驶40000km时应更换制动液。

我国对汽车制动液的换液期一般是参照国外要求规定的，如富康轿车规定的制动液换液期为每2年更换一次。根据我国汽车工业技术水平和制动液质量情况，建议制动液的换液期可采取如下方法进行：

①对于使用中低级制动液的中低档车辆，换液期可定为1年更换1次制动液或按汽车生产厂家推荐的换液期进行更换；

②对于使用中高级制动液的中高档车辆，换液期可定为2年更换1次制动液或按汽车生产厂家推荐的换液期进行更换；

③每次对液压制动系统进行维修或更换制动系统零部件时，必须更换制动液。

4）各种制动液原则上不能混用。

即使同属合成型制动液，不同厂牌产品，也不一定具有相容性。

制动液有多种类型，有醇型、矿油型、醇醚型、酯型和硅油型。醇型与矿油型制动液已禁用。其余类型的制动液由于不同厂家生产，所添加的组分不同，不同的防锈、防腐或抗磨成分彼此混合后会发生反应而失效，甚至导致制动液过早变质。有的制动液混合后会产生沉淀或分层，或者浑浊不透。由于制动系统涉及到安全，为此使用制动液时，禁止不同品牌的制动液混用。更换制动液时，要将旧油放净，最好用少量新油冲洗一次制动系统，以免残余旧油影响使用。

5）防止水分或矿物油的混入。

6）制动液多以有机溶剂制成，易挥发、易燃，管理和使用中要注意防火。

9.3.2 汽车冷却液及其使用

目前，汽车发动机广泛采用闭式强制循环水冷却系统。冷却液是冷却系统中的传热介质，具有防沸（带走高温零部件热量）、防冻、防腐以及防垢等作用。

1. 冷却液的组成

冷却液是由水、防冻剂以及各种添加剂组成。目前，冷却液主要分为乙二醇型冷却液和丙二醇型冷却液两种类型。

乙二醇，俗称甘醇。常温下，乙二醇是无色透明粘稠状液体，稍有甜味，有一定的毒性，挥发性小，闪点116℃、沸点197℃。乙二醇能够与水以任意比互溶，在一定浓度范围内大大降低水的冰点，其冰点与乙二醇浓度之间的关系，如图9-3所示。

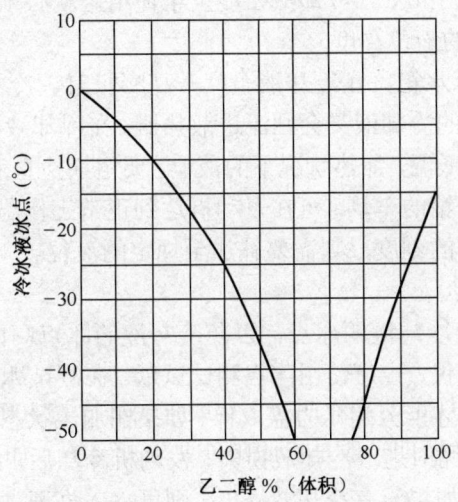

图9-3　冷却液冰点与乙二醇浓度之间的关系

丙二醇常指1、2－丙二醇，沸点188℃，冰点-59℃。常温下，丙二醇是无色透明粘稠状液体，微有辛辣味，对人体的皮肤、眼睛和粘膜无刺激作用，稳定性好，能够与水以任意比互溶。

丙二醇毒性低、降解性好，对人和环境危害较小，同时还具有良好的防冻和其他性能，作为冷却液的基础液，可获得与乙二醇相似效果。因此，近年来在冷却液中使用逐渐增多，特别是在注重环保的国家应用较广。但由于丙二醇原材料价格较高，加工和使用成本较高，目前在我国应用尚少。

2．冷却液的标准

我国石化行业的冷却液标准 SH0521-19-《汽车及轻负荷发动机用乙二醇型冷却液》标准中所属产品分为浓缩液和冷却液，冷却液按冰点分为-25号、-30号、-35号、-40号、-45号和-50号等6个牌号。浓缩液由乙二醇、适合的防腐蚀添加剂、消泡剂及适量的水组成，浓缩液中水是为了溶解添加剂并保证产品在-18℃时能从包装容器中倒出。在产品性能满足技术要求的情况下，可含有其他的醇类，如丙二醇和二乙二醇，但含量最多不超过15%（体积分数）。对浓缩液进行稀释时，应使用去离子水或蒸馏水，或浓缩液生产厂家认可质量级别的水进行稀释，使用的浓缩液为40%~70%（体积分数）。

3．冷却液的选择和使用

（1）冷却液的选择

冷却液主要分为乙二醇型冷却液和丙二醇型冷却液两种类型，首先根据使用要求选择类型，然后根据当地冬季最低气温选用适当冰点牌号的冷却液，冰点应至少低于最低气温5℃；如是浓缩型冷却液，应按产品说明书规定的比例加入蒸馏水或去离子水（不能使用井水和自来水），如乙二醇型浓缩液（SH0521-19-）和水各占50%（体积比），可配制成冰点不高于-37℃的冷却液。

（2）正确认识冷却液

冷却液与防冻液相比，范围更广，既可以是加有防锈剂的冷却水，也可以是加防冻剂的防冻冷却液。防锈冷却水的使用受地域限制，在我国南方一些冬季气温较高（最低气温在0℃以上）的地区，可全年使用加防锈剂的水作为冷却液在车辆中使用。而在我国乃至世界上的大部分地区，冬季气温常常低于0℃，冷却液要能全年使用，就必须加入防冻剂。

（3）定期检查冷却液的液位高度

在一般车辆中都有溢流水箱，在冷却液温度升高膨胀时，冷却液会流入溢流水箱，冷却液温度降低时，溢流水箱中的冷却液又会回流进散热器。在冷却液的储罐或溢流水箱上一般都有液位刻度，规定冷却液在低温、加热状况下的液位，要定期检查液位，防止冷却液液面过低。没有溢流水箱而使用膨胀水箱的车辆，可在发动机达到正常工作温度后，关闭发动机，检查液面高度，如果液面低于规定的刻度，则需要补加至规定的液位。

（4）检查冷却液的冰点

使用过程中应定期检查冷却液的冰点，以防冷却液的冰点高而发生冷却系统冻结。检查冷却液冰点可使用冰点折光仪，也可使用冰点测试试纸。在测试冰点进行取样时，一定要等冷却系统的温度和压力下降后才能开启压力盖取样。如果在加压状态下打开压力盖，冷却液会喷出来，可能烫伤手和脸部，同时造成冷却液损失。发动机冷却后，打开压力盖时，应先将压力盖拧到第一个槽口的位置，如果没有冷却液溢出，则可将盖打开，如果冷却液溢出，应马上将盖重新拧紧，直到温度和压力完全降下来后再打开。

（5）冷却液的加注

冷却液应缓慢加入，防止空气进入冷却系统，同时在加注的过程中，要注意排气。如果加注过快，混入大量的空气，有时好像已经加满，在发动机起动后，液面会迅速下降。冷却系统中混入空气，会产生气阻，无法正常循环；同时还会使冷却系统中出现局部高温、腐蚀。虽然膨胀水箱能够排气，但排气需要一个过程，也不一定能非常彻底。所以冷却系统加注时，一定要缓慢加入，加满后稍停一段时间，再起动发动机。起动时，要先怠速运转5~10min，便于排气。若冷却液液面下降到低于正常范围，则需及时补充。

冷却系统加注的冷却液必须是预稀释的发动机冷却液或冷却浓缩液。若是预稀释冷却液,可在冷却系统中直接使用,若为浓缩液,则需先用水稀释到合适的浓度再加注。预稀释冷却液和稀释的冷却浓缩液的使用浓度与当地气候状况有关,一般使用的冷却液冰点应比当地最低气温低 5~10℃。在加注完毕,充分混匀后,需要进行测量冰点。

(6)根据发动机或车辆制造商、冷却液生产商的建议定期或按质对冷却液进行更换。因为使用过程中要消耗冷却液中的添加剂。一般优质的冷却液每年更换一次,特别是对那些长时间运行的车辆,比如出租车等。而那些运行时间短的车辆可两年更换一次。冷却液的颜色是人为添加的,不能作为评价其优劣的标准。

(7)使用中,若因冷却系渗漏(冷却系密封性不好)而使液面降低时,应补充同类型的防冻液;若因蒸发引起液面降低时,则应向冷却系添加蒸馏水或软水(因为水的沸点比乙二醇低,使用中被蒸发的是水);当发现冷却液中有悬浮物、沉淀物或变质有异味时,应全部更换,并清洗冷却系。

(8)对乙二醇型浓缩液稀释时,要控制乙二醇浓度(体积分数、50%)的下限值(33.3%、-18℃、低于此浓度冷却液防腐蚀性不够)和上限值(69%、-68℃),要使用蒸馏水或去离子水,切勿使用硬水配制,以免产生沉淀。

(9)不同厂家、不同牌号的冷却液不能混用,以免起化学反应、生成沉淀或产生气泡,降低使用效果;在更换冷却液时,应先将冷却系用净水冲洗干净,然后再加入新的冷却液;用剩的冷却液应在容器上注明名称以免混淆。

(10)乙二醇是有机溶剂,使用中要注意不得将其洒溅到橡胶制品或油漆表面,更应注意不要接触皮肤,若不慎洒溅上,应立即用清水冲洗以免造成机件腐蚀或皮肤损伤。在储存乙二醇冷却液时,要保持干燥,以防潮湿。应注意严防被石油产品污染,否则将在发动机工作中产生大量泡沫。

(11)应保持常年使用冷却液,否则容易造成发动机冷却系机件损坏,金属部件产生氧化腐蚀。严重时会使发动机因过热而产生"开锅"现象,甚至有的使气缸盖产生裂纹,从而使汽车的寿命明显下降。

9.4 汽车轮胎及其使用

轮胎是汽车行驶系统的重要组成部件,也是重要的汽车运行材料。轮胎的主要功能是支承载荷,向地面传递制动力、驱动力、转向力以及缓冲减振。它对于汽车的动力性、制动性、操纵稳定性、平顺性、通过性、燃料经济性和环境友好性等使用性能都有直接的影响。

9.4.1 汽车轮胎的分类

汽车轮胎按照不同的分类原则,可以分为不同的类型。最常用的分类是,汽车轮胎按胎体结构不同划分,通常分为普通斜交轮胎和子午线轮胎,如图 9-4 所示。

1. 普通斜交轮胎

普通斜交轮胎是指胎体帘布层的帘线方向与胎面中心线呈一定角度(<90°)的轮胎。普通斜交轮胎的胎体坚固,胎侧不易损坏。汽车低速行驶时乘坐舒适性好。轮胎价格较低。但滚动阻力大,使用寿命短。

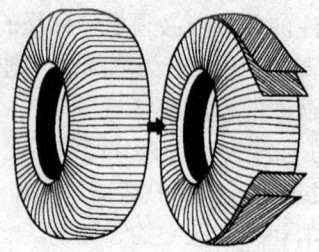

(a) 普通斜交轮胎　　　　　　(b) 子午线轮胎

图 9-4　普通斜交轮胎和子午线轮胎胎体结构

2. 子午线轮胎

子午线轮胎用钢丝或纤维织物作帘布层，子午线轮胎的帘布层与胎面中心线呈 90°或接近 90°排列，与帘布层轮胎的子午断面一致，很像地球上的子午线，所以称为子午线轮胎。

子午线轮胎的主要优点如下：

（1）滚动阻力小，节约燃料

由于有带束层，轮胎着地后胎面切向变形及相对滑移比普通轮胎要小很多，而且子午线轮胎胎侧薄，径向变形恢复快。这两个特点有利于减少轮胎内磨损，降低滚动阻力。试验证明，子午线轮胎的滚动阻力比普通斜交轮胎小 20%～30%，可节约燃料 3%～8%。

（2）胎面耐磨性好，使用寿命长

车轮滚动时，轮胎接地面既变形又滑移；变形促使滑移，滑移又加剧胎面磨损。由于子午线轮胎胎面刚度大，变形小，几乎没有滑移，此外胎面接地面积大，单位压力小并且均匀，所以使胎面磨损减小。试验证明子午轮胎的使用寿命比斜交轮胎提高 30%～40%。

（3）缓冲性能好

由于子午线轮胎的胎侧比较软，所以即使在充足气后，两侧壁上也会产生一个特殊的隆起，如图 9-5 所示，好像总是充气不足。正因为子午线轮胎有径向容易变形这个特点，所以它不受缓和不平路面的冲击影响，并吸收大部分冲击能量，使汽车具有良好的行驶平顺性和乘坐舒适性。

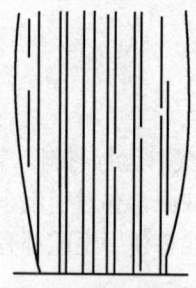 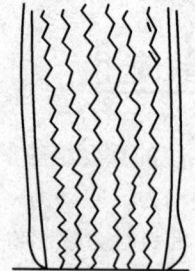

(a) 普通斜交轮胎　　　　　　(b) 子午线轮胎

图 9-5　普通斜交轮胎和子午线轮胎滚动中胎侧形状比较

（4）承载能力大

由于子午线轮胎的帘线排列与轮胎的主要变形方向一致，因而其帘线强度可得到充分利用，故其承载能力比普通斜交轮胎高。

（5）附着性能好

由于子午线轮胎胎体弹性大，使其滚动时与地接触面积大，且由于其胎面刚度大，使得胎面滑移小，所以其附着性能好。

（6）转向行驶稳定性好

汽车转向行驶时，轮胎承受侧向力比较大。此时，子午线轮胎的胎侧变形会较大，但胎冠接地面积基本不变。而普通斜交轮胎却是胎侧变形不大，却使整个轮胎倾斜，胎冠接地面积减小，如图9-6所示。所以，子午线轮胎在转向时的稳定性明显优于普通斜交轮胎。

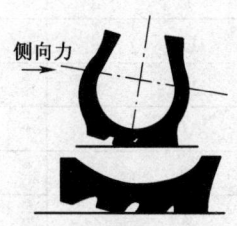
（a）普通斜交轮胎

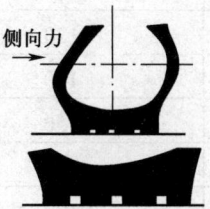
（b）子午线轮胎

图9-6　普通斜交轮胎和子午线轮胎在承受侧向力时的变形状况比较

子午线轮胎的主要缺点：

①胎侧较薄，变形大，胎侧与胎圈受力比普通斜交胎大，胎面与胎侧的过渡区及轮辋附近易产生裂口容易起裂口；②胎面噪声大；③制造技术要求高，成本高。

9.4.2　汽车轮胎的规格

1. 轮胎的基本尺寸

一般用轮辋的直径 D、轮胎的断面宽度 b 和断面高度 h 来表示轮胎的基本尺寸，如图9-7所示。基本尺寸的单位有英制、米制和米英制混合三种。

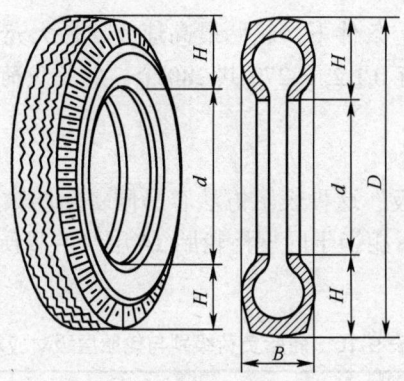

图9-7　轮胎的主要尺寸

2. 轮胎的扁平率

对于一般汽车轮胎，$b≈h$，断面成圆形。但扁平化轮胎，断面 $h<b$，有的甚至差别很大。通常以轮胎断面高和宽的比值 h/b 作为一个参数标注在轮胎上，h/b 为扁平率。目前，国产轿车子午线轮胎有80、75、70、65、60、55、50、45 八个系列，数字分别表示轮胎断面高和宽的比值 h/b 是80%、75%、70%、65%、60%、55%、50%、45%。

3. 轮胎的速度级别

将轮胎最高速度（km/h）分为若干级，用字母表示，叫做速度级别符号。不同的速度级别表示轮胎能够持续的最大速度（km/h）。目前轿车常用的轮胎速度级别符号与轮胎最高行驶速度的对应关系见表 9-15。

表 9-15　轮胎速度级别符号与轮胎最高行驶速度对应关系

轮胎速度级别符号	轮胎最高行驶速度	轮胎速度级别符号	轮胎最高行驶速度
L	120	T	190
M	130	U	200
N	140	H	210
P	150	V	240
Q	160	W	270
R	170	Y	300
S	180	Z	>240

4．轮胎的负荷能力

轮胎的负荷能力是指在一定行驶速度和相应充气压力时的最大承载质量。常用如下方法来表示：

（1）轮胎的层级

轮胎的层级是表示轮胎承载能力的相对指数，主要用于区别尺寸相同但结构和承载能力不同的轮胎。轮胎的层级数与轮胎帘布层的实际层数没有直接关系，就是说轮胎的层级不代表轮胎帘布层的实际层数。轮胎层级常用 PR（Ply Rating）表示。轮胎的层级数越多，表示轮胎承载能力越大。

（2）轮胎的负荷指数

轮胎负荷指数是指在规定条件下（轮胎最高速度、最大充气压力等）轮胎负荷能力的数字符号。轮胎负荷指数目前有 0,1,2,…,279 共 280 个。轮胎负荷指数越大，表示轮胎承载能力越大。

（3）轮胎的负荷级别

这是美国为了避免"层级"这种表示方法容易同实际层数混淆而采用的替代方法，以拉丁字母表示。例如："G"表示相当于同规格轮胎 14 层级的载质量。负荷级别与层级的对应关系见表 9-16。

表 9-16　轮胎负荷级别与轮胎层级对应表

负荷级别	对应层级	负荷级别	对应层级	负荷级别	对应层级
A	2	E	10	J	18
B	4	F	12	L	20
C	6	G	14	M	22
D	8	H	16	N	24

我国国家标准规定以"层级"表示负荷能力。但用引进技术生产的子午线轮胎，以及有的国内轮胎厂家生产的子午线轮胎，还同时标明"负荷指数"或"负荷级别"。

在这三种表示方法中，因为"负荷指数"直接代表承载质量，而且可以在轮胎上同时标明单胎和双胎的"负荷指数"，所以对用户来讲是最方便的。而要知道每一个轮胎规格的"层级"和"负荷级别"所代表的承载质量，还要查每个轮胎规格的标准规定。

5. 轮胎规格的表示方法

国外对轮胎规格的表示方法较多，其中以美国、欧洲、ISO 的影响最大。依照 ISO 国际标准，汽车轮胎的规格按如下的排列表示：

[断面宽]/[扁平率（轮胎系列）][轮胎结构记号][适用轮辋直径][载荷指数][速度记号]

现在按上面的排列举一个轮胎的例子加以说明。

例：185/70R13 84 Q

式中：

185——断面宽（断面宽约 185mm）；

70——扁平率（高宽比约为 70%）或轮胎系列；

R——轮胎结构记号（子午线结构）；

13——表示适用轮辋直径（轮辋直径 13in）；

84——负荷指数（最大载荷 5000N）；

Q——速度记号（最高速度 160km/h）。

上面前四项为结构尺寸，后两项为使用条件。

我国汽车轮胎的国家标准于 1982 年 3 月首次发布，1989 年 3 月进行了第一次修订，1997 年 9 月进行了再次修订。载货汽车轮胎执行的国家标准为 GB9744-1997《载货汽车轮胎》、GB/T2977-1997《载货汽车轮胎系列》，轿车轮胎执行的国家标准为 GB9743-1997《轿车轮胎》、GB/T2978-1997《轿车轮胎系列》。

9.4.3 汽车轮胎的合理选用

随着汽车技术的发展，轮胎的规格、品种繁多，轮胎的性能日益改善。但由于使用汽车的技术水平不同，使轮胎的使用寿命在一个很大的范围内变动，如国产轮胎的使用寿命可在 30000～180000km 之间变化。因此，正确使用和维护轮胎，延长轮胎的使用寿命，不仅对节约橡胶、降低车辆运输成本具有重要意义，而且极大地影响着汽车的使用性能。

1. 轮胎的选择

所选轮胎的尺寸应符合汽车使用说明书的规定，轮胎的速度等级须与汽车最高行驶速度相适应，轮胎的负荷能力要与承载质量相适应，轮胎的花纹要与道路条件相适应。

一般说来，汽车出厂时所配备的轮胎都是经过反复测试后选择的最佳规格。如果车主想要更换轮胎尺寸，必须在专业人员的指导下进行，不能随意而为之。因为这涉及到很多问题，稍有疏忽就可能对行车安全造成危害。

2. 严禁将不同结构、不同规格、不同层级、不同扁平率和厂牌的轮胎混装

如果在同轴上既有子午胎又有斜交胎，它们的静半径、旋转半径以及旋转变化规律都不同，容易导致单胎超负荷。在选配轮胎时，应当做到：同一车辆上所装的轮胎，其厂牌、型式和花纹力求一致；换新胎时，最好能全车一起更换。如不能这样，应将新胎装于前轮，以确保行车安全；后轮安装双胎时，两胎的磨损程度要相似，或者将磨损较轻的轮胎安装于外侧，以适应拱形路面。

3. 保持正常的轮胎气压

众所周知,气压是轮胎的生命,轮胎只有充入适当压力的气体才具有一定的弹性和刚性。

轮胎气压过低时,因气压不足,其径向变形增大,轮胎两侧将发生过度挠曲,胎侧内壁受拉,胎体内的帘线产生较大变形和应力,周期性的压缩变形会加速帘线的疲劳损坏。变形也使轮胎帘布层和轮胎与地面之间相对滑移增大,产生热量增多,致使轮胎滚动阻力增大,降低行车速度,增加燃料消耗。

轮胎气压过高时,将使轮胎的帘线受到过度伸张,胎体帘线的应力增大,帘线的"疲劳"过程加快,易引起帘线拉断,造成轮胎早期爆破。胎压过高时,轮胎与路面的接触面积减小,将加速胎面中部的磨损。

适宜气压与轮胎的使用条件有关,应根据轮胎所受的负荷、轮胎的安装位置和轮胎的类型,选择和保持适宜气压。轮胎在使用中一周内轮胎气压下降 10~30kPa,如气门嘴有故障时轮胎气压降低更多。因此,必须经常检查轮胎气压。

4. 严禁轮胎超载

当汽车超载或货物装载不合理时,均能引起轮胎超载。轮胎超载将加速轮胎的损坏,大大缩短轮胎使用寿命。

为防止轮胎超载,可采取以下措施:

(1)严格按照车辆规定标准载质量装载,不允许超载;坏路行驶,应适当减载。

(2)装载要分布均匀,不可重心偏移,保持货物平均分布,避免图省事造成货物偏载。

(3)汽车、挂车拖载大型货物时,要固定牢靠,防止途中货物移位造成部分轮胎超载。

(4)使用与车辆总质量相匹配的负荷级别的轮胎,以满足车辆载荷的要求。

5. 掌握车速、控制胎温

速度越高,轮胎在单位时间内的摩擦发热量越大,轮胎的温度也就越高,将加速轮胎的磨损。另外,高速时,轮胎在制动和转向过程中的切向力将显著提高。

车速过快,单位时间内车胎的曲挠变形次数增加,胎体温度急剧增加,动负荷随之增大,胎体内压升高,胎体强度下降。当行驶速度达到某个值时,胎面的振动将出现波浪变形,形成所谓的"驻波"。这种"驻波"能在几分钟内导致轮胎爆破。因此在高速公路上比普通公路上更容易发生"爆胎"现象。

夏季行驶应增加停歇次数,若轮胎发热或内压增高,应停车降温,严禁采用放气降温和向轮胎上泼冷水降温的错误做法。

6. 正确驾驶汽车

正确驾驶汽车不仅是保证安全生产的必要手段,也是延长轮胎使用寿命的重要措施。

起步过猛不仅加剧胎体变形,而且会使轮胎与地面出现强烈的摩擦;制动过猛,会使车辆出现"滑行",轮胎与地面产生滑动摩擦;车速过快,胎体受热增加,易产生帘布层破裂和胎面剥落,降低轮胎使用寿命;急转弯时,地面作用于车轮的作用力会使轮胎出现偏磨,甚至造成花纹剥落。

驾驶员在行车中要严格遵守操作规程,需做到以下几点:起步平稳,加速均匀,尽量避免使用紧急制动;车辆装载时,不要超载,并注意使重量分配均匀,不得超速行驶;车辆转弯时,车速要慢,特别是转小弯和满载时,车速更应降低;遇有石头、凹凸障碍时,应及时避让或减速通过;要注意轮胎的花纹深度,接近磨平的轮胎因为和路面的摩擦减少,制动距离长,不要高速行驶。

7. 保持汽车技术状况良好

保持汽车技术状况良好，特别是底盘技术状况良好，是防止轮胎早期损坏的有效措施。当汽车底盘技术状态不良时，即车轮定位失常；钢板弹簧刚度不够，左右钢板不同，车轮轴承、转向节主销间隙过大及车轮不平衡等，轮胎不能平顺行驶，都会致使轮胎磨损加剧。为使轮胎保持良好的技术状态，必须按照"防重于治，养重于修"的原则，按规定进行维护。

8. 轮胎换位

由于负荷、驱动形式和道路的影响，汽车各轮胎磨损部位和磨损程度不同。为使全车轮胎磨损均匀，充分合理的使用轮胎并延长轮胎的使用寿命，轮胎换位应根据轮胎的不同特点采用不同的换位方法。轮胎换位间隔一般新车为 15000km，以后每行驶 10000km 进行一次轮胎换位，通常应结合车辆二级维护定期换位。

轮胎换位时应注意以下事项：

（1）有些型号的车辆，其前后轮轮胎的胎压不同，所以在轮胎换位后要调整其胎压至规定值。

（2）有旋转方向的轮胎换位时，务必要使轮胎在新位置上不反方向转动，这是单向花纹轮胎的特性。相对于旋转方向而言，这种轮胎的胎面花纹具有方向性，用于改善其在湿滑路面上使用时性能，使轮胎可以更容易地排除积水。但是如果将这种轮胎反向安装，则其在湿滑路面上使用时的性能反而变坏。所以在轮胎换位时不可以使轮胎处在与原来反方向旋转的位置。带有旋转方向性的轮胎，多数属于高性能轮胎（扁平轮胎 55/50 以下）。轮胎的扁平率越小，其接地面就越宽。为了提高排水效率，设计专门的花纹，决定了旋转方向。

（3）径向帘布层轮胎（子午线轮胎）如果换到另外一侧，由于轮胎转动方向与原来相反，噪音与左右摇摆暂时会增大。所以建议只在同侧换位。

本章小结

1. 汽车使用过程中所消耗的燃料（汽油、柴油、代石油燃料）、润滑剂（发动机油、齿轮油、自动变速器油、润滑脂）、特种液（制动液、冷却液、空调制冷剂与冷冻机油）和轮胎等统称为汽车运行材料。

2. 车用汽车的主要性能要求是：适当的蒸发性、良好的抗爆性、良好的氧化安定性、无腐蚀性、无害性、清洁性。车用无铅汽油按研究法辛烷值（RON）划分为 90 号、93 号、97 号三种牌号。车用汽车的选用原则是以不发生爆燃为前提，按制造厂的要求选用。

3. 车用柴油的主要性能要求是：良好的低温流动性、良好的燃烧性、良好的雾化和蒸发性、良好的氧化安定性、无腐蚀性、无害性、清洁性。车用柴油按凝点分为 10 号、5 号、0 号、-10 号、-20 号、-35 号、-50 号共 7 个牌号。车用柴油根据最低气温来选择。凝点要比当地月风险率为 10%的最低气温低 4℃~6℃。

4. 为解决石油资源危机和环境保护问题，应重视汽车能源结构的调整。汽车石油代用燃料有：天然气、液化石油气、乙醇汽油、生物柴油、甲醇、乙醇、二甲醚等。

5. 汽车润滑剂主要包括发动机油、齿轮油、液力传动油（自动变速器油）、润滑脂。

6. 汽车发动机油的使用性能包括：润滑性、低温操作性、粘温性、清净分散性、抗氧性、抗腐性、抗泡沫性。发动机油的使用性能评定包括评定指标和评定试验两部分。发动机油的分类主要采用美国石油学会（API）的发动机油使用性能分类法和美国汽车工程师学会（SAE）的发动机油粘度分类法。发动机油的选择应包括使用性能级别的选择和粘度级别的选择两个方面。发动机油的更换可根据车辆的行驶里程（或发动机的工作时间）确定，称为定期换油；也可以根据发动机油的使用性能确定，称为按质换油；还可以采用在发动机油油质监测下的定期换油。

7. 车辆齿轮油的使用性能包括：润滑性和极压抗磨性、低温操作性、粘温性、氧化安定性、抗腐性和防锈性。车辆齿轮油分类和选择的原则与发动机油基本相同。

8. 自动变速器油由基础油和添加剂配制而成，其使用性能主要有：粘度特性、抗磨性、热氧化安定性、抗泡沫性、贮存安定性、摩擦特性、密封材料适应性和防锈防腐性等。经过多年来的使用与选择，美、日以及欧洲各大汽车公司普遍集中使用三大类的自动变速器油，即通用汽车公司的 DEXRON 系列、福特汽车公司的 F 型和 MERCON。

9. 汽车润滑脂的使用性能包括：稠度、低温性、高温性、抗水性、机械安定性、胶体安定性、氧化安定性。汽车润滑脂是根据其操作条件（温度、水污染和负荷等）进行分类的。汽车润滑脂规格的选择包括使用性能和稠度级号的选择。考虑的主要因素有工作温度、转速、负荷、工作环境和供脂方式等。

10. 汽车制动液的使用性能有：高温抗气阻性、与橡胶密封材料配伍性、抗腐蚀性、稳定性、耐寒性、容水性、抗氧化性、润滑性。汽车制动液的选择应遵循两条原则：一是选择合成型制动液；二是质量等级以 FMVSS No.116 DOT 规格为准。

11. 汽车冷却液是冷却系统中的传热介质。对汽车发动机冷却液要求的使用性能是：防沸（带走高温零部件热量）、防冻、防腐以及防垢。发动机冷却液多采用乙二醇或丙二醇等化学物质与水按一定比例混合而成的混合液。发动机冷却液冰点要低于环境最低气温10℃左右。

12. 汽车轮胎规格是对轮胎的类型、主要尺寸、系列、层级、速度级别、负荷能力等的说明。子午线轮胎具有使用寿命长、滚动阻力小、承载能力大、缓冲能力强、附着性能好等优点，推广使用子午线轮胎。延长轮胎使用寿命的措施主要有：保持轮胎气压正常、防止轮胎超载、掌握车速、控制轮胎温度、保持汽车技术状况完好、正确驾驶、加强轮胎的维护等。

1. 名词解释

汽油安定性、汽油抗爆指数、柴油凝点、柴油冷滤点、发动机油边界泵送温度、发动机油粘度指数、发动机油运动粘度、发动机油清净分散性、齿轮油开口闪点、齿轮油成沟点、润滑脂滴点、润滑脂稠度、自动变速器油粘度指数、自动变速器油粘温特性、制动液平衡回流沸点、制动液湿平衡回流沸点、冷却液冰点、轮胎扁平率、子午线轮胎。

2. 判断题

（1）汽油的 50%蒸发温度表示汽油中中质馏分的多少，它表示汽油的平均蒸发性，影响汽油机的预热时间、加速性和运转平稳性。

（2）车用无铅汽油规定了铅含量的最大限值，该铅是为了提高汽油的抗爆性而人为添加的。

（3）汽油车首次使用乙醇汽油前，对油箱和油路进行清洗是没意义的，相反，会增加维修工作量与故障。

(4) 汽油蒸发性的评定指标是馏程和蒸气压。

(5) 我国柴油牌号是依据柴油浊点来划分。

(6) 柴油牌号的选择一般应使最低使用温度等于或略高于柴油的凝点。

(7) 在多数情况下，液化石油气是以丁烷为主要成分，丁烷的辛烷值很高。

(8) 边界润滑状态，起润滑作用的是润滑油的粘度。

(9) 乙醇与汽油可以互溶，但抗水性较差，乙醇汽油一旦遇水就会发生相分离，影响使用效果。

(10) 车用乙醇汽油按马达法辛烷值（MON）分为90号、93号、95号和97号4个牌号。

(11) 双曲线齿轮式主减速器的驱动桥应选用GL-3齿轮油。

(12) 润滑脂是粘度很大的发动机润滑油。

(13) 润滑脂的稠度级号越大，其工作针入度越大。

(14) 汽车通用锂基脂属于3号润滑脂。

(15) 目前国内外汽车制动液主要为矿物油型制动液。

(16) 丙二醇型冷却液的冰点随丙二醇含量的增加而降低。

(17) 冷却液的作用是冷却，但不能防冻，并会引起冷却系统的腐蚀。

(18) 自动变速器油的动摩擦系数高于静摩擦系数。

(19) 无滴点的润滑脂一定可以耐高温。

(20) 低压轮胎的充气压力一般为0.5~0.7MPa。

(21) 汽车夏季行驶时，如果轮胎发热或内压增高，可采用放气降低轮胎气压或用冷水浇泼的办法来降低胎温。

3. 写出下列符号表示的含义

RON 93、LPG、SAE 10W-30、API SJ/CF-4、SAE 85W-90、Dexron、API GL-5、L-XCCHB2、DOT5、195/60R14 85H

4. 指出下列添加剂中属于发动机润滑油常用添加剂的有哪些？

可供选择的添加剂如下：

①抗爆剂；②抗氧抗腐剂；③胶溶剂；④粘度指数改进剂；⑤染色剂；⑥清净剂和分散剂；⑦防冻剂；⑧极压抗磨剂；⑨助燃剂；⑩抗泡沫剂。

5. 分析子午线轮胎与斜交轮胎相比较的优缺点。

6. 如何合理地使用轮胎？

1. 基于环保的角度，讨论我国车用燃料应从哪些方面进行组分优化。

2. 一辆装配有汽油发动机的乘用车，变速器为手动挡。结合所学知识分析如何正确地选用发动机润滑油、齿轮油、润滑脂、制动液、冷却液。

10 汽车在特定条件下的使用

知识目标

1. 掌握汽车新车的选配原则；
2. 掌握汽车走合期概念、使用特点及对汽车主要性能的影响；
3. 掌握汽车低温条件下的使用特点及对汽车主要性能的影响；
4. 掌握汽车高温条件下的使用特点及对汽车主要性能的影响；
5. 掌握汽车高原山区条件下的使用特点及对汽车主要性能的影响；
6. 掌握汽车无路坏路条件下的使用特点及对汽车主要性能的影响。

能力目标

1. 会说出汽车走合期应采取的技术措施；
2. 会说出汽车低温条件下应采取的技术措施；
3. 会说出汽车高温条件下应采取的技术措施；
4. 会说出汽车高原山区条件下应采取的技术措施；
5. 会说出汽车无路坏路条件下应采取的技术措施。

汽车完成运输工作都是在一定的外界条件下进行的。众所周知，汽车的外界条件是相当复杂的，它随着时间和空间的变化而变化，如环境的气候、道路的好坏、运输对象的特征等。由于这些条件的不同，同一型号的汽车会有不同的使用效果。通常把影响汽车使用效果的各类外界条件称为汽车使用条件，它主要包括气候条件、道路条件、运输条件。

汽车行驶中，往往受到某些特定的使用条件（如特殊的气候条件、道路条件、地形条件以及特定的使用阶段等）的影响，使其使用性能得不到充分发挥或受到严重破坏。这需要汽车的设计、制造以及使用应当针对各种特定的使用条件，采取必要的措施。

第 10 章 汽车在特定条件下的使用

10.1 新车的选配与使用

随着汽车市场的发展，国产汽车和进口汽车大量投放市场。面对不同品牌、用途各异的不同类型的汽车，择优选配、合理使用是极其重要的。

10.1.1 新车的选配

1. 择优选购车辆

择优选购是根据运输生产需要和运行条件，按照车辆的实用性、可靠性、经济性、维修和配件供应的方便性等主要使用性能指标，进行择优选型购置车辆。

具体如下：

（1）明确购车的目的

购车的目的是用来代步或是用来从事营业性客运或货物运输，或是两者兼顾等。这一点是相当重要的，因为汽车型号的选择主要取决于此。城市家庭用车一般以代步为主，则以方便和舒适为主要考虑要素，所以轿车是首选目标。若是从事营业性运输，如出租、客运、货运等，即以盈利为目的，则以价格较低廉的汽车为首选目标。

（2）考虑经济实力

要考虑自己手里具有资金的多少，能买得起哪个等级的车。一般来说，汽车等级与汽车售价成正比，等级越高，汽车的售价也会相应增高。不顾自身经济状况，盲目追求高等级汽车；或者只考虑汽车价格便宜，忽视汽车的可靠性、使用性能、维修费用等，都是不可取的。物美价廉，货比三家，应该是每个购车者考虑的问题。通常，资金较少的购车者，可挑选售价较低、可靠性较好、适用范围较广的汽车。如客货两用车，既可乘人又可载货，对经济实力较弱且运送零散货物的购车者较为适宜。对资金充足的购车者，可选择高性能、舒适美观、高档的长寿命汽车。

（3）考虑汽车的可靠性与维修性

汽车的可靠性是指汽车在规定的使用条件下和规定的行驶里程（或时间）内，不发生故障的性能；汽车的可靠性如何，多数生产厂家有这方面的指标，尤其是进口汽车必不可少，可直接了解。对有些汽车没有此项指标的，可间接向老用户、修理企业、配件商店等了解。对于经常维修、配件销售量相对大的汽车，则说明该汽车可靠性差。所以，应多花点时间了解情况，不要急于盲目买车。

维修性则指汽车一旦发生故障后，是否能迅速排除故障。二者都是汽车质量水平的综合反映，主要和汽车设计、制造、装配、材料等因素有关，它直接关系到运输的经济效益。汽车用户都希望自己购买的汽车在运行中不出故障或少出故障，一旦发生故障，能在短时间内加以排除，这样才不致于影响经营运输，产生较高的经济效益。

（4）考虑汽车的动力性

汽车的动力性通常用汽车最高行驶速度、汽车的加速时间、汽车的爬坡能力来衡量。它是汽车最重要的性能之一，关系到汽车运输的生产效率。

随着我国高速公路不断增多，汽车最高行驶速度、汽车的加速时间已成为汽车用户较为关注的一项指标，这一点在轿车、集装箱运输车等车型中，显得更为突出。长期行驶在山区、矿山道路的汽车，对汽车爬坡能力要求要高一些。

（5）考虑汽车的经济性

汽车燃料经济性反映了汽车整体设计水平，影响到汽车使用费用。据统计，汽车的燃料油和润滑油消耗费用占汽车总使用费用的四分之一左右，直接影响运输成本和经济收益。

目前，在市场销售的汽车中，进口汽车燃料消耗量一般相对较低，但汽车售价较高。国产汽车燃料消耗量相对较高，但汽车售价偏低。燃料消耗量可通过汽车使用说明书、厂家宣传资料、车型用户反映得到。可通过比较，挑选适合的汽车。

（6）考虑汽车的安全与环保性

汽车的安全与环保，直接影响着人们生命财产的安全，国家制定了许多强制性标准加以限制。在QC/T900-1997《汽车整车产品质量检验评定方法》中，安全环保项为四方面检验内容的首位，并实行"一票否决"制，即安全环保项不合格，整车产品质量就为不合格，其他性能再好也无用。购车者千万要注意，尤其是对一些小型企业生产的改装车、不属于M类和N类的汽车，要重点查看汽车排放污染物是否符合国家规定。

（7）考虑汽车的售后服务

售后服务包括汽车的维修、零配件的供应及技术资讯等方面的内容。应选择售后维修服务网络健全、信誉好、有保障的品牌型号。否则，一旦汽车出了故障得不到及时维修，或因缺少汽车配件使汽车停驶，或延长汽车维修停厂时间，都会给用户造成经济损失。

（8）考虑汽车的使用成本

购买新车时，不应只考虑汽车购置费用的高低，还应考虑汽车的使用年限、使用费用、货币的时间价值等。

上述各项能同时满足是很困难的，因此，购车时要结合自己的实际，抓主要矛盾，满足主要需求购车。比如，山区运输汽车动力性要好些，那么耗油就要多些，在二者不能兼顾时，主要考虑动力性能。总之，选购车辆时，应根据购车用途、使用条件等综合平衡，按需选购，量力而行，讲究实用可靠以及尽可能达到少投入多产出、综合经济效益好的目的。

2. 合理配置车辆

合理配置车辆是指运输单位根据其所承担运输任务的性质、运量、运距和道路、气候以及油料供应情况等条件，合理配置车辆，如大、中、小型车辆比例，汽、柴油车比例，通用、专用车比例等。

配置车辆时，除需要考虑当地运输市场状况，弄清现有在用运输车辆的基本技术情况外，还应考虑下列因素：

（1）车辆经常行驶的道路条件。道路的通过能力、承载质量、坡度大小、路面质量和转弯半径等都会影响车辆的运行。因此，要注意所配置的车辆的技术参数是否适应所要行驶的道路条件，否则会影响运输效率。

（2）气候、海拔条件。气候、海拔情况不同，对车辆要求也不同，例如：寒冷地区就应考虑配置起动性能好的车辆，高原地区空气稀薄，应配置动力性能高的车辆。因此，配置车辆时应充分考虑到本地区的气候和海拔条件。

（3）油料供应情况。车辆在使用中要消耗多种油料，如果油料来源困难，就会影响生产。所以选用新车，尤其是进口车（使用优燃、润料）时，应注意到这一问题。

（4）车辆使用的经验。在性能先进的前提下，选择新车时应尽量选用本单位熟悉的车型，这样在管理、使用、维修上有较为完整且行之有效的规章制度、技术措施，从而可以避免重新组织技术培训和摸索管理方法。

（5）本单位或当地车辆构成情况和维修能力。配置车辆时应考虑当地车辆构成情况，要避免一个地区或一个车队所拥有的车辆车型过于复杂，以免造成维修配件材料的供应储备及维修工作的困难。

总之，合理配置车辆，对避免运力过剩，提高运输效率，节约能源，保障安全生产，降低运输成本，争取更多的客、货源都起到较大的作用。

10.1.2 新车的使用

1. 新车使用前的准备工作

为了使新车尽快投入正常的运行，充分发挥其效能，延长其使用寿命，在新车使用前应做好以下几项工作：

（1）应掌握各种仪表和按钮等的用途、车辆的使用性能、使用中应注意的事项、日常维护中的维护要点及维护周期、掌握新车的维修技术要点。

（2）应按制造厂的规定对车辆进行清洁、润滑、紧固、补给及必要的调整。

（3）应对车辆进行一次全面的检查，重点检查车辆是否有缺件、损坏及制造质量等问题，如发现有较大问题要及时分析、解决。

（4）在对车身进行维护时，最好用水直接冲刷，不用干布、干毛巾、棉丝或海绵直接擦拭车身表面，尽量少用油墩布、毛掸清洁车身表面的灰尘。那样对油漆表面不是维护而是伤害。

进口轿车在外销时都在轿车油漆表面喷涂一层保护层，以防止在漂洋过海的长途运输途中被海水浸蚀漆膜，这层封漆蜡主要是石蜡、树脂和特富龙等成分。能对轿车表面漆起到近1年的保护作用。除掉这层封漆蜡的过程，就叫做轿车的开蜡。

轿车开蜡的最好方法是用进口开蜡液，其具体开蜡方法是：

1）选择无风、无太阳直接照射，且远离草本植物的地方，车身不必预先清洗。

2）操作时操作人应戴橡胶手套、防护眼镜，并穿防护靴。

3）将开蜡液按其说明书中所规定的配方比例混合后装入手动或电动喷雾器中待用。

4）自轿车底部由下至上顺序用配制好的开蜡液喷涂车身表面，确保每个部位都能被喷出的溶液覆盖，保持湿润 2~9min 后再用压力不超过 0.5MPa 的高压水枪喷洗。注意缝隙处要喷洗干净，不能留下残液。

5）仔细检查车身各部，如有残留未洗净的蜡迹，应重新喷涂开蜡液、重新清洗，直到彻底干净为止。

6）当车身表面防护蜡层除净后，可选用含有高分子材料的增光乳液或不含有研磨剂一类的车蜡做保洁处理，以保持漆膜的固有品质。

7）冬季开蜡比较困难，因为低温使开蜡液不易与车身表面的防护涂层产生化学反应。因此，冬季不宜进行开蜡操作，最好选择气温在 20℃ 以上时进行。

8）如果没有开蜡液，也可用棉纱沾汽油、柴油或煤油进行擦拭。但汽油、柴油或煤油会与漆膜发生氧化反应，造成漆膜暗淡无光；另外，棉纱不干净还会使漆膜受到损伤。因此，最好不要使用这种方法对轿车开蜡。

（5）营运车辆需要建立车辆技术档案，以便系统记录车辆从购置到报废全过程技术管理情况。

2. 新车走合期内的使用技术

（1）走合期概念

走合期，是指新车（包括大修竣工的汽车，含发动机大修的汽车）运行初期改善零件摩擦表面的几何形状和表面层物理机械性能的使用阶段。汽车的使用寿命、行驶可靠性、动力性和燃料经济性与汽车工作初期（特别是走合期）的使用情况有很大关系。

（2）走合期必要性

新车或大修竣工汽车尽管经过了生产磨合，但零件加工表面仍存在微观和宏观几何形状偏差（粗糙度、圆度、圆柱度、直线度等）；此外，总成及部件装配也有一定的允许误差。因此，新配合件表面的实际接触面积比计算面积小得多（按加工质量不同，实际接触面积小，新配合件表面的实际单位压力要比理论计算值大得多）。在这种情况下，汽车若以全负荷运行，零件摩擦表面的单位压力会很大，将导致润滑油膜被破坏和局部温度升高，使零件迅速磨损和破坏。

汽车走合期实际上是为了使汽车向正常使用阶段过渡，而在使用中对相互配合的摩擦表面进行磨合加工的工艺过程。经过走合期后，零件摩擦表面不平的部分被磨去，逐渐形成了比较光滑的、耐磨而且可靠的工作表面，以承受正常的工作负荷。同时，由于在走合期内暴露出的生产或修理中的缺陷得以消除，使汽车进入正常使用时的故障率基本趋于稳定，从而提高了汽车的可靠性。

根据总成或部件在这个阶段的工作特点，汽车在走合期内必须对其使用做出专门规定。

（3）走合期里程确定

汽车走合期里程取决于零件表面加工精度、装配质量、润滑油的品质、运行条件和驾驶技术等。通常汽车制造厂对所生产车型均规定有走合里程，一般为1000～1500km。解放、东风中型车，奥迪、桑塔纳、南京依维柯规定为1500km，北京切诺基规定为2000km。

（4）走合期内的使用特点

1）零件磨损速度快

由于新配合件摩擦表面凹凸不平，必然产生相互啮合的现象。在接触紧密的地方，其接触面积非常小，接触压力要比理论计算值大许多倍。在相对运动中，就会产生很大的摩擦力，使配合件的两个摩擦表面磨损量增大。磨损下来的金属屑又会进入相配合零件之间构成磨料磨损，使磨损加剧。另外，由于间隙小，磨损过程中表面热量增大，进而使润滑油粘度降低，润滑条件变差。由于上述原因，使零件磨损加剧。

2）行车故障多

由于配合件的工作表面存在着微观和宏观的几何形状偏差、装配质量不好、紧固件松动、使用不当以及未能正确执行走合规范，所以走合期的故障较多。如由于装配质量不好造成各部间隙过小，走合时润滑条件又差，发动机很容易产生过热现象，易出现拉缸、烧瓦等故障。

3）润滑油易变质

由于走合期内零件表面还比较粗糙，加工后的形状和装配位置都存在一定的偏差，配合间隙较小，因此走合时零件表面和润滑油的温度都很高；同时有较多的金属屑磨损下来，被润滑油带进曲轴箱中，很容易使润滑油氧化变质。因此，走合期内对润滑油有换油规定，通常行驶300km、1000km、2500km时应分别更换发动机润滑油。

4）耗油量大

由于走合期内各运动件之间有较大的摩擦阻力而使油耗增加。

（5）走合期内应采取的主要措施

根据走合期的工作特点，汽车在走合期内必须严格遵守走合规定，以保证走合的质量。

汽车在走合期内应采取的主要措施如下：

1）选择较好的道路并减载限速运行

①减载

汽车载质量的大小直接影响机件寿命，载质量越大，机件受力越大，引起润滑条件变坏，影响走合质量。所以，汽车在走合期内必须适当减载。一般载货汽车按额定载质量减载20%～25%，并禁止拖带挂车；半挂车按载质量标准减载25%～50%。若有具体减载规定的，则按规定执行。为保证走合质量，车辆在走合期内的加载应随着走合里程的增加而逐步增加，最终在走合期结束时，达到额定载质量。

②限速

走合期内车速的高低与负荷的影响是一样的。在载质量一定情况下，车速越高，发动机和传动机件的负荷也越大。因此，在走合期内汽车起步和行驶不允许发动机转速过高。行驶中应按汽车使用说明书的规定控制各挡位的车速。在实际使用中，走合期车速一般限制在各挡最高车速的70%～75%以内。限速行驶是指各挡都要限速。不同类型的汽车，可根据其使用说明书的要求，确定出最高走合速度。

③走好路

汽车不应在恶劣的道路上行驶，应选择较好的道路，以使汽车各总成减轻振动和冲击。

2）保持正确驾驶方法

在走合期内，驾驶员必须严格执行驾驶操作规程。发动机起动后，应低速运转，待水温升到50℃～60℃再起步，起步时不要猛踏加速踏板，严格控制加速踏板行程，以免发动机转速过高。起步要平稳，以减少传动机件的冲击。行驶中，发动机的温度应控制在正常工作范围内，要适时换挡，注意选择路面，不要在恶劣道路上行驶，以减少振动和冲击。尽量减少汽车突然加速所引起的超负荷现象，避免紧急制动和长时间制动。

3）按规定对汽车进行维护作业

走合期维护作业的重点是检查、紧固、调整和润滑。要特别注意做好日常维护工作。要经常检查、紧固各部外露螺栓、螺母，注意各总成在运行中的声响和温度变化，及时进行调整。

4）走合期结束后，应到指定的维修服务站进行一次走合维护，结合一级维护对汽车进行全面的检查、紧固、调整和润滑作业（更换润滑油）。其作业项目和深度参照制造厂的要求进行。

5）在走合期结束后的2000～3000km内，发动机仍需尽量避免以很高的转速运转，车速不易过高或超载运行，也不要在很差的道路上行驶。因为走合期通常是作为最低要求提出的，实际上要达到2000～3000km时，汽车才能得到较好的磨合，之后转入正常使用才更合适。

10.2 汽车在低温条件下的使用

我国北方地区，冬季气候寒冷，一般在-5℃～-25℃，在最冷的冬季气温可达-40℃以下，同时风雪较大。汽车在这样的低温条件下使用，存在着发动机起动困难、机件磨损和损坏严重、燃料消耗增加和行驶条件变差等主要问题。因此，应采取一些相应的技术措施，才能充分发挥汽车的使用性能。

10.2.1 汽车在低温条件下的使用特点

1. 发动机起动困难

起动性能是表征汽车发动机起动难易的指标。发动机起动性能好，便于汽车起步行驶，同时减少了起动时的功率消耗和发动机的磨损。

汽车在使用过程中，发动机的低温起动性主要受发动机润滑油粘度、燃油汽化雾化性能及蓄电池工作能力的影响。

因此，低温条件下，发动机起动困难的原因可从以下3方面分析。

（1）润滑油粘度增大

汽车发动机起动时，转动曲轴的阻力包括：气缸内被压缩的可燃混合气（或空气）的反作用力、运动部件的惯性力以及各摩擦副的摩擦阻力等。对于结构一定的发动机，前两种阻力在温度降低时变化不大，而后者在低温条件下，主要取决于润滑油的粘度。即发动机曲轴旋转阻力在低温条件下受润滑油粘度的影响较大。

随着温度的下降，发动机润滑油的粘度增大，内摩擦力增加，发动机的阻力矩增加，使发动机起动所需要的功率增加，发动机难于被带动到起动转速，从而增加了起动困难程度。

（2）燃油汽化和雾化性能变坏

燃料对发动机起动性能的影响主要是其蒸发性。在低温条件下，燃油的粘度变大，其蒸发雾化不良，再加上发动机机件的吸热作用，使混合气在压缩终了的温度变得很低，因而不易着火，使发动机起动困难。

（3）蓄电池工作能力下降

蓄电池在发动机起动过程中主要影响起动机的起动转矩和火花塞的跳火能量。

在低温条件下，蓄电池电动势 E 变化不大，即环境温度有较大变化时，蓄电池的单格电压下降并不多。但是，随着温度的降低，蓄电池的电解液粘度增大，离子向极板内的渗透能力下降，使蓄电池内阻 R 大大增加；同时，发动机起动时所需的电流 I 很大，从而使蓄电池内部电压降过大，致使其端电压 $U = E - IR$ 明显下降，起动机的输出功率下降。在低温时，发动机需要的起动功率大，而起动机的输出功率反而下降，起动机无力拖动发动机旋转或不能达到发动机最低起动转速，这将使发动机起动困难或无法起动。

发动机低温起动时，由于蓄电池端电压低，致使点火系初级电流变小；由于发动机转速低，点火线圈初级线路被切断时磁通变化率小，产生的次级电压下降，火花塞的跳火能量小，使发动机不能保证可靠点火，造成发动机起动困难。此外，火花弱的原因还有：冷的可燃混合气密度大，使火花塞电极间电阻增大，火花塞绝缘部分潮湿漏电。

2. 机件磨损损坏严重

在低温条件下汽车机件磨损与损坏的主要原因是：

（1）机件得不到及时润滑

低温条件下，润滑油粘度大，泵送性和流动性差，润滑油不能迅速进入摩擦表面，使其较长时间内处于半干摩擦和干摩擦状态。有资料表明，在发动机冷起动过程中，机油从曲轴箱油底壳经机油泵、滤清器到达曲轴轴承所需要的时间约为2~3min。这样长的流动时间，机件得不到及时的润滑，必然会大大增加发动机的磨损。发动机的磨损不仅在冷起动时严重，而且在起动后尚未达到正常温度之前，磨损强度一直是很大的。

传动系总成（变速器、主减速器和差速器等）的正常工作温度是靠零件摩擦和搅动润滑油产生的热量保证的，这种升温速度很慢。低温条件下，齿轮和轴承得不到充分的润滑，从而使零件磨损增大。另外，传动系润滑油因低温而粘度增大，运动阻力相应增加，传动系各总成在起步后的很长一段时间内，相当于大负荷运行，使总成中传动零件的磨损加剧。

（2）润滑油膜不易保持

低温条件下，燃油汽化和雾化不良，大部分燃油以液态形式进入气缸，冲刷了气缸壁上的油膜，并使发动机油劣化，使其磨损增加。此外，这还使油底壳中的润滑油容易被稀释，使其润滑性能变坏，增加机件磨损。

（3）酸性腐蚀增加

由于气缸壁温度低，硫含量较高的燃料在燃烧过程中产生的硫化物易与冷凝在气缸壁上的水蒸汽化合，形成酸性物质，引起机件腐蚀磨损。大量试验表明，发动机温度越低，酸性物质生成量就越多，腐蚀磨损也就越强烈。

（4）配合间隙变小

在低温条件下，由于配合副零件的膨胀系数不同，致使配合间隙变小，而且很不均匀，从而加速了配合副的磨损。

（5）机件材料性能变坏、机件冻裂损坏增加

金属材料在低温时力学性能发生变化，耐冲击载荷的强度下降，高碳钢等制造的零件易变脆。试验表明，-30~-40℃或更低时，碳钢的冲击韧性急剧下降，硅、锰钢制造的零件（钢板弹簧、弹簧等）及铸件（气缸盖、离合器壳、变速器壳等）也变脆。锡铅合金焊剂在-45℃或更低时，容易产生裂纹或呈粉状从接头的地方脱落。汽车上的塑料制品在低温下变脆且易出现裂纹，并可能从基体上脱落。在特别寒冷的情况下，轮胎等橡胶件丧失弹性、硬化、变脆，受冲击载荷的作用时易破裂。在寒冷地区运行的汽车上，盛装液体的容器、管道很容易被冻坏。

3．燃料消耗量增加

在低温条件下，汽车燃料消耗增加的原因主要有以下几个方面：

（1）发动机燃油消耗率增加

这是因为发动机冷起动时需要克服的起动阻力矩大，起动后升温时间长，因而消耗在这方面的燃油也就增多；同时，燃油在低温条件下因流动性、汽化性均较差，所形成的混合气不能完全燃烧，所以发动机燃油消耗率增加。

（2）传动效率下降

在低温条件下，润滑油变稠，传动机构的摩擦阻力增大；同时消耗在搅油方面的功率损失增加，从而使传动系机械效率下降，汽车的油耗增大。

（3）行驶阻力增加

汽车在冰雪道路上行驶，因压实积雪，或者为了增加防滑能力而装防滑链，行驶阻力显著增大，使汽车的油耗增大。

10.2.2 改善汽车低温使用性能的主要措施

通过上述分析可知，汽车在低温条件下使用，必须采取适当的措施。环境温度越低，对

技术措施和车辆改装的要求越苛刻。

一般车辆在低温条件下使用时应采取以下措施：

1. 车辆在使用前应预热，尽量使发动机在热态条件下起动

预热是对在严寒条件下使用的发动机和汽车，在它们起动和起步之前所采取的一种加热措施，一般采用热水、蒸汽、热空气、电能和红外线辐射等方式预热。

（1）热水预热

热水预热是指将温度为 90℃左右的清洁热水，从散热器加水口或直接从气缸体水套灌入冷却系。灌满后稍停片刻，等气缸体的温度与热水的温度趋于一致时，再打开放水开关，将其放出，然后再次加入热水。若感到气缸体升温程度不够，可按照上述方法重复几次。一般是使气缸体预热到 30℃~40℃时为宜。若气温过低，开始预热阶段，放水开关应一直打开，以防止灌入的水被冻结。这种预热方法简便易行，投资较少，适用于车辆较少的运输单位和气温不很低的使用环境。但这种方法只能使气缸体预热，而曲轴轴承、连杆轴承和曲轴箱中的润滑油是不能得到预热的。

（2）蒸汽预热

发动机冷却系加水前，将压力为 35~78.5kPa 的热蒸汽导入散热器的下水管，然后进入冷却系，或者直接引入发动机的冷却水套。但需要在气缸体上加设蒸汽阀，并设置带小孔的分配板，以防止热量集中。另外，可利用蒸汽对油底壳预热。由于蒸汽的热容量大，在气温较低时采用蒸汽预热效果较好。

（3）热空气预热

这种预热方法是用鼓风机将空气压入热风机，加热后的空气通过热风管输送到各预热点，每个预热点设有接头开关和护风罩，护风罩对准车头。热风经散热器吹向发动机。这种方法仅适用于室内无取暖设备的车辆的预热，不适于对露天停放的车辆预热，且设备较复杂庞大，热损失也大。

（4）电能预热

电能预热是在发动机冷却系和油底壳中装置电加热器的预热方法。这种方法应用方便，适用的低温下限较低，在-40℃以下的低温条件下使用时也能获得较好的效果。

（5）红外线辐射预热

红外线有很好的穿透性，在向金属壳体辐射时几乎不与空气作用，也不散失热能，热效率较高。预热时，将红外线加热器放在发动机或变速器的下部。

2. 车辆在低温条件下停放时，应采取保温措施

在严寒地区，汽车发动机保温的目的是发动机在一定的热工况下工作，并随时可以出车。在无车库条件下，一般主要对发动机保温，其次是蓄电池，只有气温很低或承担某些特殊任务的车辆才进行油箱、油路和驾驶室等总成进行保温。

汽车发动机罩采用保温套是发动机保温的最简单、最可靠的措施。这种常见的保温方法可以使汽车在-30℃左右的气温下工作时，发动机罩内温度保持在 20℃~35℃。停车后，也比无保温套的汽车发动机主要部位的冷却速度降低近 6 倍。

保温材料可以是棉质或毡质的，前者保温性能要好一些。用很薄的乙烯基带密封汽车发动机罩也取得了良好的效果。

发动机油底壳除了采用双层油底壳保温外，还可以在油底壳的内表面用一层玻璃纤维密封。

蓄电池一般采用木箱保温，木箱做成夹层，夹层内装有毛毡等保温材料；还可以将蓄电池安装在发动机罩内，与发动机同时保温。

3. 合理使用燃料与润滑剂

合理使用燃料与润滑剂也是汽车在低温条件下的重要措施。低温下使用的燃料应具有良好的蒸发性、流动性、低含硫量，以利于低温起动和减少磨损。柴油机选用低凝点柴油。各总成和轮毂轴承换用低温润滑油（脂）。

4. 合理使用特种液

低温条件下，汽车发动机冷却系可使用冷却液，防止冻裂机件，不必每天加水、放水，减轻劳动强度。特别是合理使用冷却液和专门的起动预热设备相配合，可以大大地减少起动前的准备时间。

在低温条件下，制动液、减振液的粘度增大，甚至出现结晶，影响汽车行驶的安全性与平顺性。因此，在严寒地区应选用适于低温使用的制动液和减振液。

5. 改善混合气形成条件

在低温条件下起动时，燃油的蒸发和雾化都不好。为了在气缸内创造良好的着火条件，一般采用进气预热或加注起动液（易燃燃料），以改善混合气形成条件。

（1）进气预热

汽油机的低温起动并不困难，一般只要在起动前预热进气管或燃烧室即可顺利起动，而柴油机除预热燃烧室外，通常在进气管道内安装电热塞或用火焰加热器加热空气滤清器和进气道，以提高进气温度，改善混合气形成。

（2）起动液

起动液应具备下列条件：

容易点燃（或压燃），以保证发动机的起动可靠性；发动机起动后，工作稳定柔和；在起动过程中，发动机磨损要小。

乙醚（$C_2H_5OC_2H_5$）是起动液中的主要成分，这种液体的沸点仅 34.5℃，40℃时的饱和蒸汽压为 122.8kPa（车用汽油在 38℃时的饱和蒸汽压都不大于 66.66kPa），因此乙醚具有很好的挥发性。同时，乙醚的闪点为-116℃，其蒸汽在空气中达 188℃时即可自行燃烧，起动液中的乙醚成分越多越好，但是乙醚含量过多会引起气缸压力的急剧上升，发动机的工作不柔和。为此，要把起动液中的乙醚成分控制在一定范围内（40%～60%）并用一些其他易燃燃料过渡，直至发动机的基本燃料（汽油或柴油）工作。

除了起动液的成分对发动机的起动可靠性和工作稳定性有直接影响外，起动液的加注方法也起重要作用。起动液的加注方法应根据发动机进气系统的结构，尽可能地将起动液呈雾状均匀地分配到各气缸中。

6. 低温季节前进行换季维护

换用严寒季节使用的润滑油（脂）、制动液、冷却液和减振液，使用蒸发性好的燃料、密度大的电解液。

调整供给系，使其供给较浓的混和气；调整点火系，使点火能量增大；调整发电机调节器，增大发电机充电电流。

在维护时，还要检查、调整汽车各主要总成的保温及防冻装置（如节温器、百叶窗、保温套以及采暖、除霜装置）使之适应低温条件下使用的完好状态。

7. 外力起动

外力起动是在低温条件下靠本车起动装置无法起动时，借助外部能力进行起动的方法。外力起动主要有以下几种：

使用低温起动电源。使用时注意起动电源所限制的一次连续起动时间和间歇时间。

加装并联蓄电池。低温起动困难时，可并联一组与汽车蓄电池电压相同的蓄电池进行起动。注意使用时，蓄电池只可并联不可串联，以防止烧坏起动机。

10.3 汽车在高温条件下的使用

在我国炎热的南方和夏季的西北高原，最高气温达 35℃以上。汽车在这样的高温条件下使用，汽车发动机散热器的散热量 Q 可表示为：

$$Q = KS\Delta T \tag{10-1}$$

式中：Q——散热量，J；

K——传热系数，J/（m²·℃）；

S——散热器的散热面积，m²；

ΔT——散热器内外温度差，℃。

当散热器一定时，K 和 S 的数值变化不大，散热量 Q 主要取决于 ΔT。在高温条件下，由于外界气温高，发动冷却液与大气温差变小，导致冷却系散热量变小，使发动机过热。汽车由于发动机过热，使其使用性能变坏，严重时会影响汽车正常行驶。因此，汽车在高温条件下使用时，对其使用性能的影响很大，应采取相应的措施加以改善。

10.3.1 汽车在高温条件下的使用特点

在高温条件下行驶的汽车，由于发动机过热，会出现下列问题：发动机功率下降；燃烧不正常（爆燃、早燃）；汽油机供给系易产生气阻；润滑油易变质；燃料消耗量增加；发动机磨损严重；液压制动系工作可靠性下降；轮胎易损坏。

1. 发动机功率下降

气温越高，空气密度越小，发动机的实际进气量减少，发动机充气能力降低，造成发动机功率下降，使汽车行驶无力。试验表明，当气温从 15℃升高到 40℃时，发动机功率下降 6%～8%。

2. 燃烧不正常

气温越高，进入气缸的混合气温度也高，发动机整个工作循环的温度也高，而散热器的散热效率又低，使发动机处于过热状态，燃烧室内末端混合气接受热量多，这就容易产生爆燃。另外，过热的发动机使积存于活塞顶部、燃烧室壁、气门顶部及火花塞上的积碳形成炽热点，易造成可燃混合气的早燃。这种不正常的燃烧，更加剧了发动机的过热现象，形成恶性循环，气缸体和缸盖易产生热变形甚至裂纹，较为常见的是烧坏气缸垫、气门及气门座。

3. 汽油机供油系易产生气阻

气温越高，发动机罩内温度也就越高，越易出现气阻现象。供油系受热后，部分汽油蒸发成气体状态存在于油管及汽油泵中，不仅增加了汽油的流动阻力，同时由于气体的可压缩性，汽油泵出油管中的油蒸汽随着汽油泵的脉动压力不断地被压缩和膨胀，破坏了汽油泵在吸油行程中所形成的真空度，造成发动机供油不足甚至中断，严重时形成供油系气阻。在炎热地区，特别是汽车满载爬坡或以低速长时间行驶时，更容易发生气阻。

4. 润滑油易变质

发动机的机油在高温、高压下工作时，机油的抗氧化安定性变坏，加剧了其热分解、氧化和聚合的过程。机油与燃烧不完全的产物、凝结的水蒸汽以及进气中夹带的灰尘混合，引起机油变质。

在我国西北高原，夏季炎热而干燥，空气中的灰尘很多。而湿热带的南方地区，空气中的水蒸汽浓度大。这些干燥空气中的灰尘和潮湿空气中的水分，通过进气系统或曲轴箱通风口等处进入发动机油底壳，污染发动机油。

在炎热夏季，汽车大负荷连续行驶，变速器、差速器齿轮油的温度会超过120℃，引起齿轮油变质。另外，汽车润滑脂在高温下易流失，使润滑效能下降，严重时容易烧坏齿轮和轴承。

5. 零件磨损加剧

高温条件下的汽车，虽然发动机在起动过程中的磨损比低温起动磨损减少了很多，但高温条件易引起燃烧不正常和润滑条件恶化，仍使发动机磨损严重，甚至造成零件损坏。

随着温度的升高，发动机的温度将更高，使窜入气缸中的发动机油在高温缺氧的情况下生成积碳等高温沉积物，积碳形成高温源，易使发动机产生早燃或爆燃。爆燃使气缸磨损比正常燃烧时增加（图10-1），严重时会引起气门、活塞等零件损坏。

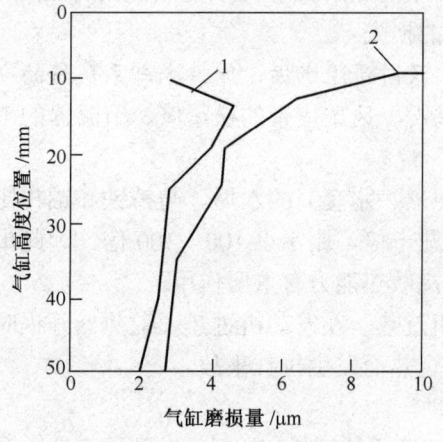

1—正常燃烧；2—爆燃

图10-1 爆燃对发动机磨损的影响

温度过高时，润滑油的抗氧化安定性变差，加剧其热分解、氧化和聚合的过程，促进润滑油的劣化变质。高温条件下，零件润滑不良必然加剧磨损。

6. 汽车液压制动工作可靠性下降

液压制动的汽车，制动液在高温下可能发生气阻现象。在频繁制动的情况下，制动液温度可达100℃以上，易导致皮碗膨胀，制动液气阻，致使液压制动工作可靠性下降，影响行车安全。

7. 轮胎易爆胎

外界气温高，轮胎散热较慢，轮胎常超过使用允许温度（100℃），轮胎过热易使胎压过高，胎体强度下降，引起轮胎爆胎。车速越快，轮胎产生的热量越多，更容易发生爆胎。

10.3.2 提高在高温条件下汽车使用性能的主要措施

针对高温条件对汽车使用的影响，所采取的使用措施是降温、防爆、防气阻和加强维护等。

1. 改进散热装置、提高发动机冷却系的冷却强度

冷却系散热好坏，取决于冷却系机件是否匹配及设计是否合理。每种汽车的冷却系统只能适应一定的使用条件。

在高温条件下使用时，需要在结构方面增大冷却系的冷却强度，主要措施如下：

（1）增加风扇叶片数，增大风扇直径或叶片角度，提高风扇转速，以增加风扇对散热器的覆盖面积和通风流量。

（2）采用形状过渡圆滑的护风圈等，尽量使气流畅流、分布均匀、阻力小、没有热风回流现象以及散热器正面避免无风区。

（3）还可以采用装置通风良好的发动机罩、罩外吸气、冷却供油系等方法减小吸入空气及燃料温度的变化。

（4）增加水泵叶轮上的叶片和叶片直径，以提高泵水压力。

（5）增大节温器主阀门通道，以加快水的大循环。

（6）适当增加散热器盖上压力阀的压力，从而提高冷却液的沸点，达到增加散热器散热量的目的；在散热器旁安装补偿水箱，当冷却水受热膨胀时流入补偿水箱，当温度降低后自动流回散热器，以减少冷却水的损失。

2. 加强冷却系的检查，及时清除水垢，保持冷却系良好的冷却效果

（1）对冷却系的密封情况、风扇皮带的松紧度、节温器的工作情况进行检查，并保证冷却系有充足的冷却液。

（2）清除冷却系（散热器、水套）的水垢。与铸铁和铝相比，水垢导热率很低。试验表明，水垢的导热率比铸铁小几十倍，比铝小100～300倍，因此水垢对冷却系的散热强度影响很大，清除冷却系水垢对提高散热能力有重要作用。

（3）行车中勿使发动机过热。在发动机过热、散热器开锅时，应及时停车降温，且注意不要熄火，防止发动机内部过热而发生拉缸事故。

3. 防止供油系产生气阻

防止气阻的措施是改善发动机的散热和通风，以及隔开供油系的受热部位。具体措施如下：

（1）装用电动汽油泵。电动汽油泵具有结构简单、工作可靠、不受安装位置的限制，可以远离热源，防止气阻产生。

（2）改进汽油泵的结构，现代汽车汽油泵安装在燃油箱内、增加供油以及增设回油管路，均可有效地防止气阻。

（3）行车中发生了气阻，可用湿布使汽油泵冷却或将汽车开到阴凉处，降温排除。

4. 防止轮胎爆胎

高温环境下长时间行车必须经常检查轮胎温度，防止胎温过高，必要时，应将车辆停在阴凉的地方降温，待胎温降低后再继续行驶，绝不能采用泼冷水或放气降压的方法降温。行驶中应严格控制车速，并注意加强轮胎的定期换位维护工作。按规定标准对轮胎进行充气，保持气压正常。

5. 合理使用润滑剂

（1）发动机应换用粘度较高的润滑油。注意机油油面的检查，适当缩短换油周期。在灰尘大的地区，应加强空气滤清器的维护。在条件允许的情况下，对于在酷热天连续行驶的车辆，要加装机油散热器。

（2）变速器和差速器应换用大粘度齿轮油，高温下润滑油易变质，应适当缩短换油周期。

（3）轮毂轴承和传动机构的各连接点换用滴点较高的润滑脂，要按规定周期进行检查与维护。

6. 正确使用特种液

（1）液压制动系的汽车，在经常制动情况下，制动液温度可达80℃～90℃，甚至到110℃。为了保证行车安全，应选用高沸点（不低于115℃～120℃）制动液。注意检修制动总泵和分泵，特别是密封皮圈，排除管路中的空气。气压制动的车辆要检查制动软管和分泵皮碗的良好程度，发现问题及时更换。在行车中如感到制动效能有所下降，应停车检查、降温。

另外，也可安装制动毂滴水冷却装置，改善制动毂的散热条件，确保制动良好。

（2）经常检查电解液密度和液面高度，电解液的密度比冬季使用时要小些，应及时补充蒸馏水，并保持液面高度和通气孔畅通。

7. 高温条件下的维护

（1）换用适合高温条件使用的润滑油（脂）、制动液、密度小的电解液。

（2）对供油系油量不能自动调整的发动机，高温条件下为防止混合气过浓，应人工减少供油量。

（3）由于发动机爆燃与发动机的进气温度有很大关系，可以改造进气方式，降低进气温度，防止爆燃。在使用中，对点火系点火时间不能自动调整的发动机，可人工适当推迟点火时间，防止爆燃。

（4）适当调整发电机调节器，减小发电机的充电电流。

（5）高温、强烈的阳光、多尘和多雨均影响驾驶员的劳动强度、行车安全和乘客舒适性。应采用加装空调、遮阳板，或者加强驾驶室、车厢的通风和防漏雨等措施。

10.4 汽车在高原和山区条件下的使用

高原的海拔在500m以上，内部相对高度较小，范围比较大，周围常有明显的坡度。山区的海拔一般在500m以上，相对高度较大，坡度较陡。丘陵的相对高度不超过200m，地势起伏较小，坡度较缓。平原的海拔在200m以下，宽广平坦，地势起伏较小。盆地四周高，中间低，周围是山地或高原，中间是平地或丘陵。高原与山脉经常交错分布，形成高原山区地带。汽车在这类条件下使用时，大气条件与道路状况对汽车的使用性能有特殊的影响。

10.4.1 汽车在高原山区条件下的使用特点

高原地区的海拔高、空气稀薄、气压低，发动机充气量少，使发动机动力性、燃料经济性和环保性下降。山区的地形复杂，经常会遇到上坡、下坡、路窄、弯多、坡道长而陡、弯道急而多，行车安全性下降。

1. 发动机动力性下降

发动机动力性下降主要是指发动机的功率、扭矩下降。

由第 1 章有关知识可知：

发动机每循环实际进入气缸的空气量（kg）为：$m_1 = m_s \eta_V$

每 kg 燃料实际供给空气量（kg）为：αL_0

每循环供给的燃料（kg）为：$\dfrac{m_1}{\alpha L_0} = \dfrac{m_s \eta_V}{\alpha L_0}$

每循环燃料燃烧的放热量（kJ）为：$Q_1 = \dfrac{m_s \eta_V h_\mu}{\alpha L_0}$

发动机平均有效压力（kPa）为：

$$p_{me} = \frac{W_e}{V_h} = \frac{Q_1 \eta_e}{V_h} = \frac{Q_1}{V_h}\eta_i \eta_m = \frac{h_\mu}{\alpha L_0}\frac{m_s \eta_V}{V_h}\eta_i \eta_m$$

发动机功率（kW）为：

$$P_e = \frac{p_{me} i V_h n}{30\tau} = \frac{i h_\mu}{30\tau \alpha L_0} n m_s \eta_i \eta_m \eta_V = \frac{k_1}{\alpha} n m_s \eta_V \eta_i \eta_m \tag{10-2}$$

发动机转矩（N·m）为：

$$T_{tq} = 9550 \frac{P_e}{n} = \frac{k_2}{\alpha} m_s \eta_V \eta_i \eta_m \tag{10-3}$$

式中：k_1、k_2——对每种发动机来说分别是常数；

　　　α——过量空气系数；

　　　m_s——进气状态下充满气缸的新鲜工质量，kg；

　　　η_i——发动机指示效率；

　　　η_m——发动机机械效率；

　　　η_V——发动机充气系数。

即发动机功率、扭矩与 $m_s \eta_V$（即 m_1）成正比。

海拔高度与大气压力、温度及密度的关系见表10-1所示。

表 10-1 海拔高度与大气压力、温度及密度的关系

海拔高度，m	大气压力，kPa	大气温度，℃	大气密度，kg/m³
0	101.3	15	1.2255
1000	89.9	8.5	1.1120
2000	79.5	2	1.006
3000	70.1	-4.5	0.9094
4000	61.3	-11	0.8193
5000	54.0	-17.5	0.7363

随着海拔高度增加，大气压力逐渐下降，大气密度逐渐减小，m_1 相对于标准大气状态时下降，由公式（10-2）和（10-3）可知，发动机的功率、扭矩也随之下降。海拔高度每上升1000m，发动机功率和转矩分别下降10%左右，如图 10-2 所示。

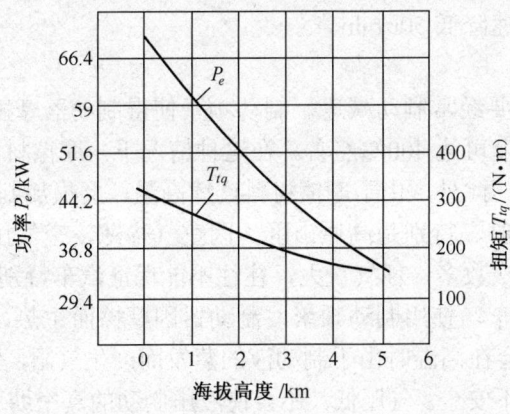

图 10-2　海拔高度对发动机功率、扭矩的影响

2. 汽车燃料经济性下降

随着海拔高度的增加，空燃比变小，混合气变浓，如不能进行修正（电子控制燃油喷射发动机的控制单元可根据大气状况对供油量进行修正），会使发动机油耗增大。

同时，在高原行驶的汽车，由于空气密度下降，充气量将明显降低，致使发动机功率不足，汽车需经常以低挡行驶，也是引起油耗增大的原因之一。

由于大气压力降低，燃料蒸发性提高，当大气压力从 101kPa 降至 80kPa（海拔高度约 2000m），相当于外界气温上升 8℃～10℃所造成的影响。因此，高原行车易产生气阻和渗漏等问题，致使油耗增大。

3. 对汽车环保性的影响

海拔高度对发动机排气污染物的生成也有影响。由于海拔高度影响发动机的空燃比，空燃比的变化又导致发动机排气成分浓度的改变，从而影响发动机有害物质的排放量。海拔高度与发动机排气中的 CO、HC 和 NO_x 的关系，如图 10-3 所示。由图可以看出，CO、HC 排放浓度随海拔升高而增大，而 NO_x 的浓度则有所下降。

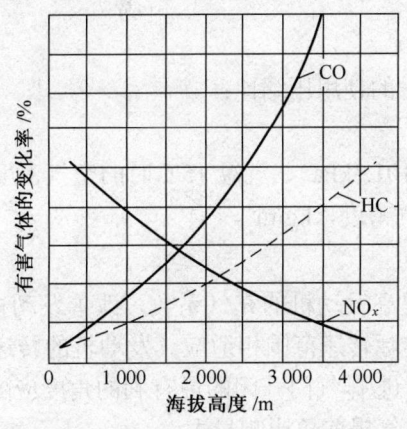

图 10-3　海拔高度对发动机排气污染物浓度的影响

4. 怠速转速下降且运转不稳定

随着海拔高度的增加，大气压力降低，进气管真空度下降，在原油门开度下则进气量不足，使发动机的转速下降。同时，由于混合气过浓，发动机怠速运转稳定性差。试验表明，海

拔每增高 1000m，怠速转速降低 50r/min。

5. 行驶安全性下降

在山区行驶，汽车需要经常制动减速，制动频繁使得制动器摩擦副处于过热状态。下长坡时，制动器摩擦材料温度可达 400℃ 左右。在这种情况下，摩擦材料的摩擦系数急剧下降，严重时可能出现制动失效。此外，由于摩擦材料连续高温，磨损加剧并常有碎裂现象。

气压制动在山区使用时，特别是高原山区，因空气稀薄，空气压缩机的生产率下降，供气压力不足，再加上制动次数多，耗气量大，往往不能保证汽车特别是汽车列车的可靠制动。

在高原山区行驶的汽车，使用制动频繁，制动器因摩擦而生热，使制动系统温度升高。使用沸点低的制动液，还会在高温时由于制动液的蒸发而产生气阻，使制动效能大大下降，甚至导致制动失灵，使行车不安全。气压低，还会使液压制动的真空助力缸两端的压差减小，使制动效能下降。

转向使用频繁且使用强度大，易出现故障。

10.4.2 改善高原山区条件下汽车性能的主要措施

针对高原山区条件，为改善汽车的性能，可采取如下措施。

1. 增大发动机的压缩比

增大压缩比不仅可以增大压缩终了气缸内的温度与压力，加快燃烧速率，改善燃烧过程，减少热损失，而且可采用较稀的混合气，从而提高了发动机的动力性和燃料经济性。

随着海拔高度的增加，发动机的充气量下降，压缩终了的气缸压力及温度相应降低，因此爆燃倾向减小，从而为增大压缩比创造了有利条件。不同海拔高度的压缩比经验计算公式为：

$$\varepsilon_Z = \frac{\varepsilon}{(1-0.00002257Z)^{3.8}} \tag{10-4}$$

或

$$\varepsilon_Z = \varepsilon + \varepsilon\left(1 - \frac{\rho_Z}{\rho_0}\right) \tag{10-5}$$

式中：ε——原设计压缩比；

ε_Z——海拔高度为 z 时的使用压缩比；

z——海拔高度，m；

ρ_0——零海拔（气压 101.3kPa）、气温 15℃ 时的空气密度，kg/m³；

ρ_Z——海拔 z 时的空气密度，kg/m³。

2. 合理选择配气相位

合理选择配气相位可以提高发动机的充气系数，改善发动机的动力性和燃料经济性。配气相位的确定应与发动机的实际转速范围相适应。发动机的转速不同，进/排气门开、闭角对气流惯性的影响也不同，因而进/排气门开闭的最有利的角度应随之变化。在进/排气门开闭的四个时期中，进气迟闭角和排气提前角影响最大。

进气迟闭角是利用气流惯性提高充气系数，在一定的气流惯性下，对应着一个最佳迟闭角。进气迟闭角减小能提高低转速下的充气系数，改善发动机低速范围的动力性与经济性。反之，进气迟闭角增大，对经常处于高速运转的发动机有利。排气提前角主要影响作功行程中膨胀功损失和排气行程中的排气功损失。排气提前角增大，膨胀功损失增加，排气功损失减小；排气提前角减小，则膨胀功损失减小，排气功损失而增加。最佳的排气提前角可使发动机膨胀功损失值与排气功损失值总和最小。试验表明，随着发动机转速的提高，最佳的排气提前角应增大。

对旧型汽车，发动机配气相位仅对某一转速有利。汽车在高原或山区条件下使用时，发动机转速与一般场合相差较大，因此可酌情改变配气相位，特别是进气迟闭角。

3. 加装增压设备

自然吸气型发动机，由于吸入气缸新鲜工质数量的限制，提高发动机动力性的潜力不大，使用增压器比较合适。发动机加装增压器后（一般是废气涡轮增压），提高了进气密度，进入气缸的新鲜工质量就会显著增加，从而改善了发动机的动力性和燃料经济性。

发动机加装增压器后，为了降低进气的温度，防止空气密度的下降，应将增压后的进气进行中间冷却（加装中冷器），因此使发动机的动力性和燃料经济性得以进一步改善。

4. 合理调整油、电路

随着海拔升高，混合气变浓，燃烧会不完全。应按海拔高度减小油量，适当增大空气量，以改善混合气的形成，提高发动机的动力性和燃料经济性。

随着海拔升高，发动机压缩终了的压力降低，火焰的传播速度减慢，而旧型汽车空气稀薄还会使分电器的真空提前装置受到影响。为此，可将点火提前角稍微提前 1°～2°。

5. 采用含氧燃料

所谓含氧燃料，就是在汽油中掺入酒精、丙酮及其他含氧化合物。掺入的这些含氧燃料的分子中都含有氧，在燃烧过程中，理论上必要的空气量减少，从而补偿了因海拔高、气压低、空气稀薄而产生的充气量不足的问题。

6. 改善制动性能

（1）采用辅助制动器

辅助制动器主要有电涡流、液体涡流和发动机排气制动器。前两种辅助制动器由于体积较大，结构复杂，多用于山区或矿用的重型汽车上，又称电力或液力下坡缓行器。发动机排气制动是一种有效而简便的措施。它是在一般发动机制动的基础上，再在发动机排气管上装一个排气节流阀，当使用排气制时，切断发动机的燃料供给，关闭排气节流阀，达到降低车速、制动汽车的目的。排气制动也属于缓行制动装置，多用在重型汽车上，排气制动可保证各车轮制动均匀。

（2）制动鼓淋水

为了防止制动器过热，在下长坡时，对制动鼓外圆进行淋水冷却效果很好，可以基本上防止摩擦衬片的烧蚀现象。但是，这种方法需要有充足的水源，在缺水地区无法使用。此外，经常需要停车加水，增加了驾驶员的劳动强度且降低了运输生产率。

（3）选用耐高温的摩擦片

目前，国内生产的石棉基制动摩擦片可耐最高温度是 250℃左右，这对平原地区使用的汽车来说是可以的，但对山区使用的汽车就显得不够，因此，必须选用耐高温性能的摩擦片。

金属基或半金属基摩擦片，是由高组分的金属粉末、纤维素及摩擦性能调节剂等组成，用粘合剂粘合在一起的。这种摩擦片的耐热、耐磨性都很高，制动噪声也低，很适用于经常在山区行驶的汽车。

（4）选用合成型汽车制动液

评价制动液高温抗气阻性能的指标是平衡回流沸点。平衡回流沸点是指制动液在测定条件下开始沸腾的温度,平衡回流沸点越高,越不易产生气阻。

(5)此外,为了满足气压制动的供气压力要求,可采用供气量大的双缸空气压缩机。

7. 加强制动系和转向系的检查维护工作

为了保证安全行驶,在汽车下坡前应注意检查制动系压力及制动机构的工作状况。同时要防止因制动系过热而造成制动系效率下降的现象出现。应在开始下长坡之前检验制动效能,如感到制动效能不足,应在故障排除后,再开始下长坡。应该强调的是,熄火空挡滑行是违反驾驶操作规程的严重冒险行车行为,应该禁止。

在山区经常行驶的汽车,因制动和转向操纵装置使用频繁,底盘机构的载荷大,轮胎磨损大,应适当缩短维护周期,增加维护项目,加深维护内容,以确保这些装置工作安全可靠。

山区路窄急弯多,如制动时前轮处于抱死状态将失去控制汽车行驶方向的能力,具有很大的危险性,故应注意制动系的检查调整,不使车轮达到抱死状态。转向系应操纵轻便灵活,转向盘自由间隙不能过大,转向轮转动角度不能太小。

8. 对发动机采取一定的冷却和保温措施

经常在高原和山区行驶的汽车,发动机容易出现过热或过冷现象。如汽车长时间的满载低挡爬坡,发动机很容易过热;爬过坡后下长坡时发动机强制怠速运转,又容易出现过冷。停车时,发动机又很快冷却,因此要对发动机采取良好的冷却和保温措施。

9. 其他

高原、山区气候干燥,风沙较大,为了减少发动机早期磨损,要加强空气、机油和燃油滤清器的检查维护工作;高原和山区人烟稀少,生活条件差,同时乘驾人员容易产生高原反应,出现乏力、眩晕和恶心等病症,因此对驾驶室和车厢应采取保温、除霜、密封和卫生保健等安全措施。

10.5 汽车在坏路和无路条件下的使用

坏路是指泥泞土路、覆盖砂土道路和冰雪道路等;无路是指松软土路、耕地、草地和沼泽地和灌木林等地带。

10.5.1 汽车在坏路和无路条件下的使用特点

汽车在坏路和无路等恶劣道路上行驶时,其平均技术速度和装载质量明显下降,影响汽车运输生产率;同时,汽车驱动轮与路面的附着力减小,汽车滚动阻力增大,并严重影响汽车的通过性。

1. 土路

汽车在松软土路上行驶时,路面产生较大变形,车轮在路面上形成车辙,滚动阻力系数增大;汽车在泥泞而松软的土路上行驶时,又常因附着系数小,容易引起驱动轮滑转,使汽车无法通过。

汽车在土路上的附着系数与土壤的状况、轮胎花纹和轮胎气压、汽车驱动轴上的载荷及汽车的行驶速度有关。

(1)附着程度的好坏主要取决于轮胎与路面在接触处变形后的相互摩擦情况。在干燥平坦的土路上,附着系数约为 0.5~0.6。在不平整的低级道路上,由于减少了轮胎与路面的接触面积，附着系数下降。而当路面潮湿或泥泞时，其表面坑洼都被泥浆填满，阻碍了轮胎与路面间的接触，附着系数降低到 0.3～0.4 或更低。

（2）轮胎花纹和轮胎气压对附着系数的影响较大。越野花纹轮胎在松软路面上抓着力大，附着系数较大，适于在坏路和无路地带上使用。轮胎气压低，轮胎与路面的接触面积大，单位压力减小，增加了轮胎与路面的附着。

使用不同花纹的 9.00-20 轮胎时的最大驱动力，试验结果见表 10-2。

表 10-2　使用不同花纹的 9.00-20 轮胎时的最大驱动力

路面	硬质泥土路		草地		砂地	
轮胎气压（kPa）	350	550	350	550	350	550
使用越野花纹轮胎时的最大驱动力（N）	25000	23000	17000	15000	8000	6000
使用普通花纹轮胎时的最大驱动力（N）	215000	20000	14000	11000	6000	5000
两者相差值（N）	3500	3000	3000	4000	2000	1000
越野轮胎提高（%）	16.3	15.0	21.4	36.1	33.3	20.0

由此可以看出，在较差的路面上行驶时，轮胎花纹和轮胎气压对汽车最大驱动力有极大的影响。

汽车在松软土路上的附着系数与滚动阻力系数随轮胎气压的变化情况，如图 10-4 所示。轮胎气压降低，轮胎对路面的单位压力下降，在松软土路上行驶的滚动阻力系数也下降；但轮胎气压过低时，轮胎变形显著增大，滚动阻力系数略有增加。

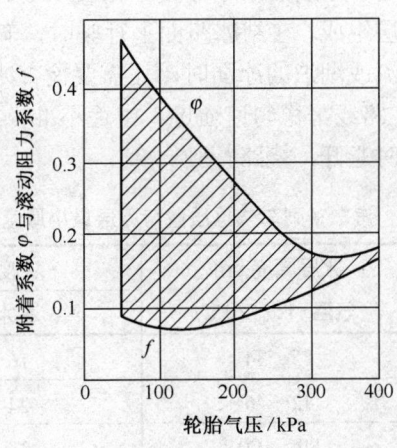

图 10-4　汽车在松软土路上的附着系数 φ 与滚动阻力系数 f 随轮胎气压的变化

2. 砂路

砂路的特点是表面松散，受压后变形大，砂土的抗剪切能力弱，附着系数小，而滚动阻力系数大。汽车在干砂路和流砂地行驶时，车轮滚动阻力系数可达 0.15～0.30 或更大，而驱动轮附着系数小，容易使汽车滑转，影响汽车的通过性。

3. 雪路

雪路的特性主要是指雪层的密实度、硬度和厚度。

雪层密度越大，其承受的压力也越大。雪层密度与气温和压实的程度有关。在一定的低温下，气温越低或者压实程度越小，雪层密度越小。

雪层硬度也与气温有关。气温低，雪层干而硬；气温高，雪层软而松。

当气温在-10℃～-15℃时，雪路上附着系数与滚动阻力系数随雪层密实度的变化，见表10-3。从表10-3中可以看出，雪路密实度越小，滚动阻力系数越大、附着系数越下，使汽车的行驶条件越差。

表10-3 气温-10～-15℃时雪路上附着系数与滚动阻力系数随雪层密实度的变化

雪路的状态	密度（kg/m^3）	附着系数	滚动阻力系数
中等密度的雪路	250～350	0.1	0.10
密实的雪路	350～450	0.2	0.05
非常密实的雪路	500～600	0.3	0.03

雪层厚度对汽车行驶也有一定影响。在公路上，经车轮压实，平坦而密实的雪层厚度为7～10cm时，对汽车的正常行驶影响不大；当雪层，特别是松软雪层加厚时，汽车的通过性将明显下降。经验表明：雪层厚度大于汽车最小离地间隙的1.5倍，雪层密度小于450kg/m^{3}时，汽车就无法正常行驶。

4. 冰路

冰面的特点是，附着系数非常小，有时可小至0.1以下；而滚动阻力系数与刚性路面的差别不大。汽车在冰路上行驶时，往往很难满足行驶条件。

汽车通过冰封的渡口时，要求冰层的最小厚度，见表10-4。冰层除了表面有一层冰雪外，主要由混浊的上层和透明的下层组成。在结冰路面上行驶时，车速要低，行车间隔要大，以确保行车安全。在通过冰封的河流或湖泊的冰面时，还需要检查冰层厚度和坚实情况（如裂缝、气泡或雪的夹层等），应按选定路线平稳匀速通过，中途不准换挡，不准使用紧急制动，不允许停车；途中发现裂痕，应及时避开，绕路行驶。

表10-4 汽车（列车）总质量与冰层最小厚度的关系

汽车（列车）总质量 m，t	冰层厚度,cm（气温-1～-20℃）	从渡口到对岸的最大距离，m	
		海冰	河冰
m≤3.5	25～34	16	19
3.5＜m≤10	42～46	24	26
10＜m≤40	80～100	38	38

注：春天的冰层厚度标准应提高1.5～2倍。

10.5.2 汽车在坏路和无路条件下使用时采取的主要措施

在坏路和无路条件下使用时，改善汽车使用性能的主要措施是设法增大驱动轮与路面之间的附着系数和减少滚动阻力系数。

1. 采用防滑装置

在汽车驱动轮上安装防滑链是提高车轮与路面附着系数的有效措施，已得到广泛应用。

防滑链的形式主要取决于路面状况和汽车行驶系的结构。防滑链有普通防滑链、履带式防滑链和防滑块。

普通防滑链是带齿的（圆型、V 型或刀型）链条，用专用的锁环装在轮胎上。这种防滑链在冰雪路面和松软层不厚的土路上有良好的通过性，而在松软层厚的土路上效果明显下降。履带链有菱形和直形的，履带链能保证汽车在坏路上，甚至驱动轮陷入土壤或雪层内仍可以通过，菱形履带还具有防侧滑能力。防滑链的缺点是链条较重，拆装不方便，更重要的是装有防滑链的汽车，其动力性和燃料经济性均下降；在硬路面上行驶的冲击大，使轮胎和后桥磨损增大，因此仅在克服困难道路时，轮胎才装用防滑链。克服短而难行的无路地段时，宜使用容易拆装的防滑块和防滑带。

2. 采取汽车自救措施

汽车克服局部障碍或者陷住时，可采用自救措施。一般的自救方法有：①去掉松软泥土或雪层，在驶出的路面上撒砂、铺石块或木板等；②卸下运载货物或降低轮胎气压，以减轻单位面积的压力；③增加驱动轴装载质量，以增加汽车附着重量；④用绳索绑在树干（或木桩）和驱动轮上，如同绞盘那样驶出汽车。

3. 合理选用汽车轮胎

轮胎选用合理可以减小汽车的滚动阻力系数，提高汽车的附着系数，改善汽车在恶劣道路条件下的使用性能。

（1）雪地轮胎

冰雪路面附着系数小，用普通轮胎行驶较困难，国外多使用具有特殊胎面花纹的雪地轮胎。雪地轮胎在冰雪道路上具有良好的制动性能，见图 10-5。表 10-5 给出了制动初速度为 40km/h 时，雪地轮胎在压实雪路上的制动性能与带防滑链的普通轮胎的对比结果。

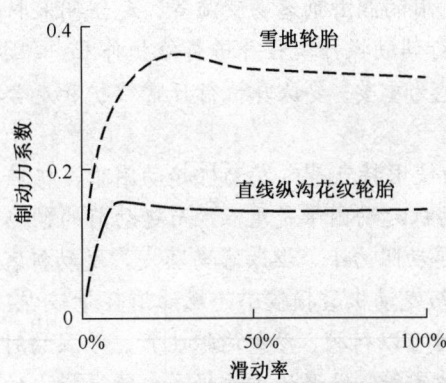

图10-5　雪地轮胎与普通轮胎在冰雪道路上的制动性能比较

表 10-5　雪地轮胎与带防滑链的普通轮胎制动性能对比

对比轮胎	制动距离 m	指数
雪地子午线轮胎	13.1	118
带防滑链的普通子午线轮胎	15.5	100
雪地斜交轮胎	19.9	104
带防滑链的普通斜交轮胎	20.7	100

（2）轮胎气压

轮胎气压减小后，轮胎与路面的接触面积增大，单位压力减小，致使车轮的滚动阻力系数减小，并改善了附着条件。但是轮胎气压降低后，轮胎变形加大，轮胎使用寿命降低，因此不能使轮胎长期低气压工作。

（3）轮胎花纹

轮胎胎面花纹可分为普通花纹、越野花纹和混合花纹。

越野花纹轮胎特点为：花纹横向排列，花纹沟槽深、凸出面积小，地面抓着力大，抗刺扎和耐磨性好，适合在坏路和无路条件下使用。

4. 保持正确的驾驶方法

汽车通过泥泞土路、砂路和雪路等松软路面时，应降低车速（低速挡），以减少车轮对土壤的剪切和车轮陷入程度，提高附着性能。另外，还应避免换挡和加速并尽量保持直线行驶，以防止出现车轮滑转和侧滑等现象。

本章小结

1. 汽车在特定条件下使用是指汽车在特定的技术状况、特定的气候条件、特定的道路地形条件等条件下使用。

2. 随着汽车市场的发展，国产汽车和进口汽车大量投放市场。面对不同品牌、用途各异的不同类型的汽车，择优选配、合理使用是极其重要的。

3. 新车，大修车以及装用大修发动机的汽车需要经过走合期。汽车走合期的目的是为了提高汽车工作的可靠性，经济性和延长其使用寿命，走合期的使用特点是：各配合副零件磨损速度快，行车中故障较多，所用的润滑剂容易变质等。走合期采取的主要措施是：减载、限速、禁止拖挂，走好路，严格执行驾驶操作规程并进行维护作业。维护作业的重点是检查、紧固、调整和润滑，其中润滑作业尤为重要。要认真执行日常维护和走合期满后的走合维护的规定和要求。

4. 汽车在低温条件下的使用特点是：发动机起动困难，机件磨损和损坏严重，燃油消耗量增加。在这些特点中，发动机起动困难是重点，而起动前的预热又是解决起动困难的有效措施。预热温度高，则发动机起动阻力小，燃油容易蒸发，发动机容易着火，容易起动，且起动后进入急速工况期也短，因而发动机磨损较小，燃油消耗量较少。对低温条件下运行的汽车，常常采取保温措施，使其随时可以行驶，参加运输生产。保温的对象主要是发动机，其次是蓄电池、散热器、燃油箱和驾驶室等。保温的方法很多，值得指出的是，对发动机用保温套是最简单易行且保温效果较显著的措施，应该积极推广和采用。换季维护也很重要。

5. 高温条件下使用的汽车，发动机容易过热，致使其动力性、燃料经济性和行驶可靠性变坏，在高温条件下，汽油机供油系的气阻现象经常发生，尤其是汽车满载爬坡或长时间低速行驶时最容易出现。其原因主要是供油管路汽油的轻质馏分受高温影响所致。防止产生气阻的措施是：加强发动机冷却系的维护，提高其冷却散热效率；安装供油系通风降温装置，隔离供油系的受热部分；增加汽油泵的抗气阻能力或采用电动汽油泵等。在炎热的季节，汽车满载高速行驶时轮胎容易爆胎。在行车途中，要经常检查其温度和气压，为保证行车安全，应采取必要的防爆胎措施。

6. 汽车在高原和山区条件下行驶，发动机的充气量小，而且容易过热，从而导致其动力性、经济性下降；汽车行驶不安全，机件易损坏；驾驶人员劳动强度大，工作环境差等。其中汽车的动力性下降和行车安全性下降尤其应高度重视。汽车在高原山区条件下行驶采取的措施主要有：提高发动机压缩比，酌情改变发动机配气相位，在发动机上安装废气涡轮增压器和中冷器，根据海拔高度合理调整油电路，在燃油中掺入含氧燃料等，采用这些措施的目的都是为了解决高原空气稀薄对发动机使用性能带来不良影响的问题。汽车在高原和山区行驶，其安全问题主要决定于制动系，一般采取的措施是：安装汽车辅助制动器，提高制动副的摩擦系数，加强制动系和转向系的检查和维护工作，确保这些系统安全可靠和正常工作。

7. 汽车在坏路和无路等恶劣道路上行驶时，其平均技术速度和装载质量明显下降，影响汽车运输生产率；同时，汽车驱动轮与路面的附着力减小，汽车滚动阻力增大，并严重影响汽车的通过性。在坏路和无路条件下使用时，改善汽车使用性能的主要措施是，通过采用防滑装置、采取自救措施、合理使用轮胎以及保持正确的驾驶方法等，以增大驱动轮与路面之间的附着系数和减少滚动阻力系数。

8. 需要特别说明的是：经常在特定条件下行驶的汽车，为提高性能，最根本的措施是在结构上进行改进。

1. 解释汽车走合期的概念及在走合期内应采取的主要技术措施。
2. 分析汽车发动机低温起动困难的原因。
3. 低温条件下汽车磨损严重的原因有哪些？
4. 低温条件下汽车燃油消耗量增加的原因是什么？
5. 如何改善汽车在低温条件下的使用性能？
6. 回答汽车在高温条件下的使用特点。
7. 改善汽车在高温条件下使用性能的措施有哪些？
8. 汽车在低温与高温条件下机件磨损加剧的原因是否一样？请加以分析。
9. 海拔高度升高，汽车的动力性、经济性为何下降？解决的方法有哪些？
10. 汽车在高温与高原条件下，都会出现动力性、经济性下降。下降的原因是否一样？为什么？
11. 回答汽车在坏路与无路条件下的使用特点。从使用的角度改善汽车在此种条件下的使用性能应采取的措施有哪些？

能力训练

1. 汽车在高原条件下动力性、经济性下降，为此可采用提高压缩比的方法改善其相应性能。回答汽车在高温条件下，能否采用这一措施。
2. 分组讨论汽车在松软路面上行驶，其附着系数、滚动阻力系数相对于良好路面有什么不同。

11 汽车技术状况变化与等级评定

1. 熟记汽车技术状况的概念;
2. 掌握汽车技术状况变化的原因和主要影响因素;
3. 了解汽车技术状况的变化规律;
4. 了解汽车技术等级划分与评定方法。

1. 能说出零件失效的主要形式;
2. 会分析影响汽车技术状况变化的因素;
3. 会说出汽车技术等级划分的评定项目。

汽车技术状况是指定量测得的表征某一时刻汽车外观和性能的参数值的总和。也就是说,汽车技术状况包含汽车外观和汽车性能两大方面,是定量评定的。汽车在使用过程中,其技术状况将随着行驶里程或使用时间的增加而变化。

11.1 汽车技术状况变化的原因与影响因素

汽车在使用过程中,其技术状况将发生变化。本节将介绍汽车技术状况变化的原因和影响因素。

11.1.1 汽车技术状况变化的原因

汽车是一个复杂的机、电、液系统,一辆汽车由上万个零件组成。只有对汽车零件有结构、材料、尺寸、几何形状和表面质量等要求，对汽车机构和总成有装配关系、位置关系、技术要求等规定，才能使汽车具有规定的技术状况。因此，零件的好坏对汽车来说至关重要，是决定汽车技术状况的关键因素。汽车零件、机构或总成技术状态的改变，往往是引起汽车技术状况变化的基本原因。

汽车零件失效的主要形式有磨损、疲劳损坏、塑性变形与损坏、腐蚀和老化。

（1）磨损，是指相互接触的物体在相对运动中表层材料不断损耗的过程，它是伴随摩擦而产生的必然结果。影响汽车技术状况变化的零件磨损形式主要有磨料磨损、粘附磨损和腐蚀磨损3种形式。

磨料磨损，是指相互摩擦表面之间有坚硬、锐利的微粒物，对摩擦表面产生破坏作用的结果，如行车制动器摩擦副的磨损；粘附磨损，是指在相互摩擦的零件表面靠得太近和承受压力极大并且润滑不良的条件下，摩擦表面分子相互吸引作用而粘结在一起造成的一种损坏形式，如曲轴主轴颈与轴承的磨损；腐蚀磨损，是指在摩擦表面有氧化物、酸、碱等有害物质腐蚀的情况下发生的磨损，如气缸、气门、气门座的磨损。

（2）疲劳损坏，是指零件在交变载荷作用下，承受超过材料的耐疲劳极限的循环应力而产生的损坏，如主减速器齿轮齿面的疲劳点蚀。

（3）塑性变形与损坏，是指零件所受载荷超过材料的弹性变形极限所致。通常，是由于零件原设计计算的错误或违反使用规定所造成的，如汽车超载引起车轴、车架变形、断裂。

（4）腐蚀，是指零件在有腐蚀性的环境里工作所产生的损坏。如车身锈蚀、蓄电池导线接头腐蚀。

（5）老化，是指零件材料受物理、化学和温度和光照等条件变化的影响引起缓慢损坏的一种形式。橡胶、塑料制品（如轮胎、油封、膜片、膨胀水箱等）和电器元件（如电容器、晶体管等），长期受环境和温度的影响，会逐渐失去原有性能。需要说明的是，老化随时间的延长而逐渐发生，不论零件使用与否，都会逐渐老化。

零件磨损、疲劳、变形、腐蚀、老化以及偶然损伤等，都直接影响汽车技术状况的改变。因此，分析汽车零件损坏的原因对于改进汽车结构、合理使用和维护汽车、减少零件的损坏、防止故障的发生、保证汽车技术状况的完好，具有重要的指导意义。

11.1.2 汽车技术状况变化的影响因素

汽车在使用过程中，其技术状况将发生变化。汽车技术状况的变化受到诸多因素的影响。

1. 汽车结构与工艺

汽车的结构设计与制造工艺的合理性，是提高汽车使用性能和使用寿命的重要途径。汽车的结构设计与制造工艺不合理或零件材料选择不当，汽车在使用过程中由于自身存在着薄弱环节，就会经常出现同一故障现象。如原东风EQ140型载货汽车的发动机初始点火提前角前期设计为12°，由于点火提前角过大而经常发生活塞断顶故障。

2. 环境条件

环境条件包括气温、湿度和空气中的介质等参数，这些参数对汽车技术状况的影响，如图11-1所示。

气温对汽车故障率的影响如图11-2所示。在气温变化的范围内，总是存在一个故障率低的温度区域，该温度区域就是汽车的最佳工作温度范围。

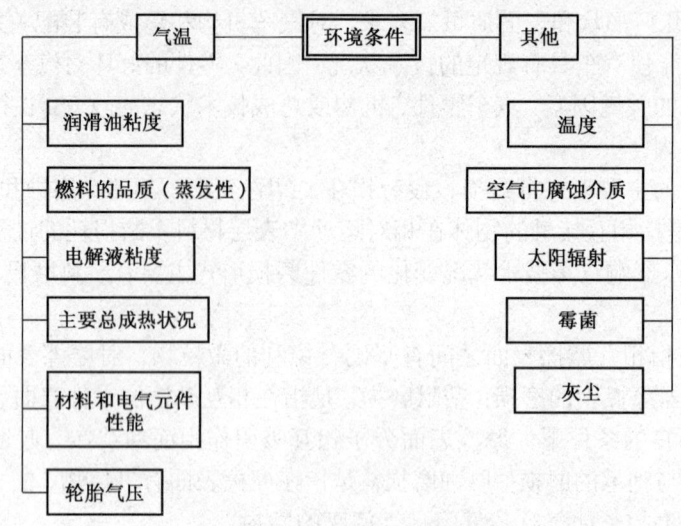

图 11-1 环境条件对汽车技术状况的影响

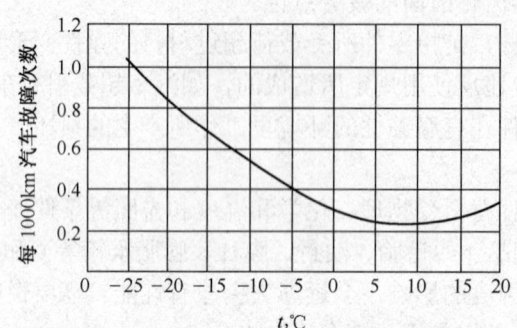

图 11-2 气温对汽车故障率的影响

汽车上的每一个总成都有一定的适合其工作的温度范围,如现代电喷汽油发动机的最佳热状态是 95℃~105℃,发动机以最佳热状态工作,零件的磨损最小,故障率最低。

3. 道路状况

道路状况是影响汽车技术状况的重要因素。道路状况的技术性能指标主要包括道路等级、路面覆盖层状况与路面等级、路面附着系数、道路的构成情况(如道路宽度、路线的曲率半径、路面的纵向与横向最大坡度等)。其中,路面覆盖层状况对汽车各总成、零件的工作有很大的影响,见表 11-1。

表 11-1 路面覆盖层状况对汽车工作的影响

指标	混凝土与沥青路面	沥青矿碴混合路面	碎石路面	卵石路面	天然路面
滚动阻力系数	0.014	0.020	0.032	0.040	0.080
平均技术速度(km/h)	66	56	36	27	20
发动机曲轴平均转速(r/min)/km	2228	2561	2628	3185	4822
转向轮转角均方差(°)-市区行驶	8	9.5	12	15	18

续表

指标	混凝土与沥青路面	沥青矿碴混合路面	碎石路面	卵石路面	天然路面
离合器使用次数/km	0.35	0.37	0.49	0.64	1.52
制动器使用次数/km	0.24	0.25	0.34	0.42	0.90
变速器使用次数/km	0.52	0.62	1.24	2.10	3.20
垂直振幅大于30mm的振动次数/100km	68	128	214	352	625

注：试验用车为原苏联 зил-130 汽车。

从表 11-1 中可以看出，路面覆盖层状况影响汽车的行驶速度、发动机转速、操纵装置的操纵次数、汽车的道路阻力和受力性质等，从而影响汽车零件、总成的使用寿命，引起汽车技术状况的变化。汽车在坏路上行驶时，故障率明显增加，一般比在良好道路上增加 2～3 倍。

4. 交通状况

交通状况也是影响汽车及总成使用情况的一个因素。如装载质量相同的汽车，在繁华的市区行驶速度要比郊区行驶时车速要低；发动机曲轴转速增加；变速器、制动器使用次数增加；转弯行驶次数增加。显然，汽车以这种工况运行将加速汽车技术状况的恶化。

5. 装载质量

汽车装载质量、拖挂总质量的大小会影响汽车零件强度、操纵装置的工作频度以及发动机的转速和负荷。在汽车设计时，汽车各承载部件或总成，都是按其承载能力考虑的。汽车的装载量应按汽车制造厂规定的额定标准来控制，禁止超载。载荷超过汽车设计允许范围，将使汽车技术状况迅速变坏，甚至导致车架、车桥、悬架、弹簧、轮胎等损坏。

6. 汽车运行材料

随着汽车性能的不断提高，对汽车运行材料品质的要求也更加严格。如汽车燃料内含有杂质，对发动机的磨损影响极大。同样，汽车所用润滑油剂、各种液体（制动液、冷却液等）等运行材料的品质以及正确选用也严重地影响汽车技术状况变化。

7. 汽车驾驶员驾驶技术

驾驶员驾驶技术水平直接影响着汽车技术状况的变化。驾驶技术水平高的驾驶员在驾驶操作过程中，经常采用诸如预热升温、轻踏缓抬、平稳行驶、及时换挡、控制温度等一系列正确合理的驾驶方法，并能根据道路情况正确选择行驶路线和车速，使汽车经常处于较有利的工作状态，从而使汽车技术性能良好，使汽车使用寿命延长。

现代汽车结构越来越复杂、附属装置日渐增多，驾驶员应掌握新车型、新装置的使用注意事项。如汽车采用电动汽油泵，油箱内的燃油应严禁用尽，以防损坏汽油泵；对于采用液压助力装置的转向系统、采用真空助力装置的制动系统，汽车在高速运行时就不准熄火空挡滑行等。因此，驾驶员不但应有高超的驾驶操作技术，而且还应有较全面的技术素质，能够正确、合理地检查、调整、维护汽车，否则汽车的技术状况难以得到保障。

8. 汽车维修质量

汽车维护是为了维持汽车完好的技术状况而进行的作业，汽车修理是为了恢复汽车完好的技术状况而进行的作业，汽车维修具有维持和恢复汽车技术状况的作用。因此，汽车维修质量是影响汽车技术状况变化的重要因素。

汽车维修中还存在一些问题，其中最突出的问题是：对现行的汽车维修制度执行得不认真，许多维修人员素质差、水平低，检测、诊断、维修所需仪器设备不齐全等。这些问题使得"预防为主、定期检测、强制维护、视情修理"的维修制度没有认真执行，使汽车行驶时故障较多。

提高汽车维修质量的关键如下：

（1）维修人员的技术素质

如今汽车新装置、新技术、新工艺应用逐渐增多，已成为集机械、液压、电子、自动控制及传感技术为一体的综合性科技产品。汽车维修工作的技术含量越来越高，相应的技术标准、技术要求越来越严。另一方面，汽车的可靠性越来越好，故障发生率低，同一项维修工作的重复性也降低，一旦汽车出现问题，可引用借鉴的经验也少，这些都要求从事汽车维修的人员应有较高的技术素质，掌握汽车检测、诊断与维修新技术。

（2）先进齐全的仪器设备

要准确诊断汽车故障，确定汽车维修作业的具体内容，对损伤的汽车零件进行修复，都离不开必要的专用设备，因此应配备先进齐全的仪器设备。

（3）配件质量

当前汽车配件市场十分活跃，而配件质量却参差不齐。尤其是假冒配件的质量、可靠性更差。现代汽车维修技术中将废旧件、损坏件修复后再装车使用的比例逐渐减少，而更换新件的比例明显上升，因而汽车配件的质量就更为重要。

11.2 汽车技术状况的变化规律

汽车技术状况变化规律是指汽车技术状况与行驶里程或使用时间的关系，分为函数变化规律（第一种变化规律）和随机变化规律（第二种变化规律）两类。

11.2.1 汽车技术状况的函数变化规律

函数变化规律的特点是，汽车技术状况的变化与汽车行驶里程或使用时间之间有严格的对应关系，汽车工作能力（E_i）随汽车行驶里程依次平稳而单调地变化至失去工作能力（E_0），如图 11-3 所示。

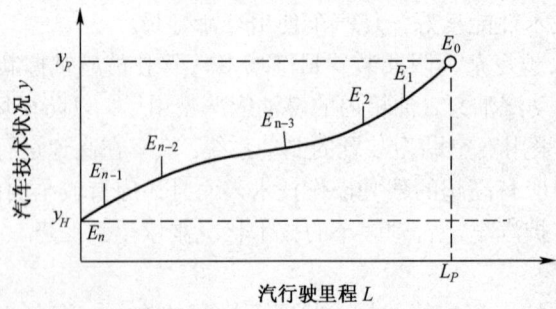

E_n、E_{n-1}、……、E_2、E_1—汽车的各种工作能力；E_0—汽车丧失工作能力

图 11-3 汽车技术状况的函数变化规律

汽车零件的磨损、间隙的变化、冷却系和润滑系中的沉积物、润滑油消耗量以及润滑油中的机械杂质的含量等，都是按照这个规律变化，可能的具体变化形式，如图11-4所示。

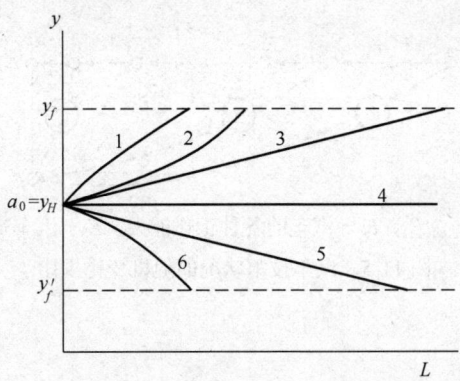

1、2、3—汽车使用中逐渐变大的技术状况参数；4—汽车使用中稳定不变的技术状况参数；
5、6—汽车使用中逐渐变小的技术状况参数；a_0（y_H）—汽车初始技术状况参数；
y_f、y'_f—汽车技术状况参数变化的范围。

图11-4 汽车技术状况 y 随行驶里程或使用时间 L 变化的几种形式

实际经验和研究结果表明，汽车使用中技术状况（参数）y 与汽车行驶里程或使用时间 L 之间的函数关系，可以用多项式方程或指数方程来表示。

（1）多项式方程表示为：

$$y = a_0 + a_1 L + a_2 L^2 + a_3 L^3 + \cdots + a_n L^n \tag{11-1}$$

式中：a_0——汽车初始技术状况参数；

L——汽车行驶里程或使用时间；

a_i（$i=1,2,\ldots,n$）——汽车技术状况参数变化的强度，它根据汽车结构和使用条件而变。

实际使用式（11-1）计算时，一般取第一至第四项，其计算精度就可满足要求。

（2）指数方程表示为

$$y = a_0 + a_1 L^b \tag{11-2}$$

式中：a_0——汽车初始技术状况参数；

a_1、b——确定汽车工作强度和技术状况变化程度的系数；

L——汽车行驶里程或使用时间。

11.2.2 汽车技术状况的随机变化规律

随机变化规律的特点是，汽车技术状况的变化受很多随机因素的影响，汽车技术状况的变化与汽车行驶里程或使用时间之间没有严格的对应关系，汽车可能从任意一种工作能力（E_i）突然下降到丧失工作能力（E_0），如图11-5所示。

汽车运行中出现的故障就是随机性的，它与很多因素有关，如零件本身的质量、零件工作表面的尺寸精度与表面粗糙度、汽车及总成的装配质量、汽车的维修质量以及汽车使用条件等。尽管这些因素都与故障有关，但却与行驶里程或行驶时间没有严格的对应关系。当给定汽车技术状况参数极限值时,汽车技术状况参数达到极限数值的行程将是各种各样的,如图11-6（a）中的 L_{p1}、L_{p2}、……、L_{pn}；而在同一行程,汽车技术状况也不是处在同一水平,而是存在明显差异,如图11-6（b）所示。

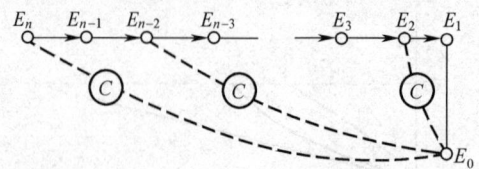

E_n、E_{n-1}、……、E_2、E_1—汽车的各种工作能力；E_0—汽车丧失工作能力

图11-5　汽车技术状况的随机变化规律

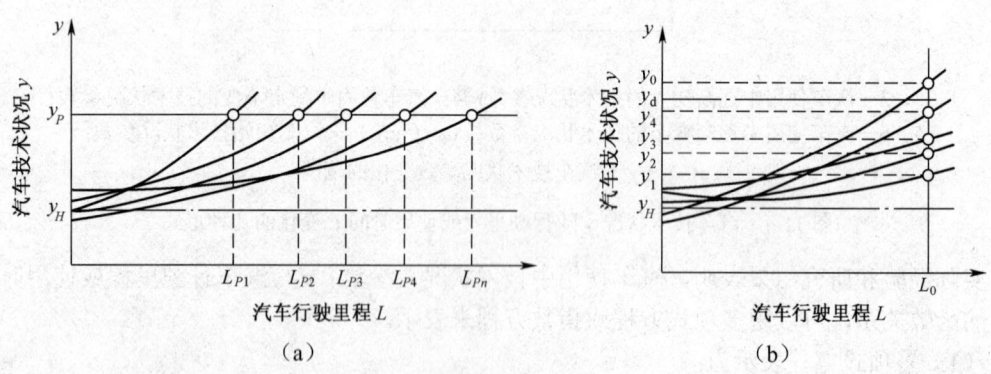

图11-6　汽车技术状况的差异

对于汽车技术状况的随机变化,不可避免地会引起定期的检测、诊断和维护作业超前或滞后进行。只有掌握汽车技术状况的随机变化规律,才能精确制定汽车检测、诊断和维护周期,确定作业的广度和深度,保持汽车技术状况的良好,延长汽车的使用寿命。

11.3　汽车技术等级与评定

汽车经过长时间运行和多次维护、修理后,技术状况必然会发生变化。为了及时掌握不同阶段的汽车技术状况变化情况,应定期对汽车进行综合评定,核定汽车的技术状况等级,以便根据汽车技术状况有计划的安排和组织相应的运输生产,从而有利于合理使用汽车和科学地安排汽车的维修计划,降低运行消耗成本,较少行车故障,杜绝汽车排放超标,不断提高汽车装备质量。

汽车技术等级就是指评定汽车技术状况的技术分级。《营运车辆技术等级划分和评定要求》（JT/T198-2004）,将营运车辆技术等级划分为一级、二级和三级。

一级：表11-2中分级的项目应达到规定的一级技术要求；没分级的项目应为合格。

二级：表11-2中1.2、1.9和4.2应达到规定的技术要求；1.1、1.3、2.1、3.1、4.4、5.2、7和10八个项目中至少有三项应达到规定的一级技术要求；没分级的项目应为合格。

三级：表11-2中分级的项目应达到三级技术要求；没分级的项目应为合格。

表 11-2　营运车辆技术等级的评定项目和技术要求

序号	项目	技术要求		
		一级车	二级车	三级车
1	整车装备与外观			
1.1	整车装备与标识	①整车装备应齐全、完好、有效，各连接部件紧固完好，车体应周正。②车辆的结构不得任意改造。③营运车辆的车顶、车门、车身、风窗玻璃等部分的标识应统一，齐全有效，并符合有关规定		
		④车体外缘左右对称部位（在离地高 1.5m 以内测量）高度差不大于 20mm；左右轴距差不大于轴距 1.2/1000	④车体外缘左右对称部位（在离地高 1.5m 内测量）高度差不得大于 40mm；左右轴距不得大于轴距的 1.5/1000	
1.2	车架、车身、驾驶室	①车身和驾驶室的技术状况应能保证驾驶员有正常的工作条件和客货安全。②车身和驾驶室应坚固耐用，车架、车身与驾驶室不得有开裂、锈蚀和明显变形，螺栓和铆钉不得缺少或松动，车身与车架的连接应安装牢固。③车身外部和内部都不应有任何可能使人致伤的尖锐凸起物。④驾驶室和乘客舱所有内饰材料应具有阻燃性。⑤驾驶室必须保证驾驶员的前方视野和侧方视野。车窗玻璃不允许张贴妨碍驾驶员视野的附加物及镜面反光遮阳膜		
		⑥表面无锈迹、无脱掉漆		
1.3	车门、车窗、刮水器	①车门和车窗应启闭轻便，不得有自行开启现象，锁止可靠，玻璃升降器应完好。②前风窗应装备刮水器。刮水器应能正常工作，刮水器关闭时刮片应能自动返回至初始位置		
		③玻璃应完好无损	③玻璃不得缺损	
1.4	驾乘座椅	①地板和座椅应具有足够的强度，座椅和扶手应安装牢固可靠。乘客座椅间距不得采用沿滑道纵向调整的结构。②车长大于 6m 的客车同方向座椅的座间距不得小于 650mm，面对面座椅的座间距不得小于 1200mm		
1.5	卧铺[a]	卧铺客车的卧铺应采用"1+1"或"1+1+1"纵向布置（与车辆前进方向相同），卧铺宽度应不小于 450mm，卧铺纵向间距应不小于 1400mm，相邻卧铺的间距应不小于 350mm		
1.6	行李架（舱）[a]	中级、中级以上车长大于或等于 9m 的营运客车和卧铺客车车身顶部不得设置行李架，应设置符合有关标准要求的行李舱。其他客车需设置车外顶行李架时，其顶架载荷按每个乘客 10kg 行李核定，且行李架长度不得超过车长的三分之一		
1.7	安全出口[a]、安全带	安全出口： ①车长大于 6m 的客车，如车身右侧仅有一个乘客上下的车门时，应设置安全门或安全窗。卧铺客车应设置车顶安全出口。其卧铺布置为上、下双层时，侧窗布置应为上下双排。使用安全门时应保证不用其他器具即可将其向外推开。安全出口的数量及位置应符合有关规定。②安全门应满足下列要求：a）安全门的净高不得小于 1250mm，净宽不得小于 550mm；b）门铰链应在门前端，向外开启角度应不小于 100°，并能在此角度下保持开启，同时设有开启报警装置；c）通向安全门的通道宽度应不小于 300mm，不足 300mm 时，允许采用迅速翻转座椅等方法加宽通道；d）车内外应设应急开门把手，车外把手距地面高度应不大于 1800mm；e）关闭时应能锁止；f）在安全门或安全窗处应有醒目的红色标志和操纵方法，字体高度应不小于 20mm。③安全窗应满足下列要求：a）安全窗和安全顶窗的面积应不小于 $3×10^5 mm^2$，且能内接一个 400mm×600mm 的椭圆；车辆后端面的安全窗的面积应不小于 $4×10^5 mm^2$，且能内接一个 500mm×700mm 的矩形；b）安全窗应易于向外推开或用手锤击破玻璃，在其附近应备有便于取用的击碎出口玻璃的专用工具		

续表

序号	项目	技术要求		
		一级车	二级车	三级车
1.7	安全出口[a]、安全带	汽车安全带： ①座位数小于或等于 20（含驾驶员座椅，下同），或者车长小于或等于 6m 的载客汽车和最大设计车速大于 100km/h 的载货汽车和牵引车的前排座位必须装置汽车安全带。长途客车和旅游客车的驾驶员座椅及前面没有座椅或护栏的座椅应安装汽车安全带。安全带应有认证标志。②卧铺客车的每个铺位均应安装两点式汽车安全带。③汽车安全带应可靠有效，安装位置应合理，固定点应有足够的强度		
1.8	车厢、地板、护轮板（挡泥板）	①货箱的栏板和地板应平整；客车车身与地板应密合，应有防止发动机废气进入车厢内部的有效措施。②轿车应装有护轮板，挂车后轮应有挡泥板，其他车辆的所有车轮均应有挡泥板		
1.9	车轮、轮胎	①轮胎胎面不得因局部磨损而暴露出轮胎帘布层。轮胎的胎面和胎壁上不得有长度超过 25mm 或深度足以暴露出轮胎帘布层的破裂和割伤。②同一轴上轮胎规格和花纹应相同，轮胎规格应符合车辆出厂时的规定，同一轴上轮胎外径的磨损程度应大体一致。③汽车转向轮不得装用翻新的轮胎。④汽车装用的轮胎应与其最大设计车速相适应。⑤轮胎负荷不应超过该轮胎的额定负荷，轮胎的充气压力应符合该轮胎承受负荷时规定的压力。⑥最大设计车速超过 120km/h 的车辆，其车轮应做动平衡，并应符合有关技术要求。⑦轮胎螺母和半轴螺母应完整齐全，并应按规定力矩紧固。⑧车轮总成的横向摆动量和径向跳动量：总质量小于或等于 4500kg 的汽车不得大于 5mm；其他车辆不得大于 8mm		
		⑨微型车辆胎冠花纹深度不小于 3.2mm；其他车辆转向轮的胎冠花纹深度不小于 3.5mm，其余轮胎花纹深度不小于 2.5mm	⑨轮胎的磨损：轿车和挂车胎冠上花纹深度不得小于 1.6mm；其他车辆转向轮的胎冠花纹深度不得小于 3.2mm，其余轮胎胎冠花纹深度不得小于 1.6mm	
1.10	悬架装置	①钢板弹簧不得有裂纹和断片现象，其弹簧形式和规格应符合产品使用说明书的规定，中心螺栓和 U 型螺栓应紧固。②减振器应齐全有效。③车桥与悬架之间的各种拉杆和导杆不得变形，各接头和衬套不得松旷和移位		
1.11	传动系、车桥	传动系：①离合器踏板自由行程应符合原厂规定的该车技术条件的有关规定。②离合器踏板力应不大于 300N。③离合器应接合平稳，分离彻底，工作时不得有异响、抖动和不正常打滑等现象。④变速器和分动器，换档时齿轮啮合灵便，互锁、自锁、倒档锁装置有效，不得有乱档和自动跳档现象，换档时变速杆不得与其他部件干涉。运行中无异响。⑤传动轴在运转时不得发生振抖和异响，中间轴承和万向节不得有裂纹和松旷现象。⑥驱动桥工作应正常且无异响。 车桥：前、后桥不得有变形和裂纹		
1.12	转向节及臂，横、直拉杆及球销	转向节及臂，转向横、直拉杆及球销应无裂纹和损伤，并且球销不得松旷。对车辆进行改装或修理时，横、直拉杆不得拼焊		
1.13	制动装置(行车、应急、驻车)	①车辆应具有行车制动、应急制动和驻车制动功能。②行车制动系制动踏板的自由行程应符合该车原厂规定的有关技术条件。③车辆的行车制动必须采用双管路或多管路。④检查汽车是否具有有效的应急制动装置		
1.14	螺栓、螺母紧固	①轮胎螺母和半轴螺母应完整齐全，并应按规定力矩紧固。②中心螺栓和 U 型螺栓应紧固		

续表

序号	项目	技术要求		
		一级车	二级车	三级车
1.15	灯光数量、光色、位置	①所有前照灯的近光都不得眩目。②汽车和挂车的外部照明和信号装置的数量、位置、光色、最小几何可见角度等应符合 GB4785 的有关规定。③全挂车应在挂车前部的左右各装一只红色标志灯,其高度应比全挂车的前栏板高出 300~400mm,距车箱外侧应小于 150mm。④车辆应装置后回复反射器,车长大于 10m 的车辆应安装侧回复反射器,汽车列车应装有侧回复反射器。回复反射器应能保证夜间在其正面前方 150m 处用汽车前照灯照射时,在照射位置就能确认其反射光。⑤装有前照灯的车辆应有远近光变换装置,并且当远光变为近光时,所有的远光应同时熄灭。同一辆车上的前照灯不允许左、右的远、近灯光交叉开亮。⑥车辆的前位灯、后位灯、示廓灯、挂车标志灯、牌照灯和仪表灯应能同时启闭,当前照灯关闭和发动机熄火时仍能点亮。⑦空载高为 3m 以上的车辆应安装示廓灯。⑧车辆应安装一只或两只后雾灯,只当当远光灯、近光灯或前雾灯打开时,后雾灯才能打开。后雾灯可以独立于任何其他灯而关闭。后雾灯可以连续工作,直至位置灯关闭时为止,之后一直处于关闭状态,直至再次打开。车辆(挂车除外)可以选装前雾灯。⑨车辆应装有危险报警闪光灯,其操纵装置应不受电源总开关的控制。危险报警闪光灯和转向信号灯的闪光频率为 1.5±0.5Hz;起动时间应不大于 1.5s。⑩汽车及挂车均应安装侧转向灯,若汽车前转向灯在侧面可见时,则视为满足要求。铰接式车辆每一刚性单元必须装有至少一对侧转向灯		
1.16	信号装置与仪表	①车辆仪表板上应设置与行驶方向相适应的转向指示信号和蓝色远光指示信号灯。②仪表板上应设置仪表灯。仪表灯点亮时,应能照清仪表板上所有仪表并不得眩目。③各种客车应设置车厢灯和门灯。车长大于 6m 的客车应至少有两条车厢照明电路,仅用于进出口处的照明电路可作为其中之一。当一条电路失效时,另一条应能正常工作,以保证车内照明,但不得影响驾驶员的视线和其他机动车的正常行驶。④车辆照明和信号装置的任一条线路出现故障,不得干扰其他线路的正常工作。⑤车辆前/后转向信号灯、危险报警闪光灯及制动灯白天距 100m 可见,侧转向信号灯白天距 30m 可见;前/后位置灯、示廓灯和挂车标志灯夜间好天气距 300m 可见;后牌照灯夜间好天气距 20m 能看清牌照号码。制动灯的亮度应明显大于后位灯。⑥车长大于 6m 的客车应设置电源总开关,分线路保险完善的客车除外。⑦车速里程表、水温表、机油压力表、电流表、燃油表、气压表等各种仪表和信号装置应齐全有效		
1.17	漏气、漏油、漏水、漏电	①汽车上各连接件无漏油、渗水和漏气现象。②发电机技术性能应良好。蓄电池应保持常态电压。所有电气导线应捆扎成束、布置整齐、固定卡紧、接头牢固,并有绝缘套,在导线穿越孔洞时需设绝缘套管		
1.18	底盘异响	车辆运行当中底盘应无异响		
1.19	发动机异响	发动机运转应无异响,运转和加速时不得有回火放炮现象		
1.20	润滑	①各部润滑良好,发动机机油压力应符合该车有关技术条件的规定。②变速箱、后桥等总成和部件的润滑油的规格和用量应符合规定		
1.21	灭火器	营运车辆应装备与其相适应的有效灭火装置,灭火装置应安装牢靠并便于取用		
1.22	车内外后视镜、前下视镜	①车辆(挂车除外)必须在左右各设置一面后视镜;车长大于 6m 的平头客车和平头载货汽车车前应设置一面下视镜。轿车和客车驾驶室内应设置一面内后视镜。②车辆车外后视镜的安装位置和角度应保证看清车身左右外侧、车后 50m 以内的交通情况。前下视镜应能看清风窗玻璃前下方长 1.5m、宽 3m 范围内的情况。③车内外后视镜和前下视镜应易于调节,并能有效保持其位置。④安装在外侧距地面 1800mm 以下的后视镜,当行人等接触该镜时,应具有能缓和冲击的功能		

续表

序号	项目	技术要求		
		一级车	二级车	三级车
1.23	侧面、后下部防护装置 b	①总质量大于3500kg的载货汽车和挂车两侧必须装备侧面防护装置，但本身结构已能防止行人和骑车人等卷入的汽车和挂车除外。②除牵引车和长货挂车以外的汽车及挂车，空载状态下其车身或无车身底盘总成的后端离地间隙大于700mm时，必须装备能有效防止其他机动车和非机动车等从车辆后下方嵌入的防护装置		
2	动力性			
2.1	驱动轮输出功率	附表11-1"汽车驱动轮输出功率的限值"中额定值的要求	附表11-1"汽车驱动轮输出功率的限值"中允许值的要求	

2.2	滑行性能	①用底盘测功机检测时，按GB18565-2001中12.5.1规定的方法测得的初速度为30km/h的滑行距离，应符合下表的规定。②路试检测时，按GB18565-2001中12.5.2规定的方法测得的初速度为30km/h的滑行距离应符合如下规定。
		
		  | 汽车整备质量 M/kg | 双轴驱动车辆的滑行距离/m | 单轴驱动车辆的滑行距离/m |
		  |---|---|---|
		  | $M<1000$ | ≥104 | ≥130 |
		  | $1000≤M≤4000$ | ≥120 | ≥160 |
		  | $4000<M≤5000$ | ≥144 | ≥180 |
		  | $5000<M≤8000$ | ≥184 | ≥230 |
		  | $8000<M≤11000$ | ≥200 | ≥250 |
		  | $M>11000$ | ≥214 | ≥270 |
		
		③按GB18565-2001中规定的方法测得的滑行阻力 P_s，应符合 $P_s≤1.5\%M·g$
		式中：p_s——滑行阻力，N；M——汽车的整备质量，kg；g——重力加速度，9.8m/s²。
		④车辆的滑行性能符合①、②或③中其中一项即为合格		

3	燃料经济性			
3.1	等速百公里油耗	不大于该车型制造厂规定的相应车速等速百公里油耗的103%	不大于该车型制造厂规定的相应车速等速百公里油耗的110%	
4	制动性			

4.1	制动力	①汽车在制动试验台上测出的制动力应符合如下规定。
		
		  | 制动力总和与整车重量的百分比，% | | 轴制动力与轴荷的百分比，% | |
		  |---|---|---|---|
		  | 空载 | 满载 | 前轴 | 后轴 |
		  | ≥60 | ≥50 | ≥60[1] | — |
		
		1）和满载状态下测试均应满足此要求
		②台试时的制动气压和制动踏板力要求：
		a）满载检验时
		气压制动系：气压表的指示气压≤额定工作气压；
		液压制动系：踏板力，座位数小于或等于9的载客汽车≤500N；其他车辆≤700N。
		b）空载检验时
		气压制动系：气压表的指示气压≤600kPa；
		液压制动系：踏板力，座位数小于或等于9的载客汽车≤400N；其他车辆≤450N		

续表

序号	项目	技术要求		
		一级车	二级车	三级车
4.2	制动力平衡	①在制动力增长全过程中测得的左右轮制动力差的最大值,与全过程中测得的该轴左右轮最大制动力中大者之比:对前轴不得大于16%;当后轴制动力大于或等于后轴轴荷的60%时,不得大于20%;当后轴制动力小于后轴轴荷的60%时,在制动力增长全过程中,同时测得的左右轮制动力之差的最大值不得大于后轴轴荷的5%		①在制动力增长全过程中测得的左右轮制动力差的最大值,与全过程中测得的该轴左右轮最大制动力中大者之比:对前轴不得大于20%;对后轴:当后轴制动力大于或等于后轴轴荷的60%时,不得大于24%;当后轴制动力小于后轴轴荷的60%时,在制动力增长全过程中测得的左右轮制动力差的最大值不得大于后轴轴荷的8%
4.3	制动协调时间	汽车制动协调时间(指在急踩制动时,从踏板开始动作至制动力达到4.1中"台试制动力要求"规定的制动力75%时所需的时间):对采用液压制动系的车辆不得大于0.35s;对于采用气压制动系的车辆不得大于0.56s		
4.4	车轮阻滞力	进行制动力检测时,各轮的阻滞力均不得大于该轴轴荷的2.5%		进行制动力检测时,车辆各轮的阻滞力均不得大于该轴轴荷的5%
4.5	驻车制动	当采用制动试验台检验车辆驻车制动的制动力时,车辆空载,乘坐一名驾驶员,使用驻车制动装置,驻车制动力的总和应不小于该车在测试状态下整车重量的20%;对总质量为整备质量1.2倍以下的车辆,限值为15%		
5	转向操纵性			
5.1	转向轮横向侧滑量	①前轴采用非独立悬架的汽车,转向轮的横向侧滑量用侧滑仪(包括单、双板)按12.4.2规定的方法检测时,侧滑量值应不大于5m/km。②前轴采用独立悬架的汽车,可以前轮定位参数值符合原厂规定的该车有关技术条件为合格标准		
5.2	转向盘最大自由转动量	最大设计车速大于或等于100km/h汽车为15°,最大设计车速小于100km/h的汽车为20°		最大设计车速大于或等于100km/h的汽车为20°;最大设计车速小于100km/h的汽车为30°
5.3	悬架特性[c]	对于最大设计车速大于或等于100km/h、轴载质量小于或等于1500kg的载客汽车,应按GB18565-2001中12.4.3规定的方法进行悬架特性检测。①用悬架检测台按12.4.3.1规定的方法检测时,受检车辆的车轮在受外界激励振动下测得的吸收率(被测汽车共振时的最小动态车轮垂直载荷与静态车轮垂直载荷的百分比值)应不小于40%,同轴左右轮吸收率之差不得大于15%。②用平板检测台按12.4.3.2规定的方法检测时,受检车辆制动时测得的悬架效率应不小于45%,同轴左右轮悬架效率之差不得大于20%		
6	前照灯			
6.1	发光强度	汽车每只前照灯远光光束发光强度应达到如下要求: 两灯制:12000cd;四灯制:10000cd。 测试时,电源系统应处于充电状态。 采用四灯制的汽车,其中两只对称的灯达到两灯制的要求时,视为合格		
6.2	光束照射位置	①在检验前照灯的近光光束照射位置时,前照灯在距离屏幕前10m处,光束明暗截止线转角或中点的高度应为0.6H~0.8H(H为前照灯基准中心高度),其水平方向位置要求向左向右偏均不得超过100mm。②四灯制前照灯其远光单光束的照射位置,前照灯在距离屏幕10m处,光束中心离地高度为0.85H~0.90H,水平位置要求左灯向左偏不得大于100mm,向右偏不得大于170mm;右灯向左或向右偏均不得大于170mm。③汽车装用远光和近光双光束灯时以调整近光光束为主。对于只能调整远光单光束的灯,调整远光单光束		
7	排放污染物控制			

续表

序号	项目	技术要求		
		一级车	二级车	三级车
7.1	汽油车怠速污染物排放 [d]	轻型 CO≤3.5%；HC≤700×10⁻⁶；重型 CO≤4.0%；HC≤1000×10⁻⁶	\multicolumn{2}{l}{见下表}	

车辆类型	轻型车		重型车	
	CO %	HC $10^{-6①}$	CO %	HC $10^{-6①}$
1995年7月1日前生产的在用汽车	4.5	1200	5.0	2000
1995年7月1日后生产的在用汽车	4.5	900	4.5	1200

①HC 容积浓度值按正已烷当值

序号	项目	技术要求		
7.2	汽油车双怠速污染物排放 [d]	M₁ 类怠速：CO≤0.7%；HC≤135×10⁻⁶ 高怠速：CO≤0.25%；HC≤90×10⁻⁶ N₁ 类怠速：CO≤0.85%；HC≤180×10⁻⁶ 高怠速：CO≤0.45%；HC≤130×10⁻⁶	见下表	

车辆类型	怠速		高怠速	
	CO %	HC $10^{-6①}$	CO %	HC $10^{-6①}$
2001年1月1日以后上牌照的 $M_1^②$ 类车型	0.8	150	0.3	200
2002年1月1日以后上牌照的 $N_1^③$ 类车型	1.0	200	0.5	150

①HC 容积浓度值按正已烷当值
② M_1 指车辆设计乘员数（含驾驶员）不超过6人，且最大总质量不超过2500kg。
③ N_1 还包括设计乘员数（含驾驶员）超过6人，且最大总质量超过2500kg，但不超过3500kg 的 M 类车辆

序号	项目	一级车	二级车/三级车
7.3	柴油车自由加速烟度 [e]	R_b≤3.6	1995年7月1日以前生产的在用汽车：烟度值 R_b≤4.7 1995年7月1日起生产的在用汽车：烟度值 R_b≤4.0
7.4	柴油车排气可见污染物 [e]	光吸收系数（m⁻¹）：2.2	2001年1月1日以后上牌照的在用车：光吸收系数（m⁻¹）：2.5 2001年1月1日以后上牌照的装配废气涡轮增压器的在用车：光吸收系数（m⁻¹）：3.0
8	喇叭声级	汽车喇叭声级在距车前 2m、离地高 1.2m 处用声级计测量时，其值应为 90～115dB（A）	
9	车辆防雨密封性 [a]	符合 QC/T476 有关规定。	

客车类型		限制（分）
轻型客车		≥93
	旅游客车	≥92
	团体客车	≥90
	城市客车	≥88
	长途客车	≥80
	旅游客车	≥90
	团体客车	≥88
	城市客车	≥87
	长途客车	≥87
特大型客车	铰接式客车	≥84
客车防雨密封性限值		

续表

序号	项目	技术要求		
		一级车	二级车	三级车
10	车速表示值误差	车速表示值误差 0~+15%。即当实际车速为 40km/h 时，车速表指示应为 40~46km/h	车速表允许误差范围为-5%~20%。即当实际车速为 40km/h 时，车速表指示值应为 38~48km/h	

注：(1) 载客汽车。
(2) 载货汽车。
(3) 用于对最大设计车速大于或等于 100km/h、轴载质量小于或等于 1500kg 的载客汽车。
(4) 按 GB18352 通过型式认证装配点燃式发动机的轻型汽车，应进行双怠速试验；其他装配点燃式发动机的车辆应进行怠速试验。
(5) 按 GB18352 通过型式认证装配压燃式发动机的轻型汽车，应进行排气可见污染物试验；其他装配压燃式发动机的车辆应进行自由加速烟度试验。

附表 11-1　汽车驱动轮输出功率的限值

汽车类别	汽车型号		额定扭矩工况			额定功率工况		
			直接档检测速度 V_M km/h	校正驱动轮输出功率/额定扭矩功率 η_{VM} %		直接档检测速度 V_P km/h	校正驱动轮输出功率/额定功率 η_{VP} %	
				额定值 η_{Mr}	允许值 η_{Ma}		额定值 η_{Pr}	允许值 η_{Pa}
载货汽车	1010 系列 1020 系列	汽油车	60	75	50	90	65	40
	1030 系列	汽油车	60	75	50	90	65	40
	1040 系列	柴油车	55	75	50	90	70	45
	1050 系列	汽油车	60	75	50	90	65	40
	1060 系列	柴油车	50	75	50	80	70	45
	1070 系列	汽油车	—	—	—	—	—	—
	1080 系列	柴油车	50	75	50	80	70	45
	1090 系列	汽油车	40	75	50	80	70	45
		柴油车	55	75	50	80	70	45
	1100，1110 系列	汽油车	—	—	—	—	—	—
	1120，1130 系列	柴油车	60	70	45	80	65	40
	1140 系列 1150 系列 1160 系列	柴油车	60	75	50	80	65	40
	1170 系列 1190 系列	柴油车	55	75	50	80	65	40

续表

汽车类别	汽车型号		直接档检测速度 V_M km/h	额定扭矩工况 校正驱动轮输出功率/额定扭矩功率 η_{VM} %		直接档检测速度 V_P km/h	额定功率工况 校正驱动轮输出功率/额定功率 η_{VP} %	
				额定值 η_{Mr}	允许值 η_{Ma}		额定值 η_{Pr}	允许值 η_{Pa}
半[①]挂列车	10t 半挂系列车	汽油车	40	75	50	80	70	45
		柴油车	50	75	50	80	70	45
	15t, 20t 半挂系列车	汽油车	45	70	45	70	65	40
	25t 半挂系列车	柴油车	45	75	50	75	65	40
客车	6600 系列	汽油车	60	70	45	85	60	35
		柴油车	45	75	50	75	65	40
	6700 系列	汽油车	50	65	40	80	60	35
		柴油车	55	70	45	75	60	35
	6800 系列	汽油车	40	65	40	85	60	35
		柴油车	45	70	45	75	60	35
	6900 系列	汽油车	40	65	40	85	60	35
		柴油车	60	70	45	85	60	35
	6100 系列	汽油车	40	65	40	85	60	35
		柴油车	40	70	45	85	60	35
	6110 系列	汽油车	40	65	40	85	60	35
		柴油车	55	70	45	80	60	35
	6120 系列	柴油车	60	65	40	90	60	35
轿车	夏利、富康		95/60[②]	65/60[②]	40/35[②]	—	—	—
	桑塔纳		95/65[②]	70/65[②]	45/40[②]	—	—	—

注：5010-5040 系列厢式货车和罐式货车驱动轮输出功率的允许值按同系列普通货车的允许值下调 2%，其他厢式货车和罐式货车驱动轮输出功率的允许值按同系列普通货车的允许值下调 4%。
本限制适用于本表所列在用国产车，其他在用车辆可参照执行。
① 半挂列车是按载质量分类。
② 为汽车变速器使用三档时的参数值。

本章小结

1. 汽车技术状况是指定量测得的表征某一时刻汽车外观和性能的参数值的总和，汽车技术状况是发挥汽车性能的保证。

2. 汽车技术状况变化的根本原因是零件的失效。汽车零件失效的主要形式可分为磨损、疲劳、变形、腐蚀和老化。

3. 汽车在使用过程中，其技术状况将发生变化。汽车技术状况的变化受到汽车结构工艺、汽车运行材料的品质与使用、道路状况、环境条件、装载质量、驾驶技术、维修质量等诸多因素的影响。

4. 汽车技术状况变化规律是指汽车技术状况与行驶里程或使用时间的关系，分为函数变化规律（第一种变化规律）和随机变化规律（第二种变化规律）两类。

5. 汽车技术等级是指评定汽车技术状况的技术分级。汽车平均技术等级是指企业或单位汽车技术状况的平均技术等级。为了掌握汽车的技术状况，有计划地安排与组织维修工作，促进运输企业的技术进步，《营运车辆技术等级划分和评定要求》（JT/T198-2004）行业标准颁布，该标准将营运车辆技术等级划分为一级、二级和三级。

6. 掌握汽车技术状况变化规律，掌握汽车技术状况变化的原因与影响因素，正确使用、定期检测、强制维护、视情修理，维持和恢复汽车完好的技术状况。

1. 解释汽车技术状况的概念。
2. 汽车技术状况变化的基本原因是汽车零件、机构或总成技术状态的改变。零件的技术状态对汽车来说至关重要。分析汽车在某种特定条件下零件损坏的主要形式。
3. 分析影响汽车技术状况变化的因素
4. 汽车技术状况变化规律分为几类？各有什么特点？
5. 汽车技术等级是如何划分的？评定的依据是什么？

《营运车辆技术等级划分和评定要求》（JT/T198-2004）中将营运车辆技术等级划分为一级、二级和三级。凡是达不到二级车技术等级标准的汽车均为三级车，三级车是不合格车。这种说法对吗？说明理由。

12 汽车使用寿命

1. 熟练掌握汽车使用寿命的概念以及汽车使用寿命的分类;
2. 掌握汽车损耗的基本知识;
3. 了解有关汽车报废标准。

1. 会用低劣化系数法计算汽车的经济使用寿命;
2. 会说出汽车有形损耗、汽车无形损耗、汽车综合损耗的区别;
3. 正确理解报废标准。

对于在用汽车,为了更好地发挥其经济效益与社会效益,必须适时更新与报废。

12.1 汽车使用寿命及其分类

12.1.1 汽车使用寿命

汽车使用寿命是指汽车从开始使用到不能使用所经历的时间或里程,常用累计使用年数或累计行驶里程数表示。汽车使用寿命的长短直接影响汽车的使用效益。

汽车在正常使用过程中,其使用性能随着使用年限或行驶里程的增加而逐渐下降,如果无限制地延长汽车的使用寿命,其动力性能、经济性能、环境友好性能及行驶安全性能会大幅度下降,维修频繁,维修费用剧增。相反,如果过早地报废汽车,会造成大量资源的浪费。因此，研究汽车使用寿命的意义在于合理地确定汽车的使用寿命，确保在用汽车具有良好的技术状况，保持安全环保、能源节约与运输高效，充分发挥汽车的社会效益和经济效益。

12.1.2 汽车使用寿命分类

按照汽车终止使用的原则不同，汽车使用寿命一般分为：自然使用寿命、技术使用寿命、经济使用寿命和折旧使用寿命。

1. 汽车自然使用寿命

汽车自然使用寿命，又称为物理使用寿命，是指汽车从全新状态投入使用开始，直到不能用维修的方法恢复其主要使用性能为止，所经历的时间或行驶里程。汽车自然使用寿命取决于汽车的设计水平、制造品质、使用技术与维修质量等。汽车维修工作做得越好，汽车自然使用寿命就越长。

2. 汽车技术使用寿命

汽车技术使用寿命是指汽车从全新状态投入使用开始，直到汽车生产成本的降低或汽车新技术的出现使在用汽车丧失其使用价值为止所经历的时间或行驶里程。汽车技术进步越快，汽车技术使用寿命就越短。

3. 汽车经济使用寿命

汽车经济使用寿命是指汽车从全新状态投入使用开始，直到单位费用（按单位使用时间或行驶里程计算）最低为止所经历的时间或行驶里程。汽车使用超过这个时间或里程，在技术上仍可继续使用，但单位费用上升，在经济上不宜继续使用。

单位费用是汽车单位使用时间或行驶里程内折旧费与该汽车发生的运行费用总和。汽车使用时间或行驶里程越长，分摊的折旧费越少；但汽车使用性能逐渐下降，使汽车的运行材料费（主要是燃料费和润滑剂费）、维修费增加。延长汽车使用时间，折旧费的下降，有时会被运行费用的增加逐渐抵消。汽车单位费用是随使用时间或行驶里程而变化的函数。汽车年均费用曲线，如图12-1所示。从图12-1中不难看出，汽车使用至一定年限，出现年均费用最小值，此时的使用年数就是汽车的经济使用寿命。

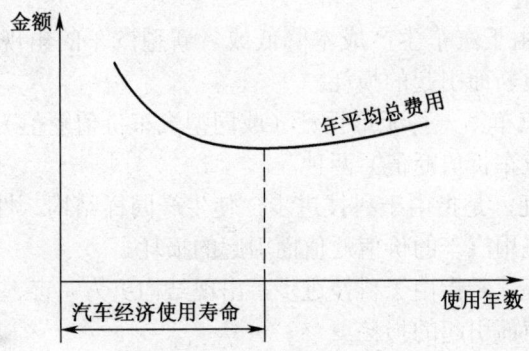

图12-1 汽车年均费用曲线

4. 汽车折旧使用寿命

汽车折旧使用寿命是指按照国家或企业规定的折旧率，将汽车的原值扣除残值后的余额折旧到接近于零为止所经历的时间或里程。汽车的折旧使用寿命一般介于汽车自然使用寿命与汽车技术使用寿命之间。值得注意的是：汽车的折旧使用寿命是提取汽车折旧费的依据，不是汽车报废的标准，二者不可混淆。

12.2 汽车的损耗与更新

汽车的损耗分为有形损耗和无形损耗两种。在汽车整个使用寿命期内，汽车的使用性能及经济指标会逐渐下降，下降的原因主要来自汽车的损耗。汽车的损耗到一定程度，就需要汽车更新。所谓汽车更新，是指以同类型新车或者高效率、低消耗、性能先进的汽车替换在用汽车。

12.2.1 汽车有形损耗

汽车有形损耗是指由于载荷和周围介质的作用，汽车在使用或闲置过程中发生的实体损耗（物质损耗）。汽车经过一段时间使用，使用性能下降，如汽车动力性下降、油耗增加、振动加大等，都是汽车有形损耗的具体表现。汽车有形损耗可分为汽车第一种有形损耗（或汽车使用过程有形损耗）和汽车第二种有形损耗（或汽车闲置过程有形损耗）两种。

汽车第一种有形损耗是指汽车使用过程中，在载荷和周围介质的作用下，因零部件磨损、变形和疲劳等损伤使汽车性能下降而引起的损耗，如零件配合副的机械磨损、基础零件的变形、零件的疲劳破坏等。

汽车第二种有形损耗是指汽车闲置过程中，由于零部件与外部介质发生化学、电化学作用，使金属零部件腐蚀，非金属材料老化变质而引起的损耗，如生锈、车身漆面及轮胎等橡胶件老化。管理不善或缺乏必要的维护，会使汽车闲置过程有形损耗加快。

汽车有形损耗发展到一定程度就会出现故障，使维修费、运行材料费增加，运输效率降低。汽车有形损耗反映了其使用价值降低，当采用维修方法消除这种损耗时，需要支出一定的费用。通常，维修费用不应超过一定限度，否则就需要更新汽车。

12.2.2 汽车无形损耗

汽车无形损耗是指由于汽车生产成本降低或者新型汽车的出现而引起在用汽车价值贬值，促使在用汽车提前更新而引起的损耗。

汽车无形损耗分为汽车第一种无形损耗（或同型汽车价值贬值）和汽车第二种无形损耗（旧型汽车相对于新型汽车价值贬值）两种。

汽车第一种无形损耗，是指由于科技进步，使生产同样结构、性能汽车（同型汽车）的再生产价值降低，导致在用汽车的价值贬值而引起的损耗。

汽车第二种无形损耗，是指由于科技进步，出现结构更为完善、性能更先进的新型汽车，导致在用汽车的价值贬值而引起的损耗。

例如：某单位5年前购进一批普通桑塔纳轿车，由于生产厂家技术进步和生产规模扩大，使该型汽车再生产成本下降，价格下调，使在用普通桑塔纳轿车价值贬值，这属于汽车第一种无形损耗；由于桑塔纳2000型轿车的问世，轿车性能发生了改善，使普通桑塔纳轿车价值严重贬值，这又属于汽车第二种无形损耗。

汽车第一种无形损耗反映了在用汽车的部分贬值，但是汽车本身的技术特性和运输效能并不受到影响。

汽车第二种无形损耗，使得旧型在用汽车在有形损耗发展到完全损耗之前，就出现用新型汽车代替较陈旧的在用汽车的必要性，即产生汽车更新问题。

12.2.3 汽车综合损耗

汽车综合损耗，是指汽车使用寿命期内发生的汽车有形损耗和汽车无形损耗的综合。

汽车有形损耗和汽车无形损耗在经济后果上均引起汽车原始价值的降低。汽车有形损耗严重时，常会使汽车在修复之前不能正常运行而被迫停驶，而任何汽车无形损耗均不影响汽车的正常运行。

汽车综合损耗的补偿方式有局部补偿和全部补偿两种。汽车有形损耗的局部补偿方式是维修。汽车无形损耗的局部补偿方式是技术改造；但由于汽车技术的进步，这种补偿方式已经很少采用。汽车有形损耗和汽车无形损耗的完全补偿形式就是更换或更新汽车。

12.2.4 汽车更新

汽车更新是汽车有形损耗和汽车无形损耗共同作用的结果，取决于汽车有形损耗期和汽车无形损耗期长短及其相互关系。通常会出现如下三种情形：

1. "无维修设计"方案

"无维修设计"方案，即通过汽车设计使得汽车有形损耗期和汽车无形损耗期接近，当汽车到应该大修且应该更新的时候。这种"无维修设计"的理想方案实际上很难做到。

2. 汽车已达到完全有形损耗，而汽车无形损耗期尚未到来

汽车已达到完全有形损耗，而汽车无形损耗期尚未到来，这时应分析对该汽车进行大修还是更换同车型新车。

为确定汽车大修与更新方案，常采用的判定式为

$$(R_i + S_e) < (K_0 \alpha \beta + S_a - C_Z) \tag{12-1}$$

式中：R_i——汽车第 i 次大修的费用，元；

S_e——使用成本的增加值，表示大修后汽车与新购汽车的运输成本差值乘以至下次大修期间的运输生产量，元；

K_0——新车原始价值，元；

α——大修过后汽车运输生产率（完好率）与新汽车至第一次大修之间运输生产率（完好率）的比值；

β——大修后汽车至下次大修前的行驶里程与新车第一次大修前行驶里程的比值；

S_a——因更新而引起旧车未折旧完的损失值（即折旧余值），元；

C_Z——汽车残值，元。

若满足式（12-1），则进行汽车大修是合理的；否则，汽车大修费用与使用成本增加值之和超过新车的修正价值与旧车未折旧完的损失值之和时，汽车更新是合理的。

例：某运输公司汽车大修次数与费用、运行成本以及完好率的关系见表 12-1。

表 12-1　某运输公司汽车大修次数与费用、运行成本以及完好率的关系

大修次数	大修间隔里程（1000km）	大修费用（元）	大修间隔里程内平均成本（元/1000t·km）	大修间隔里程内平均完好率（%）
0	180		159.5	89
1	100	25000	170.5	86
2	100	33000	180.6	82
3	80	39000	183.1	74

注：（1）新车价格为 80000 元；
　　（2）汽车残值定为 8000 元；
　　（3）单车折算吨位为 3.33t（考虑到实载率、里程利用率、拖挂率等因素，由统计数据求出）；
　　（4）折旧里程为 500000km。

（1）先判定是否需要进行第二次大修

$R_i = R_2 = 33000$

$S_e = (180.6 - 159.5) \times 3.33 \times 100 = 7026.3$

$R_i + S_e = 33000 + 7026.3 = 40026.3$

$K_0 \alpha \beta = 80000 \times \left(\dfrac{82}{89}\right) \times \left(\dfrac{100}{180}\right) = 40948.8$

$S_a = (80000 - 8000)\left(1 - \dfrac{280000}{500000}\right) = 31680$

$K_0 \alpha \beta + S_a - C_Z = 40948.8 + 31680 - 8000 = 64628.8$

$(R_i + S_e) < (K_0 \alpha \beta + S_a - C_Z)$，进行第二次大修是合理的。

（2）再判定是否需要进行第三次大修

$R_i = R_3 = 39000$

$S_e = (183.1 - 159.5) \times 3.33 \times 80 = 6287$

$R_i + S_e = 39000 + 6287 = 45287$

$K_0 \alpha \beta = 80000 \times \left(\dfrac{74}{89}\right) \times \left(\dfrac{80}{180}\right) = 29563$

$S_a = (80000 - 8000)\left(1 - \dfrac{380000}{500000}\right) = 17280$

$K_0 \alpha \beta + S_a - C_Z = 29563 + 17280 - 8000 = 38843$

$(R_i + S_e) > (K_0 \alpha \beta + S_a - C_Z)$，进行汽车更新是合理的。

3. 汽车无形损耗期早于汽车有形损耗期

这时应分析继续使用在用汽车还是提前更新在用汽车。

科技进步越快，汽车有形损耗期就越长，而汽车无形损耗期就越短。随着科技水平的不断进步，汽车无形损耗在汽车更新中所起的作用将更加突出。

12.3　汽车经济使用寿命的确定方法

汽车经济使用寿命是确定汽车是否更新的主要依据。汽车到经济使用寿命时及时更新，

可取得最佳经济效果；提前或者推迟更新，都会在一定程度上造成经济损失。本节主要介绍汽车经济使用寿命的确定方法。汽车经济使用寿命的确定方法主要有低劣化数值法、应用现值与资本回收系数计算法、面值计算法。

12.3.1 低劣化数值计算法

随着汽车行驶里程的增加，汽车有形损耗加剧，其主要性能下降，汽车维修费、燃料费增加，引起汽车运行费用增加，这种现象称为汽车的低劣化。

低劣化费，是因汽车使用性能下降而增加的费用，包括运行费用的增加、停歇时间的增加和工作质量下降引起的损失。其中，燃料费和维修费增加是最明显的。

设 b 为汽车低劣化的增加强度，单位为元$/(1000km)^2$，则单位里程平均低劣化费为：

$$Y_1 = \frac{b}{2}L \tag{12-2}$$

汽车折旧，通常采用平均折旧法，单位里程汽车折旧费为：

$$Y_2 = \frac{K_0 - C_Z}{L} \tag{12-3}$$

式中：K_0——汽车的原值，是指汽车从购置到投入运行前所发生的全部费用，单位为元；

C_Z——汽车的残值，元；

L——汽车的行驶里程，1000km。

汽车单位里程的固定费用，是指汽车运输成本中与汽车行驶里程无关的费用，设 C_0 为汽车单位里程的固定费用，元/1000km。

因此，汽车单位里程使用总费用的方程式可表示为：

$$Y = \frac{K_0 - C_Z}{L} + \frac{b}{2}L + C_0 \tag{12-4}$$

汽车单位里程使用费用与汽车行驶里程的关系如图12-2所示。

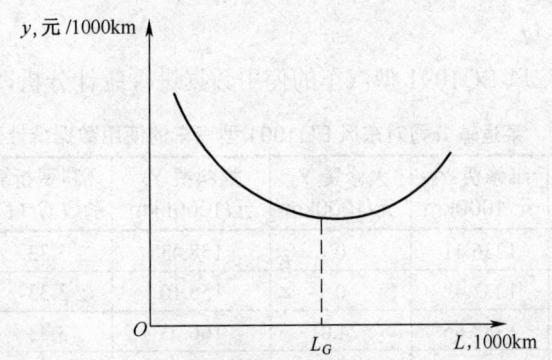

图12-2 汽车单位里程使用费用与汽车行驶里程的关系

若使 Y 最小，只需令 $\dfrac{dY}{dL}=0$，则求得汽车经济使用寿命为

$$L_G = \sqrt{\frac{2(K_0 - C_Z)}{b}}，1000km \tag{12-5}$$

由上述公式可见，只要知道汽车的原值、残值、低劣化的增加强度，即可求出汽车的经

济使用寿命。

换算成按使用年限计算的汽车经济使用寿命为

$$T_G = \frac{L_G}{\overline{L}}, \text{年} \tag{12-6}$$

式中：$\overline{L}$——年平均行驶里程，1000km。

例：某汽车原值为 80000 元，残值为 8000 元，低劣化增加强度为 1.517 元/(1000km)²，则汽车经济使用寿命为 $L_G = \sqrt{\dfrac{2 \times (80000 - 8000)}{1.517}} \approx 308$，1000km。即约为 31 万公里。

当年平均行驶里程 $\overline{L}$ 为 3.4 万 km 时，经济使用寿命年限 $L_G = 30.8/3.4 \approx 9$ 年。

表示劣化程度的 b 值，可通过将营运费用（燃料费+维修费+大修均摊费）与行驶里程进行回归计算后求得。

回归方程为

$$y = a + bx \tag{12-7}$$

式中：y——因变量，此问题中为汽车单位里程运行费用，元/1000km；

x——自变量，此问题中为汽车行驶里程，1000km；

a——待定系数；

b——待定系数，此问题中为汽车低劣化增加强度，元/(1000km)²。

待定系数 a、b 表示为：

$$a = \frac{1}{n}\sum_{i=1}^{n} y_i - b \cdot \frac{1}{n}\sum_{i=1}^{n} x_i \tag{12-8}$$

$$b = \frac{\sum_{i=1}^{n} x_i y_i - \dfrac{1}{n}\sum_{i=1}^{n} x_i \sum_{i=1}^{n} y_i}{\sum_{i=1}^{n} x_i^2 - \dfrac{1}{n}\left(\sum_{i=1}^{n} x_i\right)^2} \tag{12-9}$$

式中：n——统计数据个数。

例：某运输公司对东风 EQ1091 型汽车的使用数据进行统计分析，见表 12-2。

表 12-2 某运输公司对东风 EQ1091 型汽车的使用数据统计表分析

里程段 D 10000km	平均累计里程 X_i（1000km）	维修费 Y_1 元/1000km	大修费 Y_0 元/1000km	燃料费 Y_2 元/1000t.km	燃料费折算系数 C（t）	总费用 $Y_i=Y_1+Y_0+Y_2*C$（元/1000km）
0～10	89	1236.41	0	158.43	3.33	1763.98
10～15	116.47	1232.42	0	156.10	3.33	1752.23
20～25	241.67	1288.65	324.01	166.03	3.33	2165.54
25～30	266.07	1311.50	338.02	170.27	3.33	2216.52
30～35	337.47	1416.38	358.44	179.78	3.33	2373.49
45～50	481.80	1436.26	399.47	167.36	3.33	2393.04
50～55	524.04	1554.77	415.48	176.99	3.33	2559.63
55～60	569.79	1584.04	434.20	187.23	3.33	2641.72

注：燃料费的折算系数是把 1000tkm 燃料费折算成千车公里燃料费，C=（主车标记吨位+挂车标记吨位×拖挂率）×实载率。

将表 12-2 中数据 x_i、y_i 代入回归公式（12-9），经计算，可得到低劣化增加强度 $b=1.517$ 元/(1000km)^2。

12.3.2 应用现值及投资回收系数计算法

在计算汽车经济使用寿命时，若考虑利率对年使用费用的影响，就应把已发生的费用（一次性投资）和预期将要发生的费用（运行费用）进行现值折现计算，使所涉及的各项费用换算在同一时间基点上。

其换算公式为

$$P = \frac{S}{(1+i)^T} \qquad (12\text{-}10)$$

式中：P——为现值；

S——为未来值，即第 T 年付出的费用；

i——为利率；

$\dfrac{1}{(1+i)^T}$——为现值系数，为复利计息形式。

假定汽车使用过程中，平均每年使用费用为 R（称为年当量使用费用），每年使用费用现值的总和 P。则 R 与 P 之间的关系为：

$$\begin{aligned}
P &= \frac{R}{(1+i)} + \frac{R}{(1+i)^2} + \cdots + \frac{R}{(1+i)^{T-1}} + \frac{R}{(1+i)^T} \\
&= \frac{R}{(1+i)^T}\left[(1+i)^{T-1} + (1+i)^{T-2} + \cdots + (1+i) + 1\right] \qquad (12\text{-}11) \\
&= \frac{R}{(1+i)^T} \cdot \frac{(1+i)^T - 1}{i}
\end{aligned}$$

$$R = P \frac{i(1+i)^T}{(1+i)^T - 1} \qquad (12\text{-}12)$$

式中：$\dfrac{i(1+i)^T}{(1+i)^T-1}$ 为投资回收系数。

则年当量总费用 R 最小时对应的使用年限 T，即为汽车经济使用寿命年限。例：假定利率 $i=10\%$，新车原值 $K_0=80000$ 元，年运行费用见表 12-3。由表 12-3 的计算结果，可得汽车经济使用寿命为 7 年。

表 12-3 汽车经济使用寿命计算表（费用的单位为元）

年限 T (1)	年运行费用 (2)	现值系数 (3)	年运行费用现值 P (4)=(2)×(3)	年总费用现值合计 (5)=K_0+Σ(4)	投资回收系数 (6)	年当量总费用 R (7)=(5)×(6)
1	6000	0.909	5454	85454	1.100	93999
2	6000	0.826	4956	90410	0.576	52076
3	7000	0.751	5257	95667	0.402	38458
4	8000	0.683	5464	101131	0.316	31957

续表

年限 T (1)	年运行费用 (2)	现值系数 (3)	年运行费用现值 P (4)=(2)×(3)	年总费用现值合计 (5)=K₀+∑(4)	投资回收系数 (6)	年当量总费用 R (7)=(5)×(6)
5	9000	0.621	5589	106720	0.264	28174
6	11000	0.565	6215	112935	0.230	25975
※7	13000	0.513	6669	119604	0.205	24519
8	16000	0.467	7472	127076	0.197	25034

12.3.3 面值计算法

面值计算法是以汽车的账面数据作为分析的依据，以汽车的有形损耗理论为基础，确定汽车经济使用寿命的方法。

例：某汽车运输公司购进一批新车，每辆新车原值为 $K_0=80000$ 元，预计可使用 7 年，其价值将随着使用年限的增加而降低，而运行成本则增加，有关数据，见表 12-4 中的第 1 列、第 2 列、第 4 列。经列表计算，则可以得到年平均总费用最低的使用年限为第 5 年。因此，该车的经济使用寿命为 5 年。

表 12-4 汽车年均总费用计算表（费用的单位为元）

使用年限 ①	汽车残值 ②	累计折旧费 ③=K₀-②	运行成本 ④	累计运行成本 ⑤=∑④	总费用 ⑥=③+⑤	年均总费用 ⑦=⑥/①
1	65000	15000	6000	6000	21000	21000
2	50000	30000	6000	12000	42000	21000
3	40000	40000	7000	19000	59000	19667
4	30000	50000	8000	27000	77000	19250
※5	20000	60000	9000	36000	96000	19200
6	10000	70000	12000	48000	118000	19667
7	4000	76000	15000	63000	139000	19857

12.4 汽车报废标准

汽车工业与前后产业的关联度高，是拉动国民经济增长的主导性产业。随着我国经济的增长和汽车工业的迅猛发展，客观要求必须制定一套完善的政策措施，对汽车生产、流通、使用和报废等所有环节进行全过程管理。汽车的更新报废就是其中一项重要内容，它关系到国计民生，涉及面广、政策性强、协调难度大。如果汽车不能及时报废，将直接影响我国汽车工业的总体规划和发展，阻碍汽车消费及运输市场的正常发育，还会造成环境污染、资源浪费和严重的交通隐患。因此，制定适合我国国情的汽车报废标准并加以实施是非常必要的。

现行的《机动车强制报废标准规定》共 11 条，明确根据机动车使用和安全技术、排放检验状况，国家对达到报废标准的机动车实施强制报废，具体条款如下：

汽车使用寿命 第12章

第一条 为保障道路交通安全、鼓励技术进步、加快建设资源节约型、环境友好型社会，根据《中华人民共和国道路交通安全法》及其实施条例、《中华人民共和国大气污染防治法》、《中华人民共和国噪声污染防治法》，制定本规定。

第二条 根据机动车使用和安全技术、排放检验状况，国家对达到报废标准的机动车实施强制报废。

第三条 商务、公安、环境保护、发展改革等部门依据各自职责，负责报废机动车回收拆解监督管理、机动车强制报废标准执行有关工作。

第四条 已注册机动车有下列情形之一的应当强制报废，其所有人应当将机动车交售给报废机动车回收拆解企业，由报废机动车回收拆解企业按规定进行登记、拆解、销毁等处理，并将报废机动车登记证书、号牌、行驶证交公安机关交通管理部门注销：

（一）达到本规定第五条规定使用年限的；

（二）经修理和调整仍不符合机动车安全技术国家标准对在用车有关要求的；

（三）经修理和调整或者采用控制技术后，向大气排放污染物或者噪声仍不符合国家标准对在用车有关要求的；

（四）在检验有效期届满后连续3个机动车检验周期内未取得机动车检验合格标志的。

第五条 各类机动车使用年限分别如下：

（一）小、微型出租客运汽车使用8年，中型出租客运汽车使用10年，大型出租客运汽车使用12年；

（二）租赁载客汽车使用15年；

（三）小型教练载客汽车使用10年，中型教练载客汽车使用12年，大型教练载客汽车使用15年；

（四）公交客运汽车使用13年；

（五）其他小、微型营运载客汽车使用10年，大、中型营运载客汽车使用15年；

（六）专用校车使用15年；

（七）大、中型非营运载客汽车（大型轿车除外）使用20年；

（八）三轮汽车、装用单缸发动机的低速货车使用9年，装用多缸发动机的低速货车以及微型载货汽车使用12年，危险品运输载货汽车使用10年，其他载货汽车（包括半挂牵引车和全挂牵引车）使用15年；

（九）有载货功能的专项作业车使用15年，无载货功能的专项作业车使用30年；

（十）全挂车、危险品运输半挂车使用10年，集装箱半挂车20年，其他半挂车使用15年；

（十一）正三轮摩托车使用12年，其他摩托车使用13年。

对小、微型出租客运汽车（纯电动汽车除外）和摩托车，省、自治区、直辖市人民政府有关部门可结合本地实际情况，制定严于上述使用年限的规定，但小、微型出租客运汽车不得低于6年，正三轮摩托车不得低于10年，其他摩托车不得低于11年。

小、微型非营运载客汽车、大型非营运轿车、轮式专用机械车无使用年限限制。

机动车使用年限起始日期按照注册登记日期计算，但自出厂之日起超过2年未办理注册登记手续的，按照出厂日期计算。

第六条 变更使用性质或者转移登记的机动车应当按照下列有关要求确定使用年限和报废：

（一）营运载客汽车与非营运载客汽车相互转换的，按照营运载客汽车的规定报废，但小、微型非营运载客汽车和大型非营运轿车转为营运载客汽车的，应按照本规定附件1所列公式核算累计使用年限，且不得超过15年；

（二）不同类型的营运载客汽车相互转换，按照使用年限较严的规定报废；

（三）小、微型出租客运汽车和摩托车需要转出登记所属地省、自治区、直辖市范围的，按照使用年限较严的规定报废；

（四）危险品运输载货汽车、半挂车与其他载货汽车、半挂车相互转换的，按照危险品运输载货车、半挂车的规定报废。

距本规定要求使用年限1年以内（含1年）的机动车，不得变更使用性质、转移所有权或者转出登记地所属地市级行政区域。

第七条 国家对达到一定行驶里程的机动车引导报废。

达到下列行驶里程的机动车，其所有人可以将机动车交售给报废机动车回收拆解企业，由报废机动车回收拆解企业按规定进行登记、拆解、销毁等处理，并将报废的机动车登记证书、号牌、行驶证交公安机关交通管理部门注销：

（一）小、微型出租客运汽车行驶60万千米，中型出租客运汽车行驶50万千米，大型出租客运汽车行驶60万千米；

（二）租赁载客汽车行驶60万千米；

（三）小型和中型教练载客汽车行驶50万千米，大型教练载客汽车行驶60万千米；

（四）公交客运汽车行驶40万千米；

（五）其他小、微型营运载客汽车行驶60万千米，中型营运载客汽车行驶50万千米，大型营运载客汽车行驶80万千米；

（六）专用校车行驶40万千米；

（七）小、微型非营运载客汽车和大型非营运轿车行驶60万千米，中型非营运载客汽车行驶50万千米，大型非营运载客汽车行驶60万千米；

（八）微型载货汽车行驶50万千米，中、轻型载货汽车行驶60万千米，重型载货汽车（包括半挂牵引车和全挂牵引车）行驶70万千米，危险品运输载货汽车行驶40万千米，装用多缸发动机的低速货车行驶30万千米；

（九）专项作业车、轮式专用机械车行驶50万千米；

（十）正三轮摩托车行驶10万千米，其他摩托车行驶12万千米。

第八条 本规定所称机动车是指上道路行驶的汽车、挂车、摩托车和轮式专用机械车；非营运载客汽车是指个人或者单位不以获取利润为目的的自用载客汽车；危险品运输载货汽车是指专门用于运输剧毒化学品、爆炸品、放射性物品、腐蚀性物品等危险品的车辆；变更使用性质是指使用性质由营运转为非营运或者由非营运转为营运，小、微型出租、租赁、教练等不同类型的营运载客汽车之间的相互转换，以及危险品运输载货汽车转为其他载货汽车。本规定所称检验周期是指《中华人民共和国道路交通安全法实施条例》规定的机动车安全技术检验周期。

第九条 省、自治区、直辖市人民政府有关部门依据本规定第五条制定的小、微型出租客运汽车或者摩托车使用年限标准，应当及时向社会公布，并报国务院商务、公安、环境保护等部门备案。

第十条　上道路行驶拖拉机的报废标准规定另行制定。

第十一条　本规定自 2013 年 5 月 1 日起施行。2013 年 5 月 1 日前已达到本规定所列报废标准的，应当在 2014 年 4 月 30 日前予以报废。《关于发布<汽车报废标准>的通知》（国经贸经〔1997〕456 号）、《关于调整轻型载货汽车报废标准的通知》（国经贸经〔1998〕407 号）、《关于调整汽车报废标准若干规定的通知》（国经贸资源〔2000〕1202 号）、《关于印发<农用运输车报废标准>的通知》（国经贸资源〔2001〕234 号）、《摩托车报废标准暂行规定》（国家经贸委、发展计划委、公安部、环保总局令〔2002〕第 33 号）同时废止。

附件 1　非营运小微型载客汽车和大型轿车变更使用性质后累计使用年限计算公式

$$累计使用年限 = 原状态已使用年 + (1 - \frac{原状态已使用年}{原状态使用年限}) \times 状态改变后年限$$

备注：公式中原状态已使用年中不足一年的按一年计算，例如，已使用 2.5 年按照 3 年计算；对于小型、微型非营运载客汽车，原状态使用年限数值取定值为 17；累计使用年限计算结果向下圆整为整数，且不超过 15 年。

附件 2　机动车使用年限及行驶里程参考值汇总表

机动车使用年限及行驶里程参考值汇总表见表 12-5。

表 12-5　机动车使用年限及行驶里程参考值汇总表

车辆类型与用途			使用年限（年）	行驶里程参考值（万千米）
汽车	载客	营运		
		出租客运 小、微型	8	60
		出租客运 中型	10	50
		出租客运 大型	12	60
		租赁	15	60
		教练 小、微型	10	50
		教练 中型	12	50
		教练 大型	15	60
		公共客运	13	40
		其他 小、微型	10	50
		其他 中型	15	50
		其他 大型	15	80
		专用校车	15	40
	非营运	小、微型客车、大型轿车※	无	60
		中型客车	20	50
		大型客车	20	60
	载货	微型	12	50
		中、轻型	15	60

续表

车辆类型与用途			使用年限（年）	行驶里程参考值（万千米）
汽车	载货	重型	15	70
		危险品运输	10	40
		三轮汽车、装用单缸发动机的低速货车	9	无
		装用多缸以上发动机的低速货车	12	30
	专项作业	有载货功能	15	50
		无载货功能	30	50
挂车	半挂车	集装箱	20	无
		危险品运输	10	无
		其他	15	无
	全挂车		10	无
摩托车	正三轮		12	10
	其他		13	12
轮式专业机械车			无	50

注：（1）表中机动车主要依据《机动车类型 术语和定义》（GA802-2008）进行分类；标注※的车辆为乘用车。

（2）对小、微型出租客运汽车（纯电动汽车除外）和摩托车，省、自治区、直辖市人民政府有关部门可结合本地实际情况，制定严于表中使用年限的规定，但小、微型出租客运汽车不得低于 6 年，正三轮摩托车不得低于 10 年，其他摩托车不得低于 11 年。

本章小结

1. 汽车使用寿命是指汽车从开始使用到不能使用所经历的时间或里程，常用累计使用年数或累计行驶里程数表示。汽车使用寿命的长短直接影响汽车的使用效益。工业发达国家汽车的平均使用寿命一般为 7~12 年。

按照汽车终止使用的原则不同，汽车使用寿命一般分为：自然使用寿命、技术使用寿命、经济使用寿命和折旧使用寿命。

2. 在汽车整个使用寿命期内，汽车使用性能及经济指标会逐渐下降，下降的原因主要受到汽车损耗的影响。汽车损耗分为汽车有形损耗和汽车无形损耗两种。

以新车或高效率、低消耗、性能先进的汽车替换在用汽车，称为汽车更新。

汽车更新是汽车有形损耗和汽车无形损耗共同作用的结果，取决于汽车有形损耗期和汽车无形损耗期长短及其相互关系。

3. 为确定汽车大修与更新方案，常采用的判定式为

$$(R_i + S_e) < (K_0 \alpha \beta + S_a - C_Z)$$

式中：R_i——汽车第 i 次大修的费用，元；

S_e——使用成本的增加值，表示大修后汽车与新购汽车的运输成本差值乘以至下次大修期间的运输生产量，元；

K_0——新车原始价值,元;
α——反映大修过后汽车运输生产率与新汽车至第一次大修之间运输生产率的比例关系;
β——反映大修后汽车至下次大修前的行驶里程与新车第一次大修前行驶里程间的比例关系;
S_a——因更新而引起旧车未折旧完的损失值。
C_z——汽车残值,元。

若满足上式的关系,则进行汽车大修是合理的;否则,汽车大修费用与使用成本增加值之和超过新车的修正价值与旧车未折旧完的损失值之和时,汽车更新是合理的。

4. 汽车经济使用寿命是确定汽车是否更新的主要依据。汽车行驶到汽车经济使用寿命时,及时更新,可取得最佳经济效果;提前或者推迟更新,都会在一定程度上造成经济损失。本节主要介绍汽车经济使用寿命的确定方法。汽车经济使用寿命的确定方法主要有低劣化数值法、应用现值与资本回收系数计算法、面值计算法。

5. 《机动车强制报废标准规定》共11条,明确根据机动车使用和安全技术、排放检验状况,国家对达到报废标准的机动车实施强制报废。严禁用报废汽车的总成和零部件拼装汽车。

知识训练

一、解释概念

汽车使用寿命、汽车物理使用寿命、汽车技术使用寿命、汽车经济使用寿命、汽车折旧使用寿命、汽车有形损耗、汽车无形损耗、汽车综合损耗、汽车更新。

二、简答题

1. 汽车有形损耗与汽车无形损耗的关系。
2. 汽车经济使用寿命的确定方法有哪几种。

三、计算题

(1)某汽车原值为80000元,残值为8000元,使用前7年的运行费用历史数据如表12-6所示。

表12-6 使用前7年运行费用历史数据

使用年限	1	2	3	4	5	6	7
运行费用/元	6000	6000	7000	8000	9000	12000	15000

应用低劣化数值计算法确定该车的最佳更新年限。

(2)某运输公司汽车大修次数与大修费用、运行成本以及完好率的关系,见表12-7。

表12-7 某运输公司汽车大修次数与大修费用、运行成本以及完好率的关系

大修次数	大修间隔里程 (1000km)	大修费用 (元)	大修间隔里程内平均成本 (元/1000t·km)	大修间隔里程内平均完好率 (%)
0	180	—	159.49	89

续表

大修次数	大修间隔里程（1000km）	大修费用（元）	大修间隔里程内平均成本（元/1000t·km）	大修间隔里程内平均完好率（%）
1	100	30000	180.14	87
2	100	33000	200.61	81

注：①新车价格为 80000 元；②汽车残值定为 8000 元；③单车折算吨位为 3.33t（考虑到实载率、里程利用率、拖挂率等因素，由统计数据求出）；④折旧里程为 500km。

应用最低计算费用法确定该汽车是否需要进行第二次大修。

（3）某汽车运输企业购买一批新车，单价是 60000 元，每辆汽车平均年运行费用和年末估计净值见表 12-8。应用面值计算法确定该车的最佳更新年限。

表 12-8 汽车年运行费用和年末净值历史数据

使用年限	1	2	3	4	5	6	7
运行费用/元	10000	12000	14000	18000	23000	28000	34000
年末净值/元	30000	15000	7500	3750	2000	2000	2000

1. 查找资料，分析我国汽车报废标准变革的过程并用 PPT 展示。

参考文献

[1] 刁立福. 汽车性能与使用技术. 北京：中国水利水电出版社，2010.
[2] 高延龄. 汽车运用工程（第3版）. 北京：人民交通出版社，2004.
[3] 吴光强. 汽车理论. 北京：人民交通出版社，2007.
[4] 刘玉梅. 汽车节能技术与原理. 北京：机械工业出版社，2003.
[5] 孙凤英. 汽车性能与使用技术. 北京：机械工业出版社，2002.
[6] 董敬，庄志，常思勤. 汽车拖拉机发动机. 北京：机械工业出版社，1998.
[7] 代汝泉. 汽车运行性能. 北京：国防工业出版社，2003.
[8] 余志生. 汽车理论（第5版）. 北京：机械工业出版社，2009.
[9] 郎全栋，曹晓光. 汽车使用技术. 北京：高等教育出版社，2005.
[10] 济南市公共交通总公司，山东交通学院. 城市公共交通车辆实用技术. 北京：人民交通出版社，2008.
[11] 王维，刘建农，何光里. 汽车制动性检测. 北京：人民交通出版社，2005.
[12] 张铁，刁立福，刘波. 现代汽车与工程机械运行材料实用技术. 北京：机械工业出版社，2005.
[13] 余志生. 汽车理论（第5版）教学光盘. 北京：机械工业出版社，2009.
[14] 方泳龙. 汽车制动理论与设计. 北京：国防工业出版社，2005.
[15] 陈焕江. 汽车运用基础（第2版）. 北京：机械工业出版社，2008.
[16] 田国华，张学利，何勇，何光里. 汽车动力性检测. 北京：人民交通出版社，2001.
[17] 冯崇毅，鲁植雄，何丹娅. 汽车电子控制技术. 北京：人民交通出版社，2005.
[18] 刁立福. 汽车运行材料的应用现状及发展趋势. 汽车技术，2005(7).
[19] 徐安，乔向明. 汽车自动变速器油的发展现状与正确使用. 汽车技术，2002(5).
[20] 朱军. 汽车故障诊断方法. 北京：人民交通出版社，2008.
[21] 刘锐. 汽车使用与技术管理. 北京：人民交通出版社，2001.
[22] 陈培陵. 汽车发动机原理. 北京：人民交通出版社，1999.
[23] 李岳林. 汽车排放与噪声控制. 北京：人民交通出版社，2007.